企業経済学の基礎

企業目的、歴史と理論、方法

高橋由明 著

中央大学出版部

装幀　道吉　剛

序　　言

　本書は，経営学を研究する者にとって，基本的な問題である，「企業目的」，「歴史と理論」，さらに「経営学の方法」について3部構成で検討したものである。第Ⅰ部の第1章では，リーマンショックが発生する直前まで財務論研究者や金融の実践家がなんの疑いを持たずに企業目的を「株主価値最大化」とした思想について考察している。この思想は，実務分野では1985年頃から始まるアメリカの金融規制緩和後，学問分野では1970年代半ばごろ金融・財務論研究分野から広まったものであることを，エズラ・ソロモンの「財務管理」での企業目的と，さらに「経営者のための経済学」のM．ボーモル，R．マリス，O．ウイリアムソン，サイアートとマーチなどが主張した企業目的と，やはり金融・財務論分野で展開されたミヒャエル・ジェンセンのエイジェンシー理論で主張された企業目的を比較・検討することにより，さらに金融の規制緩和の過程を辿りながら，明らかにしている。筆者は，エイジェンシー理論こそ，企業目的を「株主価値最大化」とする理論的基礎を提供したと考えている。

　第2章では，経営学説史のなかでフォーディズムとして知られるヘンリー・フォードの企業目的と，これまで，日本の経営学研究であまり正面にすえて検討されることがなかったゼネラルモーターズ（GM）興隆の祖アルフレッド・スローンが主張した企業目的と実際に行なわれた利益配分の内容を明示して，2人の主張と実態を比較の視点から考察している。フォードについては，既存の研究で明らかにされているように，彼はT型自動車の生産で流れ作業方式を採用し，その後1919年から1923年ごろの期間には「高賃金」と「低価格」を実現し，企業目的を「顧客への奉仕」として設定することができた。他方で，既存研究では詳論されなかったが，フォードは，実業の発展を願い，株式による資本調達（金融的）活動が実業に重大な影響を与えることを極度に嫌い，資本調達は利益留保（自己金融）で行い，金融が支配する社会になることを杞憂

していたことを，本章では強調し紹介している。それに対して，スローンは，後にGMの副社長となるドナルドソン・ブラウンとともに近代的管理手法を開発した点では高く評価されるべきだが，フォードの嫌っていた企業における株式と債券による資本調達の役割を最大限に生かした。彼は，資本市場での収益を実業の担当者（経営幹部）に対して報酬として多額の金額を支払った。スローンは，企業目的としての利益を，顧客や従業員のためよりは，株主と経営者幹部に優先的に配分することを実践していたことを，本書では強調している。たとえば，1937年の労働組合のストライキの契機となる賃金引下げ・レイ・オフのときも，株主への配当を引下げはしなかった。

　第3章では，1930年代にアメリカ電信電話会社の社長であったチェスター・バーナードの『経営者の役割』から導きだされる企業（組織）目的が，外部の関係組織および内部構成員との利害の調和（外部・内部組織均衡）であったことの意味を検討し，さらに1951年に『経営者のための経済学』を最初にその著作として出版したジョエル・ディーンの利潤概念が，将来の利潤を現在価値に割り引くという方法であったことの意味を検討している。バーナードは，経営者の役割を意思決定として理論化した最初の実践的経営者であったが，ディーンもその後，経済学を経営者の意思決定に役立たせようと考え著作を出版した最初の学者であった。バーナードは組織論の視点から，ディーンはミクロ経済学の視点から経営者の意思決定の問題を取り扱った，ことでは共通している。

　第Ⅰ部は「アメリカ経営学説における企業目的の変遷」であるから，時代の古い順に配置すべきだが，2008年秋のリーマンショック以降，現在も金融経済の不安定が続く時代状況を考慮し，第1章に「株主価値最大化」が「いつ企業目的になったか」を配置し，第2章には，資本市場での株式や債券から得られた資本利得を経営者の報酬に利用したスローンの企業目的に関する主張と実際的経営態度を検討した章をバーナードとディーンの章の前に配置した。

　第Ⅱ部「経営史と経営学の関係」の第4章では，中川敬一郎の比較経営史学の方法の内容を検討し，それを踏まえて経営管理・組織の歴史（経営史）と経営管理・組織の理論（経営学）との関係を分析する視点から，チャンドラーが

『戦略と組織 (Strategy and Organization)』で論じたデュポン，ゼネラルモーターズ (GM)，スタンダード・オイル，シアーズ・ローバックの事業部制組織の成立過程の事例研究のうちデュポン，GM，シアーズをとりあげ検討している。特に彼の事業部制組織の理解について，ドラッカーと中村常次郎などの事業部制組織の定義とを比較し，チャンドラーの議論は，本社の戦略的組織と事業部の戦術的組織の関係を分析する視点が強く，事業部制組織が独立した利益計算単位であるという視点が，シアーズの分析の場合特に弱いことを論証している。

第5章では，やはりチャンドラーが『経営者の時代 (The Visible Hand)』で定義する近代産業企業が，ますます近代化され発展し，経営者により全体経済の活動を市場に代わって管理的調整を可能にさせたのは，チャンドラー自身が主張している「近代的管理手法」によってであること。それらは，チャンドラーのこの著作と，1925年アメリカ経営者協会の『協会誌 (Business and Administration)』に掲載された「全般的管理論」に関する論文で展開された手法である。つまり，市場に代わり経営者による管理的調整を可能にさせたものが，近代的管理手法でありそれは全般的管理の内容を構成するものであることを論証した。第Ⅱ部では，4章と5章とも特に歴史と理論との関係に焦点を合わせ考察している。

第Ⅲ部の第6章と第7章では，約40年前の1970年代の西ドイツ（当時）で展開された経営経済学方法論争が，ポパー，ラカトシュなどの批判的合理主義哲学に基づく経営経済学，ハーバーマスなどフランクフルト学派の哲学に基づき当時のドイツ労働組合総同盟の社会科学研究所の研究者たちにより主張された労働志向的個別経済学，エアランゲン・ニュールンベルグ大学の構成主義哲学に基礎をおいた規範行為科学としての経営経済学，の3つの潮流の間で展開されたことを考察している。第8章では，その論争自体は，同じく1970年代に英国など欧州や米国での社会学，特に組織論研究の分野で行われた論争と直接は関連してはいなかったが，欧米流の組織論での方法論の違いは，現代の組織論研究にも影響を及ぼしていることから，西ドイツでの1970年代の経営経済学方法論争は，現代の視点からみるとどのような意義をもっていたのかを検討している。しかし，時間的制約から，ハーバーマス，ギデンの理論と関連さ

せ，簡単に試論的にしか展開できなかったことは残念である。1978年に書いた論文を修正改善したものであるが，その後発表された方法論に関する日本の研究者の成果を参照し論じた。この3つの潮流の現代的意義についての詳細な検討は将来の課題としたい。

方法論研究は，研究者がある対象を研究しはじめるにあたり，自己の立場をどのように位置づけるかを意識するときに，最初に直面する難題である。しかし，研究をまとめる最後に至ってもなかなか明確に納得しえないのは，筆者だけであろうか。

第Ⅰ部の研究課題は，アメリカ経営学説，特に「経営者のための経済学 (Managerial Economics)」とバーナードにおける「企業目的」の比較研究であり，第Ⅱ部の課題は，経営管理組織に関する「経営史」と「経営学」の関係，つまり歴史と理論の関係であり，第Ⅲ部の課題は，経営学方法論の問題であることから，この著作のタイトルを『企業経済学の基礎──企業目的，歴史と理論，方法──』とした。この3つの課題は，約40年間にわたり，経営学文献から理論を学び，あるときは企業を訪問しインタビューを重ね，企業を対象に実証研究を進めてきた筆者にとって，絶えず直面した問題であり，多くの場合，これらを意識し論文を執筆してきた。大学に在職して約40年以上が過ぎ大学人としての研究に一区切りをつけねばならぬ年齢になってしまった。「青年老い易く学成り難し」の実感を強くしている。ここに公表し高学の諸氏から忌憚のないご批判をお願いする次第である。

この著書を出版するにあたり，以下の機関と各氏に感謝の意志を表明したい。まず，中央大学が学術図書として認可し大学の費用負担で出版することを認めていただいたことを，関係各位に深謝する。さらに，学術図書としての出版を審査の対象としていただいた商学部長河合久教授，さらに多忙のなか時間を要する審査委員を引き受けられた加治敏雄教授，谷口明丈教授，平澤哲准教授には心から感謝したい。3先生は，研究・教育活動に多忙のなか精読されいくつかの貴重な指摘とアドバスを下さった。それらは本書のいくつかの箇所に反映されているが，本書の全体の叙述については筆者に責任があることはいう

までもない。最後に，本書の出版に関しては中央大学出版部小島啓二氏にもお世話になった。ここに記して感謝する。

　　　　　新たなる，目標（ゆめ）追いうるか，古希の職

　　　　　　2013 年 3 月 25 日　中央大学退職の日の研究室で
　　　　　　　　　　　　　　　　　　　　　　　　　高　橋　由　明

目　次

序　言

第Ⅰ部　アメリカ経営学説における企業目的の変遷

第1章　アメリカ経営学において株主価値最大化が いつ企業目的となったか
――戦後の経営財務論，経営者の経済学， エイジェンシー理論―― ………………………………………… 3

1．はじめに………………………………………………………………… 3
2．E.ソロモンの悩み―「富の極大化」は経営者の立場から可能か？ … 5
　1）企業目的に関する当時の研究者の理解とソロモンの財務目的　5
　2）利益の極大化と富の極大化　6
　3）「利益の極大化」を業務的意志決定の基準とすることの不的確性　8
　4）財務管理の業務目的は「富もしくは純現在価値の極大化」である　9
　5）ソロモンの悩み―「富の極大化」は利害関係者を考慮したものか？　11
3．1960年代からのManagerial Economicsで主張された3つのモデル
　………………………………………………………………………… 13
　1）Managerial Economicsに現れた3つの企業目的モデル　13
　2）ボーモルの売上極大仮説　15
　3）マリスの経営者目的――企業（資産）成長率　16
　4）ウイリアムソンの経営者の行動目的　20
　5）サイアートとマーチの企業目標　23
4．M.ジェンセンのエイジェンシー理論における企業目的 …………… 28
　1）エイジェンシー理論における企業観　28
　2）エイジェンシー理論における組織観　31
5．金融規制緩和とアメリカ産業企業の衰退 ………………………… 34

1）1933年銀行法以降1960-70年代までの産業企業の発展　34
　　　2）次第に始まった銀行法の規制緩和　35
　　　3）M&Aと株価収益率重視の企業経営　37
　　　4）アメリカ産業企業の衰退と企業目的としての株主価値最大化の
　　　　　起源　39
　　6．おわりに……………………………………………………………… 53

第2章　H.フォードとA.スローン（GM）の
　　　　　企業目的・経営理念
　　　　　　——経営学における企業目的・理念の変遷の視点から—— …… 61
　　1．はじめに……………………………………………………………… 61
　　2．H.フォードの企業目的・経営理念 ………………………………… 66
　　　1）フォードの経営理論と経営理念　66
　　　2）フォードの企業目的・経営理念の瓦解　70
　　　3）フォードの企業目的・経営理念の今日的意義　72
　　3．GMスローンの企業目的・経営理念 ……………………………… 74
　　　1）無視されたドラッカーの警告　74
　　　2）スローンがGMトップになるまでの経緯　77
　　　3）スローンによる財務指標からみるGMの発展　81
　　　4）GMの株価上昇を駆使した報償制度　88
　　　5）不十分な消費者への対応　98
　　　6）ブルー・カラー労働者への対応　101
　　　7）M.ケラーによるGM経営体質への評価　106
　　4．おわりに………………………………………………………………109

第3章　C.バーナードとJ.ディーンの企業目的
　　　　　　——アメリカ経営学における企業目的の変遷——………………115
　　1．はじめに………………………………………………………………115
　　2．バーナードの組織目的
　　　　　——バーナードにとっての利潤の意味—— ………………………116

3．バーナードの理論的枠組みに与えた影響要因 ················120
　　　1）バーナードの経歴（AT&T 支社長と各種慈善団体の委員や長）　120
　　　2）1929 年恐慌　121
　　　3）電話事業の独占批判への見解　123
　4．バーナードの組織の存続・均衡論—利害関係者の均衡 ·········126
　5．J. ディーンの *Managerial Economics* における利潤 ············129
　　　1）ディーンにおける利潤の一般的意味　129
　　　2）ディーンの「適正利潤（reasonable profit）」と株主対経営者　131
　6．お わ り に ··137

第Ⅱ部　経営史と経営学との関係

第4章　経営管理・組織史と経営管理・組織理論史との関係(Ⅰ)
　　　──チャンドラー事業部制組織の事例研究── ··············145
　1．は じ め に ··145
　2．中川敬一郎の経営史学の方法 ····································146
　　　1）広義の経営史学と狭義の経営史学　146
　　　2）狭義の経営史学の陥穽　149
　　　3）経営史学における「歴史性」の理解とその再生　154
　3．チャンドラーの『戦略と組織』における事業部制 ············157
　　　1）チャンドラーの事業部制についての説明と事業部制の定義　157
　　　2）ドラッカーによる事業部制の定義　161
　　　3）中村常次郎による事業部制の本質の3要素　163
　　　4）総合本社と事業部オフィスの分離の意味　166
　　　5）事業部制組織の具体的諸類型　169
　4．デュポン，GM，シアーズの事例研究 ···························173
　　　1）デュポン　176
　　　2）ゼネラルモーターズ（GM）　180
　　　3）シアーズ・ローバック　190
　5．お わ り に ··199

第5章　経営管理・組織史と経営管理・組織理論史との関係(Ⅱ)
　　——アメリカにおける近代的（全般的）管理の成立の
　　　視点から——……………………………………………………205

1．はじめに………………………………………………………………205
2．アメリカにおける近代的（全般的）経営管理組織の成立過程 ……206
　　1）チャンドラーの「近代企業」の定義と経営者階層制組織　206
　　2）「近代企業の管理と成長」を説明する要件　213
　　3）企業者（所有者）企業と部門管理（ミドル・マネジメント）の発展　214
　　4）経営者企業とトップ・マネジメントの発展（全般的管理の発生）　216
　　5）近代企業の成熟と全般的管理の確立　217
　　6）近代企業（経営者企業）の成熟と経営者のプロフェッショナル化　222
3．全般的経営管理論の体系化と普及 ……………………………………224
　　1）ドナルドソン・ブラウンの分権的事業部制組織理論の展開　225
　　2）E. W. スミスによる萌芽的マネジメント・サイクル論の展開　227
　　3）J. D. ムーニーの体系的全般的経営組織論の展開　231
　　4）個別企業での経営実践と理論化との関係　233
4．おわりに………………………………………………………………240

第Ⅲ部　1970年代のドイツ経営経済学方法論論争の現代的意義

第6章　1970年代のドイツ経営経済学方法論論争の
　　現代的意義(Ⅰ)……………………………………………………245

1．はじめに………………………………………………………………245
2．1970年代のドイツの政治・経済の状況と科学方法論，経営学研究の
　背景………………………………………………………………………249
　　1）1970年代前・後の政治・経済状況　249
　　2）1970年代前・後の科学方法論，経営学研究の動向　251
3．ドイツ経営経済学における批判的合理主義に基づく方法 …………253
　　1）ポパー方法論の問題点　253
　　2）ラカトスによるポパー方法論の修正　257

3）経営経済学にとってのラカトス研究プログラムの意義　263
　　4）ラカトスによるパラディグマ（T. クゥーン）批判　266
　4．シャンツの「行動理論的経営経済学」と批判的合理主義との関係…269
　　1）シャンツの基本的スタンス　269
　　2）方法論的方向付け　269
　　3）行動理論的経営経済学の内容的方向づけ　272
　　4）理論的指導原理としての報酬とシャンツの「人間」に関する
　　　一般的仮説　277
　　5）シャンツの認識プログラムの特徴　278

第7章　1970年代のドイツ経営経済学方法論論争の現代的意義(Ⅱ)
　　――労働志向的個別経済学と構成主義経営経済学の方法――　…283

　1．はじめに……283
　2．カプラーによる従来の経営経済政策概念の批判……284
　3．カプラーの経営経済学認識論……288
　4．共同決定の重要性と労働志向的個別経済学の展開……294
　5．シュタインマンの「規範行為科学としての経営経済学」と従来の
　　経営学への疑問……300
　6．構成主義哲学の方法論……304
　7．規範行為科学としての経営経済学の提唱……309

第8章　1970年代のドイツ経営経済学方法論論争の現代的意義(Ⅲ)……315

　1．1970年代とその後のドイツ経営経済学の動向……315
　2．経営学において定立的法則は成立可能か……317
　　1）1970年代の英語圏での組織研究方法の変化　317
　　2）二種類の法則定立アプローチ（カヴァー法則とメカニズム解明法則）　318
　　3）経営学において定立的法則は成立するか　319
　　4）批判的合理主義の Wenn-Dann 形式は因果関係を分析しうるのか　320

3．方法論的個人主義か方法論的全体主義か …………………………………321
  4．ギデンズの「相互行為における構造の二重性」……………………………323
  5．カプラーとシュタインマンの経営経済学方法論の現代的意義 ……325
    1） カプラーの認識論とハーバーマスのコミュニケーション論への
       発展　325
    2） 構成主義哲学に基づく認識論の一般性　327
  6．おわりに……………………………………………………………………………329

あとがき
参考文献

第Ⅰ部

アメリカ経営学説における企業目的の変遷

第1章　アメリカ経営学において株主価値最大化が いつ企業目的となったか
――戦後の経営財務論，経営者の経済学，エイジェンシー理論――

1．はじめに

　マーシャルなどの新古典的企業理論は，所有者企業と完全市場（完全情報の取得，合理的経済活動をする経済人）を前提に組み立てられており，そこでは企業組織内はブラック・ボックスとされ，企業内外の取引関係にある構成員の行動はすべて利潤（効用）極大化の原理で行動するとされている。しかし，バーリー・ミーンズが明らかにしたように1932年当時のアメリカの非金融企業200社の株式所有構造をみると，経営者支配の企業は88社（44％）も存在していた。つまり，所有者の意向で経営活動をすると考えられていた経営者が，会社の支配権をもち所有者から独立した活動をすると理解されるようになる。そうなると，配当の極大化を要求する株式所有者の利害と，企業の成長（一定レベルの留保利潤の確保）や従業員の賃金，消費者に対する適正な販売価格などを考慮する，経営者の利害が異なることが問題とされるようになった。

　第3章で考察するC．バーナードは，1938年に著した『経営者の役割』で，企業内・外組織の構成員の利害の調和こそが企業（組織）目的であると主張し，経営者の役割は，企業内の従業員に対しては誘因と貢献の調和，企業外の供給者，販売先（消費者）等との公正な取引で，利害の調和をはかることであった[1]。

　1951年にJ．ディーンは，『経営者のための経済学』を著し，企業目的を従来

---

1)　高橋由明「アメリカ経営学における企業目的・経営理念の変遷―C．バーナードとJ．ディーンの所説を中心に―」（『商学論纂』53巻3・4号，386-389頁。

の利潤極大化を修正し，株主以外の利害関係者の利害をも考慮し，「長期利潤の極大化」を主張するに至った[2]。この場合の長期の意味は，会計学者が利潤を過去の取引を基礎に期首の資産と期末の資産の差として短期的に把握するのに対して，経済学者の考える利潤は将来の取引を基礎に予想利益を現在価値に割り引いて長期的に把握するものであり，企業の現在価値を極大化すること (to maximize the present value of the enterprise) であった[3]。

ディーンの場合，株主の立場と経営者の立場の違いを強調し，経営者の目標が，極大利潤ではなく長期利潤の極大化に制限される理由として，つぎの6つをあげていた。①潜在的競争相手を阻止する（競争的考慮）。②投票権をもつ大衆を説得し，反トラス主義者の熱意を抑える（パブリック・リレーション）。③組織労働者の賃金要求を抑制する（労使関係）。④顧客の愛顧を維持する（顧客関係）。⑤支配力を弱めないようにする（支配力の維持）。⑥快適な作業条件の維持（非金銭的快適さ）である。すなわち，経営者は，従業員の賃金水準の適切な設定，購買者として消費者の立場からする適切な価格設定，経営者としての支配力の維持など，の理由から，企業目的としての利潤極大化は制限され長期利潤（適正利潤）であるべきとした。しかし，筆者の考えでは，利潤の計算について予想利益を現在価値に割り引いて長期利潤を計算することと，経営者の立場として各利害関係者の利益を考慮し利潤が制限されることとは別なことであるということである。それは，ディーンが，第1章の序の注で利潤について検討する目的として，「この章では論じないが4つ目に数えるべきもう1つの題の問題があるとして」，「利潤が生み出されてから後に利潤をどうするかという問題である。……利潤を配当にまわしてしまうか，そうしないで再投資するかという戦略的選択を含む問題である」[4]と述べていたことと関連すること思われる。これは，当面（短期）の出来る限り大きな配当を求める株主と，革新と長

---

2) 同上，389-399頁。
3) J. Dean, *Managerial Economics,* Englewood Cliffs, N. J. 1951, p. 29, 田村市郎監訳『経営者のための経済学』（関書院，1958年），訳51頁。
4) *Ibid.*, p. 35, 前掲訳，43頁。

期の成長とを考慮する経営者や支配的大株主との間に利害の相違がみられる問題でもあるし，株主以外の利害関係者の利害を考慮するなら，利潤の幅も制限されることと関係する問題である。

　ディーンの著作の発表の後，この留保される利潤が誰のためかという問題について，以下で検討するソロモンは，悩ましい問題であることを告白していたのである。

2．E. ソロモンの悩み——「富の極大化」は経営者の立場から可能か？

1） 企業目的に関する当時の研究者の理解とソロモンの財務目的

　戦後アメリカの代表的財務管理論者のエズラ・ソロモン（Ezra Solomon）は，1963 年に *The Theory of Financial Management* を著し，戦前の財務論が，会社の設立，資本化，財務管理，連結，再編の例を記述することであったが，J. ディーンの資本予算以降は，財務論の主要領域とその課題が，①企業の保有すべき資産の規模，②それら保有資産の構成，および③利用すべき資本調達構成について分析・研究することが課題となっている，と述べている。その著作の目次構成も，資本コスト，投資決定，資本調達決定をめぐる理論の検討であり，その内容はテキスト風に整理されている[5]。ソロモンは，この著書の第 2 章で「財務管理の目的」を設定し，企業の目的について真正面から検討している。

　ソロモンは，アダム・スミス以来の企業目的としての利潤極大化の概念は，「私有財産と営業の自由とを基礎とした経済体制下における企業実体の法的概念を拡大解釈したもとで生まれ」た，ものと考える。「こうした体制では，企

5）　E. Solomon, *The Theory of Financial Management,* Columbia University Press, New York, 1963 Preface, 別府祐弘訳『E. ソロモン・財務官理論』（同文舘，1971 年，序文 v）。
　　ソロモンを理解するにあたりこの訳書にお世話になったが，個別的にみて筆者の理解で改訳している部分がある。

業とは，所有者がその財産を自由に処分する権利を任意に行使することにほかならない。所有者は，おのれの利益を極大化するようにその財産を運用しようとするし，またそう仮定された」。この仮定のもとでは，「所有権のない経営者の機能は，所有者に対して受託者としてつかえ，所有者のために長期的な極大利益を獲得することになる」[6]。しかし，ソロモンは，企業それ自体の構造は変化しており，古典的な経済体制下の所有経営者は，専門的 (professional) 経営者に置きかえられている。「ここでの専門経営者とは，所有者ばかりでなく，従業員，顧客，供給者，負債者，政府および経営者自身といった，企業に関係するあらゆる集団からの受託者として行動するものにほかならない。この新しい経営理念 (newer ideology) では，利益の極大化は現実的でなく支障があり，不当で，道義に反するものとされ，奉仕，存続，売上高，個人的満足および満足利潤をも含めた一群の複合目的にかえられる」[7]と，ソロモンは，資本と経営が大幅に分離したもとでは，経営学者やミクロ経済学者の理解する企業の目的は変化してきていることを正しく紹介している。

しかし，ソロモンにとっては，経営のあらゆる意思決定を包括するような全般的な目的は必要ではなく，「われわれの必要とするのは，内部的な投融資 (internal investment and its financing) の財務決定に対する明確な目的」[8]である。「これ（財務目的）は，全般的経営目的とは何かという大問題がたとえ未解決であっても規定できる」として，財務管理者が内部的投融資をする際の目的に限定して議論することを明示する。

2） 利益の極大化と富の極大化

ソロモンは，財務管理者が選択すべき企業目的を発見するために，利益 (profit) と収益性 (profitability) を区別しなければならないと主張する。利益は，所有者指向の概念であり，国民所得のうち，企業に自己資本を提供する人々に

---

6) E. Solomon, *op. cit.*, p. 16, 別府祐弘訳，20頁。
7) *Ibit.*, p. 16, 同上訳書，21頁。
8) *Ibit.*, p. 17, 同上訳書，21頁。

与えられる額とその割合をさすものである。この概念は，所有者のために最大の富をつくりだし，同時にこの富を，企業内の所有者勘定に分配することに関係がある。これに対して，収益性は，**業務的**〔強調は筆者〕概念であり，この概念は，新しい富の生産もしくは富の創造と関係している。それぞれの行動のコース〔経過〕の潜在的収益性が，社会の資源を経済的に運用するための判定基準となるものである。利益の極大化は，ただ経済的な効率を追求することにすぎないのであり，企業は，株主に対して生ずる富の大きさを極大化する以外に目的をもたず，それ以外の行動基準を知らないのである。それゆえ，利益の極大化の考え方について，現在の論争を引き起こし，多くの意義を表明させたのである。その意味で，ソロモンは，こうした利益極大化の考え方は明らかに現実の説明にそぐわず，この考え方に向けられた多くの批判は，おそらく妥当すると評価する。

　これらの批判を解消させるために，ソロモンは，「資源を運用することによって，必要投入物の価値合計額以上の経済的価値を生み出す可能性があれば，収益性がある」と考える方式を提示する。「行動の指針としての収益性とこの〔収益性の……引用者〕意味における利益の極大化は，たんに資産や投資案の意思決定のうち有利なものを選択し，そうでないものを排除するだけである。この指針の目指すところは，企業が最大限の経済的価値を生みだすように資源の最適な利用量と最適な組み合わせ方を保証することなのである」[9]。この過程では財務的意思決定がともなっており，この意味での「利益〔収益性……引用者〕の極大化は財務管理の目的に適している」と，ソロモンは考える。

　ところで，ソロモンは，財務管理者の意思決定と経営管理全般に関係する活動領域の意思決定の範囲は異なると考えている。経営管理の意思決定の分野は，もっと広く，たとえば「利益〔収益性……引用者〕極大化の目的にそった投融資の決定によってつくりだされる価値をどう処分するべきかという分野」もそうである。このつくりだされた「価値の引き渡される」相手が，「顧客」，

---

9) *Ibit.*, p. 17, 同上訳書, 21頁。

「従業員」，コミュニティーへの「寄付」，「経営者自身」，そして「所有者」であることもある[10]。しかし，その場合も，所有者以外の集団に引き渡すべき剰余が一定の利益に達しないような投資の場合は，経営者は，所有者にのみに渡す場合もあるのである。この意味は先に紹介したディーンと違う。ディーンが，経営者の立場から，利害関係者の立場を考慮した利潤が制限される意思決定をすることがあり，それをもって長期利潤（適正利潤）としたのに対して，ソロモンは，将来の利潤を純現在価値で計算する場合も，その利潤が十分でない場合は，結果的に株主にしか引き渡されないケースがあること説明しているのである。ソロモンにとっては，業務的概念でない従来過去の短期で計算された「利益の極大化」という用語は，語義の混乱をもたらしやすく，業務目的という特定の意味に用いるのは危険であると，明確に述べている。

3）「利益の極大化」を業務的意思決定の基準とすることの不的確性

　ソロモンの理解において，従来の「利益の極大化」を富の創造の業務的な意思決定基準とすることの技術的な難点ないし不的確性はつぎの3つの理由による。第1は，極大化する「利益」の内容が曖昧であるということである。短期か長期の利益か，利益率か利益額か，総資本利益率か，株主への総利回りか，慣習的な会計手続きで報告される利益か，について曖昧である。ソロモンは，「収益性」を厳密に定義すればこれらの曖昧さを解消できると考える。第2の難点は，利益のタイミングの異なる2つの行動コースのいずれかに決めようとする場合に，用をなさないことである。つまり，代替的な行動のコースについて，望ましい順位づけをできないことである。第3の最大の難点は，「利益極大化」の基準が，期待利益の質を無視していることである。さらに，不確実な場合は，収益性の額にしても比率でも選択の基準にはなりえない。財務行動の代替的行動を比較するには，利益の質を考慮しなければならないが，この利益の質とは，利益が期待される確実さの程度をいうのである。ソロモンは，「財

---

10) *Ibit.*, p. 18, 同上訳書，23頁。

務的行動の各コースから期待される利益の量と質との両面を組み合わせた統一的な目安が必要となる」し，このような基準がえられるなら，「財務管理の業務目的を表す基準としてすぐれていよう」と考えるのである[11]。つまり，以下でソロモンが説明している，将来の予想利益を正確に計算するには，将来の経済動向を含む不確実性とその予想利益率（割引率＝資本化）が必要になるということである。

4) 財務管理の業務目的は「富もしくは純現在価値の極大化」である

ソロモンの主張する財務管理の担当者の業務目的は，期待利益の質（不確実性の程度）を考慮した「富の極大化もしくは純現在価値の極大化」である。この現在価値の極大化の内容とは以下のものである。ある行動のコースの粗現在価値は，将来の期待利益の流れを，その確実性もしくは不確実性を反映する率で割引いた（資本化した）資本価値であるが，富もしくは純現在価値とは，この粗現在価値から，目指す利益をあげるのに要する投下資本を差引いたものである。富を創造する財務行為か，あるいはゼロ以上の純現在価値をもたらす財務行為なら，望ましく実行すべきである。しかし，そうでない場合，すなわち純現在価値がマイナスになるなら，その財務行為は中止すべきであると，ソロモンは考える。また，望ましい行動のコースが2つもしくはそれ以上あって，それらが相互背反的である場合（1つだけしか実行できない場合）には，最大の富をつくりだすものを，または最高の純現在価値を示すものを選び決定すべきと主張する[12]。

そして，ソロモンは，「純現在価値」の具体的内容について説明している。

　Gは，ある資産もしくは行動のコースから将来期待される年平均粗利益の流
　　れであり，その利益の流れとは，減価償却もしくは減耗償却への引当金，
　　ならびに租税，利子その他の主要負担分が控除される前のものである。
　Mは，Gの計画を維持するのに要する年間平均再投資額である。Mは慣習的

---

11) *Ibit.*, p. 20. 同上訳書，24頁。
12) *Ibit.*, p. 20. 同上訳書，26頁。

に認められた減価償却費や減耗償却費を上まわることも，下まわることもありうる。

Tは，税に支払われる年間見積もり流出額であり，課税財産，および粗利益Gと同等額の所得をもとにして慣習的に算定される。

Iは，外部源泉の他人資本に対する利子，優先配当とそのほかの主要負担分にあてられるべき年間見積もり支払額である，とする。

この場合の資産（G）によって将来もたらされると予測される純利益の流れは，永続的なものとして規定され，年度あたりEに等しい。これを式で表すと，E = G − (M + I + T) となる。年度あたりの予測純利益Eが成長傾向のない単純なケースでは，株主に対する年間予想配当額Dもまた，D = G − (M + I + T) である。予測純利益の流れ（E）の基礎となる見積もりのさいの不確実性の程度を比率kとする。この比率kは，Eと同じように，経営者の主観による予測であるが，この見積もりは，市場でつけられる客観的価値と関係する。なぜなら，市場の価値とは，市場全体の総合的見解（市場参加者のそれぞれの予測）を反映した比率だからである[13]。

いま，平均利益が一定の単純なケースとすると，資産の粗現在価値（V）は，V = E/k である。この式でのkは，Eの質（不確実性）を表す尺度として用いられる割引率もしくは資本化率と呼ばれる。こうした前提では，富すなわち純現在価値（W）は，粗現在価値（V）から予測する資産を獲得するために必要な自己資本（C）を引いたものということができる。すなわち，W = V − C である。この純現在価値（W）は，将来の予想利益（E）とその質k（不確実性のもとで財務管理者の予測する割引率＝資本化率）と，この利益を実現するための投下資本額（C）から組み立てられているが，純現在価値を決めるにあたって難しいのはEの測定であり，特にkの測定はきわめてに難しい。しかし，将来の純予想価値に関係しない単なる年度の資産によってもたらされる予想利益（E）の極大化に比べ，純現在価値（W）の極大化には，予想利益の流れの質（不確

---

13) *Ibit.*, pp. 20-21. 同上訳書，26-27頁。

実性）が割引率（k）によって示されることにより，将来の時間的要素も含まれそれを処理できる方式となっている。したがってソロモンにとっては，2つの予想利益の流れ（E1，E2）の代替案から1つを選ばなければならない財務管理者にとっては，Eの極大化でなく，純現在価値（W）の価値流れの代替案を比較し，極大化できる融資の決定を下すことができるのであり，したがって，的確な予想割引率を含んだ富極大化か純現在価値の極大化が，財務行動の目的基準となるのである[14]。

5） ソロモンの悩み――「富の極大化」は利害関係者を考慮したものか？

ソロモンは，富（純現在価値）の極大化を財務管理者の目的することの基本的根拠について，所有者の観点，社会の観点，そして経営者の観点から論じている。

① まず所有者の観点からは，財務決定の業務目的としてのWの極大化は，たとえ企業が古典的な考え方にしたがっても，所有者の要求を満たすことになる。また，ソロモンは，最高管理者層〔財務管理者でない……筆者〕が，所有者以外に対する企業資金の使い方に関していかなる方針をとろうとも，Wを極大化する政策をとれば，他のいかなる目的を採用する場合よりも所有者の富を増大すると述べている[15]。

② 社会の観点からは，富の極大化を投資方針の業務目的とすれば，一定量の投入による経済的な産出物を市場価値で評価した値も極大化される。したがってこれは，社会全体の経済的幸せを極大化するための必要条件であるが，十分条件ではない。これは古典経済学が前提する「見えざる手」と

---

14) *Ibit.*, pp. 20-21, 同上訳書，27-28頁。
15) *Ibit.*, pp. 22-23, 同上訳書，29頁。しかし，次のような曖昧な文章も書いている。「一般に，製品の価格決定や，作業条件や賃金や寄付について会社の方針がどのように決められようと，純現在価値Wが変動すれば，所有者の富にそれ相当な変化が現れるだろう。したがって，他の事情が等しければ，Wを極大化することは，所有者の富を極大化するために必要不可欠な条件なのである」（*Ibid.*, p. 23, 別府訳『前掲書』29頁）。しかし，賃金や価格が異なれば，配当は異なるであろう。

似ている。社会の観点から，十分な条件を満たすには，計画された投資の富の極大化をはかるとともに，公共・社会政策で補完されなければならない。ソロモンによれば，「富の極大化の投資基準では，社会的に最適な決定に導かれないことが一般に認められている」[16]のである。したがって，富の極大化基準では，企業の利害関係者の利害を満たすことは十分にはかることはできないのである。

③　経営者の観点からは，経営者の観点とW極大化の業務目的を一致させることは，さらに難しい。経営者が所有者の利益の実現以外の動機を持ち，極大化しようとすることが，売上高，企業規模，成長や市場占有率，あるいは自分自身の安泰や心の安らぎであった場合はどうか。ソロモンは，富の極大化が都合よく機能する場合はあり得るが，経営者が，投資の業務目的と相容れない別な目的を持った場合は，「伝統的〔古典的理論に従えば……引用者〕，遅かれ早かれ代えられるであろう。それ以外の解答はありえない。……所有者指向の目標や社会指向の目標を否定して，もっぱら経営者の意向だけの目標が採用され，その目標によって実質的に異なった行動のコースに導かれる場合は，経営者の支配権の問題が未解決である」[17]。

このようにソロモンは，富の極大化（純現在価値の極大化）で測定する事業目的は，営利企業の所有者の長期の幸せ，社会の幸せ（不足分は社会・公共政策で補われる）に貢献するが，経営者がそれ以外の目的，たとえば利害関係者や自分自身の利益の追求を目的に持つ場合は，経営者が真に支配権を持つことになるが，ソロモンは，それを未解決の問題として認めてはいないのである。したがって，最初に指摘した，ディーンは，株主の利害と，経営者の利害が異なっており，経営者が利潤の制限される理由をあげて，それゆえに経営者は，利害関係者の利益を考慮して長期利潤（適正利潤）を追求するとした姿勢は，ソロモンとは明確に異なっているといえる。ディーンは，ソロモンと違い，経営者の富の極大化を企業目的とする理論を展開したが，つぎに検討する，ボーモル

16)　*Ibit.*, p. 23，同上訳書，29-30頁。
17)　*Ibit.*, p. 24，同上訳『前掲書』31-32頁。

や，マリスなどとは違い，長期利潤の内容を明確に示さず曖昧な「長期利潤」を企業目的としていたのである．

3．1960年代からのManagerial Economicsで主張された3つのモデル

1） Managerial Economicsに現れた3つの企業目的モデル

1951年J. ディーンの *Managerial Economics*（経営者のための経済学）が出版された後，一方で経営財務論では，ソロモン，ルッツ[18]，ウエストン[19]，デュラン ド[20]，ゴードン[21]，ポーターフィールド[22]等によって，株主価値の最大化を企業目的とする投資決定論，最適資本構成論が展開された．また他方で，経営者の立場から，企業目的として，売上ないし資産の極大化を提唱したW. Baumolの *Business Behavior*（1959）[23]が出版され，所有と経営の分離を前提として，経営者の動機は企業の成長と安全性であるとした．また，経営者の効用を総資産成長率と評価率と捉え，これを企業運営の努力目標と考えたR. Marrisの，*The Economic Theory of "Managerial" Capitalism*（1964）[24]が出版されている．

---

18) Lutz, F. and V. Luts, *The Theory of Investment of the Firm,* Princeton University Press, London, 1951. 後藤幸男訳『投資決定の理論』（日本経営出版，1969年）．

19) Weston, J. and E. Brigham, *Managerial Finance*, Holt, Rinehart and Winston, Inc. 1966. 諸井勝之助『経営財務』．

20) Durand D., Cost of Deb and Equity Funds for Business, in : E. Solomon, ed. The Management of Corporate Capital, 1959.

21) Gordon M., *The Investment, Finance, and Valuation of the Corporation,* 1962. 後藤幸男，野村健太郎訳『投資と企業評価』中央経済社，1972年．

22) Porterfield, T. S., *Investment and Capital Costs,* Prentice-Hall, Inc. 1965. 古川栄一監訳，柴川林也・古川浩一訳『投資決定と資本コスト』（東洋経済新報社，1968年）．

23) W. Baumol, *Business Behavior, Value and Growth,* Harcourt, Brace & World, 1959, 1967 (Revised edition)，伊達邦春・小野俊夫訳『企業行動と経済成長』ダイヤモンド社，1962年．

24) Marris M., *The Economic Theory of "Managerial" Capitalism*, Basic Books Inc., 1964. 大川勉，森重泰，森田健吉訳『経営者資本主義の経済理論』（東洋経済新報

さらに，経営者の目標は，自己利益の追求という仮説に矛盾しない方法で管理者の給料，スタッフ，裁量的投資支出などの効用関数の極大化を追求することであると，主張した O. Williamson の *The Economics of Discretionary Behavior*[25] と Corporate Control and Business Behaviour[26]が出版されている。

　当時のある財務論研究者は，財務論分野で主に主張された所有者の富の極大化を shareholder wealth maximization（SWM）モデル，また経営者が所有者から独立し一定の裁量権を持つという前提で経営者の行動を客観的に分析した研究業績を managerial welfare maximization（MWM）モデルと呼んでいる。第1のモデルは，利益の留保が主に配当に向けられるから「配当―利益留保」モデル，第2は，は利益の留保が主に投資に向けられることから「投資―利益留保」と呼んでいる[27]。第3のモデルは，R. サイアートとJ. マーチにより出版された *A. Behavioral Theory of the Firm*（1963）で展開された企業モデルである。それは，企業がより一般的な行動をするという見解である。そこでは，その企業行動は一連のn人によるゲームの行動とみなされる。各プレイヤーは，相互にルーズに組織される伝統的な利益集団とみなされ，それぞれは他の集団の要求を制限しあい，企業の総生産物から自分の取り分を獲得しうるとみている。実際に活動している企業では，各集団が同時に制限しあって活動しており，結局は，現実的な妥協の決定へと導くことになる，という考え方である。制限し合っているすべての集団を満足させる総生産量を超える範囲で，ある集団の最小の要求よりも多くを獲得するというのが活動を推進させる要因となる。集団のそれぞれは，自己の目的関数を最大限にするある要素をコントロー

社，1971年）

25) Williamson O., A Model of Rational Management Behavior, 1963, in : Cyert R., and J. March, A. *Behavioral Theory of the Firm* (1963), 松田武彦・井上恒夫訳『企業の行動理論』ダイヤモンド社，1967年. *The Economics of Discretionary Behaviour : Managerial Objectives in the the Theory of the Firm*, Prentice-Hall, Inc. 1964.

26) O. Williamson, Corporate Control and Business Behaviour,

27) Chapman Findlay M., III and G. Whitemore, Beyond Shareholder Wealth Maximization, in : *Financial Management*, Vol. 3, No. 4, p. 26.

ルし操作することになる[28]。

　財務論で展開されたSWMモデルは，前節でみたソロモンの予想利益を現在価値で割引き純現在価値（W）を求める方法に基づき，業務目的は株主の富を求めることであるということでは一致している。しかし，MWMモデルの具体的内容は，各論者によって異なり，第3のモデルの内容も他の2つと違うので，以下，第2と第3のモデルの企業目的と関連する部分の概要を紹介する。

2）　ボーモルの売上極大仮説

　ボーモルは，企業が吸収と合併を繰り返し大規模化し寡占企業に発展し，株式所有主が分散し資本と経営がますます分離する状況の企業を分析し，経営者は売上高の増大を企業目標とすることを主張した。彼は，経営者の企業目的を売上高極大化とする社会的・経済的理由として，つぎの6点をあげている。

① 売上高がいったん減少すると，消費者は，その製品の人気が落ちると考えその製品を購入しようとしなくなる。
② 売上高が減少するようになると，金融機関は資金調達の引き受けに警戒を示すようになる。
③ 売上高が減少すると配給業者を失う恐れがある。
④ 売上高の減少により従業員を解雇すると，経営内の人間関係を困難にする。
⑤ 売上高の減少は独占力を弱め，有効な競争上の対抗的戦略を行使する力を失わせる。
⑥ 所有と経営の分離によって特徴づけられる近代的な株式会社では，経営者は彼らの経営に占める地位を維持するために売上高の大きさに関心をもつ[29]。

　また，ボーモルは，コンサルタントして活動した経験に基づき，当時いわれ

---

28) Cyert R., and J. March, *op. cit.*, pp. 26-27.
29) Baumol W., *op. cit.*, pp. 45-46. 石崎忠司「ボーモル，W. J.」（岩尾裕純編著『講座経営理論Ⅲ・マネジメント・サイエンスの経営学』，中央経済社，1974年，181頁。

ていた寡占企業の経営者は，同業種の寡占企業の行動を考慮して意思決定するという寡占企業の相互依存性を重視せず，経営者の行動を分析すると，寡占企業の経営者は市場占拠率を重視していると考える。そして経営者の行動の分析結果として，最低利潤を確保するという制約条件をつけての売上高の極大化と企業の市場占拠率の維持を，経営者の目標と考えたのである。

最低利潤を制限条件とすることについては，利潤への考慮なしに売上高増大をはかる場合には，価格低下をまねき，その価格が費用を下回る事態も生まれる。したがって，企業の売上高目標と利潤目標との間にはいくらかの矛盾もあり，売上高と利潤の間では何らかの妥協が必要となる。企業が維持すべき最低利潤の具体的内容とは，「配当として支払う十分な資金と，配当および株価の騰貴との組み合わせによって株主に十分に報いることができるように，しかも企業内に留保される再投資資金を償うに足るものでなければならないということになる」[30]。企業の最低利潤の株主と留保利潤の比率はつぎの関係となる。企業利潤のうち，配当分が大きければ大きいほど株式保有者には目前の利益は大きいが，再投資のための留保部分が減少し，将来の成長が小さくなり株式の値上がりの予想を小さくする。配当が多いと現在の株式募集が有利となり資本調達を容易にするが，投資のための留保が少なくなり成長の可能性が少なくなるので，将来株価は上がらず資本調達を不利にする[31]，というのである。配当分が少なければ，当然これと逆の現象が生じる。こうしたことから，ボーモルは，経営者の行動は，最小限利潤の獲得を制限条件として，売上の最大化をはかるのが，一般的であると結論づけるのである。

3） マリスの経営者目的――企業（資産）成長率

ⅰ） 経営者企業における経営者の地位

マリスは，資本と経営の分離が進んだ寡占的大企業の経営者の行動を分析

---

30) 鮎沢成男「寡占市場における企業行動」（中央大学商学部50周年記念論文集）1960年，278頁。
31) 石崎忠司『前掲書』，185頁。

し，経営者の行動目標は，企業（資産）成長率であると主張している。すでにディーンやソロモンの見解を紹介したところでみたように，バーリーとミーンズの『近代株式会社と私有財産』の出版以来，多くの論者により，経営者支配企業の存在を意識し，伝統的企業と比べ企業行動に変化があることを認めるようになる。しかし，その変化について，経営者は社会的責任の立場から企業の利害集団の利害を調整するといった，倫理的・規範的主張が多く，経営者企業の現実的な姿を示すものが少なかった。そんななかで，E. Penrose の *Theory of the Growth of the Firm*（1959）や上記にみた W. Baumol の著書（1959 年）で経営者の行動が分析されるが，マリスは，両者の分析も必ずしも十分でないとの立場から，1964 年に，*The Economic Theory of "Managerial Capitalism"* を著し，経営者の行動を厳密に分析し，経営者の行動目標を「企業（資産）成長率」と規定するのである。彼の業績は，この著作の 1968 年の改定版の序言（Foreword）に言葉を寄せた J. ガリブレスにより，「他の学者もまた利潤極大化に関わるいろいろなモデルを提示している。しかし，（マリスの）『経営者資本主義の経済理論』は，これまでに現れたうちで，理論的に最も完全で，人を動かさずにはいかない力作である」[32]と評価されたものである。

　マリスは，経営者資本主義の特徴とは，「20 世紀中葉における北アメリカおよび西ヨーロッパの経済制度，すなわち，生産が巨大株式会社の手に集中している制度に対する呼び名である。経済活動の多くの分野で，古典的企業家は事実上姿を消してしまった。その結果，現代企業において，企業家職能は卓越的な経営者に引き渡されており，彼らの職能は伝統的な従属者，あるいは『単なる経営者』の職能とは異なるものである。これらの人々は，必ずしも株式をもたず，利潤の分配にあずからず，危険負担をすることなしに，かなりの権力をふるうことが出来る」[33]と考える。

---

32) Marris R., *The Economic Theory of "Managerial Capitalism"* Macmillan London 1964, revised edition, Basic Books Inc., 968, Foreword by J. K. Galbraith, 大川勉，森重泰，森田健吉訳『経営者資本主義の経済理論』（東洋経済新報社，1971 年）。

33) R. Marris, *op. cit.*, p. 16. マリスの内容の叙述にあたっては，村田稔「マリス，R」

マリスによれば，経営者とは，取締役と上級経営者（senior executive）の両者を意味し，経営者が卓越的といわれる意味は，「かなりの権力」の内容によって規定される。原理的には「経営者はつねに取り換え得る」が，取り換えられた新しい経営者チームは事業に慣れていないから当然能率が悪い。したがって，現在の経営者チームがそれほど非能率でなければ，経営者の全面交代は行われない。「経営者の相対的強さは，とりわけその相対的な事業能率に依存する」[34]が，この事業能率は個々の企業に特有なものである。マリスによれば，経営者が，その職能を継続的に可能かどうかを規定する一般的な要因は，「取締役を解任する手続き上の便宜性，持株の分散状況，株式の売買のもたらす種々の経済的影響である」[35]。具体的には，取締役の解任手続きが厄介であるために選任権が影響力を及ぼさないし，株式所有が分散されているため所有者が連絡をとり得ず組織化されていないので，容易に解任し得ない。しかし，株式の売買が，企業の乗っ取りの脅威をもたらすとか，将来の資金の供給に影響を与えるとか，経営者を罰するとかの状況が生まれると，分散されていた投票権が，解任のための勢力として取り戻されるのである。このように，マリスは，経営者が能率的に事業を運営しているかぎり，株主による解任は実質的に難しいが，ただ特定の状況での「乗っ取り」が経営者の解任の可能性を強くさせると述べている。しかし，マリスにおいては，一般的には，経営者は自己永続的であり，多くの場合経営者は追放されないと考えられている。

ⅱ）　経営者の動機と政策目標

こうしたことを想定して，マリスは，経営者の動機は，①企業を成長させる「総資産成長率」と，②自分が経営者として企業を維持発展させるための安全

（岩尾裕純編著『前掲書』，223-241頁，および村田稔『経営者支配論』東洋経済新報社，1972年，「第10章　経営者資本主義の経済理論——マリスの所論の検討——」181-216頁に多くを負っている。

34）　R. Marris, *ibit.*, p. 17.
35）　R. Marris, *ibit.*, p. 17.

性，の2つをあげる。①は，「成功の衝動」，「企業と自己の一体化」，「職業能力の規範」，「ボーナス」，「サラリー」，「権力と身分」のような動機から構成され，これらの動機は，企業の総資産成長率を高める要因である。②の「安全性」は，「乗っ取りからの安全性」，「資金調達の安易さ」，「株主への忠節」の動機から構成される。この安全性は，市場評価，すなわち株式の高低により評価される[36]。

マリスは，経営者の行動の2つの動機を明らかにして，企業（総資産）成長率をC，市場評価率をvとすれば，経営者の目標としての効用uを，u = u（C, v）として表現する。

① 企業に負債がなく，かつ成長が内部留保のみによる場合の資産成長率と評価の関係について，「留保利益が割引率をこえる有利な投資に向けられる場合には，市場はこれを歓迎し，割引率を下回る不利な投資に向けられる場合は，市場はこれを歓迎しない」[37]ことになる。また，経営者が留保率を増大させ資産の成長率のみを増大させていけば，評価率（安全性）vは下がり株価は下がる。そうなれば，乗っ取りの危機が増大する。

② 経営者支配企業の特徴は，一般株主の配当を下げても成長率を増大せることであるが，株価が下がれば，株主からの反撃があり，乗っ取りの脅威が生じる。それゆえ，マリスは，乗っ取りを企てる侵略者の市場評価率と経営者自身の評価率の性質について分析し，適切な利益留保率を確保できる範囲を「安全地帯」とする。マリスは，「現代において，経営者が，一般株主の利益を害して成長政策を行っても乗っ取りが生じない範囲がかなりの程度において存在している」[38]と結論づけている。

マリスは，安全性について負債比率を考慮したケースの成長モデルⅠと，多角化の増大による成長率と利潤率との関係を考慮した成長モデルⅡについて数式化し図示しているが，ここで指摘すべき重要なことは，マリスが，株主の富

---

36) R. Marris, *ibit*., pp. 46-109，村田稔「マリス，R」（岩尾『前掲書』233頁）。
37) R. Marris, *ibit*., pp. 18-25，村田，前掲，227頁。
38) 村田稔，前掲，230-231頁。

の極大化を二次的なものと考え，経営者の効用（政策目標）を第一次的に考える MWM の企業モデルを展開し，経営者資本主義の企業モデルを精緻化していたことである。

4） ウイリアムソンの経営者の行動目的

O. ウイリアムソンは，1964 年 *The Economics of Discretionary Behavior*[39] を出版するが，その主要な内容は，この後で概略を検討するサイアートとマーチのこの著書『*A Behavioral Theory of the Firm*（企業の行動理論）』の第 9 章に「A Model of Rational Managerial Behavior，合理的経営者行動のモデル」[40]として掲載されている。それは，ウイリアムソン（1932 年生まれ）は，R. サイアート（1921 年生まれ）のもとで助手として勤務したことがあることからと思われるが，彼はこの論文で，利潤極大化の仮説が競争条件を考慮せずに適用することへの批判，さらにサイアートとマーチの企業が利害関係者の連合体と把握する見解の検討から始まっている。サイアートとマーチは，企業が，株主，経営者，労働者，供給者，顧客などの 1 つの連合体であり，それぞれの構成員は同等とみなされるが，企業が生き残るために調整されなければならないときには，それぞれ対立した要求を持つと捉えるべきである。しかし，このサイアートらのこうした企業の状況の把握は，企業の存続が危機に瀕している場合のみ有益であって，通常は，企業の行動は，経営者の自由裁量に委ねられていると把握するのが妥当であるとしている。

ウイリアムソンによれば，通常の企業活動を考察するなら，経営幹部は連合体の主要構成員である。なぜなら，経営者は，情報に対して優先的に接近でき

---

39) Williamson, O. E., *The Economics of Discretionary Behavior : Managerial Objectives in a Theory of the Firm*, Prentice-Hall, Inc., New Jersey, 1963.
40) Cyert, R. M. and J. G. March, *A Behavioral Theory of the Firm*, Prentice-Hall, Inc., New Jersey, 1963, Chapter 9, pp. 237-252. 松田武彦・井上恒夫訳『企業の行動理論』ダイヤモンド社，1967 年，この翻訳にもお世話になったが，必要に応じて改訳している。

るし，調整と指導をする行為者としての役割を果たすことにより，主導的地位についているからである[41]。それゆえ，ウイリアムソンらが伝統的な利潤極大化理論から離反できるのは，彼らの主張する企業行動モデルでは，なにが「最善」であるかという仮定が異なるからである。伝統的理論では株主の最善の利益に留意して経営者は行動をとらなければならないが，彼らのモデルでは，「主要要素として，①給与，②スタッフ，③任意の投資支出，そして④コストを吸収する経営スラッグをもった効用関数を最大化するよう企業を運営すればよいとう状況に経営者はおかれている。この効用関数は，報告利潤が要求最小利潤より大きいか，また等しいことを条件として最大化される」[42]と主張する。ウイリアムソンにおいては，この場合の経営者とは，最高経営幹部（top management）でなく諸経営者（managers）として議論されており，たとえ，最高経営幹部の諸目標が株主の目標と近似し，中間管理者（middle managers）のもつ下位目標が予定された目的の実現を妨げるほど違った場合でも，通常の場合は，最高経営幹部側に対して率直な協力がなく，これらの非利潤目的が企業資源の相当額を吸収するとしても，それを許容する態度が必要であろう，と意識的に注を設定して解説しているのである[43]。

　ウイリアムソンは，経営幹部の目的関数を導き出すために，種々の細かい説明をしている。上記の主要要因のうち，①「給与」は「スタッフ」に包含できる。経営者がスタッフを重視するのは，スタッフィングにより下からの圧力に給与目的を果たしうるだけでなく，スタッフは，仕事の保証，威信，柔軟性の源泉であるからである。しかし，過剰スタッフには注意しなければならない。②任意的投資支出は報告利潤と要求される最低限利潤との差である。報告利潤は企業が認める利潤であり，また費用に吸収される経営スラッグの総額を差し引いた現実の利潤である。税金，利益配当および内部成長資金が得られるのは

---

41)　Cyert and March, *op. cit.*, pp. 240-241，松田・井上訳『前掲書』，263頁。
42)　Cyert and March, *op. cit.*, 同上訳『前掲書』，264頁。
43)　*Ibit.*, p. 241, see foot note，松田・井上訳『前掲書』278頁の注16を参照。筆者により理解しやすく改訳している。

報告利潤からである。③「最低」（税引き後）利潤は，要求を満足させるに十分であり，連合体の他の構成員が取決めをした利潤である。報告利潤は，税のために補正された最低利潤より大きいか，等しくなければならない。

ウイリアムソンは，こうした前提で効用極大化モデルを展開しているが，ここではこの極大化モデルの特徴を，鈴木毅と宮川公男の業績[44]に依拠してその主要点を指摘しておく。

a) 伝統的な利潤極大化モデルと違って，ボーモルの売上高極大化モデルと同様に，利潤極大水準をこえて生産量を拡大する。しかし，両者の間に重要な違いがある。

b) 売上高極大モデルでは，生産に対する支出とスタッフに対する支出については中立的であり，それぞれ売上高に対する貢献度が評価され，企業規模は拡大されると考えられている。スタッフに対する偏重はない。

c) それに対して，ウイリアムソンのモデルでは，スタッフに対する支出を重いものと選択する。このモデルでは，スタッフに対する支出が多いものとして企業規模が拡大される。

d) 伝統的極大化モデルでは，税の変化に対しては反応を示さないが，ボーモルのモデルでは，法人税の上昇に対して，生産とスタッフに対する支出を減少させる反応を示す。これに対して，ウイリアムソンの効用極大化モデルでは，法人税の上昇に対し，ボーモルとは反対にてスタッフ経営者の報酬への支出を増加させる反応を示す。

e) ウイリアムソンの効用極大化モデルでは，スタッフに対する支出（販売費，研究開発費，サービス関係費等）は，企業の生み出す巨額の拘束されない利潤の大きな部分を吸収する。しかも，スタッフへの支出は，長期の経済的利益を生み出す源泉であり，かつまた経営者の地位，権力，威信，報酬などを決定する重要な要素である。

f) 経営者報酬に対する支出は，経営者の短期目的であるので，経営者は，

---

44) 鈴木毅「ウイリアムソン，O. E.」（前掲，岩尾裕純編著『講座経営管理Ⅲ』），210-211頁，宮川公男『意思決定の経済学Ⅱ』（丸善，1969年），643-661頁。

この短期目的と長期にこの目的を実現させるスタッフへの支出を組み合わせ，企業を経営する。
g) このように，ウイリアムソンの極大化モデルでは，スタッフに対する支出を強く選好するので，報告利潤は低下する。

以上の，ウイリアムソンの極大化モデルは，あくまでも産業企業の経営者と中間管理者の行動を客観的に分析し，企業の成長における管理者の役割を重視したものといえよう。

5) サイアートとマーチの企業目標

ⅰ) 伝統的企業理論に対する批判と代替案

サイアートとマーチは，従来の企業で仮定された，①利潤極大化と②市場情報についての完全知識に関して代替案を提出する。まず，①利潤極大化について，利潤が唯一の目標であるのか，さらに企業は利潤を極大化する方式で行動しているかに向けられる。サイアートとマーチにおいては，組織の諸目的は，その組織のさまざまな参加者のあいだの相互作用から生まれると主張する。その場合，組織が永遠の将来にわたって生存の確率を高めるために組織の安全水準を最大にすることを目標とすることができる。たとえば，ボーモルの最小限利潤の獲得を制限条件として売上極大化をする考え方である[45]。さらに，利潤極大化の仮定を疑問視し，利潤の重要性を否定しないが，サイモン，ゴードン等が主張してきたように，利潤の極大化は満足すべき利潤を生み出すという目標に置き換えられるべきと主張する。満足すべき利潤とは，企業が代替的政策を評価するために便法とする要求水準のことである[46]。

②市場情報についての完全知識に関しては，サイモンや他の人たちは，情報は企業に与えられるのではなく，収集されなければならない，また代替案は探索されその結果，発見されるのである。選択の理論と探索の理論が密接にからみ合うようになり，意思決定の一般理論が重要な意味をもつようになった。こ

---

45) Cyert and March, *op. cit.*, p. 10, 松田・井上訳『前掲書』, 13-14頁。
46) *Ibit.*, p. 10, 前掲訳, 14頁。

のように，サイアートとマーチは，従来の伝統的企業理論が前提していた，利潤極大化にたいしては，サイモンの満足水準，さらに市場情報について完全知識については，限定された合理性を対置させるのである。

ⅱ）企業組織の概念と目的

サイアートとマーチによれば，「組織は，個人の連合体であり，その個人はさらにいくつかの下位連合体となって組織されている。企業組織の場合だと，その連合体を構成するメンバーに，経営者，従業員，株主，供給業者，顧客，弁護士，税徴官吏，監督諸機関，などが含まれる」[47]。行政組織，大学組織だと，この構成メンバーに違いがある。組織連合体の境界を，簡単に画することは不可能であるが，しかし，「ある特定（比較的短い）期間にわたって，われわれは重要メンバーを識別することができるし，あるいは，特定の決定について，その主要な連合体メンバーを識別することができる」。「しかしながら，組織目標という概念と，連合体としての組織という概念は，内在的に矛盾する」。連合体という組織における個人はそれぞれ個人の目標を持っているから，「組織目標に関する理論も，さまざまの個人と集団からなる連合体に固有な内部目標の葛藤について，……うまく処理されなければならない」[48]。

それでは，連合体内の目標に関する葛藤はどのように処理されるのか。組織目標の形成プロセスを検討する前に，指摘しておかねばならないことは，実際の目標は共同の優先順位づけによってその正常な姿を表すことができず，「目的についての意見が一致するのは通常，きわめて漠然とした目標一致している場合である」[49]こと，さらに組織目的のほとんどは，「最大化」ないし「最小化」ではなく，「要求水準という形をとり，また要求水準は経験に呼応して変化する」ということである。サイアートとマーチは，このような指摘をしてから，目標形成プロセスについて，①バーゲニングによる連合体の目的形成，②

---

47) *Ibit.*, p. 27. 前掲訳, 40頁。
48) *Ibit.*, p. 27. 前掲訳, 40-41頁。
49) *Ibit.*, p. 28. 前掲訳, 42頁。

目標の安定化と精緻化，③経験を通じての目標の変化，④組織スラッグ，をあげそれぞれについて検討している。

① バーゲニングによる連合体の目的形成——連合体の目的形成は，サイド・ペイメントのバーゲニングを通じて形成される。サイド・ペイメントの形態には，金銭，個人的処遇，権限，組織方針などがある。連合体内のサイド・ペイメントは，効用に関して無制限の融通性という要求を満たすことはない。また，現実のサイド・ペイメントの全体効用は，その連合体うちでなされる配分によって左右される。こうした限定のもとで，サイアートとマーチは，サイド・ペイメントのバーゲニングによって組織の集団内の葛藤を解決しながら，組織目的は次第に生まれ，政策上の公約という形式をとるものが相当数あると考える。

サイアートとマーチによると，「サイド・ペイメントに関するバーゲニング（交渉）の過程で，組織目標はいくつかの重要な属性をもつ傾向がある」。イ）組織目標の合理化は，関係する指導者の技量，新しい交渉に導く要求の道筋，組織各部門の積極性，資源の不足などによって決まるため，不完全にしか行われない。ロ）組織目標のなかには，要求水準としての制約要因の形で表される。たとえば，「われわれは，全体予算の10％を研究に割り当てなければならない」といった形式である。ハ）組織目標のあるものについては，ノン・オペレーショナル形式で表されることがある。それは，連合体の構成員がノン・オペレーショナルな要求をもっているからであるが，こうしたノン・オペレーショナル形式での目標が一般に通用するのは，事実上どんな組み合わせの目標とも矛盾しないからである。以上の組織目標の傾向は，「目的について意見が一致するのは通常，きわめて漠然とした目標が一致」する場合であること，を示している[50]。

② 目標の安定化と精緻化——交渉過程で生み出された公約目標が形成されると考えるだけでは不十分である。彼は，組織目標が，公約のモデルよりは

---

50) *Ibit.*, pp. 29-32. 前掲訳，43-48 頁。

はるかに安定したものである。それは，連合体の構成員は，その協定の下に行動し相互統制機構をつくりだそうと動機づけられるからである。その統制機構の1つは予算であり，もう1つは機能の配分である。予算オーバーした部門や，予算を全額もらえなかった部門にとっても，予算はどの組織でも「自己確認」の装置である。機能の配分とは，個人もしくは下部集団が自由裁量の限界を超えて行動しないような制限であり，予算における資源の配分と同様に，組織図における自由裁量の配分は，自己確認的なものである。サイアートとマーチは，この相互統制機構に関係する副次的な交渉は，連合体の協定条項を精緻化する。目標の精緻化は，協定条項の精緻化を通じて生まれるが，組織先例があると，目標は純然たる交渉状況から示されるよりは，その先例が力をもち，大きな安定性をもつことになる[51]。

③　経験を通じて目標の変化―個々の構成員が連合体に対して行う要求は，経験とともに変化する。また，要求の性質も，要求の量的水準も，時とともに変化する。しかも，組織目標は，要求水準として連想される通常現象に支配され，組織の目標に対する注目には限界があると仮定するなら，外見上の内部的諸矛盾は解決できると考えるのである[52]。

④　組織スラッグ―連合体の各構成委員に対してなされるペイメントが，彼らを組織にとどまらせるに十分であれば，組織連合体は生存することができる。その場合，伝統的企業の前提とは違い，市場に関する情報は入手困難，情報を探索する，要求に対する適応は緩慢であるという前提では，サイアートとマーチは，「組織体が利用できる資源と，連合体を維持するために必要とするペイメントとの間には，不均衡が存在する」と考える。「総資産と総必要ペイメントとのこの差こそ，われわれが『組織スラッグ』と称してきたものである。スラッグは，組織体を維持するために要求されるもの以上に，連合体の構成員に対してなされるペイメントにあるのであ

---

51)　*Ibit.*, pp. 32-34. 前掲訳，48-50頁。
52)　*Ibit.*, pp. 34-36. 前掲訳，50-53頁。

る」[53]。

サイアートとマーチは，企業内の多くの興味深い諸現象が起こるのはスラッグがゼロにならないからであり，伝統的経済理論ではスラッグがゼロである。また，従来の経営者経済学では，所有者に対するペイメントというスラッグの一断面にのみ焦点が注がれ，スラッグの他の断面はゼロに固定されている。こうした取り扱いは，現実の企業を正確に描写していないと批判する。スラッグは，典型的にはつぎのような形態で存在する。

a) 株主（銀行）を組織内にとどめるに必要とされる額を越えて，株主に配当金が支払われる場合
b) 買い手から得る適切な所得を維持するに必要とされるよりも低い価格が設定される場合
c) 労働を維持するに要求される額を越えた賃金を支給する場合
d) 経営幹部をとどめておくに必要とされる以上のサービスと身の回りのぜいたく品を供与する場合
e) 支払い増加と収益増加との関係に対する客観的な配慮を施さずに，組織の構成部門が大きくなることを許す場合
f) 必要以上に公益奉仕が提供される場合など，である[54]。

サイアートとマーチは，こうしたスラッグは，「われわれが記述してきた交渉と意思決定の過程から生まれてくるものであって，組織に対して安定性を提供しようという連合体構成員たちの一部における意識的意図ではない。……。ある意味で，その過程が補強されるのはスラッグが『はたらく』から」であると述べている。こうして，彼らは，交渉と連合体形成を通じての目標形成に対して深く焦点を合わせた理論を展開させる段階にいたっていないとして，現代の企業組織のパラメーターとして生産目標，在庫目標，販売目標，市場占拠率目標，利益目標などについて，相互に識別して，短期モデルとして説明できるとしている。

---

53) *Ibit.*, pp. 34-36，前掲訳，54 頁。
54) *Ibit.* p. 37，前掲訳，54-55 頁。

以上，サイアートとマーチの理論は，企業（組織）の目標について，これまでに見てきたソロモンは結局株主の富の最大化，経営者のための経済学の立場とは異なっている。ボーモルは売上げの極大化，マリスは資産の成長率，ウイリアムソンは中間管理者などのスタッフへの支払いを重視した長期的企業成長といった，工業生産企業の経営者の立場からなされたものであった。サイアートとマーチも製造企業を想定していると思われるが，連合体構成員のもつ利益目標を，交渉によりサイド・ペイメントの配分から説明しようとしたのであって，経営者のための経済学の立場にあっても，非常にユニークなものであることが指摘できる。この連合体構成員の各個人ないし集団間の交渉によって組織目標が決まるとする枠組みは，バーナード，サイモンの組織論から強く影響をうけたもので，バーナードは，利害集団間の利益の調和を経営者の本能的審美感（釣り合い）の問題と考えたのを，なるべくオペレーショナルものに近づけ理論化しようとしたところに，その本質的特長があるといえよう。

4．M. ジェンセンのエイジェンシー理論における企業目的

1） エイジェンシー理論における企業観

　1976年 Journal of Financial Economics 誌に，M. Jensen と W. Meckling の名で「企業の理論――経営者の行動，エイジェンシー・コストおよび所有構造」という論題で長文（55頁）の論文が発表された。その序論の冒頭で，次のように書かれている。「この論文では，(1)所有権，(2)エイジェンシー，(3)所有構造の理論を発展させるための企業のための財務 (finance) の最近の進展を描いている。この3つの領域それぞれの諸要素を結びつけることに加え，この分析は，企業の定義，『所有と支配の分離』，企業の『社会的責任』，『会社の目的関数』の定義，最適資本構成の定義，借入契約の内容の明細，組織の理論，市場完全性の供給サイドの問題といった専門的，大衆的文献で取り扱われている種々の諸問題について，新しい光を当てその結果を示している」[55]。このように，この論文は，伝統的企業の概念に疑念を提示した，Managerial Economics（経営者

の経済学)の立場から主張した論者の「企業の理論」に対抗する理論として展開されたのである。それはジェンセンらの次の叙述によって分かる。

アダム・スミスやアルフレッド・マーシャルによって例証されてきた企業の内側がブラックス・ボックスであり,企業目的が利益ないし価値の極大化であるという限界をもつ伝統的企業理論に代わって「新しい企業理論を構築しようとする多くの試みが行われてきた。それぞれの試みは,大企業における経営者の行動を説明するには,それが不適当であるという確信に動機づけられている」。ジェンセン等は,その多くの試みの代表的論者として,脚注でウイリアムソン (1964, 1970, 1975), Marris (1964), Baumol (1959), ペンローズ (1975) をあげているからである[56]。

ジェンセン等は,エイジェンシー理論を展開するにあたり,それは所有権に基づいているという。「個人の権利の明確な詳述が,組織への参加者の間に費用と報酬をどのように配分するかを決定する」からである。この場合「個人の権利の明確な詳述は,一般的に契約すること(明示的ないし暗示的であれ)によってもたらされるから,経営者の行動を含む組織内の個人の行動は,これらの諸契約の性格に関係している」[57]。それゆえ,所有者と経営者の間での契約で明確に詳述される所有権に含まれる含意が検討されなければならないという。

いま,エイジェンシー関係を,1人ないし複数の人(依頼人 Principals)が他の人(代理人 agent)と契約を結び,代理人に意思決定権限を委譲し彼ら依頼人のためにあるサービスを代行することと定義する。この場合,この関係において両者は,効用を極大化することであるが,代理人(たとえば経営者)は,依頼人(株主)の利益を最大化する行動をつねにとるとは考えられていない。「依頼人(株主)は,代理人(経営者)が株主に対して利益(配当)を保証するとい

---

55) Jensen, M. C. and W. H. Meckling, Theory of the Firm : Managerial Behavior, Agency Cost and Ownership Structure, in ; *Journal of Financial Economics*, 3, 1976, pp. 305-360, North-Holland Publishing Company, pp. 305-306.

56) Jensen and the other, *op. cit.*, p. 307.

57) Jensen and the other, *op. cit.*, pp. 307-308.

う役割からの逸脱を制限するために，代理人（経営者）への適当なインセンティヴを与えること」もあるし，また依頼人（株主）は，代理人（経営者）が逸脱した行動をとることを抑えるために取締役会や監査役会などを設置するに必要なモニタリング費用を設定することもできる。

また，依頼人（株主）は，代理人（経営者）が依頼人（株主）に損害を与える行動をとらないよう保証するために，たとえば，代理人が不正をしないという契約を結ぶとか，代理人としての自分を監視する外部取締役を受け入れるとか，そのほか自己を拘束するために，組織の資源を費用として支出するか（拘束コスト bonding cost），もしくは代理人がそのような行動をとる場合は，依頼人はそれを賠償で埋め合わせことができる。しかしながら，依頼人にとっても代理人にとっても，依頼人の立場から代理人が最適な意思決定を保証した状態でのエイジェンシー・コストをゼロとすることは不可能である。

多くのエイジェンシー関係では，依頼人も代理人も積極的にモニタリングとボンディング費用（金銭的であれ非金銭的であれ）を負担するが，代理人の意思決定と依頼人の幸福を最大化する意思決定の間に不一致が存在する。この不一致によって依頼人が受ける富（welfare）の減少に等しい金額は，エイジェンシー関係におけるコストである。ジェンセン等は，これを残余ロス（residual loss）と名づける。したがって，ジェンセン等によると，エイジェンシー・コストの総計はつぎの3つである。

① 依頼人よって支出されるモニタリング・コスト
② 代理人よって支出されるボンディング（拘束）・コスト
③ 残余ロス[58]

ところで，ジェンセンらによると，ある会社の諸株主と経営者の関係が，ある純粋なエイジェンシー関係にちょうど当てはまるのであるから，所有が分散している現代の会社における「所有と支配の分離」の問題は，エイジェンシーの一般的問題とは関係しているといえる。エイジェント（代理人）が依頼人

---

[58] Jensen and the other, *op. cit.*, p. 308.

(principal) の富を極大化するように行動をするという問題は極めて一般的であるというのである。

2) エイジェンシー理論における組織観

　それでは，ジェンセン等は，組織をどのように理解し把握しているであろうか。すでにこれまでの行間から推測できるが，彼らは，多くの組織は「擬制法人（legal fiction）」であり，その組織は諸個人間での一連の契約関係の束として活動する。さきにもふれたように，この組織には，企業だけでなく大学，病院のほか，相互貯蓄銀行，保険会社，協同組合，私的クラブなどの相互会社，政府，自治体機関などが含まれる。したがって，「それ〔エイジェンシー関係〕は，すべての組織や企業の経営管理のあらゆるレベルの協働的取り組みに存在するし，大学，相互会社，協同組合，政府公共機関と部局，組合など，通常エイジェンシー関係として分類できる組織に存在する」。しかし，彼らによるとつぎのような脚注を付与せざるを得なかった。「エイジェンシー・コストは組織のあらゆるレベルで生じる。しかし，不幸にも，これらのより一般的な組織要件の分析は，『所有と支配』の分析よりははるかに難しい，なぜなら，当事者間の契約上の義務と権利はより異なっており，一般的には契約上の取り決めは明白に規定できないからである。しかしながら，それら〔種々の組織のあらゆるレベルでのエイジェンシー・コスト〕は存在するし，我々〔ジェンセン等〕は，この方向での分析を拡大し，実行可能な組織理論の生産的な洞察を組み込むことができることを信じている」[59)]*。ジェンセン等は，この論文の1976時点では，種々の組織の管理のあらゆるレベルでのエイジェンシー関係とその費用についての検討は，将来の課題とし，もっぱら株主と債権者の経営者とのエイジェンシー関係の分析をすることを断わっている。

　　＊　ファーマとジェンセンは，1983年に「所有と支配」と「エイジェンシー問題と
　　　残余請求権」という二つの論文を書き，組織内のエイジェンシー関係について分析
　　　している。前者では，企業組織における契約が3つにおいて現われる。第1の契約

---

59) *Ibit.*, p. 309 の注 10 を参照。

は，企業の収入から必要経費を差し引いて残る残余利益を得る権利である①「残余請求権」の契約であり，第2と第3の契約は，意思決定プロセスを担当する経営者グループ間の契約である。すなわち，意思決定プロセスを分析すると，ⅰ）発案（経営資源の利用をめぐる提案），ⅱ）承認（実行されるべき発案を選択するプロセス），ⅲ）実行（承認された意思決定を実行するプロセス），ⅳ）監視（業績を測定し，報酬を与えるプロセス）に分けることができるが，ⅰ）とⅲ）を②「経営的意思決定権」と名づけ，ⅱ）とⅳ）を③「支配的意思決定権」とよび，この②と③をめぐる契約が，第2の契約，第3の契約となる。しかも，企業家企業では，①，②，③が所有者であり経営者である企業家企業では，エイジェンシー問題は生じないが，巨大株式会社では，①所有者，②，③が，それぞれ異なった経営者，管理者グループによって担当されるので，エイジェンシー問題が生じるというのである（E. F. Fama and M. C. Jensen, Separation of Ownership and Control, *The Journal of Law & Economics,* Vol. 26 (2), p. 303）。さらに，「エイジェンシー問題と残余請求権」の論文では，パートナーシップ，金融相互会社（相互貯蓄会社，保険会社等），非公開会社，非利益組織などの組織形態における，残余請求権とエイジェンシー関係の分析を行っている（Fama and Jensen, Agency Problems and Residual Claims, *The Journal of Law & Economics,* Vol. 26 (2), pp. 327-349）。

したがって，たとえば経営者と一般従業員がどのような契約関係にあるのか，またその両者でどのようなエイジェンシーコストが発生するかは，具体的に示されていないのである。

私的会社の組織については，次のように説明される。「私的会社ないし企業は，単なる擬制法人の一つの形態で，それは契約関係の一つの束（a nexus for contracting relationship）として活動し，その組織の資産とキャッシュ・フローについて分割可能な残余の請求が存在していることによって特徴づけられ，それは他の契約している個人の許可なしに売却できる」[60]のである。この契約関係は，外部組織との取引でも生じるから，企業の外と内の区別は，なんら意味をなさないことになる。ここで看過されてはならないことは，ジェンセン等にとっては，組織内のエイジェンシー関係，すなわち，依頼人と代理人の関係は，分割可能な残余請求の極大化の問題であるということである。

ジェンセンは，2000年に，それまでの論文をまとめ，*A Theory of the Firm:*

---

60) *Ibit.*, p. 311.

Governance, Residual Claims, and Organization Forms を出版するが，その序章で，「価値極大化の基準は，社会のパイの大きさを極大化する会社の目的である。残余請求権の危険負担者である株主は，会社を支配する権利を持ち会社の価値を極大化する動機をもっているのであり，彼らがこの支配権の多くを取締役会に権限委譲し，この取締役が最高経営者（CEO）を雇用し解任し，少なくとも報酬を決定しているのである」[61]と述べているのである。

さらに，2002年には，Business Ethic Quarterly 誌に，「価値極大化，ステークホルダー理論，および会社の目的関数」を寄稿し，「目的のある行動は，単一の価値の目的関数の存在を要求する」，ステークホルダー理論の要求する「多数目的は無目的である」と主張する[62]。ジェンセンは，この論文の注記で「ステークホルダー理論は，多くの専門的組織，特殊利害集団，現在のイギリス政府を含む政府組織によって是認されている。この同意は，ランド・テーブル〔アメリカの経営者団体—引用者〕によってもなされ，その承認はアメリカの38州の法律とフィナンシャル・タイムズによってもなされている」。「このようなステークホルダー理論は，合衆国の裁判所と州議会に対して，ポイゾン・ピルの法制化と株主国家統制法（state control shareholder acts）の法制化による敵対的買収を制限することを実施するよう説得する意味で重要な役割を果たしている」[63]と述べている。これほど，影響力のあるステークホルダー理論を，財務論の立場から，単一目的なら測定可能であるから科学的であり，多数目的なら計測できないから無目的であると批判している。すなわち，ジェンセンは，ステークホルダー理論の支持者にまっこうから対立する主張をしている。しかも，自己の主張を正当化するために，この論文でハイエクの文献の2ヶ所

---

61) Jensen, M. C., *A Theory of the Firm : Governance, Residual Claims, and Organization Forms*, Harvard University Press, Cambridge, Massachusetts, 2000, p. 2.
62) Jensen, M. C., Value Maximization, Stakeholder Theory, and the Corporate Objective Function, *Business Ethics Quarterly*, Vol. 12, Issue 2., 2002 (pp. 235-256), p. 237, p. 238.
63) Jensen, *op. cit.*, pp. 254-255.

から引用をしている。アメリカ経営学の学説史のなかで，企業目的として「株主価値極大化」が主張され，この主張がアメリカ・ウォール街とイギリス・シティーの人々に受け入れられ，しかも，日本の財務論・商法関係学界，さらにカブト町の金融関係者に影響を及ぼしたのか，について検討するためには，1970年ごろからアメリカを中心に展開された「経済の金融化」現象の発展経過について分析しなければならない。以下，節を改めて検討していこう。

5．金融規制緩和とアメリカ産業企業の衰退

1） 1933年銀行法以降1960-70年代までの産業企業の発展

　世界を震撼させた1929年の恐慌は，銀行や証券会社が投資銀行を設立し，多くの証券を発行すると共に，その証券を購入する投機資本が増大しバブル状態になり，それが破裂したものであった。バブル崩壊以降は，経済は停滞し，失業者が増え，生産は減少し，それからの復興は，最終的には第2次世界大戦の戦時ブームまで待たなければならなかった。29年恐慌以降，2度と金融危機を起こさないために，制定された1934年の銀行法（グラス＝スティーガル法）は，フランクリン・ルーズベルトのもとで，それまで強かった銀行と政治家の癒着を許さない厳しいものであった。この銀行法の内容の基本的精神は，金融制度でのリスクをできる限り少なくし，一般市民を保護することに重点が置かれていた。具体的には，一般家庭や中小企業の預金を扱う商業銀行と，大企業や一部の金融富豪のための証券取引や資金調達をする投資銀行を分離することであった。商業銀行が危機に陥った場合は，連邦預金保険会社によって保護されるが，厳格な連邦銀行（FRB）の規制を受け入れなければならないとう制度であった。連邦からの規制とは次のようなものであった。

①　レギュレーションQの条項により，FRBが貯蓄預金（普通預金）の金利の上限を定める権限を持っており，銀行の預金獲得競争を抑えるとともに，銀行に低金利で資金の獲得を保証した。

②　商業銀行は，新規支店の開設と他州への進出が禁止され，銀行の子会社と

しての投資銀行の設置も禁止されたため，銀行の規模の拡大も抑制された。
　こうした規制により，この銀行法のもとでの商業銀行の営業は，電力，水道などの公益事業に似てきており，当時の人々からこの銀行ビジネス・モデルが「3・6・3ルール」と呼ばれたという。3％の預金金利，6％の貸出し金利，3時には行員はゴルフに出かけられる，の意味である[64]。1970年代のアメリカの金融部門はGDPの3％を占めるにすぎず，給与も民間部門全体より少し高い程度であった。また，「当時の銀行の仕事は，工場設備の増強やインフラ整備への融資と決まっていた」。ジョンソンとクワックによれば，貸出しに対する自己資本比率は1840年代の50％から20世紀初めに20％前後になり1933年に連邦預金保険会社（FDIC）の預金保険がかけられるようになってから10％を下回るようになってはいた[65]。いずれにしろ，1933年の銀行法施行以降，アメリカでは，1987年のブラック・マンディーまで，金融危機は起こらなかったことは銘記されてよい。アメリカが，世界の産業企業の覇者の地位を固めた時代には，銀行は産業企業の発展のための「謙遜なる助産婦」の役割を果たしていたといえる。

2）　次第に始まった銀行法の規制緩和

　ところが，1970年代に入り，事情はすこしずつ変化し始める。1970年代のアメリカ人は豊かになり貯蓄を増やし，企業も従業員のために年金プランを設けるようになると，機関投資家や投資信託の発言が強まり，株取引における大口注文に値引きを求めるようになった。1975年証券取引委員会は，こうした声を聞き入れ，株取引の仲介手数料の自由化が認められる。さらに，1970年代に入るとインフレ（物価の上昇）が進み，従来の預金金利が3％では，十分な利息とならず資金は預金から流出し短期国債ないし政府の短期債に流れ込むよ

---

64)　Johnson, Simon and J. Kwak, *13 Bankers : The Wall Street, Takeover and the Next Financial Meltdown*, Vintage Book, Random House, Inc., New York, 2010, pp. 34-35, 村井章子訳『国家対巨大銀行』（ダイヤモンド社，2011年），45-47頁。
65)　Jonson and Kwak, *op. cit.*, pp. 35-36, 村井訳『前掲書』，47頁。

うになる。1971年に登場した短期証券投資（MMF）は，1976年に運用残高が30億ドル程度であったのが，82年には2,300億ドルに成長していた。1970年代後半のインフレ率が10％台になると，商業銀行は3％の預金金利では顧客を失うとともに，固定金利（7％）で貸し出していた住宅ローンは逆さやとなり，インフレ率を埋め合わせることができず損失も発生するようになった。ジョンソン等は，この時代にローンで住宅を購入したアメリカ人は，最高の投資は住宅だと思い込むようになったと書いている[66]。

銀行にみられた住宅ローンでの逆さやによる損失は，商業銀行よりは貯蓄貸付組合（S&L）への影響が大きく，ロビー団体の米国貯蓄機関連盟は共和党と民主党の議員に働きかけたこともあり，議会は，1980年S&Lからの圧力に負け，「預金金融機関規制緩和・通貨管理法」を可決した。その結果，レギュレーションQは廃止され，銀行は自由に金利を設定し預金の奪い合いを始めることになる。また，この規制緩和によりS&Lは，住宅ローンよりリスクの高い融資や投資に手を広げられるようになり，失敗も犯しやすくなっていた[67]。

具体的には，1981年，ロナルド・レーガン第40代大統領が選出され，この規制緩和は，経済学者ミルトン・フリードマンの知恵を借りてますます進む。まず，1982年に，貯蓄貸付業界が要求していた住宅ローンだけでなく商業ローンとジャンク債（ジャックボンド）を含む債券投資への事業拡大を認める「預金金融機関法」（Garn-St. Germain Depository Institution Act 通称ガーン゠セント・ジャメイン法）を議会で通過させた。さらに，ウォール街の要求を受け，「住宅ローン担保証券（MBS）」の市場の創設を認め，1984年には，「住宅ローン証券化市場強化法」が議会で可決され，投資銀行はどんなローンでもリスクを薄く広く分担させる方式で売却可能となった。さらに，1986年税制改革とからませて不動産ローンの投資コンデュイット（特別目的会社の一種）の設立が可能となり，投資銀行は数百万ドル単位で手数料を稼いだ。このことにより，住宅部門に流れ込む資金を増やし，多くの人にとって住宅が買いやすくなったとされ

---

66) Jonson and Kwak, *op. cit.*, pp.65-66. 村井章子訳『前掲書』，87頁。
67) *Ibit.*, p.67. 同上訳，88頁。

ている[68]。他方で，ガーン＝セント・ジャメイン法によって，多くのS&Lがジャンク債などのハイリスクの投資に向けて行動したこともあり，S&Lの倒産が1989年には534件のピークを記録し，1985-92年の合計で2000以上が倒産に追い込まれた。1970年代を通じたS&Lの破綻件数がわずか79件であったことをみると，小口預金のS&Lがいかに様変わりしたかを示すものであった。しかし，グラス＝スティーガル法（1933年銀行法）の規定により，最終的にS&L関係の1,000人以上が不正疑惑で起訴されたにもかかわらず，政府は540億ドル以上の出費を強いられたという[69]。

3）　M&Aと株価収益率重視の企業経営

アメリカの企業合併については，第二次世界大戦前の水平合併，垂直合併の波の後，戦後の1960年代のコングロマリット（異種）合併の波があったことはよく知られている。図表1-1[70]から分かるように，産業企業は，さきに述べ

図表1-1　アメリカ非金融会社における企業手持現金の増加額
（単位：億ドル）

	1960	1965
企　業　利　潤	267	445
配　当　金　支　払　額	− 134	− 189
差　　　　　額	133	256
減価償却引当額	242	349
企業手持ち現金合計	375	605
う　ち　新　投　資　額	− 355	− 551
余　　剰　　現　　金	20	54

出典：S.L. Hayes & R. A. Taussig, "*Tactics of Cash Takeover Bids*" Harvard Business Review, March-Apr. 1967. p. 138
出所：宮崎義一『寡占』（岩波書店，1972年）132頁

---

68)　*Ibit.*, pp.70-73，同上訳，93-97頁。
69)　*Ibit.*, pp.73-74，同上訳，97頁。
70)　宮崎儀一『寡占』岩波新書，1972年，132頁。

た MWM の「投資―利益留保モデル」の行動をとっていた。図表 1-1 にあるように，1960 年と 1965 年の，①企業利潤，②配当支払額，③減価償却引当金，④企業手持ち現金額，⑤うち新規投資，⑥手持ち剰余現金額を示している。1960-65 年を比較すると，②の配当支払い額は 134 億ドルから 189 億ドルに増大し（1.41 倍），⑤の新規投資は，355 億ドルから 551 億ドル（1.55 倍）に，⑥手持ち剰余現金額が 20 億ドルから 54 億ドル（2.7 倍に）に増大している。こうした企業内の手持ち余剰金の存在こそが，当時の産業企業が，コングロマリッド合併を拡大させた第 1 の理由である。第 2 の理由としては，独占禁止法は，同一業種企業の合併による市場シェアの独占的拡大を厳しく監視していたが，異業種間の合併による拡大には厳しくなかったことにもよる。

　M&A の件数は，1965 年には 2,000 件余りでしかなかったが，69 年には 6,000 件を超え，72 年には 2,861 件に減っている。チャンドラーによると，1963 年から 72 年までに行われた M&A のうち 4 分の 3 は既存事業とは無関係な製品多角化を狙った異業種との合併であり，1973 年から 77 年にかけては，全体の M&A の半分は異業種との合併であった[71]。しかも，「売却・撤退と M&A の比率は，1965 年には 1 対 11 であったのが，69 年には M&A が急増して 6,000 件を超えたにもかかわらず，その比率は 1 対 8 程度であった。そして 1970 年には 1 対 2.5 となる。1974 年から 77 年にかけて，撤退・売却件数は M&A 件数の半分に上った」[72]。こうした異業種企業との合併による事業部の数の増大は 40 を超え（多い場合 50 超え）たことから，従来の GM やデュポンで開発された事業部制における本社トップによるマネジメント方法に比べ，異質なマネジメントを必要とするものであった。すなわち，従来の投資利益率による予算管理の方法だけでは不十分であり，本社は，異業種事業部でありかつ事業部数の異常な増大のもとでは，従来とは異なった管理階層（権限・委譲関係）

---

71) Chandler, A., *Strategy and Structure*, 1962. 有賀裕子訳『組織は戦略に従う』（ダイヤモンド社，2004 年）．pp. xviii-xx. 有賀訳は 1990 年度版で，1962 年版に，新たにコングロマリット合併に関する説明のある「序文」が加えられている．

72) 有賀裕子訳『前掲書』，xx 頁．

や情報が必要となり，失敗するケースが多く，それが撤退の主な理由であった。つまり，コングロマリットによる多角化は，従来とは異なったマネジメントと必要するはずであったが，それに対応できるマネジメント能力がなかったことが，売却・撤退の理由であった。

　要するに，F.ティーラ以来世界の経営管理をリードしてきたアメリカの経営者陣が，留保利益を既存事業のより発展のために研究・開発に向けることなく，株価収益率が高いか低いかを基準として異業種企業を合併・統合し，自己の会社を管理できないほどに規模を拡大したことが経営能力を弱める原因となったのである。つまり，経営者は，従来の長期指向の「利益留保―再投資」の経営モデルを変更したことになる。こうして，1970年代，80年代は株価収益率に依拠し株主価値の創造（最大化）を目的する「ダウン・サイジング―株主への収益配分」の方策を採用するようになる。それは，M&Aの急増と撤退・売却の状況で，それまでごくわずかであったM&A部門を持つ投資銀行の数が増大したことも，この方策を採りやすくする。投資銀行は，この合併・撤廃・再編の業務に関わる手数料から大きな収益をあげるようになり，これが主要業務となっていくのである。

4）　アメリカ産業企業の衰退と企業目的としての株主価値最大化の起源
　　i）　ダウン・サイジングによる大企業での雇用の減少
　株価収益率とは，その会社の税引き利潤と株価の比率である。株価を維持するためには税引き前利潤を確保することである。アメリカでは，石油危機などの影響で1980-1982年の不景気に，それまで安定的に良好な支払いを受けていた数百万人のブルー・カラー労働者は職を失い，それ以後回復が不可能なほどの事態に陥っていた。

　合衆国議会の1922年の資料によれば，1979年から1983年までの間に，全体経済での雇用者数は377,000人（0.4％）増大したのに対して，安定して良好な支払いを受けていた多くのブルー・カラー労働者を雇用する耐久消費財製造業では，2,023,000人（15.9％）の減少をみている。1980年半ばの「ブームの年」

に，数百社の大企業の工場が閉鎖している。1983年から1987年の間に，460万人の労働者が失職し，そのうちの40％が製造業の労働者であった。さらに，別な資料によれば，この良好な支払いを受けていた労働者の失職，または製造業労働力の削減は，組合労働者の割合の減少に反映された。組合組織率は，1970年の47.4％，1983年の27.8％，1994年には18.2％と減少している[73]。労働者の失業率は，図表1-2に示されている。アメリカの50大企業の1969年の雇用者数は640万人（民間労働者の7％に相当）であったが，1991年には，これらの50大会社の雇用数は520万人（4.2％）に減少していた。1990代年初期までにレイオフをしないことで知られていたIBM，DEC，Deltaでも，深刻にもブルー・カラー，ホワイト・カラーの両方の従業員に対してダウン・サイジン

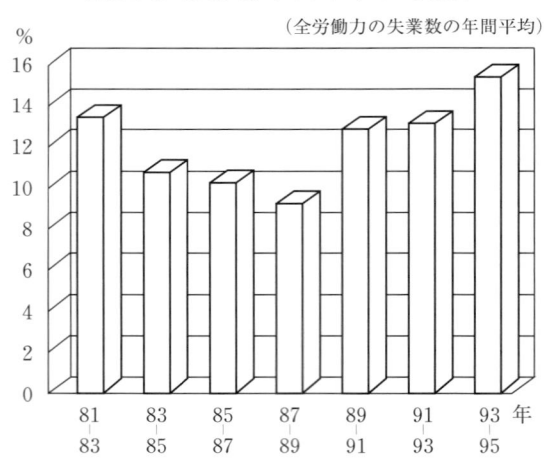

図表1-2　1981-95年のアメリカの失業率
（全労働力の失業数の年間平均）

出所：Farber (1977).
出典：W. Lazonick & M. O'Sullivan *Corparate Gorernance and Sustainable Prosperity*, p. 18.

---

73) Lazonick, W. and M. O'Sullivan, Maximizing Shareholder Value : A New Ideology for Corporate Governance, Laozonick and O'Sullivan, ed. *Corporate Governance and Sustainable Prosperity*, 2002, p. 17.

グ方策を採らざるを得なかった。

　1980年代から1990年代まで，ダウン・サイジングを優先するアメリカ経営者の雇用政策は，ブルー・カラー労働者だけでなく，ホワイト・カラー労働者にも向けられた。1990年代の初期に，給与授給のホワイト・カラーで経営者候補と考えられていたプロフェショナルの全般管理者，技術者の数万人が地位を奪われた。ロゾニックとオ・サリヴァンは，アメリカ経営者協会（AMA）が会員企業（9,500社）の人事担当者に対して毎年実施している雇用に関する調査の結果を簡単に紹介している。この調査で注目すべきは，職務・職位（job）の削減は拡がっており，労働力が実質的減少していること，それも規模の小さい企業より大規模企業でのスタッフ（職員）の数が減少していることである。ロゾニック等は，別の調査の「アメリカ大企業における職員（スタッフ）の削減」を図表1-3に掲載している[74]。この大規模企業でのブルー・カラー，ホワイト・カラー両者の削減は，株価収益率（税引き前の利益と株価との比率）を高めることにより，株価を上昇させようとする方策の結果生まれたといえる。

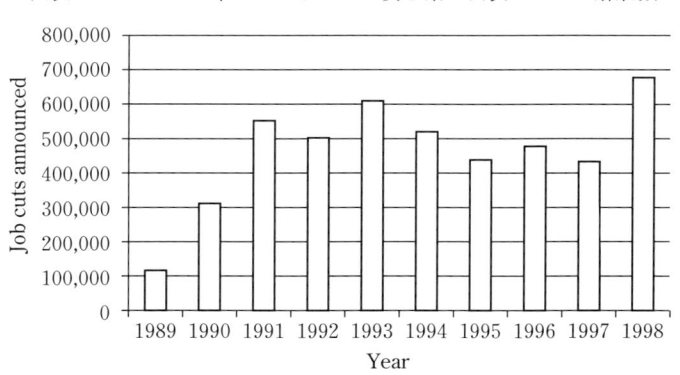

図表1-3　1989-98年のアメリカの主要企業の公表スタッフ解雇数

出所：Challenger, Gray, and Christmas.
出典：W. Lazonick & O'Sullivan *op. cit.,* p. 19.

74）　Lazonick and M. O'Sullivan, *op. cit*., p. 19.

ⅱ) 耐久消費財などのアメリカ製造企業の衰退―貿易赤字の拡大

図表1-4[75]は，1960年代から1990年代初期までの，アメリカ，日本，ドイツの貿易構造を示したものである。一見して分かることは，日本で第一次石油危機が始まったころから，一貫してアメリカの輸入が輸出を超過し，1980年ごろからは貿易赤字が増大していることである。1978年の第二次石油危機の影響については，日本の場合は第一次石油危機の脱出の経験から比較的早く切り抜けたのに対して，アメリカだけでなくヨーロッパでもは，甚大かつ深刻な影響受けた。こうした事情もあって，この時期に，日本の家庭電気企業による集中豪雨のような輸出に対して「日本たたき」が開始された。

アメリカは，民生用電気，自動車などの耐久消費財，機械産業などの業種で国際競争力を失い始める。その実態は1989年のMIT産業生産性調査委員会の報告『Made in America―アメリカ再生のための米日』（日本語版は1990年，原書版には副題の表示なし）に如実に示されている。

産業ごとの貿易収支をみると，図表1-5にみられるように，アメリカは，1960年代半ばごろから70年代初期までは世界のリーダーであった自動車，民生用電子機器，工作機械で大幅な赤字を記録し始め，鉄鋼，繊維も大幅な赤字を示している。唯一，化学，民間航空機，半導体，コンピュータ，事務機器が黒字を記録している。

このようなアメリカ産業企業の衰退の原因について，MIT産業生産性調査委員会は，各業種の産業を分析し，共通にみられる問題点として，①時代遅れの戦略，②短期的視野，③開発と生産における技術的な弱さ，④人的資源の軽視，⑤強調体制の欠如，政府と産業の足並みの乱れ，の6点をあげている[76]。しかし，紙幅の関係で，ここでは②と③の要点のみ簡単にふれておこう。

まずアメリカ企業の「短期的視野」について，「アメリカ企業が短期の利益

---

75) 高橋由明「貿易摩擦と日本の流通システム―日・独比較の視点から―」（『商学論纂』36巻3・4号），456頁。
76) MIT産業生産性調査委員会，M. ダートウゾス，R. レスター，R. ソロー，依田直也訳，『Made in America』（草思社，1990年），81頁。

第1章 アメリカ経営学において株主価値最大化がいつ企業目的となったか 43

図表1-4 アメリカ,日本,ドイツの輸出・輸入額の変化

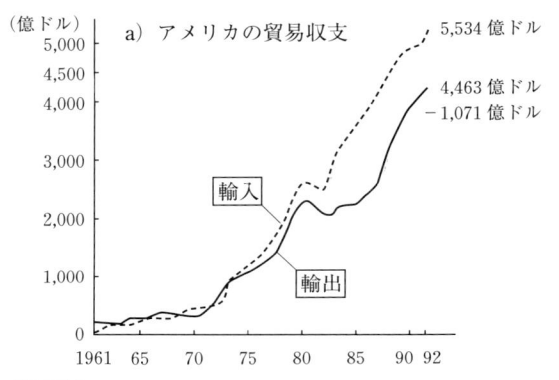

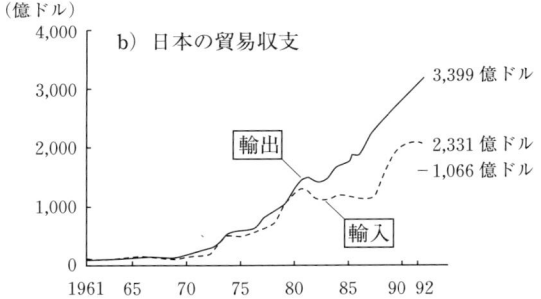

a) アメリカの貿易収支
（億ドル）
5,534億ドル
4,463億ドル
−1,071億ドル

b) 日本の貿易収支
（億ドル）
3,399億ドル
2,331億ドル
−1,066億ドル

c) 西ドイツの貿易収支
（億ドル）
4,221億ドル
4,002億ドル
＋219億ドル

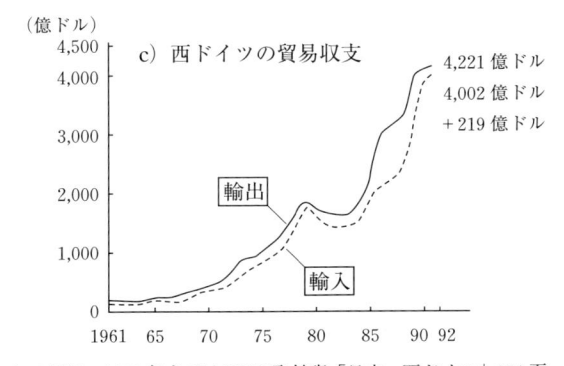

注：この図は，1985年まではNHK取材班「日本・西ドイツ」154頁，1985-1992年については日経テレコムの資料に依拠し，筆者によって作成された。しかし，この3ヵ国比較のアイディアは立正大学石田孝造教授によるものである。（NHK取材班，同書154頁参照）

出典：髙橋由明「貿易摩擦と日本の流通システム」（『商学論纂』36巻3・4号，1995年，456頁）。

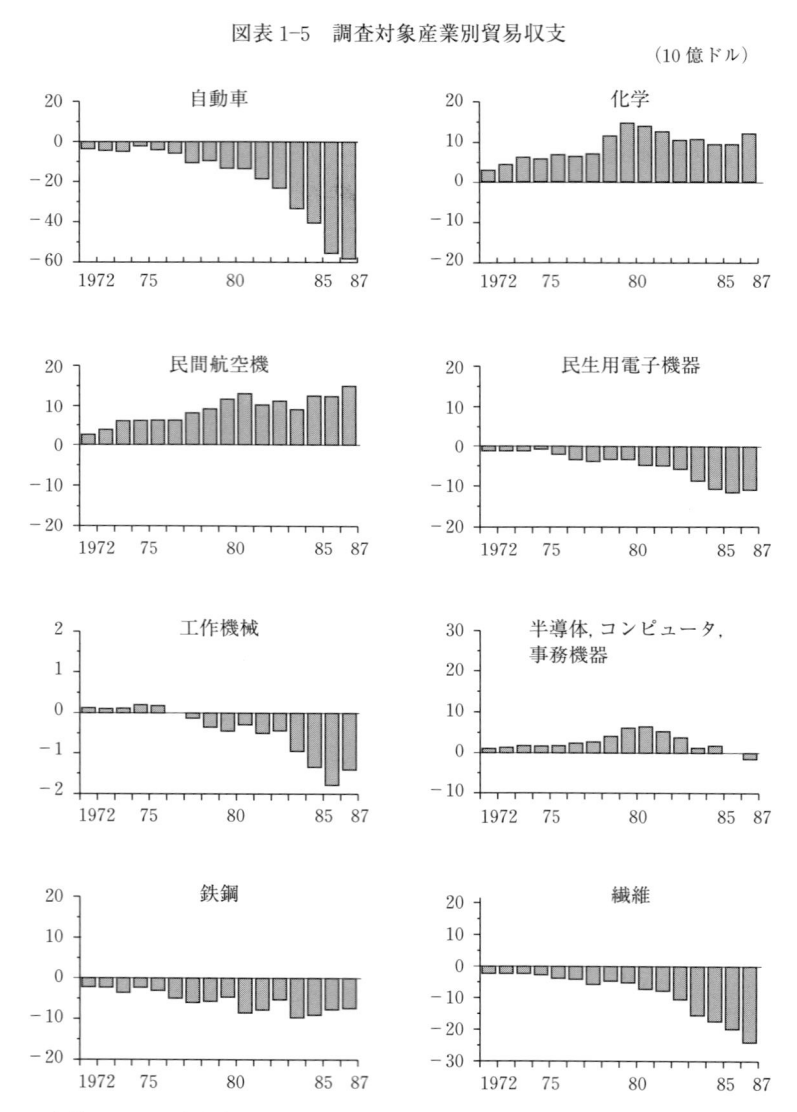

44　第Ⅰ部　アメリカ経営学説における企業目的の変遷

図表1-5　調査対象産業別貿易収支

（10億ドル）

出所：アメリカ商務省，国際貿易局，貿易情報分析部から入手したデータより作成。
出典：MIT産業生産性調査委員会『前掲書』31頁。

第1章　アメリカ経営学において株主価値最大化がいつ企業目的となったか　45

に関心を寄せすぎることについて，……次のようなパターンを観察している。日本企業は新しい市場に参入するとき，一番低価格の分野から入ってくる。アメリカの企業は，例えその市場が高成長を遂げる可能性があっても低価格の分野で戦おうとしない。というのは，目先の利益，あるいは短期の収益幅が小さいからでる。このため，日本企業は低価格分野でマーケット・シェアと名声を十分に高め，習熟曲線の効果を生かして中・高級品分野に進出し，そこではじめて直接アメリカのメーカーと競い合うようになる。このパターンは，工作機械，複写機，民生用電子機器，半導体など，広範な市場に繰り返し現れている。……だがいずれの場合にも，長期的な視野もつことが，日本企業の成功にとって重要な要素となっている」[77]。アメリカ企業が短期的視点から利益を上げようとする姿勢は，アメリカ経済にみられる投資と研究開発の傾向から見つけることができる。図表1-6からも分かるように，アメリカの産業部門の資本投資は，日本と西ドイツに比べはるかに低く，図表1-7からも，国内総生産に占める企業の研究開発費への支出割合の増加が，1970年以来次第に日本，西ドイツに比べ少なくなっていることが分かる（しかし，GDPに対する総研究開発費は同じであったが，アメリカの場合防衛関連研究開発費の割合が他の2カ国に比べてはるかに大きかった）。

　この日本と西ドイツの企業の研究開発支出が大きい理由は，アメリカ企業の資本調達の方式とは違っていたからであった。日本では，銀行と証券会社は，アメリカでは行われていない方法で，各製造企業に対して長期式の貸付を行っている。貸付企業の資本を所有し役員を派遣したり，企業間でも長期の取引関係のある場合は相互に株式を持ち合う場合もある。

　これに対して，アメリカ企業の資本（株式）は，その大部分が投資信託と年金基金によって保有されており，しかも，投資信託や年金基金の資産は各種の証券のバスケット（組み合わせ）の形となっており，実際の株主である信託や基金は経営上の意思決定から除外されている。その運用は彼らの代理人の基金

---

77) 依田直哉訳『前掲書』，95頁。

46　第Ⅰ部　アメリカ経営学説における企業目的の変遷

図表1-6　アメリカ，日本，西ドイツの産業部門の資本投資
　　　　　純生産に対する資本投資の割合（％）

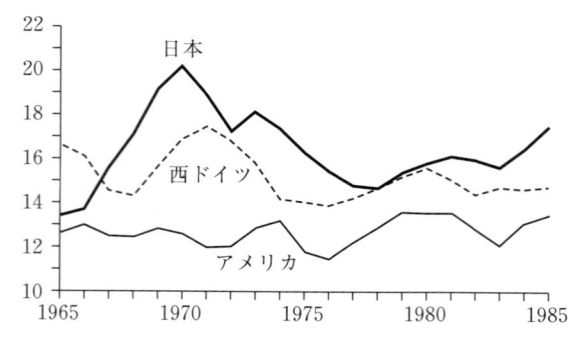

＊　産業部門（ビジネス・セクター）の資本投資は，粗固定資本形成額から，住宅投資と政府の固定資本形成を差し引いた金額である。このデータは，各国通貨の実質価格に基づいて計算され，民間部門の純生産額に対するパーセンテージで示されている。
出所：経済協力開発機構『固定資本のフローとストック 1960-1985』（パリ，OECD，1987年），経済協力開発機構『OECD諸国の国民経済計算，第2巻，詳細表，1964-1981年』（パリ，OECD，1987年）表2b，経済協力開発機構『OECD諸国の国民経済計算，第2巻，詳細表，1973-1985年』（パリ，OECD，1987年）表12。
出典：MIT産業生産性委員会『前掲書』99頁。

管理者に任されているが，この管理者たちは，投資先の企業と長期に付き合う意思も，ましてや日本のように役員を派遣することなど考えていない。長期投資の基金管理者もいるにはいるが，彼らは，その投資した有価証券全体が最大になるよう証券の売買を繰り返している。なぜなら，基金管理者の業績の評価基準が，所有証券全体が最大化するか否か，でありこれが決定的要素となるからである。こうしたアメリカの資本市場の環境が経営者の行動を決める要因となっており，MIT生産性の委員会のインタビューでも，経営者の行動を証拠だてる内容が紹介されている。彼ら（経営者）は，長期的な開発・投資政策を指向すると，市場で過小評価され企業買収の危険にさらされやすくなるという危機感から，彼ら自身にはもっと良い考えがあっても短期的な方向に向かわざるを得ないのだと語っている。敵対的な企業乗っ取りと強硬手段による企業買収の横行が短期回収に向かわせているという議論は，まことにもっともであ

第1章　アメリカ経営学において株主価値最大化がいつ企業目的となったか　47

図表1-7　企業の研究開発支出
　　　　　企業が支出した研究開発費のGDPに対する割合（％）

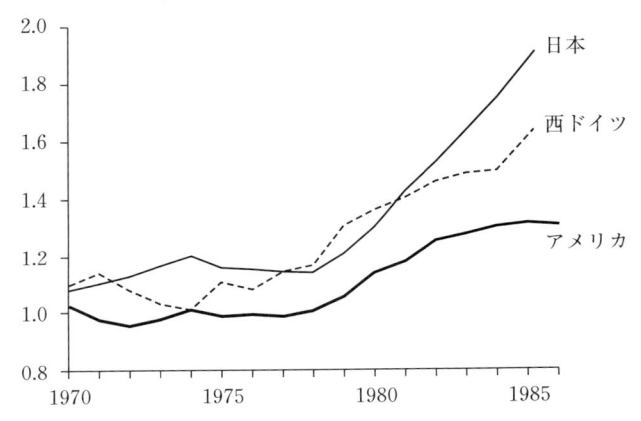

出所：米国科学委員会『化学工学指標—1987』（ワシントン，アメリカ政府印刷局，1987年）付表6-1，293頁，全米科学財団「科学技術資源の国別パターン，1986年」『科学技術資源調査シリーズ，NSF 88-305』（ワシントン，アメリカ政府印刷局，1988年1月）表B-5，経済協力開発機構『OECD諸国の国民経済計算，第1巻，総括表，1960-1986』（パリ，OECD，1988年）アメリカ，西ドイツ，日本各表。
出典：同上，99頁。

る」[78]。しかも，この経営者たちは，その年の利益に比例して，株式によるボーナスの分配を受けるので，当然短期的な成果を追う様になるというのである。

　ところが，日本とドイツの企業の経営者は，収益や配当，株価などにはそれほど執着しない。これらの国の経営者は「株主に対して責任があると同時に，従業員，顧客，隣人，仕入先など，さらに大きなコミュニティーとも関係があり，そのコミュニティーと企業自体の成長に責任をもっていると考えている」[79]。

　このアメリカの経営者の短期指向について，この調査委員会の報告書は，正等にも，こうしたアメリカ産業企業にも，短期目標に没頭することなく，成長の限界に達した本業の再生に努力している業種があったことを記録している。

---

78)　同上訳書，102-103頁。
79)　同上訳書，103-104頁。

それは，アメリカの大手化学企業の数社で，他産業企業が本業と関係のない短期収益を見込める事業に多角化せざるを得なかったと同じ圧力に直面しながら，本業と関係する新しい市場の開拓に長期戦略を採り成功していたというのである。アメリカの民間航空産業の経営者も，世界市場を支配してきたが，その最大の理由は，アメリカの大手航空機メーカーは，長期開発努力に資金を投下し，企業の将来を新製品に託すという意欲にあったからである。企業のトップが「飛行機を作ることを愛していた」という事実と航空機産業の現在までの発展とは大いに関係している，と結論づけている[80]。

つぎに，③「開発と生産における技術的な弱さ」については，ⅰ）アメリカの設計技術者は，製品設計の段階で生産能力品質の問題を軽視することが非常に多い。ある製品の部品の数を減らすことはコスト低減につながり，ひいては全体の製造工程に大きな影響をおよぼすことを軽視してきた。ⅱ）アメリカでは，製品開発プロセスにおけるチームワークが円滑でなく，新車のコンセプト段階から発売までのエンジニアリングの作業に平均して日本の2倍かかっていた。ⅲ）製造プロセスの技術の改良に日本に比べ研究開発費の3分の1しか支出していない。ⅳ）アメリカの企業が競争相手に遅れをとるのは，製品と製造プロセスの質への信頼性を継続的に改善する努力が行われていない。ⅴ）技術を製品転換することに失敗してきた理由は，産業界の経営者や管理者が，大量生産モデルに固執し，不適切な財務目標を設定し，製品開発と効率的生産に必要な工場や設備，技術などにタイミングよく投資することに失敗してきたからである[81]。

　　ⅲ）　コーポレート・ガバナンス論の変化と株主価値の最大化

コーポレート・ガバナンスとは，企業の利害関係者の企業運営に関わる状態を意味するが，ドイツ，スカンディナヴィア諸国の企業は，ステークホルダーによるコーポレート・ガバナンスといわれ，利害関係者資本主義ともいわれ

80）　同上訳書，107-108頁。
81）　同上訳書，109-125頁。

る。それでは，アメリカのガバナンスはいつからシェアホルダー（株主）中心となり，株主資本主義といわれるようになったのか？

その重要な要因は，機関投資家の増大によるアメリカの資本市場の変化による。図表1-8に示されるように1980年代の初期には機関投資家の株式資産の所有はそれほど多くなかった。

株式を所有する機関投資家の数の変化をみると，1970年には全体の30％以下であったが，2002年には50％に達している。この増大は，過去において銀行法のもとで固定金利の預金貯蓄組合（S&L）や商業銀行に預金されていた個人や家庭の資金がこの機関投資家のもとに流れ込んだものといえる。機関投資家の基金には，ミュチュアル・ファンド，年金基金，投資信託基金等があるが，年金基金が増大した理由の1つは1974年のエリサ法「退職年金法（Employment Retirement Income Security Act of 1974, ERISA)」の制定である。このエリサ法は，企業に年金基金への拠出不足を早急に是正すべきことを命じ，1960年代から70年代前半では，税引き前利益の20％の拠出で済んでいたもの

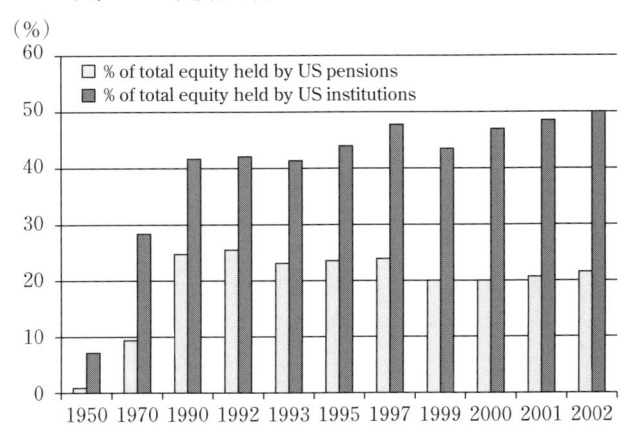

図表1-8　機関投資家によって所有される株式の割合

Source：NYSE Factbook Historical Statistics.
出典：Oe, OrhangAzi, *Financialization and the US Economy,* p. 35.

が，70年代後半から80年代前半には，その40％を拠出しなければならなくなった[82]。したがって，年金加入者の数も金額も増大した。エリサ法こそ，株式所有のうち年金基金の割合を増大させる要因であった。

　こうした年金が資本市場に大量に流れ込み，会社の株と会社と政府の社債を購入するようになるが，1970年代の年金基金は，企業の事業拡張のための長期の投資を支持すると主張していた。しかし，証券取引，清算，決済システムのIT化が進行し，取引手数料の低下にともない，次第に短期指向に変化してくる。オーハンガジィが提供している資料では，1960年から2006年までのニューヨーク証券取引所の1日平均取り扱い株数は，1993年までは2億株以下であったが，それ以降はうなぎのぼりに取り扱い株数は増えて，2006年までに16億株に達し，さらに株式回転率は，1960年の12％前後から1978年には20％前後になり，それ以降1987年ブラック・マンディー直前の約70％に増大しその後50％以下に後退した。しかし次第に上昇し2006年には100％を超え始めている[83]。こうした状況では，機関投資家，特に年金基金が委託するトレーダーも短期的行動をとらざるを得なくなったのである[84]。

　ここで指摘しておくべき，重要な点は，こうした機関投資家の増大と短期的投資行動は，資本市場の拡大とともに，敵対的買収，ジャンクボンド，レバリッジ・バイ・アウトを増大させることに寄与していることである。さきのオー

---

82) Drucker, P. F., *The Pension Fund Revolution,* Transaction Publisher, New Brunswick, (USA), 1996, pp. 10-11, 14, 上田淳生『見えざる革命』（ダイヤモンド社，1996年），15-16頁。エリサ法が，GMの会長であったC. ウイルソンの4つの原則に基づいていたことなどに関しては，高橋由明「持ち株会社解禁とコーポレート・ガバナンス―アメリカの会社ガバナンス論の動向と関連させて」（長谷川廣編『日本型経営システムの構造転換（第5章）』，中央大学出版部），129-143頁を参照。

83) Orhangazi, Oe., *Fianancialization and the US Economy,* Edward Elgar, MA, USA, 2008, p. 17.

84) 機関投資家が委託するトレーダーが短期的になり投機的になる事情などについては，渡辺恒彦「機関投資家の投資行動とアメリカ経済の持続可能性―短期主義的な株主重視の矛盾―」（前記，丑山優，熊谷，小林編著『金融ヘゲモニーとコーポレート・ガバナンス』，第8章，160-190頁を参照されたい。

ハンガジィは,「機関株主の数の増大の最も重要な最終的帰結は, おそらく, 会社における力の均衡が利害関係者から株主の移ることであろう。機関投資家は, 会社へ単に資本を提供するだけでなく, さらに, 経営者と株主との関係のあり方の観点から意味のある役割を演じることを開始した。機関投資家の増大は, 資本市場における重大な転換の局面であり, それがコーポレート・ガバナンスに重大な影響を与えたのである」[85]と述べている。

　アメリカにおけるコーポレート・ガバナンスのパラダイムの転換が生じた背景として相互に関連する3つの展開があるといわれている。①は, 1980年代の敵対的買収の動きは, 財務パフォーマンスの低い企業が敵対的買収にさらされることにより, 会社支配に関するマーケットをつくりだしたこと。②は, 株主価値の創造が経営者の卓越した目的となり, 経営者と株主の間で, 1990年代に大幅に導入されたストック・オプションにより, 提携が生まれたことである。適額の配当を支払わないとか, 短期的に低価格の株式は不適当な株主価値でありこれらは攻撃されやすいと見做される。③は, エイジェンシー理論の出現と発展は, コーポレート・ガバナンスのパラダイムの転換に理論的基礎を提供したこと, である[86]。以下簡単に説明を加えよう。

① 1980年代のM&A活動の特徴は, LOB (Leverage Buy Out) と敵対的買収であった。株式公開買い付けのうち敵対的買収件数の割合は, 80年代には多いといわれながらも20-40%であったが, この時代には米国の主要企業の半数近くが敵対的買収の対象になったといわれるほど, 多くの企業が買収の脅威にさらされ, 経営者に及ぼした影響は非常に大きかった。また, その買収は, その多くを借入金に依存して行われたが, いわゆる「テコの原理」を利用し, 買収後の収益率が借入利子率より高ければ株価も高くなり, 被買収企業の株主からも歓迎されたわけである。しかし, LOBのうち3分の1が失敗し, 返済支払い不能になったといわれている[87]。

---

85) Orhangazi, *op. cit.*, pp. 35-36.
86) *Ibid.*, p. 36.
87) 池上恭子「市場の規律とコーポレート・ガバナンス」(前掲, 丑山・熊谷・小林

②　株主と経営者を連携させるストックオプションは，1990年代のアメリカで学者や実践家によって多く論議され導入されたが，それは新しいものではなく，1950年代の税制制度の変更の後，GMのスローンや他の会社によっても導入されていた。1960年代には，経営者が株価収益率を上げ株式価格をあげる経営をする刺激となる目的で報酬制度は普及したが，1970年代には株価の低迷のため魅力を失っていた。しかし，80年代，90年代に至り急増するのである。経営者に報酬の一部としてストック・オプションを与えることは，株主と連携が図られるという長所があった。それは，つぎの株主価値最大化を企業目的とするエイジェンシー理論の構造を理解すると分かる。

③　エイジェンシー理論によれば，いま，エイジェンシー関係を，1人ないし複数の人（依頼人 Principals）が他の人（代理人 agent）と契約を結び，代理人に意思決定権限を委譲し彼ら依頼人のためにあるサービスを代行することと定義する。この場合，この関係において両者は，効用を極大化するよう行動するが，代理人（たとえば経営者）は，依頼人（株主）の利益を最大化する行動をつねにとるとは考えられていない。そのため，依頼人（株主）は，代理人（経営者）が彼の利益の取得という役割からの逸脱を制限するために，代理人（経営者）への適当なインセンティヴを与えるとか，また代理人の逸脱した行動を抑えるために取締役会や監査役会などを設置し必要なモニタリング費用を支出することによって経営者の逸脱を防ぐこともできる。

ところで，株主が経営者にストック・オプションの報酬を与えるということは，「依頼人（株主）は，代理人（経営者）が株主に対して利益（配当）を保証するという役割からの逸脱を制限するために，代理人（経営者）への適当なインセンティヴを与えること」に相当する。つまり，株主は（依頼人）ストック・オプションというエイジェンシー・コストを経営者（代理人）に支払うこ

編著『前掲書』，第4章，68-74頁。

とにより，経営者に株主のための利益を保証させるのである。それゆえ，株主が経営者にストック・オプションを与えることは，株主が経営者を自己の側に取り込み連携して，株主価値最大化を実現し，剰余利益を配当とストック・オプションとして配分し合うともいえるのである。こうした内容こそ，エイジェンシー理論が，企業目的としての株主価値最大化とする理論的基礎を提供しているといえるのである。

6．おわりに

　以上，戦後アメリカの財務管理の代表者のソロモン，さらにマネジェリアル・エコノミックスのボーモル，マリス，ウイリアムソン，サイアート・マーチの企業目的についての概要を紹介してきた。さらに，企業目的としての株主価値最大化に理論的基礎を提供したといわれるジェンセンのエイジェンシー理論の内容とアメリカの戦後の銀行および金融制度の緩和を背景として，株主価値最大化がいつの時代に企業目的として採用されるようになってきたかについて，検討してきた。以下，簡単に要約しながらコメントを加えよう。

　ソロモンは，経営管理者の企業目的と財務管理者の業務目的とに分けながら，ステークホルダーの利害を考慮した企業目的について紹介はしているが，結局は投資決定論の立場からの経営財務の業務目的である「富の極大化」について中心的に議論を展開していた。ソロモンの主張する企業目的は，将来の予想収益を現在価値に割り引く方式をとったことで，最大限の利益（配当）を追求する所有者（株主）の立場に有利となるといえる。ここで指摘しておかねばならないのは，ディーンの『資本予算論』以降アメリカで展開された投資決定論は，投資には実物投資と証券投資があるにもかかわらず，一方的に証券投資を想定したものといえる。

　先に紹介したMIT産業生産性委員会の調査報告は，投資決定論についてスチュアート・マイヤーズの見解を紹介し批判している。「現金割引法をベースとした一般的な財務分析の手法は，投資の『オプション価値』をうまく示せな

いのである。オプション価値とは，もし投資が実行されれば実現するはずであろう将来の機会の現在価値である。……マイヤーズは，現金割引法は，『相当程度の成長機会がある事業や無形資産の価値を判断するにはあまり役立たない。(それは)純粋な研究開発については全く役立たない。研究開発の価値は，ほとんどオプション価値なのである』と結論している」[88]。この批判は，たとえば，日本のホンダがアメリカ進出をしたとき，最初は赤字を覚悟しとにかく将来の発展のために市場シェアの獲得を目指した経営戦略の際の投資（戦略的投資）は，現金割引法の投資決定論に依拠するなら不可能であるということである。本章でみた，ルッツ夫妻以降，ソロモンなどによって展開された投資決定論は，経営者から長期視点を奪い株価収益率という短期視点に立った投資策を促進させる役割を果たしたともいえるのである。

　第3節で検討した，ボーモル，マリス，ウイリアムソン，サイアート・マーチがその理論で展開した企業（経営者）の行動目的は，財務管理者ではなく，産業企業の経営者の行動を分析し，そこから理論的に導出された企業目的（理論的行動規範）といえる。経営学研究者は，実践的経営者（たとえば，前稿でみたヘンリー・フォードやC. I. バーナード）が自己の経験から企業目的について言及する場合，企業目的を規範的に設定する場合と，経営行動を分析しそこから客観的に導出する場合がある，ことに注意をしなければならない。フォードが，企業目的として，利潤動機とは正反対の低価格・高賃金に基づく「奉仕動機」としてあげたのは，まさに彼の信条であり，この企業目的は規範的であったといえよう。なぜなら，1927年ゼネラル・モーターズに追いあげられたにもかかわらず，T型の大量生産と奉仕動機を継続したことから，工場を一時的に閉鎖せざるを得なくなり，彼は，その後この規範的企業目的を取り下げ，それから再出発しなければならなかったからである[89]。

---

88)　MIT産業生産性委員会，依田直哉訳，前掲『Made in America』，106-107頁。
89)　高橋由明「H. フォードとGMスローンの企業目的・経営理念」(『商学論纂』52巻5・6号) 155-164頁，高橋由明「アメリカ経営学における企業目的・経営理念の変遷—C. バーナードとJ. ディーンの所説を中心—」(『商学論纂』53巻3・4号，

それに対して，第3章で検討するバーナードは，企業（組織）は協働体系をなしており，さらに社会は，複合組織体系から構成されており，組織内では経営者からの誘因（賃金，その他非金銭的要因）と従業員からの貢献（組織目的にしたがった協働）により組織内均衡を生み出し，さらに内外部組織とは，効用の交換の4経済（物的経済，社会的経済，個人的経済，組織の経済）で，組織外の組織との均衡をはかるモデルを展開した。彼の，経営者の役割は，組織内外で均衡を生み出す道徳準則を創造することであるとした理論は，バーナードの信条である電信・電話の公益企業のあり方を協働体系の分析により導出したものであり，規範論ではなく理論にまで高めたものといえよう。すでにみたように，バーナードが活躍した時代は，1929年恐慌の経済的後遺症は強く残っていたが，経営者が将来産業企業を発展させるための土壌は肥えはじめていた。1980年代から規制緩和により実物経済に大きな影響を与えた銀行・金融制度とは違い，バーナード時代の銀行，金融機関は，産業企業の発展のための本来の役割である謙遜なる助産婦であったのである。

ところで，ここで要約しようとしているマネジェリアル・エコノミストたちは，間違いなく分析的・理論的に経営者の行動目標を導出しようとしている。ボーモル（著作1959年）は，経営者の企業目的として売上高極大化説を主張するが，そのモデルの理論化のために考慮した社会的・経済的理由は，消費者，金融機関，供給業者（サプライヤー），従業員，経営者の各行動をモデルの枠組みに組み入れることであった。最低限利潤の確保を制限条件として売上高極大化を実現するためには，生産とスタッフへの支出を重視しなければならず，そうしたモデルによって，これを説明したのである。

マリス（著作は1964年）は，経営者の行動目標を導出するにあたり，インタビューや既存研究に依拠して，経営者の動機を，ⅰ）総資産成長率，ⅱ）企業を維持発展させる安全性をあげ，ⅰ）のための動機として，「成功の衝動」，「企業と自己の一体化」，「職業能力の規範」，「ボーナス」，「サラリー」，「権力

379-389頁を，それぞれ参照されたい。

と身分」であり，ⅱ）の総資産成長の安全性を高める動機として，「乗っ取りから安全性」，「資金調達の安易さ」，「株主への忠誠」をあげており，この安全性は，市場の評価（株式の高低）から評価されると考えた。マリスは，株式市場での株主の評価，金融機関の評価を考慮しながらも，企業の（資産）成長や成功による安全性の確保における管理者，従業員の役割を重視した。

ウイリアムソン（論文は1963年，著作は1965年），のモデルでは，彼が，次にコメントするサイアートの研究仲間であったこともあり，企業は，利害関係者の連合体と考え，それぞれの構成員は同等であるというと考えを理解していたが，たとえば企業が危機に瀕して生き残らなければならない状況で利害が対立した場合は，その解決は経営者の自由裁量に委ねられていると理解する。その場合，経営者は，企業に関する情報に接近しうることから，調整と指導する役割を引き受ける。ウイリアムソンは，伝統的理論での経営者は，利益の極大化により財産管理人の意味で株主の最善の利益に仕えるという仮定から離反すると主張する。代わって，経営者による企業目的は，①給与，②スタッフ，③任意の投資支出，さらに④コストを吸収する組織スラッグをもつ効用関数を最大化することであるが，この関数は，報告利潤が要求最小利潤より大きいか等しいことを条件として最大化されると考える。この場合，中間管理者を含む経営者の役割が重視されている。

サイアートとマーチは，組織を経営者，従業員，株主，供給者，顧客，弁護士，税徴収官吏，監督諸機関などによって構成される連合体として構成されると考える。それぞれの個人，集団間で対立する目標を，組織目標にするためには調整されなければならない。その場合，組織目標は，最大化，最小化ではなく要求水準という形をとり，それは経験，状況に応じては変化すると考えられる。そして，個々の目標を要求水準に落ち着かせるために，金銭，個人的処遇，権限，組織方針などのサイド・ペイメントをめぐって交渉（バーゲニング）で解決する方式をとるということである。その結果は連合体の集団間での協定という形式をとる。その内容は，企業では，経営者と労働者・労働組合間などで普通にみられるものであろう。ドイツや北欧の企業社会で普通にみられるも

のである。

　第5章で考察されている，1977年にアルフレッド・チャンドラーによって出版された *The Visible Hand : The Managerial Revolution in American Business* は，1920年代以降に所有者企業から経営者企業に移行した大企業においてはプロフェナルな経営者によって実施される近代的管理手法による管理的調整により，市場（Visible Hand）の調整に代わったという立論である。そして，ゼネラル・モーラーズやデュポンなどの個別例を経営史の視点から分析しそれを実証した。彼の業績も，特に経営者の目的については論じられてはいないが，想定している経営者企業は，伝統的企業の利益極大化，企業内はブラックス・ビックスではないという点で，近代企業論としてはマネジェリアル・エコノミストと同じ立場といえよう。

　論点を戻すなら，こうした，マネジェリアル・エコノミストのモデルに真っ向から反対したのが，財務・金融エコノミストのジェンセン等によるエイジェンシー理論である。彼らによると，エイジェンシー関係は，1人ないし複数の依頼人（Principals）が代理人（agent）と契約を結び，代理人に意思決定権限を委譲し彼ら依頼人のためにサービスを代行することと定義される。この場合，この関係において両者は，効用を極大化することであるが，代理人（経営者）は，依頼人（株主）の利益を最大化する行動をつねにとるとは考えられていない。そのため，依頼人（株主）は，代理人（経営者）が株主に対して利益（配当）を保証するという役割から逸脱することを制限するために，代理人（経営者）への適当なインセンティブを与えることもあるし，また依頼人（株主）は，代理人（経営者）が逸脱した行動をとることを抑えるために取締役会や監査役会などを設置することにより，必要なモニタリング費用を設定することもできる。これをエイジェンシー・コストと呼ぶ。

　この主張は1976年になされるが，ジェンセンは，経営者は，従業員，顧客などの利害関係者の利益ではなく，あくまでも株主の利益の極大化を考え，それを保証するために，株主と経営者の契約関係に注目したのである。両者間でのエイジェンシィー・コストとしての，取締役会などによるモニタリング・コ

スト，経営者に株主への配当を保証させるためのインセンティブとして，ストック・オプションを与えることを議論の中心におく。これは，株主が，経営者に株価の上昇とともに比例的に増大するストック・オプションを与えることにより，経営者を株主の側に取り込む意味をもっていたといってよい。

つまり，1960年代までの経営者の行動目標は，マネジェリアル・エコノミストたちが分析していたように，経営者は企業の存続・成長のため，利害関係者の利害も考慮した企業モデル，または企業を利害関係者の連合構成体と考え，株主の利益のみを優先することなく，利害関係者の意向をも取り組んだ「投資―利益留保」モデルを展開していた。しかし，すでに紹介したように，エイジェンシー理論の出現と発展はアメリカのコーポレート・ガバナンスのパラダイムを変換させる理論的基礎を与えたのである。つまり，1960年代のコングロマリット合併の波が押し寄せ，投資決定論が展開されるまでは，アメリカの経営者は，株価収益率を行動基準とすることはなかった。しかし，60年代の異業種の企業合併では，50年代から60年代にかけて財務管理理論研究者が開発した株価収益率を考慮した行動をとり，いったんは成功したかのようにみえた。しかし，多くの経営者は，その異業種事業部ないし子会社を統括運営する能力をもたず，退却・売却をせざるを得なかったのであった。これが原因で，経営者の行動は，税引き前利益と株価の比率（株価収益率）を基準とした行動である「リストラクチャリング―株主への収益」の企業モデルが展開される土壌が用意される。

1980年代には，レーガン政権誕生のもとで，「預金金融機関法」（ガーン＝セント・ジャメイン法）の議会通過後，貯蓄貸付組合（Ｓ＆Ｌ）が，住宅ローン，商業ローンを組むだけでなく，信用度の低いジャンク・ボンドを含む債券投資も開始するようになる。1984年の「住宅ローン証券化市場強化法」により，投資銀行はすべてのローンのリスクを薄くさせ販売可能となり，金融市場での規制緩和はますます進むようになる。

さらに，1974年のエリサ法の通過により，年金における企業の拠出割合が増えたこともあり，株式所有に占める年金基金の割合が増大し，次第に短期的

な株主行動をとるようになる。他方で，株価収益率を基準に投資プロジェクトを決める経営者は，MIT 産業生産性委員会が指摘したように，短期的には株価に反映しない将来の長期の利益を見込む研究開発投資を避けるようになる。また，大企業の経営者の地位には，財務分野で成果をあげた者が就任し全般的管理を担うようになり，ますます企業の業績を株価（株価収益率）に反映するかどうかという基準を唯一の尺度で，短期的行動をとるようになる。

　1980 年代は，実物投資ではなく，敵対的買収と LBO の合併による投資が盛んになり，多くの大企業の経営者は，敵対的買収の危険にさらされる。株価収益率の低い企業が買収の対象となったので，経営者は，株価を下げない短期的行動をとらざる得なくなる。年金基金，投資銀行をはじめとして証券トレーダーを任された代理者は，ますます株価の高低の差による取引を繰り返すようになるからである。したがって，本章のタイトルに掲げた「アメリカ経営学において株主価値極大化がいつ企業目的となったか」については，多くの経営者が敵対的買収を避ける目的で，彼の行動目標の基準として株価収益率を採用しはじめた 1980 年代に入ってからと結論づけることができよう。しかも，ジェンセンは 2001 年の論文では，単一の目的を関数化することこそが科学的であると擁護し，株主価値最大化が唯一企業目的になるべきと主張している。日本において，いつ株主価値最大化を企業目標とするに至ったかについての詳細の検討は，別の機会にゆずることにする。

第2章　H. フォードと A. スローン（GM）の企業目的・経営理念
―― 経営学における企業目的・理念の変遷の視点から ――

1．はじめに

　第2章の目的は，主にアメリカ経営学における企業目的・理念の変遷の視点からフォード・モーターの H. フォードとゼネラルモーターズの A. スローンにより主張された企業目的・理念について比較検討することにある。その場合，両者の著作での叙述に則して検討し，フォードは，極端に資本市場の発展を嫌っていたのに対して，スローンは，できる限り資本市場での株式や債券の性格を利用し，数百名の経営者に株式所有を勧めたり，経営者のへの報酬としてストック・オプションを大幅に利用したことを明らかにしながら，両者の企業目的としての利潤に対する態度を比較する視点を強調した。

　第二次世界大戦敗戦直後の日本において，アメリカ占領軍の民間通信部門（Civil Communication Section，略称CCS）は，1949年に東京と大阪で，戦争により荒廃した通信・電気関連企業の若き経営者に対して経営者教育を行った。行われた，CCS講座のことは，戦後日本経営史の研究者には，ある程度知られている。その講座テキストには，アメリカの企業目的の実例として，ある造船会社 The Newport News Shipbuilding and Dry Dock Company の「会社目的」が紹介されている。当時，この講座の講師を務めたサラソン（H. M. Sarasohn, 当時米国レーセン・マニュファクチャリングの管理者）は，この会社の企業目的について，何十年も前にこの会社の創立者が設定したものとの前置きをし，賞賛している。「当社は，良い船を造るものとする。できれば利益を得たいが，やむを得なければ損をしてよい。しかし，つねに良い船を造らなければならない」[1]。

サラソンは、これがこの「会社の指導精神であり、基本方針である」。この目的には、「品質を利益よりも重視し、逆境に陥っても事業を放棄せず、最良の生産方法を発見する決意などが示されていて」、「実に豊富な含蓄があり、誠に優れたものである。」と述べている。さらに、サラソンは、このCCS講座に参加した通信・電気関係の日本の経営者に、「企業は、公共に対する責任、顧客に対する奉仕、ならびに社会生活への影響の自覚のうえに立って、運営されなければならない。……これこそ（が）、利益を得ることに劣らず、重要なことなのである」[2] と説明している。

サラソンの同僚でありこのCCS（通信部門）講座の共著者であるプロッツマン（C. A. Protzman, 当時米国ウエスターン・エレクトリックの管理者）と、このテキストに「序文」を寄稿している彼らの直接の上司ポーキンホーン（F. Porkinghorn, 当時米国ベル研究所に勤務）の3人が行った、戦後日本経営者への教育というこの偉大な功績について、K. ホッパーとW. ホッパー（Kenneth Hopper and William Hopper）は、2009年に出版した『ピューリンタンの贈り物——グローバル化金融カオスのまっただ中でのアメリカン・ドリームの再生——』の第10章で、「3人の賢人」と絶賛している。このホッパー兄弟は、この著作で、アメリカ企業の経営管理の「黄金の時代」は、ピューリタン精神が遺憾無く発揮された1920から1970年代までであったとしている[3]。サラソンとプロッツマンがCCS講座で使用するために作成したテキストにおいては、ホッパー兄弟が黄金の時代と名づけた時期にこの3人が管理者として勤務した会社の経験や、その時代の経営者や経営学者の著書に基づき、企業目的（objective or

---

1) Homer M. Sarasohn, Charles. A. Protzman, Civil Communication Section, GHQ, SCAP, *The Fundamentals of Industrial Management, CCS Management Course*, 1998, p. 1, 日通連経営管理研究会訳編『CCS講座——トップ・マネジメントの方針と組織Ⅰ』、『CCS講座——トップ・マネジメントの統制と運営Ⅱ』（ダイヤモンド社、1956年）Ⅰ巻4頁。

2) *Op. cit.*, p. 1, 同上、5頁。

3) K. Hopper and W. Hopper, *The Puritan Gift : Peclaiming the American Dream Amidst Global Financial Chaos*, I. B. Tauris & Co. Ltd., New York, 2009, See Content.

purpose of enterprise) ないし企業理念 (philosophy of enterprise) が論じられていた。K. W. ホッパー兄弟は，その序言でこの「3人の賢人」の偉業を，彼らに最初に紹介したのは，P. ドラッカー (Peter F. Drucker) であったことを告白している。

このドラッカーは，彼の経営学に関するある程度体系的な最初の著作である *Concept of the Corporation*（『会社とは何か』）を著し，企業の目的を，「利益とはリスクに対する保険料である」[4]と述べた。それは，CCS講座が実施される3年前の1946年であった。この1946年当時は，第二次大戦直後で，あの1929年大恐慌の打撃の影響は未だ残っていた。1929年恐慌のアメリカ経済・社会への打撃は，ニューディール政策をもってしても本格的な経済の復興はせず，1930-40年の10年間は，概ね年平均失業者は800万人を上回り，33年の失業者は1,300万人近くに達した。これは労働人口のうち4人に1人は働き口がなかったことを意味する。「1933年のGDPは，29年の3分の2に落ち込み，……金額ベースの生産高は，41年まで回復しなかった」[5]。戦時経済に入りやっと1929恐慌前の水準に戻ったのであるから，ドラッカーが，この著作を出版した時期でも，企業の独占化，産業政策に対する批判も多く，また世界的には「ソビエト社会主義」に対する擁護も無視できなかった。こうした背景で，当時37歳のドラッカーが，企業の目的を，利潤とする「利潤動機」説を正面に掲げることは，それほど平易ではなかった。ドラッカーは，この著作で「利益をどう位置づけるか」と問い，「経済活動の正当性は，利益ではなく産出物によるべき」とか，「経済活動の動因として利益を否定する姿」や，「消費者が消費を決定する経済体制ではなく，政府が消費を決定する経済体制を是とする考え方が」[6]みられる，と当時の状況を説明している。しかし，ドラッカーは「利

---

4) P. F. Drucker, *Concept of the Corporation*, John Day Company, 1946. 上田淳生訳『企業とは何か』（ダイヤモンド社，2008年）215頁。

5) Galbraith, John K., *The Great Crash 1929*, Houghton MiffinHacourt Publishing Company through., Tuttle-Mori Agency, Inc., Tokyo, 1954. 村井章子訳『大暴落1929』（日経BP社，2008年），273頁。

益とはリスクに対する保険料」であり，「利益とは経済活動の唯一の評価尺度」[7]と主張したのであった。

　その後，ドラッカーは，7年後の1953年により体系的で経営学の全体に関して論じられた Practice of Management （『現代の経営』）を出版する。「企業（Business）の目的は企業の外にある」，「企業は社会の機関であり，その目的は社会にある。企業の目的として有効な定義は一つしかない。すなわち顧客の創造である」[8]と，彼は主張する。ドラッカーは，この企業の目的を議論する前に従来の経済学が，企業の目的を「利益の極大化」としていると批判としている。その例として，次の3章で検討しているJ．ディーンの『経営者のための経済学』（1951年出版）での議論をとりあげ，ディーンが，アダム・スミスに始まりマーシャルなどの従来の経済学は，企業経営者のための経済学でなかったと批判し，彼の利潤概念を展開したのを紹介し，ディーンは従来の利益最大化を大幅に修正し長期的な観点を導入してはいるが，未だに利益最大化に固執している[9]，とドラッカーは批判している。

　アメリカでは，1970年代にはいり，ペンセントラル鉄道の倒産が社会に大きな影響を与えたこと，GMキャンペーン（ゼネラルモーターズに責任を持たせる運動）など「企業の社会的責任」について議論されるようなる。それを契機に，企業が誰のために運営されるのか，企業は株主のためのものか利害関係者のためのものか，と関連する「コーポレート・ガバナンス」の議論が，アメリカ法律家協会の勧告などにより，広く展開されるようになる。さらに，ヨーロッパでも，1989年ベルリンの壁が崩れソビエトと東欧社会の社会主義政権が崩壊し市場経済原理が世界を覆うようになり，アングロ・サクソン型資本主義の影

---

6)　上田淳生訳，『前掲訳書』，215頁。
7)　前掲，214-217頁。
8)　P. F. Drucker, Practice of Management, Happer & Row, New York, 1954, p. 29. 筆者が参照したのは1955年に London Heinemann 社から出版されたものである。上田淳生訳『現代の経営上』（ダイヤモンド社，2006年）46頁。
9)　Drucker, op. cit., p. 28, 『前掲訳書』43-44頁。

響を強く受けるようになる。こうしたなかで，1991年ミッシェル・アルベールが『資本主義対資本主義』を出版する。アルベールは，ヨーロッパ投資銀行理事などを歴任し当事フランス総合保険グループの会長であったが，アメリカでは，1980年ごろから生産や販売と違って付加価値を生まない「経済の金融化現象」，「金融バブル」が拡大していると批判している。その理由として，①それまで多かった自己金融の減少，②ジャックボンドの発行と銀行によるLBO（借金による企業買収），③投資銀行家などマネーゲームによる資本の増殖の3つをあげ，「一種の狂乱」状態にあるとし，アングロ・サクソン型資本主義対ライン型資本主義の相違を顕著に示したのであった[10]。それ以降，企業の目的が，株主価値最大化か利害関係者（ステークホルダー）の最大化であるべきかについて，世界規模で議論されている。しかし，アメリカでは，依然として金融の経済化を前提に株主価値の最大化こそが企業目的とされてきている。

　本章執筆の本来の目的は，アメリカ経営学における企業目的・理念の変遷について検討することにあるが，現在のアメリカでは，リーマン・ショック後も依然として「株主価値最大化」を企業目的とする主張が，ジャーナリストや研究者によって主張されている。そのため，第1章では，企業目的としての「株主価値最大化」が理論化され普及したのは，1980年代があったことを検証した。本章では，その前段階としてH.フォードとGMスローンの企業目的・理念を比較・検討し，フォードは，金融の経済化には厳しい批判をし実業の発展を擁護していた。それに対して，A.スローン十分な留保資金があるにもかかわらず株式や債券を発行し，資本市場を有効に活用し，どちらかというと顧客，従業員の利益よりは株主への配当の増大を重視する政策採用したことを明らかにする。すなわち，絶えず高配当を維持し，経営者への報酬としてストック・オプションを大幅に利用したし，特定の経営者へ株式を所有することを推奨したのである。

10）　M.アルベール，小池はるひ訳『資本主義対資本主義』（竹内書店，1992年）91-94頁。

2．H. フォードの企業目的・経営理念

1） フォードの経営理論と経営理念

　ヘンリー・フォードの経営理論は，フォード・システムとフォーディズムから構成されている。もちろん，フォード・システムとは，①製品の単一化（T型一種），②部品の標準化（互換性部品），③機械郡の専用化，④ベルト・コンベアーによる移動組み立て作業組織を支柱とする大量生産システムを意味する。それに対し，フォーディズムとは，経営が公衆のための「奉仕機関」であること，さらに利潤動機とは正反対の「低価格・高賃金」方策により，消費者の購買力を高め雇用を増大させること，などに示されるフォードの経営理念を意味する。

　こうしたフォードの経営理論は，彼の著作『私の人生と事業（*My Life and Work*）』（1922年）とその続編『今日そして明日（*Today and Tomorrow*）』（1926年）そして，『私の産業哲学（*My Philosophy of Industry*）』（1929年），『前進（*Moving Forward*）』（1931年）のなかで開陳されている[11]。フォードの経営理論とは，いま述べたように生産管理システムと彼の経営理念から構成される。フォードが1903年6月にフォード自動車会社（the Ford Motor Company）を創立し，自動車生産量が1904年に1,745台，1908年にT型一種に生産を集中し10,607台，1913年に流れ作業組織を採用して24万8,307台，1919年には63万5,226台，1923年には166万9,298台と増大し，1925年には149万4,911台に減少した後に，上記の3つの著作が出版されている。したがって，フォード・システムが

---

11) H. Ford, *My Life & Work,* In collaboration with S. Crowther, William Heinemann, London, 1922, この続編にあたる，*Today and Tomorrow*, In collaboration with S. Crowther, Garden City Publishing Company, Inc. New York, 1926, Moving Forward, 1931. この3冊「わが人生と事業」,「今日と明日」,「前進」と訳され，豊土栄訳『ヘンリー・フォード著作集（上）（下）』（集英社・三省堂書店から2000年出版），に含まれている。この翻訳を参照し，お世話になったが，筆者により部分的に改訳されている部分については，英語版の頁が示されている。注意されたい。

円滑に機能し，フォードが自動車王と言われ始めたころに初めて彼の経営理念（フォーディズム）が具体化されたということに注意しなければならない。しかし，ここでは，アメリカ経営学における企業目的ないし経営理念を歴史的視点から比較検討をすることを分析課題としているので，彼の経営理念（フォーディズム）に焦点を合わせる。フォード社は，1920年代半ばごろから自動車に対する消費者の趣向が多様化し，それに素早く対応したゼネラルモータズ（GM）社に当時の自動車市場のシェアで一位の地位を奪われたことは周知のことである。その限りではフォード・システムの限界にもふれることにする。

　フォードの上記の3著作は，この後すぐに検討するゼネラルモータズの繁栄の祖といわれ社長・会長職含めると30年間GMのトップの座を占めたスローン（A. Sloan）の『GMとともに』とは違い，経営システムについても触れられているが，どちらかというと，フォードの経営理念や信条などを中心にエッセイ風にまとめられたものである。彼の人生と事業を，アメリカ社会，農業，政府，そして29年恐慌の元凶である銀行家に対する彼の考え方などを織り込みながら展開されている。しかし，スローンの理論的・体系的な叙述内容に比べると，全く違う印象を受けるのは，筆者だけであろうか。まず，1922年の著作の「はじめに（アイディアと何か）」では，この著作のある程度の論点が紹介されているので，フォードの本文を生かし筆者なりにまとめると次のようになる。

① 現在の〔アメリカの経済―引用者〕システムは，最善の奉仕を可能にするものではない。
② 2種類の「改革者」がいる。（ソビエトを意識しているのか）単に社会の仕組みを批判するだけの者，そしてほかに急進主義者と現状維持主義者で，いずれも社会を破滅させる。
③ 社会の基本機能は，農業，工業そして輸送にある。人間は自らの仕事をすることで，世の中に奉仕する。事業は実体のある仕事である。しかし，投機は事業とはいえない。それは，合法的とは思えないのだが，かなり世の中に蔓延している。
④ 金を儲けるためだけの事業は，最も危険で脆い。消費のために生産する

というのが産業という実業の機能であり，金や投機のために生産するのは実業の機能ではない。消費のための生産とは，生産された品物の品質が高く，そして，価格が低いこと，単に生産者のためでなく，大衆に奉仕する品物を作ることを意味している。生産者の繁栄は，大衆への奉仕の上の繁栄でなければならない。

⑤　現行の貨幣制度，金融制度への私の反対の主旨は，制度が金そのものを目的としがちで，生産を促進するどころか，阻害するからである。

⑥　私のアイディアの真髄は，無駄や貪欲が奉仕を阻害しているということである。私は，製造において材料や人間労力の無駄を最小限にし，さらに総供給量によって上げられる総利益の配分に関係して利益の配分を最小化することに努力をしてきた。**生産を通じて最大の賃金，つまり最大の購買力を大衆に与えたいと思っている。それは最小のコストで，最小の利益で製品を販売し，購買力に見合った製品を供給することなのだ**（強調は筆者）。

　そして，フォードはこの「はじめに」の末尾で「奉仕の原則」として次の4点をあげる。

a）将来に対して，恐れをもたないこと，失敗を恐れないこと。失敗を恐れることは恥である。過去というものは，進歩のための方法，手段を示す場合にのみ有効である。

b）競争を無視すること。最善の仕事をする者が，仕事をする者である。他人から事業を取りあげようとするのは罪である。

c）利益より先に，奉仕を行うこと。利益がなければ事業は伸びない。利益をあげることは少しも悪いことではない。良い事業は利益を上げるが，利益は事業の基本ではなく，奉仕の結果である。

d）生産とは，安く仕入れて，高く売ることではない。生産とは，材料を適正に仕入れ，最小の追加コストで材料を消費財に転換し消費者に供給するプロセスである。賭博行為や投機，抜け目ない卑劣な取引，そういうものが，このプロセスを行き詰まらせる[12]。

「低価格・高賃金」政策による顧客への奉仕については，1931年の著作『前

進』では，より整理され，奉仕の原則は，①可能な限り高品質の製品の大量生産を，最も経済的に行うこと，②高品位，低価格，低コストの実現に努力する。③賃金を徐々に，しかも着実に上げ，決して下げないこと。④生産コストの低下のメリットを消費者に還元すること[13]，と述べられている。上記の③に関して「賃金動機」[14]ともいわれる事実については，『今日と明日』において触れられているが[15]，最初の22年の著作『私の人生と事業』に詳細に書かれている。日給2ドルから5ドルになった内訳として，利益分配制度を採用したからだという。「わが社が発展したのは，1914年に日給を2ドルから5ドルに引き上げ，最低賃金を定めたからであり，その従業員の購買力は増加し，他社の製品を買う力も向上していった。わが国が繁栄する背景には，高い賃金を払い製品価格を下げて，大衆の購買力を向上させる考え方が必要だ。……。われわれは，これを『賃金動機（wage motive）』と呼ぶ」[16]。しかし，この日給5ドルにあげ，1日9時間から8時間にすることには，一定の条件をつけていた。「この発表は，世界中から多くの論評を受けた。……そのなかのどれ一つをとっても実体を正しく捕えていなかった。従業員はどんな仕事をしても日給5ドルを貰えると思われていた」[17]。フォードによると，これには利益配分の考え方が加味されていたというのであるという。

「利益が実際に生じるまで待つ代わりに，6カ月以上就業した者という条件のもとで，事前に利益が分配されるということである」。この利益分配関与者

---

12) H. Ford, My Life, op. cit., pp. 11-20. 豊土栄訳『ヘンリー・フォード著作集（上）』（以下『著作集』とし，「わが人生と事業」17-41頁。
13) 豊土訳『著作集（上）』「前進」622頁。
14) 藻利重隆「フォード・システムの本質」（『経営管理総論（第二新訂版）』，千倉書房，1965年，97-185頁は，日本経営学界でフォード・システムを体系的に論じた最初の著作といってよい。「賃金動機」については104頁参照。
15) H. Ford, op. cit., p. 9. 豊土訳『著作集』「今日そして明日」では「賃金指向」と訳されている。345頁。
16) 豊土訳『著作集』，「わが人生と事業」162頁。
17) 同上，163頁。

は次の従業員のクラスに分類される。
 ⅰ) 既婚者で扶養家族のあるもの
 ⅱ) 22歳以上で，倹約の考えのある独身者
 ⅲ) 22歳未満の近親者の補助を受けている女性
これが利益分配の資格となる。

　フォードの説明によると，まず，従業員は平均よりも15％高い賃金を支給され，利益配分を受ける資格があれば，上乗せされるが，利益配分額は時給レートに換算され，しかも最低の時給の者が最大のレートを受ける原則となっている。たとえば，時給34セントの者は28セント利益分配を受け総額で1日5ドルが支給される。時給54セントの者は21セントの利益分配を受け総額で1日6ドルが支給される，という方式であった。この制度が好評だったことは，当初従業員の60％がこの制度の適用される資格を得たが，6カ月後には78％，1年後には87％ととなり，1年半でこの制度の恩恵を受けられなかった者は僅か1％であったという。この賃金制度は，離職率を低めるということで大きな効果があった。これについて，フォードは「1914年にこの最初の計画が効果を発揮していたとき，わが社は1万4,000人の従業員を雇用していたが，この1万4,000人を恒常的に維持しようすれば，（当時の離職率を考慮するなら—引用者）5万3,000人を雇用する必要があった。1915年には，事業の拡張のため6,508人を雇う必要があったが，その大部分を雇うことができた」。これ以降，離職という問題で悩むことがなくなった。そのことで，せっかく教育した従業員が辞めることも無くなったというのである[18]。

2) フォードの企業目的・経営理念の瓦解

　こうした「消費者への奉仕理念」と「高賃金」の実現は，フォードのT型自動車が，低・中間所得者に受け入れられ1926年に約166万9,000台の販売を記録した（当時の自動車市場の56.67％）ときには，可能であった。しかし，

---

18) H. Ford, *My Life and Work*, pp. 129-130. 豊土の翻訳は意味不明（164-165頁）であるので改訳してある。

1927年には約27万3,000台（全体の9.32％）に落ち込み，競争相手のGMが台頭し，同じ1927年GMが127万7,000台（市場全体の43.49％）を記録するにいたって，急激に破綻し始める[19]。この急激な販売台数の落ち込みは，フォードとGMのマーケティング対策の違いによるもであった。GMは，スローンが社長に就任する以前から，企業合併による拡大を方針とし，その結果必然的に多種多様な車の製造を手がけ，さらに市場調査に基づき1920年代の自動車市場における消費者の多様趣向に素早く対応したのに対した。それに対して，フォードは，大恐慌直後の消費が低迷した1931年に至るも，「高賃金・低価格」による方針を曲げず1932年の『前進』の中でもこの主張を続けていたのである。

　山下幸夫は，スローンの上記の著作に依拠し，GMは1924年以降，モデル・チェンジを繰り返し，それまで一般的であったオープン（屋根無し）カーをクローズド（屋根つき）・カーに切り変えたりしていたことなどを紹介している。さらに，フォードの安価なT型大衆車の値段に迫る510ドルのシヴォレーを1924年に売り出し，販売台数は1924年の29万5,000台から25年の46万6,000台，そして1926年には64万台と飛躍的な発展をとげる。さらに，GMは，他の車種，たとえばオルズ（750ドル），オークランド（945ドル），ビューイック（965ドル）キャデラック（2,985ドル）といった多様な価格体系の車を生産し，当時の急激に変化する消費者の所得の変化，需要の変化に対応したのである[20]。

　また，山下は，ほぼ1920年を境として，フォード社の労務管理体制は崩壊の一途をたどったとして，次の事実をあげている。1914年に日給を5ドルに引き上げ労働時間を9時間から8時間に短縮するが，その意図は，「企業にとり有益無益な存在である労働組合，とりわけその指導者（上記の職業的改革者─引用者）の活動を未然に防止し，業務に適合する労働力を確保するためであっ

---

19)　山下幸夫「フォード，H.」岩尾裕純編著『講座経営管理Ⅱ─科学的管理の経営学』（中央経済社，1972年），189-190頁。
20)　山下幸夫「前掲論文」190頁。

た」[21]。さらに第一次大戦にともない進行した戦時インフレは，日給5ドルの価値を1918年時点で2.8ドル相当に引き下げ，1919年に日給6ドルとなるが，これも1914の水準でいえば実質3.36ドルにしか相当しなくなっていた。また，他企業との競争激化は，他の自動車会社の賃金水準に比べ格差も急速に縮減されており，高賃金はもはやフォードの独壇上の方策でなくなっており，フォーディズムの一環は崩壊し始めていた。

さらに，フォード社のJ.リーによって採用された労働福祉政策も，リーとその後継者を追放することにより悪化の一途をたどり，売店や病院も廃止された。また，永年勤続の高給労働者やそのほかの労働者にも，無原則な解雇・免職が実施された[22]。また，1920年代の初期ごろから，自動車の広範の普及により，中古車市場が広がり，かつ割賦販売制度も普及するが，従来の消費者は，割賦販売による一段レベルの高い車に乗り換えるとか，中古車市場からの購入者も多くなり，低下価格も消費者への奉仕でありえなくなっていった。こうして，「フォードかマルクスか」と一世を風靡したフォーディズムも，あえなく瓦解していくのである。

3） フォードの企業目的・経営理念の今日的意義

しかし，フォードの，資金調達，株式配当のあり方や，金融機関に対する痛烈な批判には，注意を向けておく必要がある。

① 借金することや銀行家そのものに反対しているわけではない。本来の仕事をすることなしに金を借りるということに反対なのだ。『前進 (*Moving Forward*)』（1931年）

② 浪費は節約することにより正せるし，誤った経営は頭を使えば直せる[23]。

③ 株主とは，その事業に積極的で，その会社を単なる金を作る機械としで

---

21) 同上，193頁。
22) 同上，193-194頁。
23) フォード，『著作集（上）』「わが人生と事業」，訳書195-196頁。

なく，奉仕の道具と考える人たちであるべきだ。もっと高い配当を会社は払うべきだ，との訴えを受けたとき，私は法廷で「適正な利益はよいが過大な利益よくないことだ。顧客や従業員に利益を配分すべきだ。結果としこれが再び大きな利益となって，戻ってくる」と答えた。株主にできる限り多くの現金配当をすべきだ，とする一般的な考え方に反対する。「利益は三つの場所に属する，一つは事業（会社），一つは利益を生み出すのを援助する人に，一つは大衆である。成功する事業はこれら三つの利害関係者，計画者，生産者，購買者に利益をもたらすのである」[24]。

④　驚くべきことは，産業（実業）と金融業との区別を認識している人がいかに少ないか。金融が適正な機能として産業にサービスを提供するのであれば，それは人類に対する能力を提供するものの一部として認められる。25年前大企業についてさまざまなことが言われていた。当時，本当の大企業というものは存在しなかった。金融業の合併による大きな組織はあったが，それは事業（実業）ではない。大きな金融業でも大きな事業を行うことはできない。産業時代の到来を予見した金融家は彼らの合併によって貯えられた資本を使って産業を手に入れ支配しようとした。そして一時期，わが国は彼らの搾取によって動きがとれなくなった。金融ブローカーには良い事業家はいないし，投機家は価値を創造することができない。しかし，「金がすべてを奪い，金がすべてを支配する」という考え方が世の中に広まった[25]。

⑤　金と事業とを混同してしまう誤りは，株式市場の操作によって引き起こされるものだ。株価が投機によって高くなっても，人々はその事業が良いものと考え，また低くなれば悪いと思ってしまう。株の売買の大半は配当を参考にして行われていない。真面目な投資家を除いて配当はたいして重要な目的ではない。最も売買の盛んな株式のあるものは，配当もしていない。株価は，いかに多くの人が売りに出される株を買うかによって決まる

---

24)　H. Ford, *My Life and Work, op. cit.*, pp. 161-164. 訳書「前掲」200-203頁。
25)　フォード，訳書「前掲」364-365頁。

のだ[26]。1929年10月，11月の株式市場はパニックで終わった。金融システムには，時として商品やサービスの自由な流れを阻害する欠陥があることは疑いない。まだ，その欠陥が何であるか正確把握するまでには，われわれの知識は十分ではない。金融市場や株式市場が，事業が受けた最近の経験（大恐慌）の原因ではない。株式市場を駄目にした，事業を無視した人間が原因なのだ[27]。

以上のフォードの銀行家・金融家の行動，株式投機家への批判は，現代の視点からみても正当化でき，エジソンを尊敬し生産現場から鍛えられT型自動車を自分の手で作りあげた経営者だからこそ発言できる言葉であり，これらの叙述は，後にみるように，特定の経営者グループに対して自社株の形式でのボーナス制度やストック・オプションを最大限に利用したGMのスローンとは対照的である。また，現代的視点からも，2008年秋のリーマンショック後のアメリカに対する痛烈な批判となっているといえる。また，日本での1992年のバブル崩壊のときに，証券会社から莫大な損失補てんを受け，さらに厳格な審査なしにゴルフ場の建設などに資金を貸し，莫大な不良債権を抱えた日本の銀行，金融機関への批判にもなっている。

3．GMスローンの企業目的・経営理念

1） 無視されたドラッカーの警告

筆者は，経営学理論の理論史に注目し研究している。ゼネラルモーターズ（GM）の企業目的・理念について，経営史の研究者がこのテーマでこれまでに研究成果を発表しているのか，現在のところ知らない。ただ，多くの人に知られていることは，かのドラッカーが，1943年にGMのコンサルタントを依頼され，事業部制を中心に3年間の調査をし，その内容を彼の3冊目の著作『会社の概念』で紹介したこと。しかも，この著作は，多くの会社経営者や大学人

---

26) フォード『著作集（上）』「今日そして明日」訳書，565頁。
27) フォード『著作集（上）』「前進」訳書，625-626頁。

などから組織改革の参考になるとして歓迎されたのに対して，当の GM では A. スローンを筆頭にほとんどの人々から無視されたと，告白していることである。この『会社の概念』は，「GM のどの経営幹部の部屋にもおかれなかった。スローンのお気に入りの GM インスティチュートの教材リストにも入れられず，……図書館にもおかれなかった。……理由は三つあった。いずれも，戦後の GM の成功のもとなりその後の不振のもととなったものであった。第1 が，経営政策についての考え方だった。第2が，従業員関係についての提言であった。第3が，大企業は公益に関わりがあるとする考えであった」[28]。

また，2005年2月に『日本経済新聞』にドラッカーが「私の履歴書」を書いたこともあり，彼が，スローンと古くから交流があったこともよく知られている。ドラッカーは，スローンが30年以上にもわたり占めていた GM のトップの座を退くころから，年に数回自宅でのランチに招待され，スローンが準備している『GM とともに』の内容についてコメントを求められたという。10年以上もの長きわたり慎重に準備されたこの著作は，1963年に出版されベストセラーになるが，フォードの自伝とは違い，その内容は，経営史家のように社史の叙述や手紙を引用し，GM が直面した生産・技術，販売，財務はもちろん種々の経営分野にわたり，その時代ごとに直面した経営問題をいかに解決してきたかについて綿密・詳細に叙述されている[29]。その内容は，説得的であり経営者や研究者を含めて，多くの読者から歓迎され読まれてきた理由が分か

---

28) P. Drucker, *The Concept of Corporation*, 上田訳『企業とは何か』，270-271頁。

29) この論文を最初に書いたときに筆者は「経営史家のように」と叙述したが，その後，『経営史学』誌がチャンドラーの逝去後特集号を出版して，下川浩一教授がつぎのように書いていたことを発見して驚いたことである。「この著はスローンの著作であるが，実際の資料収集や整理にあたり本原稿を執筆されたのはチャンドー教授である。……勿論スローン氏自身……本原稿を徹底的にチェックされたであろう事は，想像に難くないが，同教授〔チャンドラー―引用者〕が1979年3月ごろ研究室で語られたところによると，契約上の問題もありこのことは世間に伏せられていたが，その頃にはオープンにしてよいことになったようである」（下川浩一「A. D. チャンドラー教授の経営史学への貢献と今後の展望」，『経営学史』44巻3号，2009年12月，32頁）。

る。

　ところが，GM で生起した企業経営の事実のみを書こうと努め，しかも GM で彼と一緒に活動した同僚経営者を傷つけないことに細心の注意がはらわれた。それは，ドラッカーが，ある日スローンから事務所に呼ばれ，いよいよ出版することになったことを伝えられたという経緯について，「GM 関係者の最後の人が亡くなったからだ」とスローンが述べたと書いている[30]ことでも分かる。この著書では，スローンの GM での活動が描かれながら経営者として信条や理念といったことは，ほとんど書かれていない。その意味で，『GM とともに』は，フォードが自分の経営方式や経営に関する信条をエッセイ風に書いた内容と比較すると極端に違っているといえる。そうしたことも，これまでに，GM の企業目的や理念に関する研究が少なかった理由といえると思う。しかし，筆者には，つぎの一文だけは，明らかにスローンの経営者としての信条ないし理念を吐露した部分と考える。

　「労組の一部の代表は，生産性の向上による利益をすべて従業員に還元すべきだと考えているようだが，私には賛成できない。……あるいは別な意見もあるだろう。生産性が向上したらその分すべてを値下げに回すのが，消費者，あるいは経済全体にとって最も利益になるだろう，という意見だ。理想をいえばそのとおりかもしれないが。だが，人間の性として，個人あるいはグループとしてインセンティブを与えられたほうがよい仕事ができるから，それを交渉で決めることを望むこともあるので，交渉で決めることも良いことであろう。そこで，私は，生産性が向上した分は，消費者（値下げあるいは製品の改良），労働者（高賃金），株主（投資収益率＝ROI）の間で，配分すべきだ，と結論づけた」[31]。

---

30) P. Drucker, My Personal History, 牧野洋訳ドラッカー『知の巨人ドラッカー自伝』145 頁。

31) A. Sloan, *My Years with General Motors*, Sidgwick & Jackson, London, 1963, p. 400, 有賀裕子訳『GM とともに』（ダイヤモンド社，2003 年）451 頁。この翻訳書にはお世話になったが，ここの引用箇所を含めて，本文に忠実に筆者なりの改訳をして

この消費者，労働者，株主の三者が，スローンの言うように，「分け合って」いたのであろうか？　筆者は，『GMとともに』でのスローンの叙述の検証からこそ，GMの企業目的・理念を導きだしうると考える。ここで，筆者の考えるGMの企業目的・理念に関する結論を，フォードのそれとの比較において先取りして述べれば，フォードは，「高賃金・低価格」で，労働者と消費者（公衆）を重視し，資本調達については自己金融を中心に考えたので，株主については前2者に比べ軽視したことは上に見たとおりである。それに対して，スローンの場合は，株主とGM株式を所有する高所得経営者の利益が優先され，労働者，消費者への「分け前」は劣位にあったと考える。スローンが株主の配当を重視したことは，彼の『GMとともに』の第11章「財務面での成長」と第22章「報償（incentive compensation）」を読むと分かる。例えば1931年，1932年は大恐の影響を受け利益売上高が78％も減少し，利益も減少したが，内部留保をとり崩し，利益以上の配当を行っている。（本文113頁）。以下こうした点を，『GMとともに』から拾いだし検証するが，その前に，スローンがどのような経過を踏まえて，GMトップの座に就いたのかを一瞥しよう。

2）　スローンがGMトップになるまでの経緯

スローンは「（GMは）自動車業界全体のスピードについていけなかったが，1918年以降は，特に近代的管理方式による処方策が採られたがゆえに，業界平均をしのぐ成長をとげトップメーカーの地位を占めるようになった。われわれは，産業のリーダーとしてある貢献をしたことを信じたい。社員，株主，ディーラー，消費者，サプライヤー，そして政府にも大きな程度で貢献してきた，と信じたい」[32]と書いている。しかし，筆者がこの著作を読む限り，1920年の8月の社長デユラント退陣前後は，GMは，株式や社債による資金調達で危機を乗り越えるが，デュポン社長のもとでスローンが実質的に経営に関わり

　　いる。改訳部分は，英語原典の頁と訳書の頁を示した。有賀卓の場合は，訳書の頁のみを示した。

32)　A. Sloan, *op. cit*., p. 191. 有賀訳『前掲書』211頁。

GM の経営が安定してきた段階では，株主への貢献のほうがかなり大きかった印象を受ける。

　スローンが GM の社長になるまでの経過を簡単にみておこう。よく知られているように，GM の創立（1908 年）者は，W. デュラントであるが，彼は GM 退社後 1929 年大恐慌前の 1928 年ごろ，GM の主要備品事業部の所有者であったフィッシャー兄弟らと投機師としてもアメリカの経済史に現れる人物である。スローンによると，1908 年から 1909 年にかけて，デュラント社長は，ビュイック，キャデラック，さらに部品メーカー数社を中心に多数の企業を統合し，それへの資金調達で深刻な問題に直面し，経営権が奪われたこと。銀行団が堅実路線により経営を立て直しその後わずかの安定期の後，デュラントが再び復権し，デュポン社の支援を受けて拡大路線を採用し，そのときは借り入れや株式発行などさまざまな資金調達手法が用いられたことが指摘されている[33]。

　スローンが GM の経営者になる経過については，本書における第 2 章「大いなる可能性」において記述されているが，スローンが唯一「プライベートな事柄」と断り書きをしている部分も存在している。兄弟 5 人の長兄で他の 4 人がどのような職業に就いたかにも触れられている。1895 年 MIT（マサチューセット工科大学）電気工科部卒業後，ハイアット・ローラー・ベアリング・カンパニーというベアリング会社に入社した。25 名の小規模会社で将来性を見出せず一度は退社する。1898 年にこのハイアット社が清算せざるを得ないほどに逼迫するようになり，スローンの父親とその仲間が，アルフレッド（スローン）がこの会社に残留しできる限り努力するという条件で，5,000 ドルを投じ再建をはかることになる。ハイアット社は，ベアリング製造販売会社であったことから，主に部品製造会社との取引が多かった。その取引先でとりわけ重要だったのが車軸製造のウェストン – モット・カンパニーであった。モット社は，1909 年に自社を GM に売却し，その後も〈ビュイック〉，〈オークランド〉，

---

33) 有賀訳，前掲，212-213 頁。

〈オールズ〉向けにベアリング車軸を製造していたので、スローンは、GMとも取引をもつこととなった[34]。そうしたことから、スローンは、自社の部品の取引で、当時GMにいたクライスラーやいずれ競争企業となるヘンリー・フォードとも会うことになる。

スローンにとって大きな転機となったのは、1915年ごろ再びGMに返り咲いたデュラントから、1916年の春にハイアット社を売却しないかと相談をもちかけられ、熟慮し交渉の末1,350万ドルで売却する事態となったことであった。スローンは、そのときの熟慮の内容について、①当事フォードとの取引が全体の50%を占めていたこと、②自動車業界の発展における自社のローラー・ベアリングの将来性、③ハイアットの権限を所有していたが40歳になるまで配当を得ていなかった、の3点をあげている。比較考慮の末、②の理由を最も重視し売却を決める。支払いは半額現金と新会社の株式で受け取ることになった、と書いている。デュラントが新たに設立した会社とは、ハイアット社と部品会社の4社の受け皿会社であり、ユナイテッド・モーターズ・コーポレーションという名称であった。しかし、半額を株式で売却することになった事態に関して内部で異論がでたため、スローンはハイアット社内の同僚に現金を譲り、自分は新会社の株式で受けとり、この新会社の社長兼CEOに任命される。さらに1918年、GMとの合意によってユナイテッド・モーターズは、GMに吸収され、GM副社長となりアクセサリー・部品部門を担当する。また、取締役になり経営委員会（当時の議長はデュラント）のメンバーになる。スローンは、経営委員会のメンバーになったことから、GM全体を把握し始めるようになる。この時点で、スローンは、「私は、また所有権を持ち、職業的理由からも、会社（GM―引用者）全体の業績に大きな関心を寄せるようになったが、それは、私の財産のほとんどが自社株（GM社株―引用者）に転換されていたという個人的な事情にもよる」[35]、と告白している。

1919年末から20年にかけデュラントは事業拡大に走り、それを支えていた

---

34) 有賀訳、前掲、23-28頁。
35) A. Sloan, *op. cit.*, p. 25. 有賀訳『前掲書』、33頁。

のが財務委員会のラスコブで，スローンのユナイテッドだけでなくシボレーなどをも買収し，さらに大規模部品企業フィッシャー・ボディーとの関係強化のため60％を出資する。事業規模の拡大は，事業部制がまだ導入される前であったため各事業会社間に混乱をもたらした。もちろん，各事業間の調整も存在せず，スローンの言葉では「形式的にも実質的にも統一性がとれていなかった。……新たに買収した会社，工場，製造設備の支出，在庫は膨大であった。収益をあげない会社もあった。会社の規模が拡大するにつれてキャッシュフローは悪化していった。GMは危機に直面しつつあった」[36]。1920年には株価が低迷し，需要も減少し，GMの工場は操業を下げるか全面的に停止せざるを得なかった。スローンは，こうしたデュラント社長のもとでの無理な事業拡大，傲慢経営に愕然として，他社からの誘いもあったことから，一足前に退社したクライスラーのようにGMを去ることを真剣に考えた。同年8月に1カ月の休暇をとりヨーロッパ旅行に出かけるが，すぐにまたアメリカに戻らなければならない事態が生じる。それはデュラントの退陣であった。

　デュラントの突然の退陣の理由は，事業規模の拡大過程で，不透明な資金使用・多額の債務の引き受けとかつ個人的借金などがその理由であった。スローンの叙述は抑制が効いたものであり，その詳細な内容・経過については，この危機を次に引き継ぐことになった新社長ピエール・デュポンが別の会社を経営していたイレーネ・デュポンに送った長文の手紙の中にある程度詳しく説明されている[37]。こうして，スローンは，自動車についてあまり知識のなかったデュポン新社長のもとで実質的な経営執行を任されることになる。

　スローンがまずとりかかったのは，拡大した各事業を統一的に運営するため事業部制の導入であった。それを実行するため社内用に1919年の10月ころから回覧され1920年には多くの関係経営者に配布された『組織についての考察』が彼の手によりまとめられる。スローンによると，世評と違いGMが採用した事業部制は，デュポンの事業部制を模倣したものではなく，彼がGM社員

---

36) 有賀訳，前掲，19-20頁。
37) 有賀訳，前掲，42-47頁。

になる前のハイアット・ベアリング，ユナイテッド・モーターズでの体験が基礎になっていた。ハイアット社は単一の職能組織であったので単一組織の管理方法を体験したこと，ユナイテッド社は4社の会社の受け皿として生まれていたので，社内取引には市場価格を適用していたこと，かつ各会社をプロフィット・センターとし，投資収益率（ROI）の導入も構想中に入っていたことを具体的に説明している[38]。

この後，新生GMの生まれる過程は，かのチャンドラーが，『*Strategy and Structure*』（日本語訳『組織は戦略に従う』）と『*Visible Hand*』（日本語訳『経営者の時代』）で詳細に描いているので省略するが，「トップ戦略機関として執行役会（1921年の4人体制から24年の10人体制）の整備」，統制スタッフとしての「財務委員会」の設置，「分権制の導入」，「ROI概念の導入」，「事業部ごと利益の測定」，「在庫管理」，「事業間の調整のための各種委員会の設置」などが図られ，GMが世界の自動車業界の覇者への準備がなされて行くのである。

しかし，ここで強調しておかねばならないことは，フォードとの比較で言えば，GMの拡大路線の過程で，特にデュラント時代は，資金調達が，株式交換による企業統合，優先株，普通株，さらに債券の発行が中心に行われたこと，自己資金で行う余裕がなかったことである。スローン個人については，トップの座にある経営者として，さらに私財のほとんどがGMの株式に向けられ株式所有者になっていたことである。

3）　スローンによる財務指標からみるGMの発展

スローンは，『GMとともに』の12章「財務面での成長」で，GMの歴史を財務の視点から振りかえり，その成果を簡潔にまとめている。「第一期（1908-29年）長期拡大期」，「第二期（1930-45年）大恐慌と第二次世界大戦」，「第三期（1945年-）戦後の拡大期である」の3つの時期ごとに分けて記録されている。

第一期は，資金調達の面からみると，最も厳しかった時代であるが，スロー

---

[38]　有賀訳，前掲，13-216頁。

ンは4つの次期に分けている．ⅰ）1918-20年「事業拡大期」，ⅱ）1921-22年「事業縮小期」，ⅲ）1923-25年「飛躍への準備」，ⅳ）1926-29年「新たな拡大期」である．以下，スローンの記述している財務数値を示そう．

ⅰ）　1918-20年
　　ア）　3年間の投資額（主に設備投資で，子会社への投資も含む）は，2億8,000万ドル（1918年1月時点でのGMの資産総額1億3,500万ドル，工場の総資産価値4,000万ドルに比べ膨大）
　　イ）　1920年末の総資産額5億7,500万ドル（1917年に比べ4倍，工場の価値6倍）
　　ウ）　資金調達は，主に社債発行
　　エ）　この3年間で資本使用総額（株式や社債保有者から投資を受けた総額と資本剰余金，利益剰余金を意味する）は3億1,600万ドル．運転資本（現金預金，短期証券，売掛金，棚卸資産から買掛金，税金その他を差し引いた金額）は著しく増大したが，そのうち，棚卸資産（在庫）は，3年間で4,700万ドルから1億6,500万ドルへ膨れあがった[39]．

ⅱ）　1921-22年
　　22年末に銀行からの借り入れをすべて返済．在庫や工場の価値を低めに評価変えをした．年間75万5,000台の生産能力に対して販売台数は45万7,000台に留まる．

ⅲ）　1923-25年
　　ア）　この期間の設備投資は6,000万ドルにも満たなかったのに対して減価償却は5,000万ドルに迫っていた．
　　イ）　25年の販売台数は83万6,000台（22年比83％増）
　　ウ）　25年末での在庫は1億1,200万ドルに抑制
　　エ）　22年初めに比べ正味運転資本が5,500万ドルの伸び（44％の伸び）を示す

---

39)　有賀訳，前掲，56-57頁．

オ）22年売上高は6億ドル
カ）合計純利益は2億4,000万ドル
キ）利益配当　普通株保有者に1億1,200万ドル，優先株保有者に2,200万ドルで，配当額合計は1億3,400万ドルであった。純利益の56%を配当した[40]。

ⅳ）1926-29年（4年間）
ア）4年間で，工場の価値は2億7,800ドルから6億1,000万ドルと2倍に増加。
イ）非連結子会社と自動車以外の事業部への投資は8,700万ドルから2億700万ドルへと約2.5倍に跳ね上がる。
ウ）総資産は7億400万ドルから13億ドルへと増大。
エ）販売台数は120万台から190万台，売上高は11億ドルから15億ドルに増大。
ウ）適切な財務コントロールにより，上記の拡大は利益と減価償却により賄われた。
オ）純利益の3分の2近くを配当として支払う。
カ）資金調達は，社外からは1927年に優先株式2,500万ドルを配当率7%で発行し，ほかは内部の留保利益を利用。
キ）このうち，26年のフィッシャー・ボディーの残余財産すべて買取りに際して，GM自社株（普通株式664万4,720株）のほかに，その一部に充当するため63万8,401株を新規発行する。
ク）純利益は，26年1億8,600万ドル，28年2億7,600万ドル（それまでの最高），29年2億4,800万ドルとなる。
ケ）以上，26年から29年の4年間で，合計利益が9億4,600ドル，うち5億9,600万ドル（63%）が株主へ配当し，残り3億5,000万ドルが事業に再投資された。この期間の減価償却引当は合計1億

40）有賀訳，前掲，217頁。

1,500万ドルであった[41]。

以上, 1922年を基準として, 1923年から29年までを総括すると,

 i) アメリカとカナダでの販売台数（トラックを含む）22年の45万7,000台から189万9,000台へと4倍に増大。

 ii) 売上高は4億6,400万ドルから15億400万ドルへと3倍以上に増大。

 iii) 生産量と売上高が増大にもかかわらず, 在庫の伸びは抑制され60%の伸びに留まった。

 iv) 正味運転資本は1922年12月1億2,500万ドルから29年末には2億4,800万ドルに上積みされ, そのうち現金と短期証券は2,800万ドルから1億2,700万ドルへ増伸。

 v) 工場の総価値は2億5,500万ドルから6億1,000万ドルに増大し, 使用資本は4億5,000万ドルから9億5,400万ドルと2倍以上に増大。

 vi) 7年間の総利益は11億8,600万ドル, うち7億3,000万ドル（62%）は株主に還元, 4億5,600万ドルが内部に留保された[42]。

第二期（1930-45年）「大恐慌と第二次大戦」

 i) 1930年代 - 大恐慌と復興

大恐慌は1934年まで続き, GMの業績も縮小した。最も深刻だったのは株価暴落の3年間で, 売上高への打撃が大きく, 小売ベースで51億ドルから11億ドルと78%も減少した。しかし, 業績が悪化しても大きな混乱は生じなかった。**配当を減らさざるをえない年もあったが, 損出の計上や配当の見合わせもなかった。1931年, 1932年も内部留保が取り崩され利益を上回る配当をした**（強調は筆者）。北米の工場出荷台数も1933年以降3年間で3倍近くに伸び29年の80%に達し, 36年には29年の水準に戻った[43]。

---

41) 有賀訳, 前掲, 217-218頁。
42) 有賀訳, 前掲, 219頁。
43) 有賀訳, 前掲, 220頁。

以上，1930年代の財務指標をまとめると以下のようになる。
ア）　新規設備投資は総額3億4,600万ドルで20年代に比べる縮小。
イ）　減価償却引当は，上記投資総額より4,600万ドル上回る。
ウ）　株式配当は20年代の7億9,700万ドルから11億9,100万ドル（利益の91%）に上昇。しかし，流動比率は低下しなかった。
エ）　1930年1月1日から1939年12月31日までの間の正味運転資本は2億4,800万ドルから4億3,400万ドルに，現金預金と短期証券も1億2,700万ドルから2億9,000万ドルに増大。使用資本も9億5,400万ドルから10億6,600万ドルに僅かに増大[44]。

ⅱ）（1940-45年）「第二次世界大戦期」

アメリカが第二次世界大戦に参戦した後，GMは全社をあげての量産体制により総力戦を支えた。第二次大戦中は利益，配当は十分とはいえなかった。売上高は，39年が13億7,700万ドル，44年が42億6,200万ドルと伸びたが利益は伸びていない。参戦当初，利益制限法が設けられるかなり以前からGMは軍事事業の税引き前の利益率は，民需の半分に抑制した。この時期（1940年から45年にかけて）の財務指標は以下のとおりであった。

ア）　売上は17億6,690万ドルで，利益は10億7,000万ドルで，うち8億1,800万ドルが株主に対する配当として支払われた（配当率約77%）。株式発行に対する配当額は，40年と41年には額面10ドルの株式に3.75ドルを支払い，42年，43年は2ドル，44年，45年は3ドルであった。ここで注意しなければならないのは，売上17億6,690万ドルに対して利益が10億7,000万ドルである。売上げに対する利益の率は60%である。軍需品が多かったからであろうか。

イ）　**配当は，純利益の77%を株主に還元。**（強調は筆者）

ウ）　設備投資額は2億2,200万ドルで減価償却額を下回った。

---

44)　有賀訳，前掲，223頁。

エ）40年から44年までの4年間の正味運転資本は4億3,400万ドルから9億300万ドルと2倍以上になり，現金預金と短期証券は2億9,000万ドルから5億9,700万ドルへ増大。

オ）45年には1年間で設備投資を1億1,400万ドルと記録的に引き上げた。そのため，正味運転資本は7億7,500万ドル（現金預金と短期資本は3億7,800万ドル）へと減少した[45]。

第三期（1946-63年）「第二次大戦後」

スローンは，第三期についても，時期を分けて詳しく説明しているが，17年間全体の財務指標と重要な要件のみを紹介する。

ア）17年間で，設備投資は総額70ドルを突破。この数字は，46年時点での工場価値の7倍にあたる。インフレが進行した時期なので，工場など物理的規模が7倍になったわけではない。

イ）17年間の正味運転資本は，7億7,500万ドルから35億2,800万ドルに増大。

ウ）工場投資の61％にあたる43億ドルは原価償却引当金により充当され，残りは留保利益か新規調達かであると，スローンは明確には書いていない。

エ）**17年間の利益総額は125億ドルのぼり，36％にあたる45億ドルが内部留保された。他の64％が配当に向けられたのかは，記述していない**（強調は筆者）。

オ）17年間で使用資本は13億5,100万ドル68億5,100万ドルなった[46]。

以上，GMの財務の成長を，スローンの叙述から，第一期（1908-29年），第二期（1930年-45年），第三期（1945年-63年）に分けて紹介してきた。1917年にゼネラルモーターズ・コーポレーションに名称を変えてから，1962年12月31日までに，社員数が2万5,000人から60万超になり，3,000人に満たなかった

45）有賀訳，前掲，223-226頁。

46）有賀訳，前掲，227頁。

株主は100万人超までに増大した。北米の乗車とトラックの販売台数も，1918年の20万台から449万1,000台に増え，この間の売上額は，2億7,000万ドルから146億ドルへと増大し，総資産額は1億3,400万ドルから92億ドルへと増大したのである。

　GMの財務管理は，デュポンから移ったD.ブラウンを長に実施されていたことは，特に知られているが，1920年スローンがデュポン新社長のもとで4人の経営委員会のメンバーになり，24年ごろまでに，経営委員会を10人とし，統制スタッフとして財務委員会の長にブラウンが就いてから，GMの財務指標が安定し始めたことは明瞭である。最大の特徴は，①純利益のうち，多くの場合平均して60％以上を配当に回していること，②原価償却と利益留保額が増大しているにもかかわらず，株式（普通株，優先株）や社債により資本市場から資本調達をしていること。1929年の恐慌の後，特に34年ごろから，アメリカの株式は上昇し始めるし，またGMの財務状況は，特定の時期に利幅を減少さるが，絶えず上昇しアメリカ産業界をリードしてきたのであるから，財務管理手法からすれば，株式による調達は当然であり合理的であったということになる。

　注目すべきは，配当率の高さである。スローンが実質的に経営委員会の長として活躍し経営が安定してからは，1923-25年が純利益に対する株主への配当は57％，1926-29年が63％，この二つの期間の1923-29年を平均すると62％，**1930年代は91％，1940-45年の期間は77％，1946-63年の期間が64％であった**（強調は筆者）。このような1923年から1963までといった長期の配当に関する数値を他社と比較したものがあれば，GMの配当率の高さについて明言することができる。そのような数値は手元に存在しない。しかし，76頁ですでに指摘したように，スローンは「私は，生産性が向上した分は，消費者，働き手，株主の三者が，それぞれ製品の値下げあるいは改良，賃金アップ，投資収益率（ROI）の向上というかたちで分け合うべきだろうと結論づけた」[47]のである。GMが消費者，労働者，株主に対して同等に寄与してきたかというと，他

47）　本章，注30参照。

社と実数値での比較ができないので、あくまでも筆者の印象であるが、スローンのように株主でもあったトップ経営者と株主を優先していたとの感を拭い去ることができない。その意味でスローンは、実際的には株主価値最大化を企業目的として企業運営をしていた、ともいうことができる。この印象は、次の報償制度を検討するとなお強まるのである。

4） GMの株価上昇を駆使した報奨制度
ⅰ） 初期のボーナス制度

GMがボーナス制度を本格的に採用したのは、1918年8月にさかのぼる。それ以前の報奨制度では、一部の事業部のトップを対象に、その事業部の利益の一定割合を与えると約束されていた。それは会社全体の業績とは無関係であった。このため、事業部の利益を守ろうとする「自己中心主義」の蔓延を避けられなかった。それに対して、18年以降のボーナス制度は、事業部利益より会社全体の利益を優先させる発想に基づいていた。すなわち「発明、能力、勤勉、忠誠、あるいは特別な働きによってGMにとりわけ大きな貢献のあった社員に」ボーナスを支給すると定められていた[48]。1918年には2,000人超の経営者・従業員に与えられ、1919年と20年の両年にはボーナスを与えられた者は6,000人を超えていた。

当初のボーナスの総額は、税金と6％のリターン（収益）を差し引いた後の純利益に10％を乗じた額が上限とされた。この数字は、6％から5％に引き下げられたり、10％が12％になったりしたこともあった。しかし、21年には、景気の後退などにより利益が減少したとの理由により、ボーナスは支給されなかった。いずれにしろ、ボーナス制度は、事業部制の導入と関係しており、事業部の業績ではなく各人の業績に基づいていたことから、事業部の独走を防ぐ役割を果たした、とスローンは強調している[49]。

なぜなら、ボーナス制度では、通常、ボーナスは一部ないし全部がGM株

48） 有賀訳、前掲、461-462頁。
49） 有賀訳、前掲、462頁。

式で支払われるため，経営・管理者が株主になるため経営陣と株主の利害が一致しており，経営者は単なる雇われ経営者としてではなく，株主と利益を一つにしていると強く意識しながら任務にあたれる，という効果を生み出したからである。さらに，この制度は，事業部でなく会社の利益のために力を尽くそうという意識を根付かせ，事業部制を有効に機能させることに，大きな役割をもった[50]。

しかし，読者が注意しなければならないことは，この制度は，22年に改定され，ボーナスの支給条件に，従業員の責任の大きさが加味されることになり，責任の大きさを測る基準として給料の高さが選ばれたことである。つまり，ボーナス支給対象者決定基準を給料額の水準とし，22年以降しばらくの間は，年間5,000ドル以上として，22年のボーナス支給者を1918年の6,000人から550人へと大幅に減少させたことである。特に注意すべきは，5,000ドル以上の経営陣のみを支給給象とすることにより，ボーナス支給者が6,000人から550人へと大幅に減少させたことと，つぎに紹介するその仕組みを理解するのが極度に困難な新しい制度の導入とは，無関係ではないことである。

ⅱ）　二つの種類の報奨支給のための投資会社—MSCとGMMC

MSCとは，マネジャー・セキュリティー・カンパニーのことで，スローンは「トップ経営者にGM株の持ち株利益を増大させる機会を与えることに，その設立主旨があった」[51]と書いている。メンバーに選ばれた人々は，デュポン社から提供されたGM株を時価でまとまった数量で購入しなければならない。つまり，このプランに参加すると，最初にGM株式を購入するにあたり，現金で代金の一部を支払い，残り分はその投資会社の発行した転換優先株への支払いは，その株の後何年か後の株式上昇分によって後支払するという，制度である。この見事な（スローンの言葉—引用者）プランを考案したのは，かのドナルドソン・ブラウンであった。その内容を紹介するが，筆者はこの制度を説

---

50)　有賀訳，前掲，461頁。
51)　A. Sloan, *op. cit.,* p. 410, 有賀訳，前掲，462-463頁。

明した原著でも翻訳書でもわずか5頁足らずを理解するのに，1-2度では済まず3-4回と読み直した。極めて理解が難しい箇所である。筆者の印象で結論を先に述べるなら，この会社は一種のペーパー・カンパニーの投資会社で，上記の簡単な説明にあるように，プラン参加者は，デュポンが所有していたGM株を一定株数購入するさい，GMとMSCを通じて一部を現金で購入し，残りの株（優先転換株）の購入代金の支払いはGMの株式が上昇した何年か後に，購入したときと同じ値段で残りの株数に対して，株式上昇分で後払いとする制度といえる。したがって，最初はGM株を購入できる80人の所得の高い経営陣に対象を絞り込む必要があったのである。

以下，スローの説明を筆者なりに咀嚼し，図表3-1を用いて説明しよう。GMは，マネジャー・セキュリティ・カンパニー（MSC）を設立するが，その授権資本の総計は3,380万ドルで，その内容は，7％の累積的優先株（転換権

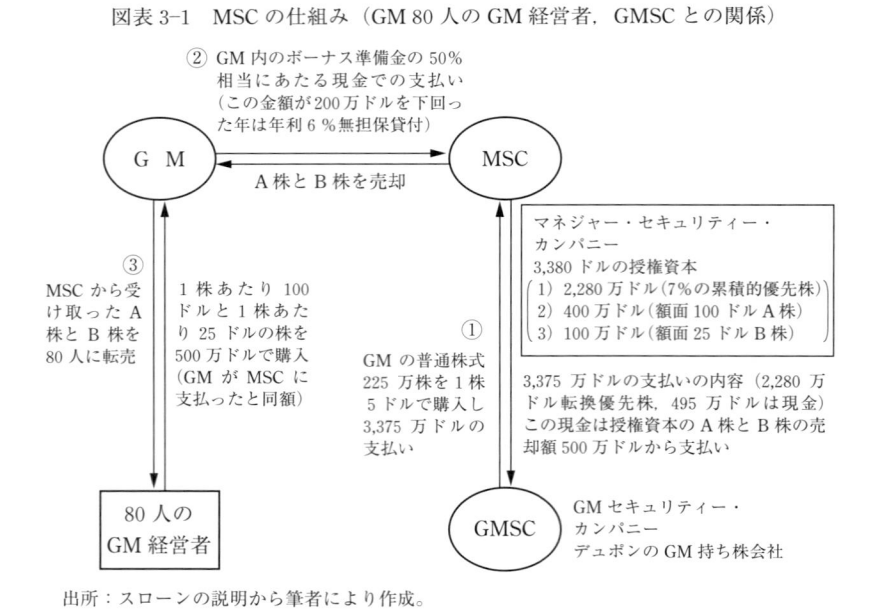

図表 3-1　MSCの仕組み（GM 80人のGM経営者，GMSCとの関係）

② GM内のボーナス準備金の50％相当にあたる現金での支払い
（この金額が200万ドルを下回った年は年利6％無担保貸付）

GM ⇔ MSC
A株とB株を売却

③ MSCから受け取ったA株とB株を80人に転売

1株あたり100ドルと1株あたり25ドルの株を500万ドルで購入（GMがMSCに支払ったと同額）

① GMの普通株式225万株を1株5ドルで購入し3,375万ドルの支払い

マネジャー・セキュリティー・カンパニー
3,380ドルの授権資本
(1) 2,280万ドル（7％の累積的優先株）
(2) 400万ドル（額面100ドルA株）
(3) 100万ドル（額面25ドルB株）

3,375万ドルの支払いの内容（2,280万ドル転換優先株，495万ドルは現金）この現金は授権資本のA株とB株の売却額500万ドルから支払い

80人のGM経営者

GMSC
GMセキュリティー・カンパニー
デュポンのGM持ち株会社

出所：スローンの説明から筆者により作成。

つきで議決をもたない）2,880万ドル，額面100ドルのA株式400万ドル，さらに額面25ドルのB株式100万ドルから構成されている。

① このMSCが，GMセキュリティ・カンパニー（デュポンの所有するGMの持ち株会社）からGMの普通株式を1株15ドルで225万株を，3,375万ドルを支払って買い取る。しかし，その支払いは，先の7％の転換優先株式の2,880万ドルと現金485万ドルで行われる。現金は，MSC授権資本の一部のクラスA株式とクラスB株式をGMの80人の経営者に売却することによって調達された（80人の経営者はMSCの株主となる）。デュポンがGM株式の30％にあたる株式をMSCに売却したのは，つぎの二つの理由による。一つは，GMの経営陣とゆるぎないパートナー・シップを築き，経営陣のインセンティブが強まると，営業成績が上り，株式が上がり，配当が高まり，さらに株式の価値が上がる。そうすれば，デュポンの残りの持ち株の価値も高まる。もう一つの理由は，対象の株式は，前社長のデュラントを財務危機から救ういわば見返りとして手にいれたもので，デュポンにとって必要がなかったからであった。MSCの方式は，デュポンがブラウンに要請して作らせた案であった[52]。

② GMは，MSCに対して，毎年税引き後利益から7％の使用資本を差し引いた後，5％を乗じた額を支払うと約束した。これは各年のボーナス準備金の50％に相当する（スローンは書いていないが，MSCが設立されていなければ，この金額は図表3-1の80人のトップ経営者に支払われるべきボーナスにあたる）。GMは，さらに支払い額が200万ドルを下回った年には，年利6％の無担保ローンで差額を埋め合わせることも約束した（これは，転換つき累積的優先株を受け取ったデュポン持ち株会社に償還するためである）。この契約に基づいて，実際に23年と24年にローンが実行されている。この合意内容は1923年から30年までの8年間有効とされた。

③ GMは，MSCから受け取ったGMの自社株であるクラスA株式とクラ

---

[52] A. Sloan, *op. cit.*, pp. 410-411, 有賀訳, 前掲, 463-464頁。

スB株式を，約80名の経営者たちに転売した。この80名を誰にするかの提案は，取締役会が指名した特別委員会に対してスローンによって行われた。対象となった80人は，クラスA株式とクラスB株式を一株あたりそれぞれ100ドルと25ドルで買い取った。その金額はGMがMSCに支払った金額と同じであった。この80人は，MSCの所有者の一員なる。スローンは，その各人への株式の割当は，社内の地位に応じて行ったが，「私（スローン）が候補者とじかに会って，買い取りを希望するかどうか，現金での支払いが可能かどうか尋ねて行った」，と書いている。実際の割当については，各人の年間報酬の範囲以内に購入額を納めるようにした，ということである[53]。

それでは，この3つのプロセスの枠組みのなかで，具体的運用方法をどうであったのかについてみてみよう。

ア）GMからMSCへの年間支払い額（GMの税引き後の利益から使用資本の7％を差し引いた額＝デュポン持ち株会社への償還の部分になる）は，クラスA株式の余剰利益として扱われたのに対して，MSC（80人の経営陣）が保有するGMからの配当は，他の収益とともにクラスB株式の余剰利益として扱われた。

イ）MSCは，毎年7％の優先株式をGMSC（デュポン所有のGM持ち株会社）に償還する義務を負っており，その額は，総利益から税金，経費，さらに優先株式の配当を差し引いて決まる。さらに，MSCは，クラスA株，クラスB株の配当をも支払うことができた。ただしその額は，資本金（500万ドル）の7％，あるいはその後の余剰利益を越えてはならなかった。また，7％の転換優先株式について，累積配当がすべて支払われていることが前提となった[54]。

こうした状況下で，GMの営業成績が大きな成果をあげたことにより，MSC授権資本のうち，デュポンから現金で購入しGMに売却され，さらに

---

53) A. Sloan, *op. cit.*, pp. 411-413. 有賀訳，前掲，464-465頁。
54) 有賀訳，前掲，465頁。

GMから転売されたクラスA株式とクラスB株式（いずれもGM株式）を購入した経営者たちは大きな収益をあげた。なぜなら，1923年から28年まで，アメリカの自動車業界の乗用車・トラックの販売台数が400万台と横ばいであったときに，GMの販売台数だけが同じ時期に2倍以上に伸び，23年に20％に満たなかった市場シェアーが28年に40％を越える状態になったため，GMの利益は増大し，MSCへの配当支払いが（80人の対象者の追加報酬も）増大した。しかも，1927年4月には，転換優先株式に関しても，GMセキュリティー・カンパニー（デュポン持ち株会社）への全額の償還を終えていたため，MSCの資産クラスA株式，クラスB株式で占められた。「GMの利益が増えたことで，MSCの優先株が償還できただけでなく，GM株式の市場価値も上がり，GMの増配が重なりMSC所有のGM株は途方もなく大きな価値をもつに至ったのである」[55]。

　スローンは，MSCのメンバー（80人の株式所有経営者）がどのくらいの価値を増大させたかについて，分かり易く例を用いて説明している。MSCが設立された1923年に，MSCのクラスA株式，クラスB株式をそれぞれ1,000ドル分購入していた場合どのくらい増えたかという例である。当時この投資は，GMの無額面普通株式（時価15ドル）を450株購入し，その一部を現金で支払いその差額はボーナスで支払うということと変わらなかった。その後の7年間GMは，規定に基づいてMSCに支払った額は，（当初の1,000ドルに対して）合計9,800ドルにのぼった。これはGMのMSCへの追加投資の形ではあるが，MSCのメンバーのボーナスになったものである。

　1923年から30年までの7年間に，この450株は，交換，配当，MSCによる追加購入により902株に増えた。つまり，1930年4月にGMがMSCに最終支払いを行ったときには，MSCに加入した80人のトップ経営者の株式所有は，10ドルのGM普通株式を902株所有していたことになる。これは，当初支払った1,000ドルにボーナス9,800ドルを加えた1万800ドルで，額面10

55）有賀訳，前掲，466頁。

ドルの GM 株 902 株を購入したのと同じ状態である。しかし，この 7 年間に GM の売上高と利益は急激に増大したから，GM 株の市場価値も増大し，902 株は 1 株あたり 52.375 ドル，合計の市場価値は 4 万 7,232 ドルに達していた。1927 年，28 年の 2 年間で出資の一部 2,050 ドルが償還され，全期間をとおして 1 万 1,936 ドルの配当が支払われたため，**合計投資額 1 万 8,000 ドルが最終的に 6 万 1,216 ドルへと増えた計算となる**（強調は筆者）。この制度は，当初の 8 年を短縮して 7 年で（1930 年ではなく 1929 年）で打切りとなった[56]。

つまり，スローンによって選ばれボーナス委員会で認められた 80 人の経営者は，MSC へ 1,000 ドル投資（クラス A 株とクラス B 株へ現金での投資）と GM から支払われた合計 9,800 ドルのボーナスの 1 万 800 ドルで，7（実は 6）年後には 6 万 1,216 ドル（約 6 倍）を獲得したことになったのである。当然のことであるが，MSC メンバーだけでなく，GM およびその株主にも同じように大きな利益をもたらした。スローンは，「MSC は，23 年から 29 年にかけて GM が好業績を上げることに成功したのだが，GM が好業績をあげられたのは，一つには MSC の設置によって，経営陣が GM 全体の繁栄に個人的にも大きな利害を持つようになったからに違いない」[57]，と述べている。

しかも，スローンは，このプランが動き出してから，毎年度末ごとに，全員を招き MSC の株主総会を開き，その年の成果を振り返ったこと，このことは，MSC メンバーと GM 株主の利害が一致していることを念押しする良い機会であった，と述べている。さらに，ドナルドソン・ブラウンの次の言葉を引用している。「資本支出，在庫，などの効果的コントロール，優れた製造効率，販売，流通，消費者へのアピールなどをとおして，どれだけ共通の利益が増進したか，詳しい説明がなされた」[58]。この意味は，MSC 投資会社の成果は，まさに GM 現場の成果の説明会場になっていたことである。

スローンは，22 章「報償制度」で，1930 年から MSC と同じ趣旨で開始さ

---

56) 有賀訳，前掲，467 頁。
57) 有賀訳，前掲，467 頁。
58) 有賀訳，468-470 頁。

れた GMMC (GM マネジメント・コーポレーション) についても説明しているが，それは参加メンバーを 250 名に増やしたこと，1929 年恐慌の影響を受けたが，このプランが終了する 1937 年には，やはり 1,000 ドルの投資と GM に支払った 4,988 ドルのボーナスの合計 5,988 ドルが，1 万 2,595 ドル (約 2 倍) なったとしている[59]。

以上，見てきたように，スローンが採用した，ブラウンの考案による報奨 (ボーナス) プランとは，一種のペーパー投資会社である MSC や GMMC (株主は 80 人ないし 250 人に限定されたトップ経営者) を設立し，GM 株式が上昇するという前提のもとでの，一部の株式を現金で買い取り，残りは株式による形式でのボーナスが後払いされるものである。この報奨制度は，徹底した株式制度の利用を前提として機能していたのである。

ⅲ) 基本ボーナス・プランとストック・オプション

上記にみた投資会社設立によるボーナス・プランのほかに，基本ボーナス・プランについても説明されている。GM のボーナスによる報奨制度は，年間給与総額の高さにより授与対象者を決めていたので，GM の営業成績により，資格を得る給与額の変化により，受給者の数も変化したが，1922 年の 550 人 (給与労働者の 5 %) から 1962 年 1 万 4,000 人 (給与労働者の 9 %) ほどになった，それまでの発展経過を説明している[60]。

さらに，個人所得税率が高いことや，経営者やマネジャーに GM 株を購入することを促すために，1950 年にストック・オプション制度を導入し，従来のボーナスを 75% とし，残りの 25% をストック・オプションの方式で自社株を購入する方式である[61]。

ところで，報奨を与える対象人物の選定基準が 1918 年の時点では「発明，能力，勤勉，忠誠，あるいは特別働きによって GM に大きな貢献のあった社

---

59) 有賀訳，前掲，468-470 頁。
60) 有賀訳，前掲，470-472 頁。
61) 有賀訳，前掲，473-474 頁。

員」であったのが，1922年には「従業員の責任の大きさ」が加味され，責任の大きさを「給料の大きさ」基準として測られるようになった，ことに注意しなければならない．

　MSC（1923年から29年まで）とGMMC（1930年から1937年まで）以外の基本ボーナス制度で，各従業員に報奨を与える場合の決定手順についても，スローンは詳説している．ボーナスの具体的な決定の裁量は，ボーナス・給与委員会に任せられているが，そのメンバーはボーナス支給の対象外の取締役である．また，他の授与対象の取締役のボーナスもこの委員会によって決められる．そのほかのすべてのケースに関しては，取締役会長と社長と協議して決められる．ボーナスへの割当限度額は，税引き後利益から純資本の6％にあたる部分を差し引き，それに12％を乗じた額とされている．ボーナス対象者の下限給与は，会長と社長からの提案をもとに，委員会が決定するが，特例として下限給与の条件を満たさない者にもボーナスを与えることが認められている．ボーナス額の具体的配分を管理する必要から対象者は次の3階層に分けられていた．

　① 担当事業を有する取締役
　② 事業部長とスタッフ組織の最高責任者
　　（①②は，トップ管理者 Top-administration を構成する）
　③ 委員会によって設定された下限給与の基準を満たした全従業員

　委員会は，第1段階として，ボーナス受給資格のある取締役への割当予定額を決め，委員会が，場合によっては会長と社長に相談しながら，各個人の業績を測定する．第2段階として，事業部長とスタッフ組織の長への，割当額が決められ，各人への支給は，会長と社長による提案を受け，委員会で決定される．第3段階では，残った割当額を基礎に，会長と社長と相談しながら，委員会は，事業部の割当について検討する．その場合，対象者の給与総額，投資収益率の他事業部との比較，その事業部の全般的な業績などが考慮され，会長と社長の提案内容が委員会で了承されると，事業部にその内容が通知される．以後は，事業部長の判断によって，配下の各対象者の支給総額が示される．正式

のやり方では，直属の上司が一案を作成し，さらにそれが上役によって検討され，最終的に事業部長なりスタッフ組織ならそのトップが目をとおし，グループ・エグゼクティブによって承認されて，会長と社長に伝えられる[62]。

　このように，報奨額の具体的決定には，給与・ボーナス委員会のほかに会長と社長が深く関与するのである。スローンは，ボーナスは毎年支給されるため，対象者は，退職しない限り，インセンティブを受けるが，昇進して給与が増えるにしたがい，報酬全体に占めるボーナスの比重が増える。しかも，組織の階段を上るにつれて，ボーナスは直線的ではなく指数級数的に増大するため，上級経営者がGMから流出することを防ぐ役割も果たしていた。しかも，ボーナス制度ではボーナスが5年間に分割して支払われたので，退社すると残額を受け取れないので，なおさら上級幹部の流出を防いだのである。スローンは，このGM報奨制度の基本的目的は，「わが社の経営者をビジネスのパートナーにすることである」と述べている。1963年3月現在で，上位350人のトップ経営者が所有する合計の180万株にもおよび，1株あたり75ドルとして計算すると，350人は「現在の価値で1億3,500万ドルを出資していることになる。そういうことならそれは重要な所有者であろう」[63] そして，スローンは第22章の報奨制度の最後で，「私が強く確信することは，45年間にわたって成果をあげてきたこのボーナス制度を廃止したり，大幅に変えたりすれば，GMの経営精神と組織を打ち壊すことになりかねないだろう」[64]，と述べている。

　しかし，後述されるように，GMなどアメリカ自動車企業の動向に詳しいマリアン・ケラーも指摘しているように，「インセンティブによる経営という戦略は革命的で」あり，「その前提は健全なものであったが，それが先行きに危険をはらんでいることはスローンにも認識できなかった。結局，毎年実施されるインセンティブ計画が一つの要因となって，GMの経営陣は必要なリスクをおかせなくなったのだ。経営者たちは目先のボーナスをあきらめることができ

---

62) 有賀訳，前掲，474-477頁。
63) A. Sloan, *op. cit.*, pp. 419-420, 有賀訳，前掲，472頁。
64) A. Sloan, *op. cit.*, pp. 428, 有賀訳，前掲，431頁。

ず，長い目で見ないと成果のあがらないような措置を講じることができなかった。各事業部はお互いに競い合ってそれなりに結果をだし，パイのより大きな分け前にあずかろう」[65]とした。しかも，スローンが1956年会長を退陣した後は，財務分野のスタッフの力が増大し始めたことである。フレッド・ドナーが会長をつとめた1960年代に，「製造やマーケティング畑の人間よりも財務畑の人間のほうが仕事ができるという考え方が根づくようになり，……誰もが財務畑の人間に迎合し，彼ら（財務畑の人間―引用者）はますます力を握って」[66]いく事態をもたらし，「GM帝国の崩壊」が始まるのである。なぜなら，1972年の第一次オイル・ショックの際も，ホンダ，トヨタは，燃費の少ない効率の良い自動車の生産を増加させていたにも関わらず，GMは財務畑出身の社長，会長が，自動車の生命線である，品質の改善に目を向けることなく，財務数値のみを気にするマネジメントを行っていたからである。

5） 不十分な消費者への対応

　ⅰ） シボレーの価格政策

　これまでGMの報奨制度を検討してきたのは，スローンが「生産性が向上した分は，消費者（値下げあるいは製品の改良），労働者（高賃金），株主（投資収益率）の間で，配分すべきだ，と結論づけた」（注30参照）と述べているが，GMの報奨制度をみる限り，株主ないし少なからずのGM株式を所有するトップ経営者への配分が優先したということについて，検証したかったからである。

　消費者への奉仕である自動車の価格の値下げについては，GMがフォードの独壇場の低価格車分野にシボレーを投入するという重大決定をしたときも，フォードのT型より価格を安くすることは射程には入ってはいなかった。フォ

---

65) Maryann Keller, *Rude Awaking : The Rise, Fall, and Struggle for Recovery of General Motors,* William Morrow, 1989. 鈴木主税訳『GM帝国の崩壊』（思想社，1990），58頁。今回は，鈴木氏の訳書に依存しケラーの原著書を参照していない。

66) ケラー，鈴木訳『前掲書』32頁。

ードのT型はもともと現在のクローズド・ボディーではなく，屋根の無いオープン・ボディーの設計のもとに作られており，車台が軽かったため，クローズド・ボディーに適していなかった。ところが，1924年ごろから，クローズド・ボディーの普及が目覚しくなり，業界全体でも，1924年には43％，26年には72％，27年には82％の生産比率を占めるようになっていた。GMシボレーは，この需要動向に素早く対応し，同じ期間にクローズド・ボディーの生産を40％，73％，82％と増大した。価格についてT型と比べれば，1925年から27年の3年間で，シボレー（2ドアコーチ）が735ドル，695ドル，645ドルと価格を下げたのに対して，T型フォード・テューダは1925年に580ドル，26年に565ドル，27年に495ドルと約150ドル安い価格を設定し対抗した。しかし，シボレーの販売台数は，フォードに猛追していた。それは1925年のシボレーの工場出荷台数が48万1,000台，フォードは200万台であったが，26年にはシボレーが69万2,000台に増加したのに対して，フォードは155万台に減少していることに，如実に示されていた。T型は，当時のエンジニアリングの発展と市場の動向についていけず，フォードは，1927年5月には，工場（パールージュ工場）の操業を停止し，設備更改のために，ほぼ1年間にわたり閉鎖せざるを得なかった。このため，自動車の低価格市場は，シボレーの独壇場となり，その後クライスラーのプリマスを迎え入れてもトップの座に揺るぎがなかった。再びフォードが，低価格市場で販売台数のトップを奪回するのは1929年，30年，35年であった[67]。

こうした経過は，GMの価格政策，品質改善政策の勝利を説明しているといえるが，ここでは，とにかくGMは製品の値下げで消費者に貢献したのではなく，品質で勝負する政策を採用した，という事実を指摘しておこう。

ⅱ）自動車購買ローンの開始

GMが消費者にたいして採った政策として，自動車購買ローン（消費者金融）

---

[67] 有賀訳，前掲，180-182頁。

がある。この消費者金融の会社は，ゼネラルモータズ・アクセプタンス・コーポレーション（GMAC）と名づけられ，1919年GMの支社として設立された。当時は，銀行が自動車購入者に融資をすることが少なかったからだ，とスローンは説明している。GMACが設立される以前は，ディーラーは，車を仕入れた場合はその卸し代金を即時に現金で支払うことが要求された。消費者に現金販売可能なときは，メーカーに仕入れ代金を遅滞なく支払うことができたが，仕入れの数に余裕を持たせるため仕入れ台数を増やしたり，また，住宅，家具，ミシン，ピアノなどで当時一般的となりつつあった割賦販売を採用することは難しい状態にあった。そのため，GMACは，ディーラーの卸売りへの融資（約3分の2）と小売での消費者への融資（約3分の1）を行うことを意図したものであった。卸売の場合，GMCAは，ディーラーに対して担保荷物保管証とそのほかの証明書と引き換えに製品を卸すが，ディーラーは，決められた相当の金額を支払うと製品の所有権を手に入れ，消費者に販売する。仮に代金支払いが遅れたり，契約条件がまもられなかったりした場合には，GMACが製品をとり戻す権利を持っていた[68]。

消費者向け融資は，「GMACタイム・ペイメント・プラン」という名称で知られており，ディーラーと買い手が結んだ自動車ローン契約をGMが買い取って融資を実行する形式をとる。しかし，双方とも義務づけられたものではなく，GMACもリスクが大きいと判断したときは断わることもできるし，ディーラーも他の機関などの融資先を見つけてもよい。しかし，すべての条件が満たされGMACが融資を引き受けた場合は，ローンの回収にあたるのは，ディーラーではなくGMACである。その場合，顧客にとって妥当な水準に利率を抑え，GMACの事業でも利益をあげ，かつ消費者を高い利率から守りながら長期的な便益をもたらすことが肝要であった。

スローンによると，1919年から63年までにGMACの融資によって，ディーラーに対しては新車4,300万台超，同期間に消費者向けには，新車2,100万

---

68) A. Sloan, *op. cit.*, p. 302. 有賀訳, 344-345頁。

台と中古車 2,500 万台，合計 4,600 万台分に対して融資が行われ，その購入を支援してきたということである。また，消費者向け分割ローンの焦げ付きが，1919 年から 29 年にかけて，わずか 0.3％にとどまり（GMAC の損失分），30 年に 0.5％，31 年には 0.6％，32 年には 0.8％に達したが，33 年には 0.2％に低下したということである。スローンは，「大恐慌のさなかですら，回収不能率は 1％を超えなかった。この制度の安全と購入者の誠実さに，目を見張るものがある」[69]と述べている。一方で，自動車の価格を決めるうえで，この金融費用は無視できず，GM と GMAC は，ローンの返済期間が不当に長く，頭金が少ないと，金融費用が不必要に上昇することの注意を喚起するキャンペーンを進め，この活動では中心的な役割を果たしてきた，とのことである。

　しかし，スローンは，1938 年に政府が「GM ディーラーは，GMAC の自動車ローンとの提携を強制されている」と攻撃をしはじめ，1939 年には裁判となり，個人を無罪としながら，法人 4 社を有罪とした。その後，司法省反トラスト局との長い法廷闘争をへて 52 年に，GM，GMAC，とディーラー関係の大枠を新しく定めることとなったことについても，スローンは隠さずに書いている。この自動車購買に関する消費者金融が消費者への奉仕ということができるのかどうかである。ただ，間違いなく，アメリカのクレディット社会の風潮を広げる役割を果たしたのは確実である，といっても過言ではなかろう[70]。

6） ブルー・カラー労働者への対応

　スローンが「生産性が向上した分は，消費者（値下げあるいは製品の改良），労働者（高賃金），株主（投資収益率）の間で，配分すべきだ，と結論づけた」（注 31 参照）の視点から，GM のブルー・カラー労働者への対応について検討しよう。結論を先に述べるなら，GM は，UAW（アメリカ自動車労働組合）が 1947 年ごろまでに，アメリカの 3 大労働組合の一つに成長するころになると，その労働協約に「技術革新によって生産性が高まった場合，その一部を労働者に還

69）　有賀訳，前掲，345 頁。
70）　有賀訳，前掲，349 頁。

元する」と規定されたことから，GM もブルー・カラー労働者への対応を迫られたといえる。さらに，UAW は，年金の充実化を，GM などビッグ・スリーに迫ったことから，譲歩せざるを得ない状況に直面したというのが実情である。

ところで，スローンの説明にしたがって人事労務の概況を紹介すると，GM は，1963 年初めの時点で，全世界で 63 万 5,000 人を雇用しており，そのうち約 16 万人が給与労働者 (salaried employees) である。労働組合員は約 35 万人だが，給与労働者の労働組合加入率は極めて低い。GM は，早くも 1920 年代には充実した医療サービス，カフェテリア，更衣室，駐車場などの福利厚生制度を設けていたし，1926 年には団体生命保険制度も設けていた。貯蓄・投資プランも，1929 年には全従業員の 93％にあたる 18 万 5,000 人がこれを利用し，合計積立金は 9,000 万ドルに達していた（このプランは，1933 年に証券法，ついで社会保障法が施行されたのをうけ，35 年末に廃止された）。北米の給与労働者には，従業員持ち株会を運用しており，各給与労働者に基本給の 10％までの積み立てを認め，会社は従業員の積み立ての 50％を上乗せして補助している。基金総額は国債と GM 普通株に半額ずつ投資されるが，会社による補助部分は全額が GM 株式の購入に向けられる。利子と配当はすべて加入者のために再投資される。これに加入しているのは給与労働者の 85％に上っている[71]。

給与労働だけでなく時間給労働者にも，物価手当て，団体生命保険，医療費補助，疾病損害保険，企業年金，退職手当などが支給され，充実した福利厚生制度が用意されている。生産現場の士気を高めるため，工場の職長を対象とした研修を実施し，さらに 1934 年には職長を時間給から月額給与へ切り替え，41 年には配下の人材の最高報酬より少なくとも 25％高い給与を支払うようにした。

しかし，1937 年と 1947 年に GM ではストライキが起きている。スローンは，規模の大きな業界には組合運動は浸透していなかったので，1933 年まで

---

[71] 有賀訳，442-443 頁。

GMはほとんど労働組合と関係をもたなかったし、「大規模な組合が組織されるとどうなるのか、その持つ意味を理解していなかった」[72]と回想している。しかし、彼も、1935年7月にルーズベルト大統領のもとで、ワグナー法（全国労働関係法、National Labor Relation Actを起案した民主党のR.ワグナーに因んで名づけられた）が公布され、同年8月にUAW（United Auto Workers）が組織化されると、それに対応せざるを得なくなった。UWAは、組織された1935年当時はそれほど大きくなかったが、1945年から46年のストライキ後は100万人の組合員を組織し、アメリカの3大労組の一つとなっていた。ワグナー法は、最低賃金、最高労働時間、労働者の団結権と代表者による団体交渉の保障、不当解雇、御用組合、差別待遇を禁じた。また、ここでの御用組合の禁止とは、団体交渉の自由に対して使用者が行うさまざまな不当労働行為も禁止した具体的内容を示すものであった。

別な文献によると、GMでの1937年のストライキとは、フリントにある重要な工場を閉鎖したことを意味するが、その理由は「大恐慌のあいだ、GMは株主への配当支払い続けた一方で、わずかな賃金を2度にわたってカットし、従業員の半分をレイオフした」[73]ことによって発生した。このとき、スローンは、連邦政府にストライキを終わらせるために軍隊を派遣して欲しいと嘆願するが、スローン自身は、「座り込みストが違法であるにもかかわらず、F.ルーズベルト大統領、F.パーキンズ労働長官、F.マーシー・ミシガン州知事などが、GMや私個人に対しても、スト団との交渉に応じるよう求めてきた。そうした要請は、こちらが折れるまで続けられた」[74]と不満を表明している。

1947年のストライキは、新しい労働協約が成立したその日に始まり、デトロイト一帯の7工場の時間給工員のうち1万3,000人が参加したが、1万

---

72) 有賀訳、457頁。
73) R. Lowenstein, *While America Aged*, Melannie Jackson, Agency LLC, New York, 2008、鬼沢　忍訳『なぜGMは転落したのか―アメリカ年金制度の罠』（日本経済新聞出版社、2009年）、21頁。
74) 有賀訳、前掲、444頁。

9,000 人は不参加であった。違法ストであったため，GM は 15 名を解雇，25 名を長期の勤務停止の制裁を採った。この 40 名とは，組合地方支部の代表者 4 名，職場委員会の議長 6 名，職場委員，地区委員 22 名であった。そのほか，401 名を短期の勤務停止の制裁措置を採った。組合側は常設仲裁人への不服措置を求めず，会社側と交渉する道を選び，やがて協約違反を認めたので，15 人の解雇は，長期勤務停止の制裁措置に改められた[75]。しかし，注意すべきは，本章の 3 節「3) スローンによる財務指標にみる GM の発展」のところでみたように 1937 年，1947 年のストライキが勃発している最中でもスローンは株主への高い配当率を変更していない。この財務指標を詳細に検討すると利益留保より高い配当を，資本調達は株式発行で，というのがスローンの政策であった。

　スローンによると，1948 年の労働協約交渉では，組合（UWA）側は，従来の労働協約を全面的に見直すよう求め，さらに 1 時間あたり 25 セントの賃金アップ，年金制度や社会保障の適用，週 40 時間労働の保障など，「法外な要求」を持ち出してきた。紆余曲折はあったが，48 年に成立した「労働協約」について，スローンは，労使関係を改善すると評価し，つぎの 2 点の特徴をあげている。第 1 は，年次交渉を止めて協約の期間を 2 年とか 3 年（1950 年には 5 年間）とするようになったこと。第 2 は，賃金交渉で「GM 流賃金方式」が導入されたことであった。この方式の 2 つの柱のうち，①生活費に応じて賃金水準をスライドさせるエスカレータ条項，②技術革新によって生産性が高まった場合，その一部を労働者に還元する年次上乗せ条項にあった[76]。この点について，スローンは，協約期間が 2 年〜5 年と長くなったことは，将来を見据えた生産計画が立て易い，経営陣が労使関係を煩わせずに経営の舵取りに多くの時間が割けるようになった，と評価している。また，この 1948 年以降，スローンがこの『GM とともに』を出版する 1963 年までに大規模なストは起きていないと述べている。

　さらに，スローンは，近年になって GM の労働協約に規定として付加され

---

75) 有賀訳，445-446 頁。
76) 有賀訳，446-447 頁。

た「補助的失業給付」について記述しているが,この制度は,州による失業手当に加えて,会社負担で失業保険を行うというものであった。UWAは,当時のビッグ・スリーと別々に交渉し,フォードの提案が組合側に受け入れられ,その後修正されたものであるが,UAW側は,年金の一つ形態と把握していたふしがある。これはUAWの資料に基づくなら,最初の年金問題に関するフォードの妥協案であることが分かる。以下簡単な事実のみを示しておこう。

1949年当時UAWの中心的人物であったウォルタ・ルーサー（Walter Reuther）は,スローンも書いているが,1949年に,会社側は労働協約の交渉事項として年金問題を掲げたが,会社によって拒否された。しかし,その後も粘り強く集会を開き,ルーサーは,「1949年に年金プランが含まない協約にはサインをしない」と発言する。しかも,フォードの交渉では,ストライキ権確立のための投票で多数を得て,1949年9月に,30年間勤務の65歳の組合員に,1カ月100ドルの年金（社会保障給付1カ月32.50ドルを含む）に支給させる合意を勝ち取る[77]。UAWの資料に書かれている内容では,UAWは,フォードの年金に関して重要な原理を確立した。①年金プランは共同でかつ同等の立場で管理する,②年金のすべての費用はフォード社によって支払われる,③給付はしっかりした基金により引退した労働者にも保障される,であった。年金の交渉は,クライスラー,GMでも行われた。UAWとGM社は,社会保障との関係がなく勤続年数で年金をきめることに合意した。その合意とは,30年間勤務した労働者に,GMは1カ月1.50ドル提供する。72ドルの新社会保障給付に45ドルが加算され,30年間勤務したGMの退職者は1カ月に117ドルを取得できるというものであった。この形式は,他の中・小規模の企業での年金交渉にも採用された。さらに,UAWは,これ以降も年金プランを改善し,退職者の医療費の保障,65歳前の年金取得の権利などについて交渉するようになった[78]。

こうして始まったビッグ・スリーの年金問題は,毎年支払われる年金金額が

---

77) http://www.uaw.org./node/878, 2001年2月5日アクセス。
78) http://www.uaw.org./node/878, 2001年2月5日アクセス。

大きくなり，会社の財務状況を圧迫していくのである。ウォール・ストリート・ジャーナルの記者，ロジャー・ローウェンスタインは，2008年にアメリカの年金問題の罠を告発したある1冊の本（『While America Aged，アメリカが高齢化した間に』日本語訳は別タイトル）を書き，つぎのように述べている。「第二次世界大戦後，当時アメリカ実業界を牛耳っていたゼネラルモーターズ（GM）に職を得た若者たちは，年金と健康保険給付を保証された。それは半世紀の間は有効でありつづけた。2006年に111歳で亡くなったある退職者は，48年にわたって年金と退職者用健康保険給付を受け取ったのだ。1926年に彼が働きはじめた，GMの経営陣は，80年後の給付金の支払いのことなど露ほども考えなかったはずである」[79]。こうして，GM帝国は，日本車の追い上げが強く，販売台数の減少，さらに役員の賞与の法外上昇，さらに組合労働者・退職者への年金の罠から抜けきれず，2009年5月破産を申請することになるのである。

7） M. ケラーによる GM 経営体質への評価

先のマリアン・ケラーは，GMが2009年に破産申告をするちょうど10年前に，GM内および退職者などの関係者からインタビューしてまとめた著作のなかで，ゼネラルモータズの健康そうな顔色の下に4つの病巣があるといわれているとして，①巨人コンプレックス，②偏狭な世界観，③数字によるリーダシップ，④傲慢な温情主義をあげている。

① 巨人コンプレックス

巨人コンプレックスとは，規模が大きいことだとはいえない。スローンは，「従業員が多すぎ，何か新しいことをやるには多大の努力を要する」とした規模の大きさに関しては，事業部制の導入による分権制と中央集権による舵取りを調和させ，揺るぎない自動車帝国の地位を築き上げてきた。ケラーは，「初期（スローンの時代―引用者）は，さまざまな挑戦が行われて競争意識が高まり，何が何でも成功をおさめようという意気込みによって会社は発展し続け，従業

---

79) ローウェンスタイン著，鬼沢忍訳『なぜGMは転落したのか』，7頁。

員は能力をいかんなく発揮した。しかし，いったん成功してしまうと，会社は当面の目標を失って停滞した」[80]というのである。ケラーは，在米ニッサンに移ったGMのエグゼクティヴであったハーシュバーグのインタビューを紹介，これについて説明している。「会社が勝利したことにより，誰もがつねに，生まれつき授かったような優越感を持っていた。……成功して出世した人のほとんどが，二流，三流のポストから努力してはい上がったり，一流のポストから落伍したりする，普通なら避けて通れない一連のプロセスを，在職中まったく経験したことがなかった。……優位を保つための新たな機会や挑戦やビジョンが存在していると感じたが，それは新しいアイディアをあっさり抹殺してしまう独善的な安心感にすぎなかった」。あらゆることに詳細な心配りが無視され，絶えずリスク回避型の経営哲学が蔓延していたというのである[81]。

② 偏狭な世界観

GMの立地する中西部地域と偏狭さと関係づけてこのGM状況を捉えられることもあるが，GMの人々は，一度成功すると新しいトレンドをつくるために内部の枠組み越えて未来を思い描く必要がないようにみえた。ケラーは，1980年代以降のGMマンの意識についてある例で説明している。GMのエグゼクティヴは，デトロイト住民が日本車を運転するのを見て，彼は傷つき憤慨し，敵意を抱く。よそ者の誘惑に負けた同胞に対する軽蔑の念を募らせて，終わる。もし，彼が，日本自動車会社がうまい経営をしていることに関する本や記事を読んでいれば，少し大目に見たかも知れない。さらに，GMの経営を顧客の観点から考えると，なぜデトロイトの同胞がトヨタ，ニッサンの車を運転しているのか，について考えるだろう。顧客はGMでなくなぜ日本車を選んだかを考えるだろう。そして，GMに何ができるかを考えるだろう。しかし，このエグゼクティヴはちがった。またあるエグゼクティヴが「ホンダがアメリカに最初の工場をつくると発表したあと，私は輸出製品企画グループのスタッフに，……日本の進出に注目すべきだと言った。……だが周囲の反応は『な

---

80) ケラー，鈴木訳，『前掲訳』，19頁。
81) ケラー，鈴木訳，前掲，20頁。

に，あんなチビどものことは気にするな』であった」[82]。

　ケラーは，GMの視野の狭さを示すもう一つの例として，トップ人材の選抜を幅広い分野から実施できないことをあげている。GMでは，マネジメントが全く異なる2種類の人間によって運営されている。その第一は，会社の実権が財務分野の人に限られ運営されている。1968年のジェームズ・ロッシュを例外として，1958年のフレッド・ドナーが会長に選ばれてからすべての会長が財務畑から選ばれている，ことを強調している。第二がプロダクト・エンジニアであるが，彼らは，自動車業界一筋で，勤続年数に基づいて昇進する。彼らは，GMの技術学院（GMI）の卒業で，GM全体を経営する能力を持っていない。GMは，アメリカのほかの産業と同じで，現業やマーケティング部門の人間に対して高い地位を与えない[83]。こうしたことから，GMの重役たちは，現業でなく財務スタッフを偏重的に信頼するようになっている，というのである。

③　数字によるリーダシップ

　数字によるリーダシップとは，経営上の問題の解決に関して，投資や製品に目に向けるのではなく，数字をたくみに操作することでけりをつけることを意味する。ところで，筆者が，ケラーを補足して説明するなら，企業のマネジメントは，製品やサービスを生産・提供するという実物の管理（直接管理）とその実体の結果を数字で示す管理（間接管理）からなる。この間接管理とは，実物計画と実物の結果を数字で示し，その結果の原因を究明し，その内容に沿って新たに立案されるべき計画に生かされることなのである。しかし，ケラーによると，GMでは財務畑の会計担当の専制ぶりが目立ち，見せかけの数字にこだわりすぎ，なんとか辻褄合わせをして結果をよくみせようとする風潮があり，しかもそうしたことは出世につながる，と書いている。たとえば，GMが苦境にあった1986年から87年にかけて，GNビル14階〔トップおよびそのスタッフ〕から，生産事業部へ人員削減の要求があった。これに対して，この事

---

82)　ケラー，鈴木訳，前掲，24-25頁。
83)　ケラー，鈴木訳，前掲，26-27頁。

業部は，多くの従業員を早期退職させ（お金を支払い）たが，彼らの多くはGM系の技術下請け会社にかなり額の日当で再雇用され，社員であったころより高い報酬をもらったことを例にあげている。確かにこの事業部は人員を削減したことになるが，GM全体からすると，人員は削減されず人件費は増えた例を紹介している[84]。

④ 傲慢な温情主義

傲慢な温情主義について，ケラーは，「社則を守って平穏につとめる限り仕事の場が保証されることである」と書いているが，日本の年功賃金の定義は「社会的正義に反しない限り，その会社に一生勤務することができる」で，全く同じということになる。GMは別名，マザー（母）・モータズとかゼネラル（寛容な）・モーターズと呼ばれ，従業員は思いやりのある両親の大家族の一員のように考えられてきた，とケラーは書いている。GMでは，試用期間に落第点をつけられながら，解雇するのに16年間かかった例も紹介され，自動車業界では，長年の習慣となっている方針として，「UAW（全米自動車労働組合）に有利な協定が結ばれるたびに，従業員に相応の昇給，休暇，保険の適用などが自動的に認められる。この方針（1998年現在では採用されていない）のおかげで，従業員たちは，仕事の能力や決算の数字とは直接関係なく給与をうけることになったのである」[85]。以上，ケラーによる，1980年代のGMの経営状況について紹介してきたが，UAWが組織化されてからは，GMの労働者への対応も変化し，組合の要求に追従しすぎ，技術革新，研究開発に必要な内部留保を十分にできない状況が生まれていたことが伺われる。

4．おわりに

以上，これまでにH. フォードとA. スローン（GM）の企業目的・理念について検討してきた。フォードは，企業理念として公衆への「奉仕」を掲げ，消

---

84) ケラー，鈴木訳，前掲，29-34頁。
85) ケラー，鈴木訳，前掲，34-35頁。

費者の購買力を増大させる「高賃金」「低価格」を実現することにより，それまで高所得者しか購入できなかった自動車の販売を多くの消費者に提供し，自動車王の名を世界に広めた。しかし，その場合，忘れてならないことは，当時すでに銀行などの金融資本市場，さらに株式市場が一定程度発展していたにもかかわらず，金融は実物の経済ではなく付加価値を創造しないことから，金融（銀行），株式（株主）への依存を極端に嫌ったことである。

「仕事をすることなし金を借りること」，「誤った経営や浪費のために」「金を借りることに反対なのだ」。会社は「高い配当を払うべき，との訴えを受けたとき」，「私〔フォード＝引用者〕は，過大利益はよくない，顧客や従業員に利益を配分すべきだ。結果としてこれが再び大きな利益となって戻ってくる」と法廷で答えた。「株主にできる限り多くの現金配当をすべきだ，とする一般的な考えかたにも反対する」。「利益は三つの場所に存在する」。「成功する事業は三つの利害関係者，計画者〔会社―引用者，以下同じ〕，生産者〔労働者〕，購買者に利益をもたらす」。

「驚くべきことは，産業（実業）と金融業との区別を認識している人がいかに少ないか。金融が適正な機能として産業にサービスを提供するのであれば，……一部認められる」。

「25年前大企業は存在しなかった。金融業の合併による大組織はあったが，それは事業（実業）ではなかった。大きな金融業でも大きな事業を行うことはできない。産業時代の到来を予見した金融家らは，……合併により産業を……支配しようとした。わが国は，一時期彼らの搾取によって動きがとれなくなった。金融ブローカーには，良い事業家はいないし，投機家は価値を創造することはできない」。

「金と事業とを混同してしまう誤りは，株式市場の操作によって引き起こされる。株の売買は……配当を参考にして行われていない。真面目な投資家を除いて配当はたいして重要な目的でない。1929年10月，11月の株式市場はパニックで終わった。

金融市場や株式市場が，事業が受けたこの経験（大恐慌）の原因ではない。

株式市場を駄目にしたのは，事業を無視した，人間が原因なのだ」(注23, 24, 25, 27参照)。

いうまでもなく，競争相手企業に不可能であった製品の単純化(T型1種)，部品の標準化，互換性部品，ベルトコンベアーによる大量生産により，他企業が得られなかった大幅な利潤の留保と減価償却引当金の自己金融により，この理念は実現できたのであった。しかし，こうした「高賃金」「低価格」の経営政策も，1926年までであり，競争企業であるGMによるクローズド・ボディーのシボレーの販売に直面し，この奉仕主義の看板は，あえなく降ろさざるを得なかったのであった。

これに対して，すでに引用したように，スローンは，企業の目的と関連する，労働者，消費者，株主への配分に関して次のような信条を持っていた。「労組の一部の代表は，生産性の向上による利益をすべて従業員に還元すべきだと考えているようだが，私には賛成できない。あるいは別な意見もあるだろう。生産性が向上したらその分すべてを値下げに回すのが，消費者，あるいは経済全体にとって最も利益になるだろう，という意見だ。理想をいえばそのとおりかもしれないが。だが，人間の性として，個人あるいはグループとしてインセンティブを与えられたほうがよい仕事ができるから，それを交渉できめることを望むこともあるので，交渉で決めることも良いことであろう。そこで，私は，生産性が向上した分は，消費者(あるいは製品の改良)，労働者(高賃金)，株主(投資収益率＝ROI)の間で，配分すべきだ，と結論づけた」(本章注31を参照)。しかし，スローンの『GMと共に』を注意深く読むと，スローンは，明らかに株主と株を所有する一部の経営者に有利な配分方式を採用していた。たとえば，1937年のストライキは，2度の賃金の切り下げ，従業員の半数がレイ・オフされたことを契機に発生しているが，株主への配当は利益留保以上の割合で行っているし，大戦直後の1947年のストライキの場合も，65％近くの配当が行なわれたことが推測される(本章の3節3)財務指標の箇所を参照)。また，大恐慌直後の1931年，1932年には，内部留保を取り崩し配当が実施されている。

なぜスローンにより，この方策が実施され，またこの政策が可能であったかを考えると，具体的には，後に財務担当の副社長になるドナルドソン・ブラウンの知恵を生かし，フォードが嫌った株式市場の仕組みを徹底的に利用した。いうまでもなく，株式は，擬制資本といわれ，株式会社制度のもとでは，株式市場参加者のその会社の予想利益に基づく株式供給（売り）と需要（買い）によって価格が決まる。株式会社発展の歴史をひもとけば，遊休資本を広く集める株式会社制度なくして現代の大企業は生まれなかった。GMの初代社長デュラントがしたように，株式の交換，株式の買収などにより，川下・川上や同業他企業を吸収・合併して（資本集中して），実業を営む企業を大規模化させることが可能であった。他方で，スローンがMSCで行ったトップ・経営者にボーナスを与えるために一種のペーパー・カンパニーを設立し，GM株が将来上昇するという前提で，将来払い込まれる転換付優先株への支払いについては，後に上昇する株をボーナスとして割り当てることで済ませることは可能である。株式が擬制資本といわれるのは，この証券市場での株取引で生み出される収益は，実業の収益ではないことによる。株主の期待利益に基づく株価が上下する一定期間（ある時点から1,000円上昇し，それから元にもどり，また1,000円下落した期間内）での株取引では，誰かが損をすれば誰かが得をするのであって，この期間に現金で取引が行われても，フォードの言うように実物経済で付加価値を生み出していることは，決してない。

このように考えるなら，経営者の給与や報奨を，将来上昇する株式で支払うこと（ストック・オプションまたは株式授与による報奨）は，経営者の社会的責任であるステークホルダー間の利害のバランスという視点から安易に承認されて良いものなのか。

1950年の税制の改正を契機に，スローンがGMで導入したストック・オプションによる給与の支払いは，1990年代になりアメリカの金融業を中心に各種産業企業でもかなり広く導入され，また日本でも2000年代に入り500社以上で導入されている。これらの企業では，企業目的を株主価値の最大化において，上級経営者の業績が株式価値最大化にどれほど貢献したかを基準にストッ

ク・オプションの配分を決めることになる。したがって，株価を上げることに最大の注意が向けられるゆえ，経営者の行動は，短期的企業評価に基づいたものにならざるを得ない。こうした企業行動こそ，本章の「はじめに」でアルベールによって指摘された「アングロ・サクソン型資本主義」のものといえよう。少なくとも，企業目的が，ステークホルダー間の利害の均衡においているドイツを中心とするアルペン型企業では安易に導入されるものでないといえよう。

　この本章の2節で検討したように，スローンは，1947年のUAWとの交渉で生まれた「技術革新により生産性が高まった場合，その一部を労働者に還元するという年次上乗せ条項」の協定が結ばれるまでは，フォードのいう計画者（会社），生産者（労働者），消費者のステークホルダーのうち，スローンを含めて少なからぬGM株式を所有していた80人ないし250人ほかトップ経営者と株主への配分を優先していた。それは「株主価値最大化」政策の初期の代表的なものといえるかもしれない。1947年の，失業保険給付（UWAは年金給付）の協定以降，GMを含むビッグ・スリーは，年金の罠で苦しみ始め，2009年5月には破産宣告をすることになるのである[86]。

---

86) GMが経営破綻し，オバマ政府の管理下に入り，2010年11月18日に新生GMとして証券取引所に再上場されるまでの簡単な経過は以下のとおりである。
　1）2009年4月，アメリカ政府は，さらにGMに50億ドル，クライスラー5億ドルのつなぎ融資をすることを決定。　2）会社側と債権者間の債務削減交渉がまとまらず，5月27日打ち切りが発表される。政府による支援の可能性が難しいとの判断が資本市場に広まり，29日の株式市場でGM株価が急落し0,75ドルで取引を終え，1933年以来76年ぶりに1ドルを下回った。3）2009年6月1日，GMは連邦倒産法第11章（日本の民事再生手続きに相当する）の適用を申請した。負債総額1,728億ドル（約16兆4,100億円）。この額は，製造業としては世界最大であった。その後はアメリカ政府が60％，カナダ政府が12％の株式を保有し，実質的にアメリカ政府により国有化され再建を目指すこととなった（メディアからGMは，ガバメント・モーターズと揶揄された）。4）ニューヨーク証券取引所は，GMの申請を受け，2009年6月2日の取引前から，同社株を売買停止とし，そのままGMGMQ株へ変更された。これを受けてダウ・ジョーウンズ社は，同社が算出・公表する「ダウ工業株30種平均」構成銘柄からGMを除外した。5）2009年7月10日，優良資産譲渡を完了と発表。破産法管理から脱却した「新生GM」が正式発

企業の目的・理念について，当時経営者であったフォードとスローンの文献に依拠して，フォード社とゼネラルモーターズ社を例に検討してきたが，企業の理念・行動も，当然ながら，企業のおかれる外部経済環境，さらに企業のマネジメント主体の交代・変更により，次第に変化することが理解できる。つぎに C. バナード（経営者），J. ディーン（経営管理者から研究者）等の企業目的・理念について，歴史的視点と比較の視点から検討することにする。

足。GMGMQ 株価は37％急騰し，40日ぶりに1ドルを超えて終えた。その時点で，GM の優良資産などをアメリカ政府が61％保有する新会社に売却する手続きを終えた。残余の新会社株は，全米自動車労組（UAW）及びカナダ政府が保有する。6）2010年11月18日，新生 GM はニューヨーク証券取引所に再上場を果たした。（以上，グーグル辞書「経営破綻」よりまとめた。グーグル編集部は，筆者も本章の前半で触れたように，「無視された警告」と題して，P. ドラッカーが『会社の概念』（1946年）で書かれた「戦後期に組織・事業・目標を見直す必要がある」ことに，当時の GM 幹部が激憤したことも紹介している）。

第3章　C. バーナードと J. ディーンの企業目的
―― アメリカ経営学における企業目的の変遷 ――

1．はじめに

　第3章は，アメリカ経営学における企業目的・経営理念の変遷の視点から，C. バーナードと J. ディーンの企業目的ないし利潤に関する見解を考察している。第二次世界大戦前後のアメリカ経営学をみると，経営学が実践科学であるせいか経営理論の著作は，大学の教授ではなく企業経営者ないし管理者によってまとめられてきた感がある。F. テイラーが，第一次世界大戦前ではあるが，管理者としての経験や実験を積みあげ『科学的管理法』を体系化したのは周知のことである。第2章で検討した F. フォード，A. スローンも，社長としての自己の経験を積極的に世に問う努力をしたこともあり，後の研究者により，フォード・システムとか GM の事業部制組織として，研究され，その管理手法は世に知られてきた。そして本章でとりあげる C. バーナードも，市民向けの講座で行った講演内容を基礎にまとめた『経営者の役割』を出版している。しかし，第二次世界大戦後 J. ディーンは，経済学研究者であることもあり，上記3人とは違い経営管理論ないし組織論の視点ではなく，企業経営者の視点から生産費用（コスト），価格，資本予算などの著作を発表し事業運営に生かそうとしている。しかも，大学卒業後は職業を大学教授から出発し自分の協会を設立しコンサルタントと大学教授を掛け持ちする活動をしている。

　ここで注目すべきは，企業経営に実際に携わった経営者の場合，フォードであっても，バーナードであっても，またスローンであっても，企業の目的を正面からとりあげ，その目的が「利潤」であるとは主張しなかったということである。株主，労働者，顧客を利害関係者とすれば，この3人は，表面上は，こ

の三者間でバランスをもった配分をすべきという主張をしている。それに対して，経済学者たちは，1950年代に入り，従来どちらかというとマクロ視点から行っていた理論・方法とは違い，ミクロ経済学ないしマネジリアル・エコノミックス（経営者のための経済学）としてミクロの経済・経営事象を経営者の意思決定に寄与する理論・方法を展開した。しかし，経済学の伝統に依拠し企業の目標を利潤とした。それは，マーシャルなどの所有と経営が一致する企業家企業を想定した古典経済学に依拠しているからであったが，J. ディーンの場合は長期利潤であった。しかし，ディーンは古典経済学の立場とは違い，誰のための利潤かというと，それは株主のためだけではなく顧客の利得を考慮した価格設定であり，労働者のための賃金額を考慮するので，経営者が追求すべき利潤は長期利潤であった。しかし，ディーンの長期利潤の具体的内容は，企業の利害関係者の利害を考慮したものとはいえ，第1章の2節5）で指摘したようにその内容は曖昧なものであった。

これまでに，バーナード理論に関する研究は数え切れないほどにあるが，企業目的・経営理念に焦点を合わせた研究は少なかった。ディーンの利潤概念に関しても藻利教授の玉稿はあるが，経営者，株主，顧客（価格），労働者（賃金）が対立関係にあることに焦点を合わせて，J. ディーンが利害関係者の利益を考慮していたと積極的に主張する議論は少なかったと思われる。本章の考察は，そこに焦点を合わせ，上記2人の学説を検討している点で，一定の意義があると考える。以下，それを論証していく。

2．バーナードの組織目的——バーナードにとっての利潤の意味——

経営者ないし経営学者が企業目的・経営理念を問題にするとき，その第一目的を「品質の良い製品の提供」や，「財・サービスの生産と提供」とする場合も，「利益」の意味と関連して議論される。チェスター・バーナードの著作『経営者の役割』においては，分析の対象は，産業組織だけでなく非営利組織を含む公式組織一般の存続にあるから，利益について言及している箇所は非常

に少ない。しかし，バーナードは，「誘因の経済」を説明するにあたり，産業組織の目的について「物財ないし用益（サービス）の生産」であると述べ，その注で次のように述べている。「実業家，経済学者，牧師，政治家，労働組合が執拗に目的であると見誤っているが，利潤は目的ではない。利潤は，普通，所有者，投資家と呼ばれる貢献者層の動機をみたす誘因を供給するのに必須である。利潤の可能性とある程度の実現は，ある経済では継続的に誘因が供給されうる条件として必要である。しかし，いかなる組織の客観的目的も利潤ではなくサービスである。産業人のうちでは，このことはフォード氏および若干の公益事業会社によって最も強調されてきた」[1]。バーナードは，組織（この場合は企業）は，所有者，投資家から資金の提供という形式で貢献を受けるが，その組織は，資金提供者に対して利潤という形式で誘因与えると考え，その限りで，利潤が必要になると考えている。

ドラッカーも，『現代の経営』の第6章で，事業目的について論じている。「われわれの事業とは何か——そしてそれはどうあるべきか」で，この問いに対する最も古く最もみごとな答えは，「50年前，セオドア・N.ヴェイルがAT＆T（アメリカ電信電話会社）について出した『われわれの事業はサービスである』であった」と述べている。ドラッカーは，AT＆Tがこの定義に到達した理由として，次の2点をあげている。「第1は，自然独占である電話事業は国有化の対象になりやすいこと，先進工業国では電話事業が民営化されているのは例外的であり，それが生き残るためには地域社会からの支持が必要であるという認識がされていなければならない。第2は，その地域社会からの支持は，その批判がアメリカになじまないとか社会主義的であると攻撃することによって得られないという認識がなければならなかった。社会からの支持は，顧客満足の創造によってのみ得られるものであった」[2] AT＆T傘下のニュージャージーベル電話会社の社長であったバーナードが，産業組織の目的は「財ないしサ

---

1) C. I. Banard, *The Function of the Executive*, Harvard University Press, Cambridge, Massachusetts, and London 1938 and 1968, p. 155, 山本安次郎，田杉競，飯野春樹訳『経営者の役割』（ダイヤモンド社，新訳版，1968年，161頁）。

ービスの生産」であるとしたのは，AT＆Tの社長のヴェイルの考えかたと同じものであった*。

> *　バーナードは，ウルフとのインタビューで，「私は，会社の交換手や機械工のような下のほうの人たちから，トップ・レベルの人たちまで，何百回となく繰り返し話しました。そのなかで私は会社に対する忠誠心について話したことはありません。絶対ありません。会社に対して人が忠誠でありうるとは思いません。……私はいつも組織の忠誠心，あるいはサービスに対する忠誠心について話しました。……サービスの重要性という問題に集約されます。……電話関係者は，……社会が自分たちのやっていることに依存しているのだということをつねに意識しています」[3]と述べ，労働組合が1日ストライキを打つことになったときさえも，組合員の交換手は利用者に迷惑をかけないよう準備した例について語っている。

　しかし，バーナードは，それを事業組織の経営の理論として構築するには，それ以上のものを必要とした。産業組織の活動においては，組織を存続するには適当な余剰がなければならない。「生存するためには，協働自体が余剰を生み出さなければならない。分配における保守主義は，協働から確保される余剰が，多くの成功した組織においても少なく，浪費による放蕩を許すほどに十分ではないのは，組織がかかる事実〔浪費を許す事実—引用者〕によって崩壊する可能性があるためである。したがって，調整の質こそ組織の存続における決定的要因である」[4]。このように，バーナードにおいては，組織の目的は，利潤ではなく余剰であるが，成功している組織の場合の余剰もあまり大きなものではなく，浪費による放蕩を許す組織ではあってはならない。余剰は，当該組織とそれに関係する内外の利害関係者間でのバランスの上に生み出されるものでなければならなかった。

---

2) P. F. Drucker, *The Practice of Management*, Harper Collins Publishers, New York 1954, pp. 49-50, 上田惇生『現代の経営（上）』（ダイヤモンド社，2006年，63-64頁。

3) W. B. Wolf, *Conversation with Chester I. Banard,* Cornell University Press, New York 1972（この原書を参照することはできなかった），飯野春樹訳『経営者の心—チェスター・バーナードとの対話』，文眞堂，1978年，36-37頁。

4) C. Banard, *op. cit.*, p. 257, 山本安次郎他訳，268頁。

1938年に『経営者の役割』が出版されるが，そこでは産業組織であれ，政治組織であれ，宗教組織にも妥当するものとして考察された。その理論的枠組みは，自由意志をもつ個人の協働組織を基礎とする公式組織が，経営者のもつ研ぎ澄まされた事業感覚に基づき，誘因と貢献のバランス関係の視点からみた，組織自体の内部の均衡だけでなく外部の公式組織との均衡を達成することにより存続する，というものである。組織の内外の均衡を達成し存続させることこそ「経営者の役割」であり責任なのである。具体的には，内外組織で行われる交換される誘因と貢献を均衡化させるための組織的意思決定であり，意思決定の適否は「事実と組織目的に関する知識に依存し，したがって組織伝達と結びついている」[5]

この意味では，バーナードの理論的枠組みは，意識的に調整された諸個人の意思決定の分業ということができ，経営者の役割と責任は，組織全体を均衡に導く専門的に委譲された伝達体系に裏づけられた非人格的な組織的意思決定なのである。この著作は，経営管理の理論において，初めて経営者の意思決定の行為を分析した著作でもあった。バーナードが，この著作の理論的枠組みを構築するにあたって考慮しかつ大きな影響を受けたのは，つぎの3点であると，筆者は考える。a) 電話事業という公益事業の社長であり，しかも，ニュージャージー州知事から要請され救済局長官として慈善活動，さらに米軍奉仕協会 (USO) の会長など，地域社会での活動に積極的に参加したこと，b) 1929年の恐慌とその後の経済・社会的停滞で人種間，貧富間の諸対立が顕著化していたこと，c) 1912年の英国での電話システムの完全国有化に影響されたアメリカでの電話事業の国有化の動きに対するAT&Tの採った政策，である。

---

5) *Ibid.*, p. 189, 山本安次郎他訳，197頁。

3. バーナードの理論的枠組みに与えた影響要因

1) バーナードの経歴 （AT＆T支社長と各種慈善団体の委員や長）

バーナードは，1909年ハーバード大学を中退しアメリカン・テレホン・テレグラム（AT＆T）の統計課に勤務し翻訳に従事する。1914年（27歳），AT＆Tのコマーシャル・エンジニーになり，1922年にペンシルベニア・ベル電話会社のVice-President and General Managerの補佐役，1925年にVice-President and General Managerになっている。1927年（41歳）にはペンシルベニア・ベルの一部と合併して設立されたニュージャージー・ベル電話会社の社長に就任し，1948年ロックフェラー財団理事長に就任するまでの19年間は社長の座にあった。この間，バーナードは，企業経営を実際に運営していくには，種々の人間関係をもつことの重要性を認めていたので，社会福祉団体や「地域計画連合会社の理事および運営会議委員」（1931-1935年）などの役割を積極的に引き受けている。1931年10月には，モーガン・F. ラーソン知事の要請で，「ニュージャージー緊急救済局」を組織し，他の人に引き継ぐまでの18カ月間それを指揮した。しかし，この救済局の仕事はこれで修了しなかった。1935年4月，再編が必要になり，ニュージャージー救済協議会が設立された。バーナードは，ハラルド・G. ホフマン知事によって呼び返され，再編が達成されるまでその議長と救済局長官を務めた。1935年11月になり，彼はこの活動からやっとのことで身をひくことができた。ニュージャージー救済局を組織するにあたって，バーナードが確立した方法や慣例は，その後多くの州の救済局に取り入れられるようになった。

バーナードは，この救済活動によって得た知識と経験を買われて，さらに合衆国商工会議所の救済支出および活動に関する委員会委員（1934年）や，社会科学研究評議会の社会保障に関する委員会委員（1935年-）に任命された。そのほかに，ニュージャージー感化院の副院長および運営委員会委員（1929-1935年）ならびに全国保護観察協会の理事および運営委員会委員の活動なども引き

受けている[6]。上記救済委員会長官の経験については，彼の著書でも，意思決定の常規化の必要性を指摘したところの注で触れられている。つまり，彼の電話会社の公式組織では，重要な意思決定手続きのうち，常規化されていたのでその要件をとっさに思い出すことは難しいが，救済局での判断は常規化されていなかったので，そこで下した判断は忘れてはおらずすぐに思い出すことができるというのである[7]。

2） 1929 年恐慌

バーナードの社長就任の 2 年後に 1929 年大恐慌が起き，アメリカ社会は大きな混乱に陥る。1930-40 年の 10 年間は，37 年を除いて年平均失業者は 800 万人を上回り，33 年の失業者は 1,300 万人近くに達した。これは労働人口のうち 4 人に 1 人は働き口がなかったことを意味する。「1993 年の GDP は，29 年の 3 分の 2 に落ち込み，生産高が数量ベースで 29 年の水準に回復したのは 37 年になってからで，それもすぐに後退した。金額ベースの生産高は，41 年まで回復しなかった」[8]。29 年恐慌の発生の理由として，1925 年ポンド危機と関連しニューヨーク連邦準備銀行が公定歩合を 4 ％から 3.5％に引き下げ，さらに平行して市場から大量の国債を買い入れたことにより，国債を売った銀行や個人の手元に大量の余剰資金がもたらされたこと[9]，証券会社，銀行が投資会社を設立し株式の購入のための資金を貸し出すという信用取引を急激に増加させたこと（投資信託が一般向けに発売した有価証券の総額は，27 年には総額 4 億ドル

---

6) 以上バーナードの経歴については，W. B. Wolf, *The Basic Banard : An Introduction to Chester I. Banard and His Theories of Organization and Management*, Cornell University, New York, 1974，日本バーナード協会訳『バーナード経営学入門―その人と学説』（ダイヤモンド社，1975 年），46-47 頁。
7) Banard, *op. cit.,* p. 226，山本安次郎他訳，236 頁。
8) J. K. Galbraith, *The Great Crash 1929*, Houghton Miffin Hacourt Publishing Company through, Tuttle-Mori Agency, Inc., Tokyo, 1954．村井章子訳『大暴落 1929』（日経 BP 社，2008 年），273 頁，村井章子訳，28-30 頁。
9) 村井章子訳，28-30 頁。

にすぎなかったが29年には推定30億ドル増加し，29年の新規発行額の3分の1を占めるにいたった)[10]，などがあげられている。

　この29年恐慌後の不況に関するバーナードの見解について，『経営者の役割』の成立過程を丹念に跡づけた加藤勝康は，その大著『バーナードとヘンダーソン』で，1931年1月4日のNewark Sunday Call（多分業界誌と思われる―筆者）のインタビュー記事「繁栄の根底にある諸要因」（13頁のもの）で，「不況の主たる理由は，財の需要が，米国においては，1930年までに生産力を凌いでしまったことである。その結果，不可避的にインフレーション，馬鹿げた価値観や投機狂などねじ曲がった商業的関心が生じ，事態の是正が必要になった」。「現にわれわれが苦しんでいる原因は，過剰生産ではなく，誤った生産にある」と述べているということである。バーナードは，恐慌の直接原因となった金融機関，投資家の投機活動への批判は，フォードのようにそれほど強くない。加藤によれば，「われわれが経験する危機は，主として過大貯蓄ないし過小貯蓄によるものであり，生産されたものと比較し過小消費ないし過大消費することに主として起因しているようにみえる」。「世界が貯蓄するものが貨幣なのだと世間が考えているようであるが」，「それは誤りであって……世界が貯蓄できるのは，……『カネ』ではなく，工場，鉄道，建物などの『モノ』である」と述べていることから，バーナードは，消費需要との関連で貯蓄と投資の釣り合いを問題にした，というのである[11]。しかも，証券への投資は，バーナードのいうモノとして残らないのであるから，国民所得（GNP）の増大とはならない。

　また，1930年5月の講演「事業経営が社会的進歩に寄せる関心」では，「経済進歩は，生産の能率によってのみ左右されるのではなく，人々の消費能力にも依存するのであり，繁栄は，単に相対としての国民所得，すなわちパイの大きさの問題ではなく，所得分配の問題である。さらに，福祉は，……有用なものを造ることによってではなく，それを有効に使う能力によって左右され

---

10) 村井章子訳，88頁。
11) 加藤勝康『バーナードとヘンダーソン』（文眞堂，1996年），72-74頁。

る」[12]。バーナードにとっては，企業が生産性を増大し収益を上げ，生産性の増大分のうちその一部が従業員に賃金として配分されるなら購買需要も増大するであろうし，また収益のうち産業組織が政府に税金が正常に支払えるなら，景気の改善に役立つというのである。加藤によると，事業経営の進歩と社会進歩が相互依存的なことを，失業，疾病，教育の欠落，犯罪など当時みられた不満足な社会的状況と関連において説明し，事業経営が社会進歩へ寄与することの重要性を指摘しているという[13]。

しかし，この29年恐慌がもたらした経済的・社会的停滞は，1941年の第二次世界大戦の戦時経済に入るまで継続されたのである。こうしたなかで，アメリカのなかで，労使の対立，富裕層と貧困者の対立，白人と他人種の対立が先鋭化する。そうした状況を踏まえて，バーナードは，組織の事業運営の核心として自由意志に基づく人々の協働の発展をいかに理論化するかが彼自身の課題となり，内外組織関係者の均衡を達成することこそ，経営者の役割と考えたといえよう。

3）電話事業の独占批判への見解

バーナードがAT＆Tに入社し，各国の電話事業に関する資料を翻訳する仕事をしていたときに，アメリカでは，AT＆Tの回線と他の独立電話会社とが異なったシステムが利用されていた。このため，AT＆Tは，「二つの回線」を排除するため買収などにより独立競争会社の排除の政策を採るが，他の独立会社の激しい抵抗に遭い，AT＆Tを独占禁止法で告発しようという動きが顕著になる。これに対して，前述のドラッカーが触れた当時の社長セオドール・N．ヴェイル（Theodore N. Vail）は，妥協の道を採用し，1913年12月に副社長のキングスベリー（Nathan C. Kingsbury）に「キングスベリー協約（Kingsbury Commitment）」を締結させる。それは，ⅰ）ウエスタン・ユニオンの支配と経営が完全に独立して行われる方式で，その所有する株式を自由に処分するこ

---

12) 加藤勝康『前掲書』，63頁。
13) 加藤勝康『前掲書』，69頁。

と，ii）州際通商委員会の承認なしには，独立会社の買収をこれ以上に行わないこと，iii）AT＆Tは，独立電話会社との相互接続を認め，独立会社の利用者にベル・システムの傘下の諸会社の回線利用サービスが確保できるよう迅速な対応をとるという，妥協策であった。この協約は，独立電話会社や当時のアメリカ大統領ウィルソンからも歓迎されたのに対して，AT＆Tは，ウェスターン・ユニオンの株式の売却にともなう損失に関係して750万ドルから1,000万ドルの支払いをせざるを得なかった[14]。

また，他方で，キングスベリー協約以前の1912年にウイルソン大統領新政権が誕生したとき，郵政長官バールソンと下院議員のレーヴィスらの数名の議員は，電信・電話事業を国有化すべきという議論を展開するようになり，アメリカでも国有化の実現が日程にのぼるようになっていた。この動きに対して，バーナードは1914年に，「電信・電話事業の国有と民営の比較」という論文を社内部局誌に発表しレーヴィス議員の電信・電話事業においては能率の観点から公企業形態のほうが私企業形態に比べ優れているとする見解を批判しているということである[15]。しかし，公益事業の国有化の議論は長く続き，国有化の波に対抗できず，1918年7月第一次世界大戦下の下院において，バールソン郵政長官が必要に応じて通信関連設備を接取し得ることが決議される。しかし，政府が価格決定権はもつが，実質的運営はAT＆Tによって継続された。結果的には，3カ月後の1918年11月大戦が終結し，政府によるAT＆T接取という「実験」は失敗に終わらざるを得なかった。なぜなら，政府接取のAT＆Tでは料金値上げを抑えることはできず，値上げをしてもなお財務状況は悪化していたからである。こうして，アメリカでの電信・電話事業の国有化を主張した議員たちが下院で陳謝し，さらに1921年には，電話業界に対して競合会社の合併に関する限り独占禁止（シャーマン）法の適用を免除するとの法案（Graham Act）が議会を通過することになるのである[16]。こうした事態をAT＆T

---

14) J. Brooks, *Telephone : The first Hundred Years*, Harper & Row, Publishers, New York, 1924, 1975, p. 136. 加藤勝康，『前掲書』，46-47頁。

15) 加藤勝康，『前掲書』，48頁。

の管理者として身をもって体験したバーナードの思考が，1938年に出版した『経営者の役』の中核的理論的枠組みの構築に反映したことは，疑いない。「協働」に基礎をおく公式組織の利害関係者間の均衡という枠組みである。

ちなみに，バーナードが電話会社の社長として直面していた難題の，同一地域「2回線」の問題は，たとえばフィラデルフィアでは，AT＆Tがその地域の独立会社「キーストーン電話会社」を買収する1945年まで解決しなかったことを，J. ブルックスは指摘している。

また，加藤勝康に依拠するが，バーナードは，1930年代に電話事業などに向けられた独占批判に対しては，1930年11月に「安定進歩にとって不可欠な事業経営の統合」の小論文を書き反論している。「なぜ，安定化・統合化が果たせないのか。その大きな理由は世間の誤った競争観に基づいた国の政策は当然変更されるべきである」が，「健全かつ安定的需要水準を目指し，すべての人々の生活水準を継続的にひきあげることに関心をいだいている独占，統合化，同業組合，あるいは賢明な供給規制の若干の形態などは，今日の状況においては重要である。……現在の不況は，競争によって不均衡な生産を強いられ，社会のすべてのレベルに能率よく生産物を配分することができない」ことに起因する，と述べている[17]。「現在の不況は，競争によって不均衡な生産を強制され，かつまた，社会のすべてのレベルに能率よく生産物を配分することができないでいることに直接起因するのである。広い意味での過剰生産は存在しない。存在するのは，大衆の利益となるような生産物を配分することの失敗のみである。当然あるべき購買力をもたらすに足る利益の配分と十分な努力の方向づけとが存在しさえすれば，この世のすべての車は回転し続けることができる」。AT＆Tの計画的統合化・安定化政策による方向づけとは，大衆の福利に向けての協働努力の結集でなければならない。「事業は人の下僕であって，人は事業の下僕ではない」[18]。

---

16) J. Brooks, *op. cit.*, p. 160.
17) 加藤勝康，『前掲書』，65頁。
18) 加藤勝康，『前掲書』，66頁。

こうしたバーナードの考え方は，彼が公共事業体である電信電話会社の社長であったこと，公的事業の運営は顧客の満足，公共の利益を考慮しなくて成り立たないという彼の確信と関連しているといえる。しかも，この基本的思想が，主著『経営者の役割』の基本的な枠組みに反映したと，私は考える。

4．バーナードの組織の存続・均衡論─利害関係者間の均衡

バーナードの理論的枠組みとは，公共の利益の実現，具体的には組織の内外の利害関係者間の均衡の達成にあるが，この枠組みが，最も全体的に展開されているのが『経営者の役割』の第16章第2節「組織の能率」である。組織が組織内の構成メンバーとの間での均衡，さらに外部の組織との均衡を維持し存続していくためには，協働体系の4経済が均衡的に保持されなければならないとする箇所である。

「1．協働体系の4経済」では，「組織は協働的な人間活動の体系であって，その機能は，(1)効用の創造，(2)効用の変形，(3)効用の交換である」。「協働体系は，その構成要因として物的体系，人的体系（個人と個人の集合）および社会的体系（他の組織）をもつ」。したがって，効用の視点から a）物的経済，b）社会的経済，c）個人的経済，d）組織の経済が存在する」[19]。

- a）物的経済とは，その組織が購入しようとしている材料，機械・設備などに有用性を与え所有していることに関する経済である。
- b）社会的経済とは，その組織と他の組織（サプライヤー，顧客，政府，消費者，その他）との経済関係である。
- c）個人経済とは，第11章の「誘引の経済」で問題にした，i）物質的誘因（組織メンバーの貢献に対する賃金，報奨など貨幣的支払い。最近の実情では，物質的誘因は非常に強調されるにもかかわらず，他の動機の力を借りない限り，生理的必要だけの水準を超えてしまえば，弱い誘因しかならない，とバーナードは考

---

19) C. I. Banard, *op. cit.*, p. 240. 山本安次郎他訳，『前掲訳』，251頁。

えている)。ⅱ) 個人的で非物質的性格の誘因(協働の努力にとって極めて重要な,優越,威信,個人の勢力と支配的地位の獲得の機会など,物質的報酬よりはずっと重要である)。ⅲ) 好ましい作業条件,ⅳ) 個人の理想を満足させる組織の能力(働くものの誇り,適性感,家族または他者への奉仕など),ⅴ) 社会的結合上の魅力(協働を確保するため人種間の対立,階級間の対立,国民間の対立の解決,教育のない人とある人の調和)への誘因,ⅵ) 習慣的作業条件と習慣的なやり方や態度への適合に関する誘因,ⅶ) 事態の成行きに広く参加しているという感情をきたす機会の提供,ⅷ) 心的交流の状態(連帯性,社会的統合感,社会的安定感)の提供。バーナードは,もう一つの誘因の方式として,「組織は協働に努力する誘因を決してすべてを提供し得ないので,説得の方法が必要としている」,としている。

d) 最後の「組織の経済」は,「組織の評価は,個人の評価ではなく,……市場の評価でもなく,個人の評価の合成でもない。それは調整的行為に基づく評価である」。「同様に社会的経済は,組織の社会的関係のプールで」「測定することはできず」,「記述することは困難である」。「組織効用の経済に関する測定単位は存在しないのである」[20]。

しかも,組織間の経済を均衡させる原理は,バーナードによれば能率の原理である。組織の能率は2つの統制から生ずる。……一つは,交換点(組織の周辺)での収支の統制であり,もう一つは,組織内部と生産の要因の調整である。交換は分配要因であり,調整は創造要因である」。

「分配の能率は,(工業組織の場合)……顧客経済,労働経済,信用経済,供給経済,技術経済を含むといえよう」。「(これらのすべての経済における) ルールは,自分にはあまり価値がないが受け手には価値の多いものをできるだけ与え,自分には価値が多いが提供者にとってはあまり価値のないものを受け取ることでなければならない。これは,すぐれた事業感覚,社会感覚で,……友好的,建設的関係を永続させる基礎である」。バーナードは,**自分に多く,相手に少な**

---

20) C. I. Banard, *op. cit*., pp. 241-245, 山本他,『前掲訳』, 251-255 頁。

く与えるという考え方では，**各種（上記の5つ含む）の経済を悪くさせ，協働関係を成功させる余地を小さくさせるというのである**（強調は筆者）。さらに「組織の創造的側面は，調整であり，それは効用を生産するための組織の諸要素の適切な組み合わせを確保することであり」，「協働体系を存続させる基礎である」[21]。

バーナードは，「分配は高度の技術の問題」であるのに対して，「創造的能率は，非技術的である」。「物的，生物的，経済的，社会的，個人的かつ精神的効用をはかる共通な尺度がないなら，創造的協働の戦略要因を〔識別し〕決定するのは，直感の問題であり，釣合観の問題であり」かつ「審美的かつ道徳的」で，「適合性の感覚と責任」の問題と考えたのであった[22]。

こうした考え方は，現在いわれている組織目的は，各種ステークホルダー（利害関係者）を考慮して設定すべきとする立場と同じといえよう。組織内では，協働組織において構成メンバーから労働の提供という貢献を受け，管理者はそれに見合った物質的・非物質的誘因を授与する。組織と組織外の組織の間でも，この貢献と誘因の関係は，「自分にはあまり価値がないが受け手には価値の多いものをできるだけ与え，自分には価値が多いが提供者にとってはあまり価値のないものを受け取ることでなければならない」。これは，「すぐれた事業感覚，社会感覚で，……友好的，建設的関係を永続させる」のに対して，「**自分に多く，相手に少なく与えるという考え方では，各種**（上記の5つ含む—引用者）**の経済を悪くさせ，協働関係を成功させる余地を小さくさせるというのである**（強調は引用者）」。「経営者の役割（道徳，リーダーシップ）」は，組織の管理者にこの事業感覚を養うよう道徳準則を示していくことなのである。

---

21) C. I. Banard, *op. cit.*, pp. 241-245. 山本他『前掲訳』，251-255頁。
22) *Ibid.*, pp. 256-257. 前掲訳，268頁。

5．J.ディーンの *Managerial Economics* における利潤

1） ディーンにおける利潤の一般的意味

ディーンは,『経営者のための経済学』の序言で,「経営者の意思決定への経済学的アプローチを展開するため,本書は,需要,費用,利潤,競争などの意思決定にとって適切な諸概念についての経済学的分析を利用し,関係概念の推計値を求めるために計量経済学と市場調査の現代的方法を利用しようとしている」と述べている[23]。1950年代から,ディーンを最初に,経済学分野の学者がManagerial Economics を展開し始めるが,ミクロ経済学の概念を経営者の意思決定に利用するという姿勢は,明らかにバーナードの理論に影響されているということができる。

なぜなら,バーナードは次のように述べているからである。「すべてほかのもの(経営者のリーダーシップや管理責任)に基本的である意思決定の全体的機能を,彼ら(従来の理論家)がおろそかにしているからでしょう。サイモンや他の多くの人たちは,意思決定の重要性についての考えを私の本から得たと思っています。当時は誰ひとりとして意思決定については論じていませんでした。……企業の管理者も論じておりませんでしたが,ご存知のように私は意思決定をかなり力説しました。それ以後,意思決定の問題について大量の文献が出てきています。彼らはいまでもそれを数学的関数にしています。」[24]。

ところで,ディーンは,第1章「利潤」では,まず利潤を確定するため費用項目について検討し,費用に原料,労働,借り入れに対する利子が含まれることは問題ないとしても,最高経営者のサラリーを費用に含める見解と含めない見解があることを紹介している。しかし,ディーンは費用に含めるべきと主張している[25]。この点は後に検討する「利潤を制限する理由」と関連する論点で

---

23) J. Dean, *Managerial Economics*, Englewood Cliffs, N. J. 1951, Preface, 田村市郎監訳『経営者のための経済学』(関書院,1958年),序言。
24) C. Banard, 飯野春樹訳『経営者の心』(前掲),31頁。

ある。

　利潤理論の諸類型では，利潤についての経済理論は3つに分類できるとして，ⅰ）利潤を危険負担，不確実性負担の報酬，ⅱ）利潤を競争的適応における摩擦と不完全性との結果，さらに，ⅲ）利潤を成功した革新への報酬，をあげているが，ディーンは，ⅲ）の革新への報酬とする立場が「利潤について他のどの理論よりも……今日使われている〈利潤〉という言葉の意味に近い」と述べこの立場をとる。さらに，つぎのような叙述をしている。「政治経済学者間にあるお気に入りのパラドックスは，革新の主要源泉が俸給を得て働いているトップ・マネジメントなのに，利潤は株主にいってしまうことである」。「アメリカでの高度の革新は経営者にとって有効な諸誘因があることを示している」。ディーンは，引き続き，「その誘因とは，重役賞与制度とか株式所有とか金銭的な報酬の他に，成長企業を運営するという威信，支配力，社会的栄誉という心理的所得があるようにみえる」と述べ，「革新を通じて経営者の才能が，金銭上あるいは非金銭上の報酬によってどのように増大するかについて，もっと多くを知るべきである」[26]と，研究上の必要性を指摘している。つまり，株主への配当と革新の推進者のトップ・マネジメントへの誘因の提供は，利益の配分に関わるという意味でも重要なのである。

　さらに，注意をするべきは，ディーンは，第1章の序の注で利潤について検討する目的として，この章では論じないが4つ目に数えるべきもう1つの題の問題があるとして，「利潤が生み出されてから後に利潤をどうするかという問題である。……利潤を配当にまわしてしまうか，そうしないで再投資するかという戦略的選択を含む問題である」[27]と述べている。これは，当面（短期）のできる限り大きな配当を求める株主と，革新と長期の成長とを考慮する経営者や支配的大株主との間に，利害の相違がみられる問題でもある。

　本章は，アメリカ経営学における「企業目的・経営理念」の歴史的変遷のな

---

25) Dean, *op. cit.*, p. 4, 田村市郎監訳『前掲訳』，12頁。
26) Dean, *op. cit.*, p. 3, 田村市郎監訳『前掲訳』，22頁。
27) *Ibid.*, p. 35, 前掲訳，43頁。

かで，ディーンの適正利潤の概念の意義を検討することにある。そのため，経営者が従来の短期利潤の極大化でなく長期利潤の極大化を追求することになった理由に関してのディーンの見解に限定して検討することにする。

2) ディーンの「適正利潤（reasonable profit）」と株主対経営者

ディーンの「適正利潤」を企業目的とする理論については，これまで少なからぬ研究者によって検討されてきている。たとえば，ドラッカーは，「企業の分析において最も業績のある優れた経済学者の一人J.ディーンも，いまだにこの理論（事業の目的を利潤と考える立場）に固執している」[28]と述べる。ドラッカーは，筆者が以下に紹介するように，ディーンが，経営者が長期的利潤を考慮する理由として列挙している項目をあげながら，「このような概念の修正は，……特に大企業が，限界費用と限界収益に関わる利益の最大化という原則にしたがって，マネジメントされていないことを，経済学者が認識することを反映している。原型を失うほどに修正を加えて初めて使うことのできる理論には，いかなる有用性も意味もない」と手厳しい。もちろん，ドラッカーは，利益を全面否定するのではなく，「利益は，事業における意思決定の理由や原因や根拠ではなく，妥当性の尺度なのである」[29]とする立場である。

これに対して，ドラッカーの立場を「ネオ・フォーディズム」と特長づける藻利重隆の論文「企業における利潤極大化の意味—ディーンの所論を中心として—」での主張は，ディーンが，経営者が長期的利潤を採用するようになった理由の理解について疑問を提示する。つまり，ディーンが現在のように独占化している大企業では，旧来の古典経済学が企業目的とした短期利潤の極大化から長期利潤の極大化方策を採用するようになった理由としてあげている6つの理由のうちに，経営者の立場からの2つの理由への異論である。その理由とは，経営者の「支配の維持」（流動性と安全性保持）と「非金銭的理由」（労働者への快適作業条件，社会的責任）について論じている点に関するものである。こ

---

28) *Ibid.*, p. 35. 前掲訳，43頁。
29) P. Drucker, *The Practice of Management, op. cit.*, pp. 43-44.

132　第Ⅰ部　アメリカ経営学説における企業目的の変遷

れについてはすぐに検討するが，筆者は，ディーンの叙述の不明確さはあっても，経営者と株主の立場の違いの観点から理解するなら，ディーンの主張は，藻利教授とは違った理解ができるのではないか考える。以下，ディーンにしたがい彼の理論展開をたどり藻利教授の疑問について紹介しよう。

　ディーンによれば，「経済理論は，利潤極大化が各企業の基本的目的であるということを基礎的命題としてきた。しかし，近年になって，〈利潤極大化〉は理論家たちによって制限され，長期間の利潤を考慮し，所有者の所得よりは経営者の所得を考慮し，多忙で緊張している経営者に余暇を増やすとか……の非金銭的所得を増やすことを考慮するとか，競争を制限し，経営管理を維持し，賃金要求を防ぎ，反トラスト訴訟に先手をうつ，というふうに修正されてきている」[30]。つまり，ディーンは，従来の古典経済学を基礎とする限界費用と限界利潤を考慮しての利潤極大化の原則ではなく「適正利潤」を目標ないし標準とする方式を採用するようになっている，と主張する。

　つぎに，ディーンは，ⅰ）極大利潤ではなく制限された利潤を目的とする理由，ⅱ）適正利潤の基準として何が利用できるか，ⅲ）これらの基準をいかに適用するかを問題にするが，ここでは，ディーンの考える企業目的：経営理念を考察対象にしているので，ⅰ）の「極大利潤ではなく制限された利潤を目的とする理由」についてのみ検討しよう。

　ディーンによると，ⅰ）極大利潤ではなく長期利潤の極大化に制限される理由は，つぎの6つに分類される。①潜在的競争相手を阻止する（競争的考慮）。②投票権をもつ大衆を説得し，反トラス主義者の熱意を抑える（パブリック・リレーション）。③組織労働者の賃金要求を抑制する（労使関係）。④顧客の愛顧を維持する（顧客関係）。⑤支配力を弱めないようにする（支配力の維持）。⑥快適な作業条件の維持（非金銭的快適さ）である[31]。ディーンにしたがいその内容を要約すると，①競争的考慮とは，新しく市場に入ろうとしている者がある場合，短期利潤の全部を獲得することを諦めて，価格をあるレベルに低く抑え，

---

30)　J. Dean, *op. cit*., p. 28. 前掲訳, 49頁。
31)　*Ibid*., p. 29. 前掲訳, 51頁。

その市場に入ろうとする者にとってあまり魅力的でない利潤見込みしかできない価格水準にすることである。②パブリック・リレーションとは，買い手に支払えるだけの負担を負わせているという企業への批判の兆候があるときは，価格を極大利潤の水準より下げたり，また，どのような収益水準が目立たないか適当な水準かを考慮する。過度に大きな利益水準は，反トラスト法の訴訟の対象になるのである。③労使関係とは，利潤を制限することが，労使関係の問題，特に賃金水準を決定するのに戦略的役割を果たすことを意味している。なぜなら，1945年にW.ルーサーによって知られるようになった賃金支払い基準としての支払い能力説が従業員のキャリーに影響を与えるようになったからである。しかし，価格と賃金を抑制する産業は，これらを上昇するままにまかせておく産業よりは有利な競争的地位を保持することになる。その意味で賃金と価格の悪循環を断ち切るためにも，利潤の抑制が必要になる[32]。

④顧客関係とは，利潤制限が顧客の愛顧を維持するために実施されることと関連している。買い手は，たびたび公正な価格を生産原価との関連で考え，利潤が高いときは搾取されたと感じている。こうした購買者の態度を考慮することは，企業活動は永続的であるから重要である。販売者は，長期的利潤を確保するために利潤の制限を行う。売り手が長期需要弾力性との関連において顧客に利幅を負担させている場合には，それは長期的に可能であり，それゆえ短期弾力性に対応する価格に比べ利潤総額は増大することになる。また，ディーンは，売り手は，長期利潤の極大化とも矛盾して，「公正価格」，「公正利潤」を掲げ，倫理規範を示す行動を採る場合もあることを注で指摘している。⑤支配力の維持とは，ディーンによると企業の支配力を維持しようとする経営者の欲望である。短期的利潤を制限する経営者の欲望とされるその具体的内容は，借入金を避け流動性を強く望むこととされる。⑥非金銭的快感とは，経営者が，労働者への企業内での生活を快適にすること，消費者などへの「公共奉仕」といった「経営の社会的責任」に関心を向け，短期的利潤獲得から長期利潤に目

---

32) *Ibid.*, pp. 29-31, 前掲訳，52-55頁。

を向けさせるようになったということである[33]。

　ディーンは，このこれらの短期利潤の極大化から長期利潤の極大化に修正せざるを得なくなっている6つの理由のうち，最初の4つの理由と最後の2つの理由には基本的な違いが存在すると考える。「初めの4つは，会社が全体として長期に利潤を極大化するため短期利潤を制限しようとする理由である。それに対して，残りの2つは，経営者が，会社とは一応別なものとして自分自身の利益（どんな種類のものであれ）を極大化にするために利潤を制限しようとする理由である。現代の株式会社においては典型的には経営者の金銭上〔財務的—引用者〕の関心は小さく，経営者が継続して活動する多くの動機のひとつにすぎない。他の動機は重要であり会社の財務的利害と対立するものであり，したがって，経営者を，明らかに会社が本質的に社会組織であることに反対し財務組織とみる株主から区別するものなのである」[34]。

　この叙述は，会社を社会的組織と考える経営者の利潤の内容と，会社を財務組織と考える株主の利益の内容との違いから，経営者と株主は区別できることを主張したものといえよう。これに対して，藻利重隆教授は，上記の⑤の「支配の維持」について説明しているところで，ディーンの表現が「経営者は財務単位としての企業（the firm as a financial unit）と同一でないのだから」という表現を使用したことに関連して「企業自体の見地と経営者の個人的見地とを区別することはきわめて重要である。この両者の区別を意識的にとりあげるディーンの卓見を……高く評価する」としながら，ディーンの理解をそのまま受け入れることはできないとしている[35]。だが，藻利教授も指摘しているように，企業自体の見地を株主の立場に置き換えるなら，ディーンの理解では「株主のみるところでは，『会社は本質的に財務的組織』をなし，それは社会的組織に対立するもの」[36]なのである。ディーンは，会社を財務組織とみる「株主

---

33)　*Ibid.*, 31-33, 前掲訳, 55-57頁。
34)　*Ibid.*, p. 29, 前掲訳, 51頁。
35)　藻利重隆『経営学の基礎（新訂版）』（森山書店, 1973年）, 362頁。
36)　藻利重隆『前掲書』, 363頁。

(stockholders)」と経営者の立場が違うことを強調したかったと筆者は考える。経営者が「会社の金銭的収益〔financial earning 財務的――引用者〕を極大化しないことの理由」は，上記に見た労働者への作業条件の改善，公正な価格設定，公共奉仕に存在する，ことについては，藻利教授も否定していない。ディーンが，引き続き「経営者は，自分自身の所得（their own incomes）を極大化するであろうという一応の仮定は存在する。しかし，この仮定さえも一定の修正を要する」[37]と述べている。

　ここで問題にすべきは，藻利教授が，ディーンのいわゆる「企業自体の見地と経営者の個人的見地との区別」について，教授自身が「企業自体の見地は，明らかに財務的ないし金銭的利害の立場として，したがって企業利潤極大化の立場として規定されている」。「しかもそれは株主の立場において理解されるものであって，株主のみるところでは，『会社は本質的に財務的組織をなし，したがってそれは社会的組織に対立するものである』」[38]と叙述している。ディーンの表現に曖昧さがあるかもしれないが，筆者が上記に引用したように，ディーンは，「経営者と，……会社が本質的に社会組織であることに反対し財務組織とみる株主」とを区別しているのであって，その限りでは，ディーンの主張の意味を理解できるのである。藻利教授は，ディーンの見解を理解するにあたり，企業の利益と個人的経営者の利益を対置させるが，ディーンが問題にしている経営者と株主の利潤の範囲の確定に関する態度の違いを，教授の主張する資本主義企業の営利原則が企業維持原則であるとの立場から軽視する。藻利教授の資本が固定化され，組織された労働組合の存在を無視できない資本主義では，企業目的としての営利原則が，長期持続的総資本利益率の増大，ないし総資本付加価値率の増大であり，企業の維持であるという論説には，筆者は異議を唱えるものではなく多く学んだところである。しかし，藻利教授の「企業」においては，資本と経営が分離し株主と経営者の利害が対立する状況が想定されていないように思われる。

---

37) J. Dean, *op. cit.*, p. 32. 前掲訳, 56頁。
38) 前掲, 363頁。

筆者は，ディーンの「適正利潤」の意義を正しく位置づけるという意味では，藻利教授の主張には，以下の理由で疑問をもつのである。ディーンは，「利潤の本質」を論じているところで，「利潤はいつも論争の中心である。利潤はどんなときに生ずるのか。誰が利潤を生み出すか。誰が利潤を自分のものにするか。」と述べ，注でR. A. ゴードンの「企業，利潤と現代の会社」という論文（1946年）を参照せよとしている[39]。ディーンは，経営者と株主の利害の違いを強調したかったと筆者は理解する。ゴードンは，1945年に『ビジネス・リーダーシップ─大企業の生態─』を出版しているが，このころの時代背景としては，1932年にバーリーとミーンズが『近代株式会社と私有財産』を出版し，資本所有者と経営者の分離が進んでいることを明らかにし，経営者が，株主だけでなく会社の利害関係者の調整という社会的責任を果たすものと期待された時代である。その意味で，ディーンが，ゴードンの著作に触発されながら，「誰が利潤の所有者」であるかに，関心を向けていたことに筆者は注目するのである。

　ゴードンは，次のように述べている。「利益基準はサラリーマン経営担当者により完全に無視され得ない。最低限度，それは取締役や株主を消極的に保っておくために必要である」。しかし，経営者は「他の目標に向かう機会はかなり多い。今日，経営担当者は自らのための金銭的利潤極大の基準を広範に利用することは少なくなったと思われる。むしろ，彼らは，個人的地位と権力，企業をより大きくしたいという欲求のごとき基準あるいは労働者，消費者，他の広範の集団の福祉のごとき社会的により望ましい目標さえも，すくなくとも部分的に採用すると言ってもさしつかえない。……大企業のリーダーシップは，長期戦略的考慮，特に企業の・財務的地位の維持に専念する著しい傾向を示している。たとえば，価格はある期間の利潤の極大化という特定の目的よりも長期的な競走上の地位を保護せんとするために，維持されたり変更されたりするかもしれないし，投資決定は多様な財務的，戦略的考慮に基づいてなされ，そ

---

[39]　J. Dean, *op. cit.*, p. 4, 前掲訳, 11頁。

のすべてが費用と期待収益の正確なバランスに関連づけられていないかもしれない。長期的利潤計算でさえ，産業における企業の地位の保護，成長計画，流動性の維持等々ごとき考慮にしたがわせるかもしれない。」[40]。

　ディーンは，企業目的として，当時，大企業において所有の分散が拡大され，資本所有者と経営者の分離が普及していったなかで，所有から自由になった経営者が，社会的責任（利害関係者の利害）を考慮しており，従来の利潤の極大化に代わり「長期利潤の極大化」政策を採用するようになったことを主張していたのである。

　これまで検討してきたアメリカ経営学における企業目的・経営理念の変遷という視点からみると，ディーンは，ミクロの視点からの経済学成果を経営者の意思決定に役立てさせようとしていたから，彼にとっての企業の目的は，バーナードとは違い，経済学の伝統に基づき長期であれ利潤であった，ことは注目しておかねばならない。だが，ディーンは，経営者は，短期利益に目を向ける株主の収益ではなく，利害関係者の利益のバランスを考慮した長期の企業目的としての利潤を追求していると主張していたのである。ドラッカーが，「原型を失うほどに修正を加えて初めて使うことのできる理論には，いかなる有用性も意味もない」（本章00頁）と批判をしていたが，この長期利潤の具体的内容には，利害関係者のバランス化が考慮されていた点は重要である。だが，長期利潤の内容が「富の極大化」であり，それが実際的に利害関係者の利害を均衡化させるものであったかを明らかにしていない。第1章2節5）ところで検討したように，ソロモンは富の極大化，現在価値の極大化は，結局は株主のためになると告白していたのである。

6．おわりに

　これまで，C.バーナードの組織目的における利潤と余剰の内容とJ.ディー

---

40) R. A. Gordon, *Business Leadership in the Large Corporation*, California, University Press, 1961, pp. 327-328.

ンの企業目的としての長期利潤の内容について，それぞれの主張に則して考察してきた。両者とも，資本所有と経営が分離し，経営者がその独自の立場から，株主や他の利害関係者の利得を考慮し，余剰や長期利潤の大きさを決定するという見解にあるといえる。利害関係者の利得分をどのくらい考慮するかということは，具体的には，図表2-1にある損益計算書において利害関係者がどのくらいの金額で利得が得られるかという形式で表示される。

すなわち，①顧客ないし消費者に対しては適切な販売価格をどのレベルに決定するか，②仕入先からどのレベルでの適切な価格で購入するのか，③従業員・労働者への給料・賃金をどの程度の水準に決定するのか，④現場監督・管理者に対する給料をどの程度の水準するのか，⑤役員・賞与をどの水準に決定

図表2-1　損益計算書におけるステークホルダー
（平成18年4月1日〜平成19年3月31日）

科　　目	金額	
Ⅰ　経営損益の部		
営業損益		
売上高	××	販売価格—①低価格＝顧客の利得
売上原価	××	材料・部品—②仕入れ購入先の利得 労務費—③高賃金＝労働者の利得 機械（減価償却費）
売上総利益	××	監督労務費—④現場管理者の利得
販売費・一般管理費	××	販売費 一般管理費
営業利益	××	役員賞与—⑤経営者・役員の利得
営業外損益		
営業外収益	××	
営業外費用	××	借入金支払利息—⑥銀行等の利得
経常利益	××	
Ⅱ　特別損益の部		
特別損益	××	
特別損失	××	法人税・住民税—⑦国家・自治体
税引前当期利益	××	
法人税等引当額	××	留保利益—⑧経営者と支配主要株主の関心が大
当期利益	××	株主へ配当—⑨所有分散のもとでは個人株主と機関投資家の関心が大
前期繰越利益	××	
当期未処分利益	××	

するのか，⑥銀行から借入金をどの程度の額にしてどの程度の支払い利息を支払うのか，⑦税引き前利潤額をどの程度の幅に決定しどれほどの税金を国家・自治体に支払うのか，⑧税引き後の当期利益（留保利益）をどの程度に決定し，⑨留保利益額から株主に対してどの程度の配当金を支払うか，という問題として具体的に現われる。注意されるべきことは，①と関係する売上額，②③④と関係する売上原価，⑤と関係する販売・一般管理費，⑥と関係する支払い利息（営業外費用），⑦と関係する法人税・住民税，⑨と関係する当期利益，⑧と関係する留保利益を一定と仮定するなら，①から⑨までのそれぞれの項目が増大するなら，他の項目を減少させるという影響を及ぼす関係となっている。つまり，対立関係となっている。ただ，①と関係する売上額が増大するなら，経営者は，他のすべての項目の金額を増大させる可能性をもつのに対して，売上額が減少すると他のすべての項目の金額を減少させる可能性がある。

　このことを考慮するなら，資本所有と経営の分離が進み，経営者が一定の裁量権を持つなら，この利害関係者の利得をバランス化する可能性を持つのである。バーナードの場合は，「協働の4経済」としてつまり，a）物的経済（組織にとっての生産設備の購入），b）社会経済（サプライヤー，顧客，政府，消費者その他の利害関係者），c）個人経済（組織内の従業員，管理者，経営者への誘引と彼らから貢献），d）「組織の経済」であった。d）「組織の経済」は，「測定することはできず」，「記述することは困難である」。「組織効用の経済に関する測定単位は存在しない」から大変厄介な問題である。それは，バーナードによると，組織の能率の問題で，「分配の能率は，（工業組織の場合）……顧客経済，労働経済，信用経済，供給経済，技術経済を含む」。これらの5つの経済での取引においては，バーナードの見解に基づくと，自分に多く，相手に少なく与えるという考え方では，各種（上記の5つ含む）の経済を悪くさせ，協働関係を成功させる余地を小さくさせるというのである。バーナードは，「分配は高度の技術の問題」であるのに対して，「創造的能率は，非技術的である」。「物的，生物的，経済的，社会的，個人的かつ精神的効用をはかる共通な尺度がないなら，創造的協働の戦略的要因を〔識別し〕決定するのは，直感の問題であり，釣合観の

問題であり」かつ「審美的かつ道徳的」で,「適合性の感覚と責任」の問題と考えたのであった。この極めて困難な釣り合いを実現させることこそ,経営者の役割で,こうした釣り合いを実現することが企業目的であった。まさに利害関係者間のバランス化であった。

J. ディーンは,企業目的として従来の経済学者が想定していた利潤から長期利潤に制限せざるを得なくなった理由として,つぎの6つをあげた。それは,①潜在的競争相手を阻止する(競争的考慮—自社のみ高価格で高利潤をあげると他企業は低価格・低利潤でその市場への参入をはかる)。②投票権をもつ大衆を説得し,反トラスト主義者の熱意を抑える(独占価格で独占利潤を得るなら公衆からの反発に合い企業にとって不利となる)。③組織労働者の賃金要求を抑制する(賃金を適切な水準にするなら労働組合の要求を抑えることができる)。④顧客の愛顧を維持する(適切な価格水準としなければ顧客からの愛顧・購買力を獲得できない)。⑤支配力を弱めないようにする(経営者が支配力を維持するため,株主の短期利潤・配当の増大への欲望を抑え留保利潤を多くして継続企業として企業維持に努力する)。⑥快適な作業条件の維持(快適非金銭的快適さとは,相互の尊重,企業内で快適な生活を営むこと,さらに「公共奉仕」,「経営の社会的責任」に目を向けることも関係する)の6つであった。このJ. ディーンの主張は,図の損益計算書に示された各ステークホルダーがどの幅の利得となるかの際に生ずる利害対立関係を考慮することにより,企業目的を短期利潤でなく長期利潤とするようになったということである。しかし,すでに指摘したように,ディーンの長期利潤の内容は曖昧であった。そのため,バーナードのように,ステークホルダー間での利得をバランス(均衡)化する方法の議論を積極的にはしていないといえる。

以上,みてきたように,アメリカ経営学ないし経営理論史の変遷の視点からみて,1970年代半ばごろから主張される,企業目的は株主価値の最大化であるとか,企業は株主のためのものである,などといった主張は,C. バーナードやJ. ディーンの議論においては全くみられない。どちらかというと,バーナードは,公益事業の社長としてステークホルダー間の協調を積極的主張した。それに対して,J. ディーンは,資本所有者と経営者の分離が進行し,経営

者は各ステークホルダーの利害を考慮せざるを得ない状況になっていることを正当に認識していたが，実際の企業目的の設定にあたって長期利潤を採用するが，その内容は曖昧であったことを強調し本章の結びとしよう。

第 II 部

経営史と経営学の関係

第4章　経営管理・組織史と経営管理・組織理論史との関係(I)
——チャンドラー事業部制組織の事例研究——

1. はじめに

　本章は，中川敬一郎が経営史学の方法の考察で，コールの主張に依拠し，「経営的歴史性」の分析とは，「組織行為」の時系列的「組織行為の累積的過程」を分析することであると述べていることを念頭に，アメリカでの事業部制の成立を例に，チャンドラーが『戦略と組織』で分析した，組織行為の累積的過程の分析から生み出された「組織は戦略に影響を受ける」という命題と，彼の事業制組織の事例研究ついて検討している。中川は，経営史学が，経営学を基礎に展開されると述べているが，このことを念頭に，チャンドラーの分析した，化学，自動車，石油，小売業4社のうち，デュポン，ゼネラルモーターズ (GM)，さらにシアーズ・ロックにおける事業部制の成立過程について，経営学の理論で展開されてきた事業部制の定義としてあげられる3つの特質，すなわち，①製品別ないし地域別に部門化されている，②戦略的決定の行われるゼネラル・オフィスと事業部のセントラル・オフィスが分離されている，③事業部（セントラル・オフィス）は利益責任単位制を採っている，という視点から検討している。

　第2節で中川敬一郎の経営史学の方法，第3節では，チャンドラー，ドラッカー，中村常次郎そして岩田龍子の事業部制の特質ないし定義をめぐる理解について紹介している。第4節では，チャンドラーによるアメリカでの3社を事例とした事業部制の成立過程の叙述をある程度詳細に紹介し，その分析事例について経営学理論の観点からコメントしている。

2．中川敬一郎の経営史学の方法

1） 広義の経営史学と狭義の経営史学

　中川敬一郎は1981年に『比較経営史序説』（東京大学出版会）を著し，経営史学の方法について，第一部の第1章と第2章，および第4章で中心的に議論している。

　まず，中川によると，「広義の経営史学」は，経済学・経営学・社会学など社会科学からさまざまな研究方法を導入することにより，企業経営の歴史について総合的研究を推進し，さらにその成果によって，それらの社会科学に影響を及ぼすもの，といえる。言い換えるなら，広義の経営史学は，学際的な学問であり，学際的手法をどのように駆使し，学際的研究対象をどのように解明するかが，その課題となっている。その際，企業経営のありかたを決定する三つの社会的要因である「経済過程」，「文化構造」「組織」の視点から分析されなければならないので，経済学的，社会学的，経営学的研究が不可欠である[1]。

　他方，主体的な企業経営活動は，自己の組織の相互作用において展開されるのみでなく，それはまた，企業をめぐる産業構造，たとえば競争企業や同業者団体のあり方によって大きく規定されるものであり，企業活動は，そうした産業界の諸条件との密接な関係において理解されなければならない[2]。ここで中川の意味する自己組織とは，組織，計画，指揮，統制といった「経営諸機能」と，企業の「経済的諸機能」である製造，販売，購買，財務という「企業諸職能」から成っており，自己組織の相互作用とは，「企業諸職能」についての計画であり，組織であり，指揮であり，統制であるということである。しかも，

---

[1] 中川敬一郎『比較経営史序説』（東京大学出版会，1981年）3-4頁。中川は，「比較経営史研究」として，この『序説』の他『イギリス経営史』はされたが，『アメリカ経営史』，『日本経営史』は出版されず，急逝された。誠に残念であり哀悼の念を禁じえない。

[2] 中川敬一郎『前掲書』，5-6頁。

その製造とか販売といった企業職能（経済的諸職能）は，企業を支えている経済過程すなわち国民経済のあり方と大きく関係しており，したがって，経営組織，管理組織のあり方は，必ず企業をめぐる社会経済過程との密接な関連において研究されなければならない。こうした視点から研究を積極的に推進し，近年経営学・経営史学に大きな波紋を投じているのがアルフレッド・D・チャンドラーである[3]。

この中川の叙述を読むとき，中川が「近代経営学と経営史学に大きな波紋を投じている」と指摘していたチャンドラーが，1962年に出版した『戦略と組織（Strategy and Structure）』の冒頭にある「動機と方法」でつぎのように書いていることを想起させるのである。いささか長文となるが引用しよう。

「アメリカの巨大企業の戦略と組織はどのようにして変遷してきたのか。このテーマの探求は，比較経営史を著す試みの一つとして始まった。当初の発想は，**異なった**諸企業が，製造，マーケティング，調達，財務，経営管理（administration）などの**同じ活動**についてどのような仕方で行っているのかを検討することであり，そのことは，**単一の**企業がこれらの**すべての**活動をどのように行っているかを研究するのに等しい価値があるだろうというものであった。このような比較分析は，個別諸企業の一連の沿革をたどるよりは，その機能（function）の性格の研究でより深い探求ができ，いくつかの異なった諸企業のその〔機能の—引用者〕活動における成果についてより正確な解釈と意味のある評価を可能にするのであろう。ひいては，アメリカの経営者が長年にわたってその活動をどのように進めてきたかを，より明瞭に示すことができよう」[4]。つまり，ここでは，個別企業の諸活動の変遷を歴史的に分析す

---

3) 中川，前掲，6-7頁。
4) Chandler, A. J., *Strategy and Structure*, BeardBook, Washington D. C. 1962, p. 1. 有賀裕子訳『組織は戦略に従う』（ダイヤモンド社，2004年）3頁．太字の強調はチャンドラーがイタリックを使用した部分．この翻訳を参照しているが，用語の訳は（　）内に英語を入れて改訳している場合が多い．また，有賀訳ではイタリック文

るよりは，異なった企業の諸活動を比較することの成果が大きいことを強調している。

「アメリカの企業で実行されている諸活動のうち，比較経営史におけるこのような実験的試みのうち，最も期待できるのは経営管理の活動のように思えた。事業経営管理（business administration）は，経営者や学者にとってきわめて今日的テーマであろう。……。ビジネスに限らず，政治，軍事，教育，医療といった分野の組織が巨大化して，社会学，人類学，経済学，政治学その他の研究者たちの関心を引きつけている。だが，大企業の経営管理に関しては，歴史研究からは実証的データがほとんど得られていないため，社会学科学者にとっては，一般論を引き出したり，仮説を立てたりするよりどころがない。歴史学の分野ではそもそも，理論化や一般化はあまり行われてこなかったようだ」[5]。

「事業管理の発展に変化が現われているとしても，比較分析に，イノベーションの研究を持ち込むことで焦点を絞れるであろう。……。経営管理の新しい形態や手法がどのように生み出されたかを研究するにあたっては，企業内外からの緊急なニーズと魅力的な事業機会の両方に注意が向けられるべきであろう。アメリカで最も巨大で最も複雑な産業企業を管理運営する組織形態を研究テーマとして取りあげるのが，最大の成果を手にする道だと思う」[6]。

チャンドラーは，このように述べて，戦略が組織に影響をおよぼすとして，事業部制の採用についてよく知られているデュポン，GMなど4社の事例研究を詳細に提示したのであった。この場合，戦略に規定されて組織が変化することをイノベーションと考えている。

ところが，中川によると，こうしたチャンドラーの研究方向とは違う，経営

　　字が強調されていないケースも多々みられる。
5) Chandler, *op. cit.*, p. 1, 有賀訳『前掲訳書』3-4頁。
6) *Ibid.*, p. 2, 同上訳, 4頁。

学に基礎をおく「狭義の経営史学」は,「企業主体の人間的活動に関する歴史的」分析に関心が向けられ,「1920年代米国の高等実業教育機関ハーバード大学経営大学院に移し植えられ,経営諸機能の研究と結びつくことによって,はじめてそこに経済史学とは別個の分野としての経営史学が確立した」[7]。しかし,中川によると,この狭義の経営史学では,経営学を基礎としているため,企業者ないし企業活動の主体的側面の分析が不十分であったという。これを補充するのが,1949年ハーバード大学に組織された「企業者史研究センター」の研究者の行った研究法であり,「企業経営に関する**制度,組織**ではなく,そうした客観的制度・組織をふまえての主体的な企業経営**機能**そのものを研究対象とする」[8]（強調は中川による―引用者）ものである。

2) 狭義の経営史学の陥穽

中川は,「経済主体としての企業者に関する実証研究が新たに企業者史研究として組織されなければならなかった理由は一体何処にあるのか,また狭義の『経営史学』と企業者史研究との差異は一体何処にあるのか」と問う。その回答として次のように説明している。

「経営史学〔中川にとっては狭義の経営史学……引用者〕の方法的基礎となった経営学は,企業経営という人間的活動を科学的に理解するために,当然のことながら,具体的な企業経営活動を『組織』『計画』『管理』『統制』といった一群の抽象化された要素的『経営機能』に分解し,人間主体として経営者そのものについてではなく,それらの抽象化された要素機能の一つ一つについて,それらが,やはり同じように抽象化された企業目的,すなわち『企業利潤』ないし『企業維持』といった比較的短期的な目的を達成する手段として有効であるか否かを専ら研究するようになった」[9]。中川によると,A. H. コールは,こうした傾向について,経営学は経営手段となり経営制度なりの「手段的性質」を

---

7) 中川敬一郎『前掲書』,17頁。
8) 前掲,16-17頁。
9) 前掲,18頁。

研究することになったのであり，経営史学もまたそうした経営学の思考様式の影響を受け，抽象化された「企業目的」や「経営諸機能」を前提にし，その枠の中での歴史的研究に専念することになった，述べているということである[10]。

中川も指摘しているように，確かに，経営学における理論研究者は，経営手段としての技術や制度を一般化し（普遍化し）抽象化し理論化しようとしてきた。しかし，それは，一般化することにより，別の個別的企業経営の手段・制度を利用する際に，どこの部分が普遍的であり利用できるか，また他の部分が特殊的であり個々のケースには当てはまらず修正しなければならないか，を考えさせる意味をもつからである。つまり，普遍化された理論・技術・制度は，ある企業の個別的・特殊的技術の分析・説明には適さないが，一部修正すれば有効であるとか，理論・技術・制度を道具として個別企業の分析に利用する場合は，一部修正され有効に利用できるかもしれないという発見をする力を与えることもある。それゆえ，理論化・一般化（普遍化）は一定の意味をもつのである。それでは，経営学者は，経営現象を一般化し普遍化し理論化するのに対して，経営史家の行う個別ケースを分析し一般化する学術的営みは，どこが違うのであろうか。

チャンドラーが示したように，本章の第3節で検討するように，「多角化という戦略が組織に影響し事業部制組織をもたらした」という命題は，経営史の分析からの一般化（普遍化）・理論化といえる。しかし，この命題は，過去の経営学説ないし理論に依拠しない一般化・普遍化・理論化といえよう。

それゆえ，中川も，生の人間活動をそのまま科学的に補足することは不可能であるので，経営学や経営史学が，企業経営という人間的活動を理解するために，「経営諸機能」（組織，計画，管理，統制）や「企業目的」といったものに抽象化をせざるを得なかったのであり，そこに両科学の成立基盤があったことを認める。しかし，この抽象化された「企業目的」や「経営諸機能」に照応させ

---

10) 前掲，18頁。

ると，具体的な経営者の活動の結果は，それ以上のものを含んでおり，差異が生まれてきているという結果にどう対処するかが，中川の提起している問題となる。それは，従来の経営学や狭義の経営史学が，生産，販売，財務という経済的諸機能を分析する際に，経済学が前提としていた「経済人（ホモ・エコノミックス）」，「資本家」と同じ「経営者」，「ビジネス・マン」を想定し[11]，具体的な組織，計画，管理，統制という経営諸機能を担う人々も「経済人」であるとの想定で，その行動を分析してきた結果，生じている問題である。

つまり，たとえば，国境を越えた経営者の経営活動を分析すると，従来の特にアメリカの経営学を前提とした「企業目的」や「経営諸機能」に関する抽象化された概念・理論とはかけ離れた現象が見出されるのであり，この違いを解明する方法が問題なのである。

こうした問題を解明する方法こそが，約30年前の1949年にハーバード大学に組織された「企業者史研究センター」の研究者の行った研究方法であり，この方法に基づく本格的な経営史学に立脚する経営史家は，現実の企業主体は，決して経済法則の命ずるままに行動するものではないことに気づき，経済・産業構造や企業組織を前提としながらも，意思決定の自由をもつ経営者の主体的機能そのものに研究の焦点を向けなければならないと考えた。しかし，中川によると，この際に，「経営史家たちは，経営史学を経済史学から独立の分野として打ち立てようとする余り，別な誤りに陥ってしまった。すなわち，経済主体としての経営者の活動が，構造的・制度的なものから一応独立したものであることを強調しようとする結果，経営活動と歴史的・社会的諸条件との間の関連についての関心が，どうしても希薄にならざるを得なかった」[12]。それは，経営学の企業経営を経営諸機能に一般化し抽象化し，主体である経営者を歴史的にも社会的にも一定不変とみる考え方や，永く経済学を支配してきた人間平等〔経済人…引用者〕の考え方に巻き込まれたからである。さらに中川は，経営史家たちが，歴史的・社会的条件の軽視に拍車をかけた条件としては，「経営史

---

11) 前掲，18-19頁。
12) 前掲，19頁。

学が種々の理由から専らケース・スタディとして発展せざるを得なかった事情も」[13]あったことを指摘することを，忘れてはいない。この中川の重要な指摘と関連することと思われるが，チャンドラーは先の著作でつぎのように述べている。

「これら四社〔デュポン，GM，ニュージャージー・スタンダード，シアーズ…引用者〕の組織イノベーションを深く掘り下げるにつれて，いくつかの意義深い事実が鮮明に見えてきた。まず，新しい経営管理形態について有益な分析をするためには，その企業の従来の組織形態，いやそれだけでなく，経営管理の歴史全体を正確に知っておく必要がある。第二に，組織構造の改変は過去の事業拡大ぶりと深く関わっているため，経営管理の変化について公正な評価を下すためには，その企業の成長の道筋について詳しく理解しておかねばならない。第三に，成長の軌跡はアメリカの経済全体の変貌，わけても市場や製品需要に影響を及ぼす経済面の変貌を写し出している。最後に，組織改変は，それが行われた当時の国内最先端の経営管理様式（administrative art）から影響を受けている。最初の二点から，4社の沿革をさらに深めるべきだとの教訓を得た。第三，第四点から，アメリカ経済史について幅広い造詣が求められているのだと悟った」[14]。

以上のように，チャンドラーは，中川が警告している当時の経営史家が陥っていた「歴史的・社会的条件の軽視」をすることなく，この4社の例を，個々の企業の管理・組織の歴史的発展過程の分析を，当時のアメリカの経済・社会の発展との因果関係の分析と最先端の経営管理方式の分析とに結合することを試みようとしている。そうしなくては，狭義の経営史学の陥穽にはまり，本来あるべき経営史家の分析としては問題があることを指摘しているのである。

また，中川の従来の経営学者が，経営者の行動を機械的に「経済人」と考

---

13) 前掲，20頁。
14) Chandler, *op. cit.*, p.3. 有賀訳『前掲訳書』，6頁。

え，企業目的を「極大利潤」として把握する経営学研究を進めてきた欠点を指摘したことは正当であったが，経営学説研究者の視点からすれば，この経営史家としての中川の主張にコメントを加えざるをえない。1932年にバーリとミーンズが『近代株式会社と私有財産』[15]を出版し，資本「所有と経営」の分離が進行していると主張した以降，経営学者は，アダム・スミスの古典経済学やマーシャル以来の新古典派経済学と違い，この著書の第一部で分析したように，企業家（経済人）の企業目的を「極大利潤」としたことの不適確性を意識し，企業目的の研究で，「売上極大化」（ボーモル），「成長極大化」（マリス），「企業構成員の効用極大化」（ウイリマソン，サイアート・マーチ）などが主張され，変化してきたこと（本書第Ⅰ部第1章参照），さらに経済人ではなく「限定的合理性」を前提とした「管理人（administrative man）」[16]を想定した，経営行動の分析を積極的に進めてきたことである。この点は強調しておくことは重要である[17]。

---

15) A. A. Berle and G. C. Means, The Modern Corporation and Private Property, 1932, 北島忠男訳『近代株式会社と私有財産』（文雅堂，1958年）。

16) H. A. Simon, *Administrative Behavior : A Study of Decision-Making Processes in Administrative Organization*, 3. Edition Expanded with New Introduction, The Free Press, A Division of Macmillan Publishing Co., Inc. 1946, p. 39, 松田武彦・高柳暁・二村敏子訳『経営行動』，ダイヤモンド社，1965年，48頁。

17) チャンドラーは，そのことに気づいており，次章で検討する『TheVisible Hand』で，「歴史家は企業家に魅力を感じていたが，これらの企業家が創設した新しい制度や，それがどのように管理され，どのように機能したか，……また創設者が舞台を去ったのち，その企業がいかに成長を続けたかという点については，これを詳細に観察することをほとんどしなかったのである」と述べている。さらに，「最近に至り，経済学者も歴史家も，次第に近代的な経済制度にその注意を向けるようになった」として，カプラン，ガルブレイス，ウイリアムソン，ボーモル，マリス，ペンローズなどの名前をあげ，バーリーとミーンズの「先駆的業績に導かれて，近代企業の運営と行動に関してより詳細な研究を行っている」と指摘しながら，「しかし，近代企業の歴史的発展を分析しているわけではない」としている。Chandler, A. D. *The Visible Hand*, pp. 4-5, 鳥羽・小林訳『経営者の時代』，9頁，引用文献の出版年次，出版社は次章を参照されたい。

3） 経営史学における「歴史性」の理解とその再生

　中川は，経営史学における「歴史性」についても検討している。「さかのぼって言うなら，1920年代のなかば，ハーバード大学経営大学院に経営史学の講座が開設されたとき，その目的はともすれば短期的な技術問題の研修におわりがちな学生たちに，企業経営に関する長期的歴史的視野をもたせ，経営技術も経営組織も，また企業と社会の関係も，時代とともに変わるのだという認識を身につけさせることにあった」[18]。ところが，中川によると，企業経営の歴史性は，ごく最近まで，専らその「変化性」の面において追求されてきた。日本における多数の会社史では，「変化性の理解に際しては，歴史的変化の起点が企業経営主体そのもの側にではなく，むしろ企業経営のおかれている社会経済的背景のうちに求められていて，企業経営における主体的機能，すなわち企業者活動や経営行動のあり方が社会的経済的条件の変化の反映ないしその結果として問題にされていない。いいかえるならば，個々の企業の発展を，その企業内部における経営努力の積み重ねの結果として理解する視覚が欠けており，したがってまた個々の企業における発展がやがて社会経済一般の変化を呼び起こす，という逆の関係も見失われている」。その意味で，「従来の経済史学初期の経営史学においては，経済や経営の連続性や経営主体の『不変性』が無視されてきた」[19]のであった。

　この点について，よりその詳論を紹介するなら，従来の経済史学や経営史学でとりあげ理解された，「資本主義精神」論や「企業者活動」論での「経済・経営主体は，…本質的には社会的大量として把握されており，その大量的人間主体と社会的構造との関連が論じられてきたにすぎないのであって，個々の経済・経営主体の連続性＝不変性を承認したうえで，その行動原理に立入っての理論的・実証的研究が行われてきたわけでない」[20]。しかし，再生されるべき経営史学は，それぞれの経済・経営主体を時系列において把握されなければなら

---

18)　中川敬一郎『前掲書』，80頁。
19)　中川敬一郎『前掲書』，81頁。
20)　中川敬一郎『前掲書』，82頁。

ない。経済・経営主体は，一方において客観的社会的諸条件の変化に規定されながら，同時に他方で主体それ自身の行動原理にしたがい「不断の意思決定とそれに基づく行動を重ねつつ，発展し成長するものであること」，したがって，それぞれの経済・経営主体の過去の行動がその現在の行動を決定し，この現在の行動が将来の行動を制約するというふうに，主体の行動・行為は，時系列における諸行為の統一性をもつものとして把握されるべき，というのである。しかも，中川によると，時系列における諸行為の統一性を把握することにより，経営主体の歴史的「不変性」を見出しうるのであり，他方で，不変性をもった主体が新しい意思決定と行動とによって，自らを変革し発展させていくのであり，その過程で歴史的「変化性」をも追求することも可能となる。つまり，「経営史学が追及しなければならない歴史性とは，『不変性』と『変化性』を自らのうちに統一するような『歴史性』に他ならない」[21]。

　経営学が経営者の主体的経営行動を理論化・一般化（普遍化）することを目的とし，その視点から分析する学問と把握する者にとっては，上記の中川の主張は，極めて重要な指摘と考える。なぜなら，経営史学の研究者が，経営理論研究者に先立ち，個別企業の歴史的ケース分析から，中川のいう経営主体の「不変性」と「変化性」を発見しようと努力し，それを個別歴史的ケースから明確に区別し発見できるなら，経営理論研究者にとっても意義があるといえる。変化性の意味と，不変性の意味を比較し，不変性とは一般化・普遍化・共通化できるものなのか，また変化性の要因は，経営者の意図に基づくのか，社会・経済の変化によるのかを，異なった企業の経営管理ないし組織の個別・具体の事実の幾つかを，関係づけ一般・普遍化し理論化する際に強力な援助なると思われるからである。

　中川はこの点について続けて，不変性と変化性を統一する経営主体の行為とは，マックス・ウエーバーの「経営」（Betrieb，一定の目的に向かっての合理化されている諸行為の技術的〔手段的〕な統一体）とアメリカの経営学（例えば，クーン

---

21)　中川敬一郎『前掲書』，83頁。

ツは，共通の目的を達成するための複数の人間の諸行為の間における技術統一体）に依拠すれば，「人間行為の時間的な技術的統一」[22]として把握することが，重要ということになる。中川は，先のA. H. コールを引用し，人間（経営主体）の無限の連続性・持続性を支えるのが「時系列において結び合わされた諸行為の体系」[23]と述べる。さらにウエーバー，コールに依拠し，「経営史学の研究対象である『経営的歴史性』とは，いわば組織行為の累積過程にほかならないのであり，組織についての考察なくして経営史学は成り立たない」[24]と述べている。中川にとって，経営史学の再生とは，従来の経営主体の研究に代えて，個々の経営者の組織行為の歴史的考察ということになるのである。

この中川の「経営的歴史性」の分析とは，「組織行為」の時系列的「組織行為の累積的過程」の分析することである，とする主張は，これも理論を研究する経営学者の活動を強力に援助するものであろう。なぜなら，経営学理論とは，その時代の企業の経営者や従業員の組織的行為についてその時点の個別・歴史的発見を集約しその観察に基づき，それを一般化・普遍化・理論化するといえる。しかし，従来の経営学理論や経営者のための経済学（managerial economics）は，経営者や従業員の行動を一時点で考察・分析し理論化する傾向がある。その組織的行為を時系列で分析し，一般化・普遍化・理論化することをしてこなかった。その意味で，経営学研究者は経営史研究の成果を考慮しなければならないし，経営史家は，中川のように経営学の研究成果を考慮しなければならないのである。また他方で，経営学研究者が，時代・時代に展開された幾つかの経営・組織理論の変遷を学説史的に研究するなら，やはり，理論（学説）史の中にも「不変性」と「変化性」を発見できるのではないか，と考える。

---

22) 前掲，83-84頁．クーンツについては注4で，Koontz, H. and C. O'Donnell, *Principle of Managerial Functions, 2nd Edition*, 1956, p. 1 を指摘している。

23) 中川，前掲．A. H. Cole., *Business Enterprise in its Social Setting*, 1959，中川敬一郎訳『経営と社会―企業社史学序説』（ダイヤモンド社，1965年）。中川氏は頁を示してはいない。

24) 中川，前掲，86頁．

その意味でも，中川が正当に指摘しているように，経営史学は広義の経営学に基づくべきこと，また経営学説研究者が強調すべきは，経営学は実践的学問であり個別企業経営者の歴史的実践的経験を一般（普遍化）・理論化したものであり，その理論が，いかなる個別・歴史的背景（どの業種・産業のどのくらいの規模の企業の数の）もとでの経営者や従業員の諸ケースから普遍化・理論化されたものであるのかについて，絶えず振り返る必要があるということである。以下，こうした視点から，中川が高く評価するチャンドラーの代表的著作『*Strategy and Structure*』と『*Visible Hand*』は，異なった企業についての比較視点からの，アメリカ大企業にみられた時系列的「組織行為」の累積的研究であり，経営管理史（history of administrative behavior）と経営管理理論史（theoretical history of administration）との関係を論じる際に，豊富な諸論点を提供しているといえるのである。

3．チャンドラーの『戦略と組織』における事業部制

1）チャンドラーの事業部制についての説明と事業部制の定義

　チャンドラーが1962年に『戦略と組織（*Strategy and Structure*）』を出版し，さらに1990年に序文のみ新しく加えて再版している。チャンドラーは，この著作での研究は「現代企業の組織構造と戦略の関係，さらに常に変化する外部環境と組織や戦略との複雑な相互関係を調べるのを目的としていた」[25]。当時のアメリカの経済市場の発展・変化は，少なからずの企業に多角化という戦略を採用させ，事業部制組織を普及させたのであるが，しかし，チャンドラーは，つぎの指摘も忘れていない。「事業部制という組織形態は，戦略にきわめて大きな影響を与えた。経営陣を過重な負担から解放して，新しい地理的市場や製品市場への参入による長期的戦略を追求するように促した。新規事業をマネジメントするには事業部を追加すればよいと分かると，経営陣は多角化や海外進

25）　有賀裕子訳『組織は戦略に従う』1990年度版，「序文」xvi頁。

出に以前よりもはるかに積極的になった」[26]。

　ところで，チャンドラーは，この事業部制組織については定義をせず，「序」で，「動機と手法」について述べた後に，「いくつかの前提〔命題 proposition―引用者〕」の項目を設け，イタリック文字で強調し**「産業企業（industrial enterprise）」**という用語は，「利益追求型の大企業」で，「原料調達から最終顧客への製品販売へ至る連続的なプロセスの一部あるいはすべてを扱う企業を指す」，さらに，**「経営管理（administration）」**という用語は，「企業の業務の調整，評価，計画，企業の資源の配分に関わる経営上層部（executive）の行動，命令，判断（decision）を指す」と述べ，2つの前提について説明している。最初の前提は，「経営管理（administration）とは，実際的な購買，販売，加工，輸送の業務とは異なる固有の活動で，大規模企業では経営陣（executives）の関心は各職能業務の成果よりは経営管理に強く向けられる」ことである。しかし，小規模企業では，一人ないし数人が原料の調達，販売などの各職能の業務のほかに，職能間の調整，計画，評価を行うこと。第2の前提は，経営者は諸活動を調整，評価，プランニングする際に，二種類のマネジメント作業をこなす必要がある。「時には社の長期的な繁栄に思いをめぐらせ」，「一方で，日々の事業運営の円滑化に，効率化に，心を砕かなくてはならない」業務を行う必要があるということである。つまり，基本目標の決定とその手段を選択する戦略的業務と，戦略目標とその手段を実現するための日々の業務があるということである[27]。

　チャンドラーは，さらに，「これから述べる前提は，最も複雑な組織を念頭においたものである」として，「近代的な"分権化された"企業での経営陣（executives）は，彼らの経営管理活動を4つの異なる地位により実行する（図表4-1参照）。企業内のこれらのタイプは，経営管理活動の範囲が違うし，通常は権限のレベルも異なっている」。トップには，**「総合本社（general office）」**がある。そこでは，全般的経営者達（general executives）とスタッフの専門家

26）　有賀訳『前掲訳書』xvii 頁。
27）　Chabdler, *op. cit*., pp. 8-9. 有賀訳『前掲訳書』，13頁。

は，多くの半自律的でかなり独立した（quasi-autonomous, fairly self-contained）事業部（divisions）を対象に，調整，評価し，目標と政策を立案し，資源を配分する。各事業部は，特定の製品ラインを取り扱う（handles）か，あるいは地理的エリアで企業の諸活動を行う。他方「各事業部の**『中央オフィス（central office）』**は，多くの部門（department）を経営管理（administers）する。

これらの各部門は，製造，販売，購買，原材料の調達・生産（producing of raw materials），エンジニアリング，研究，財務などの主要な職能の経営管理（administration）に責任をもつ」。さらに，「〔事業部にある―引用者〕**『部門統括部（departmental headquarter）』**は，多くの現業単位（field units）の調整，業績評価とプランニングを行う」。「最底辺には，**『各現業単位（field unit）』**は，ブランチもしくは地域または販売オフィス，購買オフィス，エンジニアリングと調査の研究所，会計もしくは財務オフィスなどの計画もしくは業務を運行している」[28]〔以上太字は，チャンドラーがイタリック文字で強調したもの―引用者〕。チャンドラーによると，大規模な多数事業部をもつ企業の経営管理のポジションは，このように，「現業単位」，「部門統括部」，「事業部中央オフィス」，そして「総合本社」から構成されることになる。

以上のチャンドラーの説明を図表4-1にしたがってみるなら，トップからの第3階層にある「部門統括部（departmental headquarters）」は，この後に考察するように，チャンドラーが図表4-6（本章4節175頁）で示しているように，4社の従業員数は，デュポン3万1,000人（1920年），GM 8万612人（1920年），ニュージャージ（10万3,719人），シアーズ（4万1,751人）であったことからみても分かるように，この事業部には子会社も含まれており数万の従業員をかかえており，生産，販売，財務の各部門でも数千の従業員が活動しており，全従業員数千人の企業の部長が自己の部門を指導・統制できるのとは違い，部門に全体を統括するヘッド・クォータが設置されるのが普通であったことを，理解する必要があろう。

---

28) Chandler, *op. cit.*, p. 9. 有賀訳『前掲訳書』, 13-14頁。

160　第Ⅱ部　経営史と経営学の関係

図表 4-1　事 業 部 制

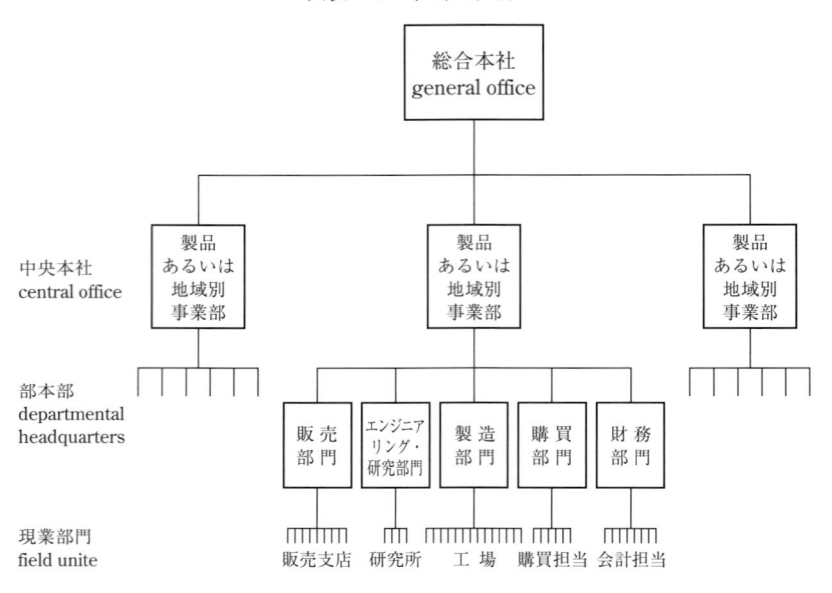

```
                        総合本社
                     general office
                           │
         ┌─────────────────┼─────────────────┐
         │                 │                 │
      製品              製品              製品
中央本社  あるいは         あるいは         あるいは
central office  地域別         地域別         地域別
      事業部            事業部            事業部
     ││││││         ││││││         ││││││

部本部                ┌────┬────┬────┬────┐
departmental         │    │    │    │    │
headquarters       販売  エンジニア 製造  購買  財務
                   部門  リング・  部門  部門  部門
                         研究部門

現業部門          ││││││ ││││││ ││││││ ││││││ ││││││
field unite      販売支店  研究所   工場  購買担当 会計担当
```

　チャンドラーは，さらに注意を促すために，「戦略」と「組織」の意味について説明している。「方針（policies）や手順（procedures）の策定とその実行を区別しておくのが賢明であろう。方針や手順の策定は，戦略と実務〔tactical 戦術―引用者〕の両面から定義される。「『**戦略的決定**』とは，長期的視野に立っての企業の健全な発展を目指すものだ。これに対して実務面の『**戦術的決定**』とは，業務を円滑にしかも効率よく進めるのに必要な日々の事業活動に関わっている。ただし，決定は戦略的であれ戦術的あれ，通常は，資本，機械，人材などの経営資源を配分することを通じて―あるいは配分をみなおすことに通じて―**実行に移さなくてはならない**」[29]と述べている。

　チャンドラーは，以上のいくつかの前提から，「組織は戦略に応じて決まり，いくつかの基本戦略が組み合わされると，きわめて複雑な組織が出来上がる，

---

29)　*Ibid.*, p. 11，前掲訳，14-15 頁。

との主張が引き出される」と述べ，この理論をさらに一歩進めるために次の二つの問いかけが役立つとして，①組織が戦略にしたがって決まるなら，新戦略の遂行に必要な組織が設けられるまでに，なぜ時間がかかるのか。②組織改変を要するような戦略がうまれたのは，そもそもなぜか，と問い，これらの問題を比較経営史的視点から分析しているのである。

以上の説明に対して，経営学理論の観点から，チャンドラーによる事業部制の定義ないし内容について，組織形態の視点から，疑問が提示されるであろう。なぜなら，「総合本社（general office）」，「事業部中央オフィス（central office）」，「部門統括部（departmental headquarter）」，「各現業単位（field unit）」を区別をし，各事業部は，製品ごとか地域ごとに事業化され，総合本社は戦略的意思決定と実行・評価する権限と責任をもち，事業部は戦術的決定と実施・監督を行う権限・責任が委譲されていることが暗示されているだけである。これまで経営学で議論されてきた「事業部制の定義」にとって，決定的に重要な事業部の「利益計算単位（profit center）」の側面が強調されていないからである。チャンドラーは，総合本社は，事業部を「評価する」と叙述しながら，このプロフィット・センターとしての事業部を利益の大きさで評価する点について，この著作で取りあげられた4社の事例研究の内容を詳細に分析すると，プロフィット・センターとして事業部についての意識はそれほど強くない。デュポン，GMを除くと，他の2社の利益責任単位としての事業部についての叙述は少なく，さらにこの4社の利益計算単位としての事業部の数についてはまったく触れられていない。

2) ドラッカーによる事業部制の定義

ドラッカーが，チャンドラーの著作が出版される約20年前の1943年に，当時のゼネラル・モーターズ（GM）の社長アルフレッド・スローンから依頼され，GMを内部から調査し，1946年に『会社とは何か（Concept of Corporation）』を著し，そこで事業部制組織の特徴について書いたことは，チャンドラーも知らないはずはなかったろう。さらに，ドラッカーが，『戦略と組織』が出版さ

れる8年前の1954年に『現代の経営 (*The Practice of Management*)』を出版し,事業部制の内容についてかなり整理された形で叙述していたことも,彼は知っていたことであろう(本書75頁,注29)の下川は2人の交流を伝えている)。

ドラッカーは,事業部制組織を「連邦分権制組織 (federal decentralization)」と呼び,「連邦制組織」の必要条件として,連邦組織とは「できるだけ多くの事業を独立した事業として組織しようとする組織原理である」。「普通の企業が行っていることで,この事業が行っていない重要な活動は資金調達だけである。資金だけは GM 本社から供給されている」[30]。「連邦分権制組織を成功させるには,…単位組織 (managerial unit) は,ただ会社の利益に貢献するのではなく,会社に対して利益で貢献しなければならない。単位組織の損益は直接,企業の損益になる。……単位組織の利益は,経理操作の利益ではなく,市場の客観的,かつ最終的な判定の結果による本当の利益である」[31]。「単位組織は,自らの市場をもつ。市場は地域的なものであってもよい。製品別の市場もある」[32]。この場合,注意されなければならないのは,本社とはチャンドラーのいう「総合本社 (general office)」であり,単位組織とは「事業部中央オフィス (central office)」のことである。

また,ドラッカーは,1954年の体系的著作である『*The Practice of Management*』で,連邦制組織の適用上の規則として5つの原則があるとしている。① 「連邦制組織では,中央と分権化された単位組織の双方が強力である必要がある。……。連邦制組織では,企業全体の観点から,中央が明確な目標設定を行うことによって,単位組織に強力な方向づけを行う。……。客観的な評価測定による管理を行う。評価のための尺度は,単位組織の管理者とその仕事ぶりを評価できるほどに正確で適切なものでなければならない」。② 「連邦制組織

---

30) Drucker, P. F., *The Practice of Management*, HapperCollins Publishers, Inc., New York, 1994, 1986, pp. 211-212. 上田惇生訳『現代の経営(下)』(ダイヤモンド社,2006年,31-32頁。翻訳に際しては,部分的に改訳している部分もある。
31) Drucker, *op. cit.*, p. 213. 上田訳『同上訳書』,33頁。
32) *Ibid.*, p. 313. 同上訳,34頁。

では，可能な限り単位組織の数を多くし，それらの規模を小さくすることが望ましい」。③「連邦制組織における単位組織は，それ自体が成長の可能性をもたなければならない」。④「連邦制組織における単位組織の経営管理者には，広い活動領域と挑戦の機会を与えなければならない」。⑤「連邦制組織では，あらゆる単位組織が，自らの事業，市場，製品をもち，対等の立場に立つ必要がある。重複する領域では，GMやフォードの事業部のように互いに競争関係にある必要がある。……。〔そのためにGM事業部間取引に与えられているような—引用者〕『実施拒否権（right of nullification）』を与える必要がある」[33]。

　以上のドラッカーによる事業部制組織の説明のうち，上記の「中央と分権化された単位組織の双方が強力である必要がある」という表現に対して，チャンドラーのいう「総合本社」は「事業部中央オフィス」の上位にあるという関係を明確に表現していないという中村等の批判がなされるのである。

3）　中村常次郎による事業部制の本質の3要素

　中村常次郎は，チャンドラーが『戦略と組織』を出版した4年後の1966年に，『事業部制—組織と運営』（編著，13章構成）を編集出版し，第2章「事業部制の特質」で，事業部制組織はつぎ3つの基準を満たすものとして定義している。3つの基準とは次のようなものである。A．部門化の基準—製品別または地域別部門化，B．利益責任単位，C．分権化と集権化の共存（総合本社と事業部オフィスの峻別）。

　　ⅰ）　部門化の基準—製品別または地域別部門化

　中村は，まず従来の機能部門別組織と事業部制組織の違いについて比較し明確な違いがあることから説明を開始する。「機能部門別組織は，単一の製品または少数の相互に関連する諸製品を生産し，市場において多様性を特に要求されることが少ないような場合に，最も合理的な管理組織の形態である」。これ

---

33)　*Ibid*., pp. 214-216，同上訳，35-38頁。

に対して「事業部制組織は，部門化の基準が製品もしくは地域であり」，その組織編制の直接根拠は，「製品種類の多様化ないしは製品に対する独立の市場の数の増大に」[34]あるのである。したがって，ただ単に経営規模の拡大が事業部制組織の編成をもたらすものではない。

中村は，さらにドラッカーが，ニュージャージー・スタンダード石油にみられた法律的に純粋持株会社であった親会社が，その金融的支配を媒介として，多くの子会社を統括する総合本社として機能しうるかどうかについて[35]，疑問を提起していたことを問題にしている。ドラッカーは，連邦分権制組織と持株会社（親会社は金融を通じて子会社を支配する）は違うとして，連邦分権制組織の目的は「機能する経営」を与えることにあるが，金融支配による持株会社は，親会社と子会社の結びつきは締りがなく，ルーズ（loose）で，このよう目的を持たないというのである。日本の事業部制の研究では，電気機器企業，自動車企業などの事業制組織には，子会社を含めないのが一般的である印象を受けるが，中村は，「各子会社は，法律的にすべて別個の会社でありながら，いずれも親会社の統制のもとに利益責任単位として機能し，実質において，同一経営内の社内部門としての諸事業とほとんど異ならないものも，少なからず存在しているのである」[36]と結論づけている。

ただ，この点について，たとえば日本のトヨタ，日産など自動車産業においては，事業部制組織よりは，主要部品子会社の形態をとっているが，このことは，どのような意味を持っていたのか，アメリカの場合などと比較し，節税対

---

34) 中村常次郎「事業部制の特質」（中村常次郎編著『事業部制―組織と運営―』，春秋社，1966 年，第 2 章，54-56 頁。

35) Drucker, P. F., *The New Society : The Anatomy of Industrial Order*, Transaction Publisher, New Brunswick (U.S.A.) and London (U.K.), p. 273，現代経営研究会訳『新しい社会と新しい経営』（ダイヤモンド社，1962 年）309-310 頁，ドラッカーによるニュージャージー石油に関する説明は，311 頁参照，Drucker, *Concept of The Corporation*, John Day Company, 1946, p. 45，上田惇夫訳『企業とは何か』（ダイヤモンド社，2008 年），45 頁。

36) 中村常次郎編著，前掲『事業部制』，58 頁。

策の意味がなかったか等について，より詳細な研究が必要と思われる。

　ⅱ）利益責任単位

　中村は，その組織が事業部制組織であることの基準として「利益責任単位」をあげているが，その意味は，「利益を生み」，「独立に利益計算を行い」，「利益獲得のための計画をたて」，「成果を統制する」などのことを実施し，「管理単位」として機能するということである。つまり，利益責任単位とは，「利益の生産・利益計算および利益管理」の3つの機能をもつことだとしている。事業部が，独自に利益を生みうるのは，独自の製品を生産し販売し，そのための市場を持ちうるからである[37]。または，従来の商品であっても，地域的に進出し独自の工場ないし販売事務所を設置し，販売のための独自の市場を持ちうるからである。

　それに対して，機能別部門組織は，生産部門や販売部門は別の組織であり，その部門内では利益を生み出すことはできない。したがって，機能別部門組織内の管理とは，原価計画（予算），販売計画（予算）といった予算による管理は可能であるが，事業部制において行われる利益による管理は不可能であることを指摘している[38]。

　つぎに中村は，事業部で生み出される利益の概念の内容を検討している。中村によると，事業部の利益は，①他の事業部の利益と明確に区別されること，そして，事業部の利益がそのまま経営全体の利益を増大させるもの，といった2つの条件を満足させるものでなければならない。事業部利益として，ⅰ）販売差益（sales margin）＝事業部の総利益から製造・販売に必要な変動を差し引いたもの，ⅱ）管理可能利益（販売差益から事業部で管理可能な利益〔controllable profit〕を差し引いたもの），ⅲ）貢献差益（contribution margin）＝管理可能な利益から事業部に帰属できる残余の固定費を控除したもの，ⅳ）純利益（net profit）＝貢献利益から総合本社および補助部門の共通費配賦額を差し引いたもの，の

---

37)　中村，前掲，59頁。
38)　中村，前掲，60頁。

4つに分けて考えられる。事業部の利益がどのように把握されなければならないか，を考えると，業績評価の基準と経営全体の利益にするという意思決定の基準から，利益の適格性を判断しなければならない。事業部の業績評価のためには管理可能利益が有効であり，短期の利益計画のためには管理可能利益と販売差益の2つが有効であり，長期の投資計画の決定のためには貢献差益が有効である。しかし，純利益は，部門共通費が恣意的に行われがちであるので，業績評価，利益計画に有効ではないとしている[39]。

   ⅲ） 分権化と集権化の共存
 中村は，この「分権化と集権化の共存」の議論では，事業部制の導入により分権化（decentralization）が強調され，中央（総合本社）の権限と事業部における権限関係について，それらのバランスが必要であると説明されたことを問題としている。しかし，ここで問題にすべきは，「分権化により，業務部門は，一応，自主的な活動を行いうるわけであるが，それはあくまでも中央本部（総合本社）によって決められた経営全体の方針の範囲内においてのみ許容されるにすぎない。……事業部の自主的な活動は，中央本部の総括的な統制によって制約され，その枠内において自由裁量権の余地を与えられているにすぎない」[40]ということである。

4） 総合本社と事業部オフィスの分離の意味

 この点で，この著作の第3章「事業部制の諸形態」を執筆した岩田龍子は，「事業部制の特質」として，①製品別・地域別の部門化，②ゼネラル・オフィス・レベルとセントラル・オフィス・レベルの分離（総合本社と事業部オフィスの分離），③利益責任単位，の3点をあげている。岩田は，事業部制の特質として，②が決定的要素であると考える。②とは，すでに筆者が紹介してきた（本章のこの項目）チャンドラーの「事業部制の前提〔命題〕」から導きだされ

 39） 中村，前掲，61頁。
 40） 中村，前掲，68頁。

ているものである．すなわち，②とは「総合本社 (general office)」と「各事業部の『**中央オフィス (central office)**』」の区別である．すなわち，企業全体のトップの意思決定をする「**総合本社 (general office)**」における，全般的経営者達 (general executives) とスタッフの専門家は，多くの半自律的でかなり独立した (quasi-autonomous, fairly self-contained) 事業部 (divisions) を対象に，調整，評価し，目標と政策を立案し，資源を配分する．しかも，この総合本社の全般的管理者は「戦略的意思決定」を担当する．

これに対して，各事業部の「中央オフィス (central office)」は，特定の製品ラインを取り扱う (handles) か，あるいは地理的エリアで企業の諸活動を行う．「各事業部の『**中央オフィス (central office)**』は，多くの部門 (department) を執行管理 (administers) する．これらの各部門は，製造，販売，購買，原材料の調達・生産 (producing of raw materials)，エンジニアリング，研究，財務などの主要な職能の執行管理 (administration) に責任をもつ」のである．ここでの決定は「戦術的意思決定」である．

岩田龍子があげているこの点は，筆者の考えでは，論理的には，利益責任単位制よりも先にあげるべきものといえる．中央総合本社は，事業部オフィスに，目標を提示し，成果をあげるよう指示し，成果（利益）が上がった否かを基準に統制・管理するからである．したがって，事業部は，完全自律性を持ちえず，チャンドラーが注意深く叙述しているように，事業部は「半自立的でかなり独立 (quasi-autonomous, fairly self-contained)」してはいるが，総合本社から目標が指示されその成果を統御されるということでは，完全な自律性を持っているわけではない．

岩田龍子は，事業部制組織のこの3つの要素の相互関係を考えるに際して，興味深い図を2つ示し比較検討している．岩田によれば，①製品別・地域別の部門化，②総合本社と事業部オフィスの分離，③利益責任単位制の3つの要素の相互関係を考えると，この3つは，相互に独立したものではないという．なぜなら，相互に独立していると考えるなら，図表4-2に示されるように，1つの完全型（斜線部分）と6つの不完全型が考えられる．

図表 4-2

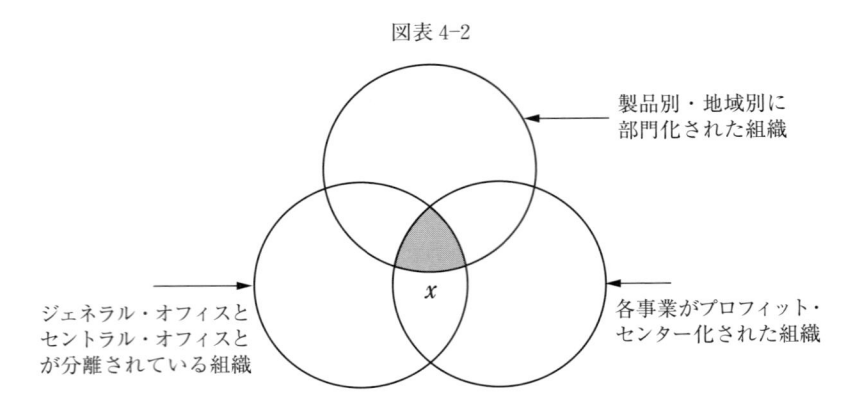

(ベン図: 製品別・地域別に部門化された組織／ジェネラル・オフィスとセントラル・オフィスとが分離されている組織／各事業がプロフィット・センター化された組織、共通部分に x)

　しかし，実際的に考えると，これは間違いである。たとえば，図の x の型は，製品別・地域別に部門化されていないので機能別に部門化されていることになる。さらに，総合オフィス（本社）と事業部オフィスは分離されていて，各事業部では利益責任単位制が採用されている。しかし，機能別部門化のもとでは，本社オフィスと事業部オフィスの分離とか，事業部の利益責任単位制は，現実的でなく，また利益責任単位制も十分に実現できないのである[41]。

　ここで事業部制が考案された現実的意味を考えると，その第一の意義は，製品別・地域別の部門化でもなく，各事業部の利益責任単位制でもない。なぜなら，それ自身で目的とならないからである。事業部制採用の主要目的は，総合本社と事業部のオフィスを分離し，総合本社の全般的管理者に戦略的意思決定を担わせ，事業部オフィスの責任者に戦術的意思決定を担わせることであった。製品別ないし地域別に部門化させることは，その可能性を提供するものであり，そのための必要条件といえる。また，総合本社が，戦略的意思決定で事業部に目標を提供し，事業部がその目標に沿った成果をあげているかどうかを監督・統制するためには，各事業部が利益責任単位であることが必要となり，利益責任単位制が採用されることになったのである[42]。岩田は，「部門化〔製品

41）　岩田龍子「事業部制の諸形態」（中村常次郎編著『前掲書』，第 3 章），87 頁。
42）　岩田，前掲訳，88 頁。

別・地域別―引用者〕は，必ずしもジェネラル・オフィスとセントラル・オフィスの分離を保証しない点に注意しなければならない。またこのような分離の徹底化は，……各事業部のプロフィット・センター化へ導くことになるのであるが，この場合にもやはり，製品別・地域別部門化は一つの必要条件をなすものと考えられる」[43]と述べる。

　これを歴史的事実から思い起こし説明するなら，製品の多角化，事業の拡大化にともない製品別・地域別部門化は進行してきたが，各大企業はそれを職能別組織でしかも集権的に管理してきたのである。しかし，集権的部門別管理の方式では，製品別に立地する事業所，または地域的に立地する事業所での，例えば材料の重複購買など無駄を省くことはできず，管理の効果があがらなかったのであった。そのため，総合本社と各事業部を分離し，さらに総合本社が，重複購入を防ぐための購買委員会を設置し，各事業部が材料を購入する場合は，この購買委員会から了解を得てから行うといった方式で，各事業部の購買管理を本社が管理する方式がとられる。そのことにより，資材の在庫管理の効率化にも寄与し，事業部の利益の増大に寄与することになる。各事業部の成果の基準は，本社に対する利益額の大きさであるから，事業部長も本社の意向にしたがわざるを得ないのである。事業部制の特質の３つの要素のうちの利益責任単位制とは，本社の，事業部に対する評価の最大の基準は，事業部の成果である利潤の大きさであるから，その結果に基づき管理することを可能させるものなのである。

5）　事業部制組織の具体的諸類型

　岩田は，図表4-3をもとに，事業部制組織の具体的形態を①完全型（a純粋型，b混合型）と②不完全型（c不徹底型，d中間型）に分けて，アメリカについてはアレンの著作に依拠し，また日本については各種資料に基づき考察している。日本では，ウェスティングハウスから導入した三菱電機以外は，不完全型

43）　岩田，前掲，88頁。

図表 4-3

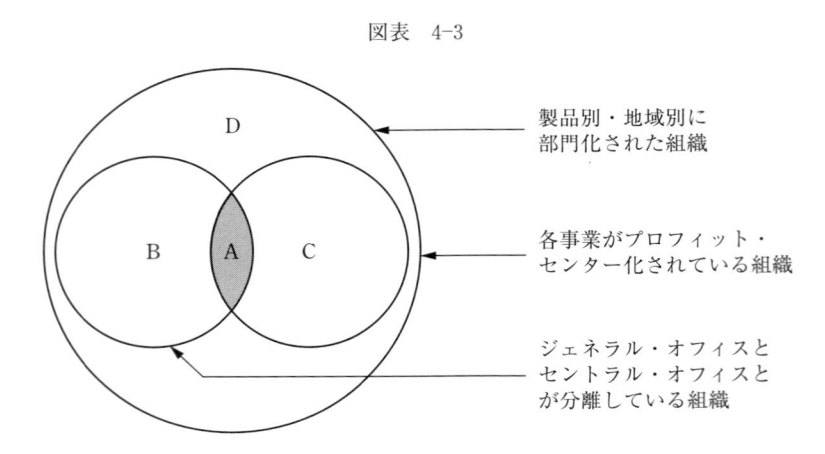

```
        D
   B   A   C
```

製品別・地域別に部門化された組織

各事業がプロフィット・センター化されている組織

ジェネラル・オフィスとセントラル・オフィスとが分離している組織

が多かったと指摘していることのみ紹介し，ここではアメリカに関する若干の例について説明しよう。

　i) 完　全　型

　完全型には，a 純粋型，b 混合型があるが，ルイス・アレンは，製品別事業部制の典型（純粋型）としてウェスティングハウスの組織図を提示し説明している。図表 4-4 を注意してみると，ウェスティングハウスは，器具・装置グループ（10 事業部），一般工業用製品グループ（10 事業部），消費者向け製品グループ（4 事業部），防衛関係製品グループ（2 事業部），原子力グループ（6 事業部）などがあり，各製品事業部グループ各製品別部門から構成されており，いずれも経営委員会のメンバーである副社長が統括している。このそれぞれの事業部が担当製品の運営から利益をあげるのに不可欠な権限・責任はそれぞれの事業部長が持っていて，基礎的なプロフィット・センターとなっている。アレンによると，ウェスティングハウスは，この時点での製品別の事業部とグループには，比較的なプロフィット・センターが 67 箇所あると明記している[44]。

---

44) Louis A. Allen, *Management and Organization*, McGraw-Hill Book Company, Inc, New York, 1958, 高宮晋監訳『管理と組織』，ダイヤモンド社，1960 年，141-142 頁。

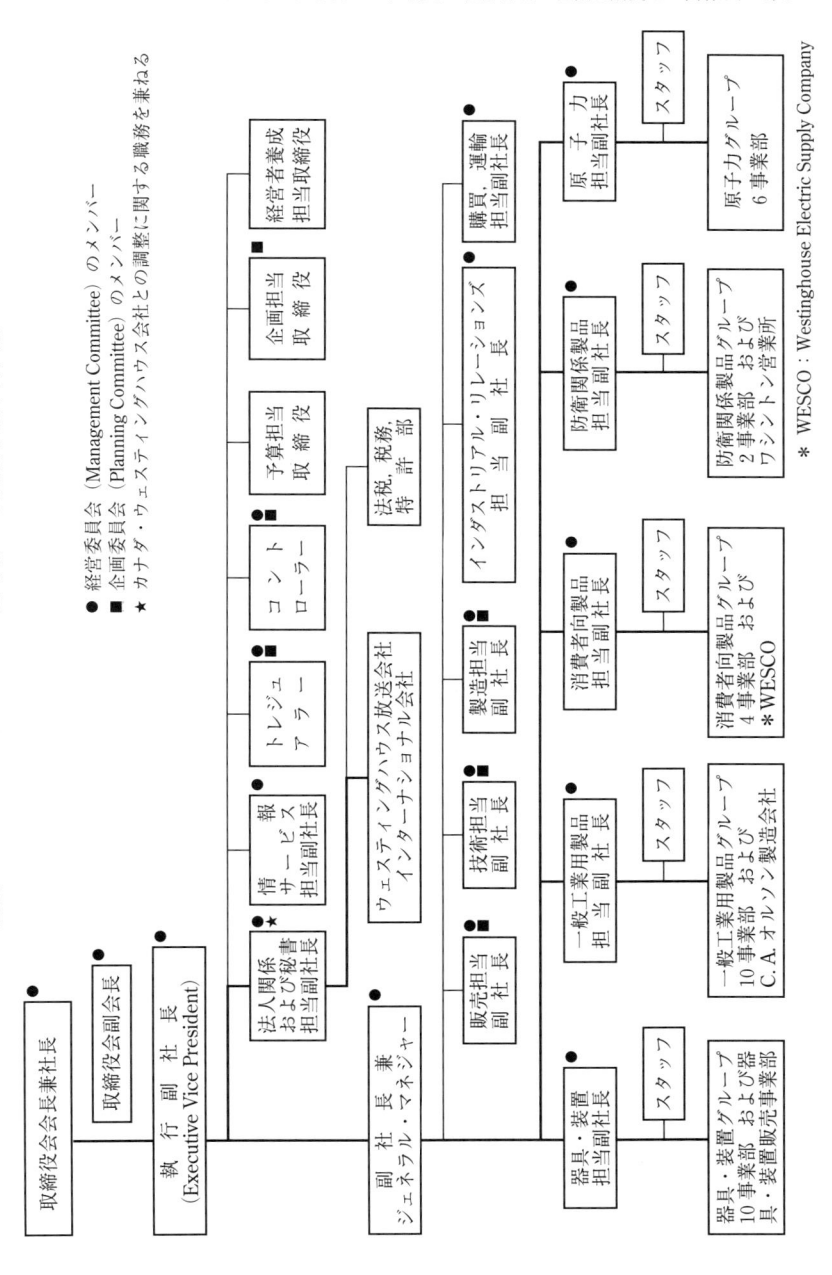

第4章 経営管理・組織史と経営管理・組織理論史との関係(I) 171

図表4-4 ウェスティングハウス電機会社の製品別事業部制組織

● 経営委員会 (Management Committee) のメンバー
■ 企画委員会 (Planning Committee) のメンバー
★ カナダ・ウェスティングハウス会社との調整に関する職務を兼ねる

* WESCO : Westinghouse Electric Supply Company

172　第Ⅱ部　経営史と経営学の関係

ⅱ）混　合　型

アレンは，混合型は，本社組織でも下部組織において無限に可能性があるが，この型は，融通性はあるが，危険な点があるという。それは「同一のセンター内に異なったグルーピングが行われると，それらの管理者たちの役割について利益が一致しないため，……仕事の重複や摩擦が助長される」という。たとえば，ある地域の顧客が，ある製品について全地区を受け持つ製品別の販売員からしかサービスを受けることができず，その地区にはある製品の知識が少ないといったことである[45]。

混合型を説明するにあたり，アレンは図表4-5を用いて説明をしている。

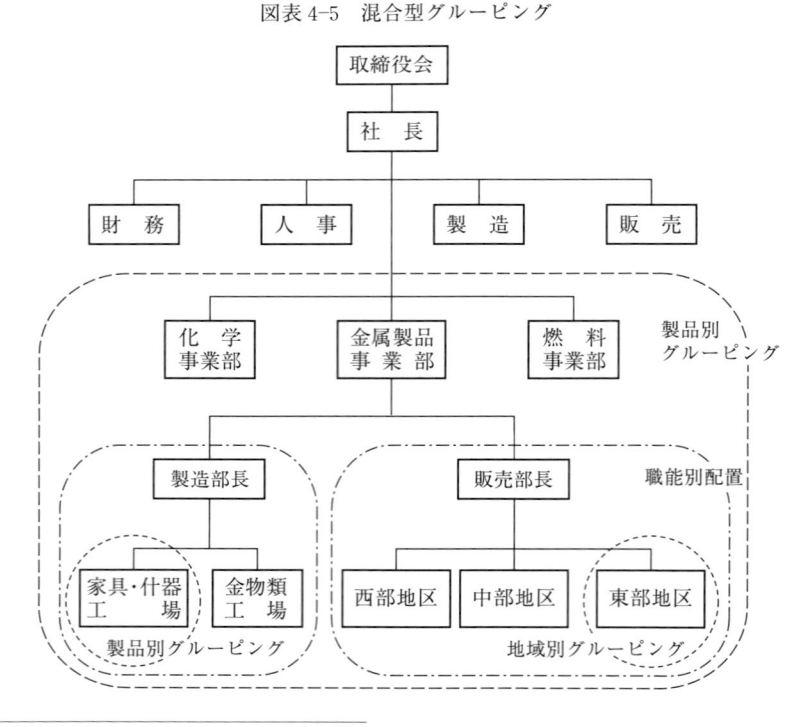

図表4-5　混合型グルーピング

```
                        取締役会
                           │
                          社　長
                           │
        ┌──────┬──────┼──────┬──────┐
       財　務   人　事    製　造     販　売
                           │
    ┌──────────┼──────────┐
  化　学      金属製品      燃　料         製品別
  事業部      事　業　部    事業部         グルーピング
                 │
          ┌──────┴──────┐
        製造部長              販売部長      職能別配置
          │                    │
      ┌───┴───┐       ┌──────┼──────┐
    家具・什器  金物類    西部地区 中部地区 東部地区
     工　場    工　場
    製品別グルーピング       地域別グルーピング
```

―――――――――――――――

筆者は，英語版にはあたることはできなかった。

「これは，化学，金属製品，燃料の事業部をもつ製品別組織の会社であって，各製品事業部は独自の専門スタッフと製造，販売部門をもっている。金属製品事業部の製造部門は，さらに家具・什器とその他の金物とを製造するそれぞれの製品部門に分かれており，販売部門は，それ自身は，職能別配置でありながら，東部，西部の地域別の組織を形成している」[46]。したがって，組織全体が，製品別と地域別に組織されているのではなく，混合型は，適宜，双方の基準を組み合わせ編成する方法である。

　アレンによると，当時〔1958年—引用者〕ゼネラルモーターズの事業部制を分析すると，この種々の組み合わせの典型であることを次のように説明している。基本的には製品別事業部が組織化されているが，この層には，一つの地域別組織—カナダ・海外グループ—もある。このグループには，GM海外事業部のカナダGM会社が含まれている。海外とカナダの各製品事業部は，それぞれの全製品について，製造，販売の責任をもたされているので，仕事の重複はない（図表4-8参照）。GMの製品別事業部の1つを調べてみると，それはさらに製品別，地域別，職能別に分かれている。

　このように，地域別に市場を拡大していくときは，製品別事業部化の枠を超えざるを得なくなるのである。さらに，次に検討する事例に含まれる小売のシアーズのような場合は，販売形態別事業部化と地域別事業部化が重なりあうので，極めて複雑になる。アレンは，当時のウェスティングハウスについては，プロフィット・センターとしての事業部数が67と示していたが，GMについて触れていないのである。以下，事業部制の3つの要素の視点から，チャンドラーが事例分析としてあげている3社について検討していこう。

4．デュポン，GM，シアーズの事例研究

　チャンドラーは，製品の多角化，市場拡大のためのほかの地域ないし海外へ

---

45)　アレン，高宮監修訳『管理と組織』，166頁。
46)　高宮，前掲訳，169-170頁。

の進出により企業組織が拡大するが，組織運営効率は緩慢になり，当時のアメリカ大企業が次第に事業部制組織を導入し始める実例研究として，化学産業のデュポン，自動車産業のゼネラル・モーターズ，石油産業のスタンダード石油ニュージャージー，小売業のシアーズ・ローバックをとりあげている。この場合，チャンドラーは，この4社の事例研究で，デュポンには「自律的事業部の創設」，GMには「総合本社の創設」，スタンダード石油ニュージャージーには「海図なき組織改変」，シアーズ・ローバックには「計画と偶然がもたらした分権化」という副題をつけている。この副題がある程度暗示していると思われるが，筆者には，事業部制の定義に含まれる3要素の観点からみて，GMはある程度完全型（混合型）に近く，デュポンは製品別の事業部（プロフィット・センターについて不明）の完全型に近づいている。ニュージャージーについてのチャンドラーの叙述は複雑で理解が筆者には困難であり，シアーズについては，総合本社と事業部の分離が実現しているが，各事業部長にとってのターゲットすべき地域別市場がどの範囲か明確でなく，したがって利益責任単位がいくつなのかが不明に思われた。シアーズは，小売業であるので，基本的には，販売形態別事業部化と地域別事業部化が主要であるので複雑である。

　チャンドラーは，デュポン，GMに関しては，上記にみた事業部制の定義に示した3つの要素についてかなり具体的に意識し提示しているが，プロフィット・センターへの意識は希薄で，もちろんその数をおおよそであれ示していない。シアーズについては，1947年ごろの完成図が示されているので，ある程度の理解が可能であるが，3つの要素から見て事業部の単位がどうであったかの説明は不十分であるように思われる。

　さらに，ニュージャージーについては，特に，利益責任単位制が実現されているかを示す統一的財務・会計手順の全社への利用・浸透化についての説明は不十分の印象をうける。したがって，デュポン，GMのように経営委員会が設置されていたと述べられていても，総合本社が，各事業部を，利益責任単位の視点からいかにコントロールをしていたかについての具体的分析がほとんど示されていないので，読者に理解が困難といえよう。そうしたことから，ここで

は，ニュージャージー石油についての言及は行なわないこととし，3社の特徴を指摘するのにとどめよう。

チャンドラーは，この4社が組織改変に着手した時点での企業規模を示す指標をあげているので，最初にここに提示しておこう。

図表4-6
組織改編に着手した時点での4社の規模

	資産 (百万ドル)	純売上高 (百万ドル)	純利益 (百万ドル)	従業員数	株主数
デュポン (1920年)	253.4	94.0	14.6	31,000 (推定)	9,764
GM (1920年)	604.8	567.3	43.9	80,612	36,894
ニュージャージー・ スタンダード (1925年)	1,369.2	1,145.5 (総収入)	111.2	103,719(ア メリカでは 52,497)	26,829
シアーズ (1929年)	251.8	415.4	30.1	41,751	18,222

1925年時点での4社の規模

	資産 (百万ドル)	純売上高 (百万ドル)	純利益 (百万ドル)	従業員数	株主数
デュポン	305.7	—*	24.0	14,000 (推定)	13,155
GM	703.8	734.6	106.4	83,278	50,917
ニュージャージー・ スタンダード	1,369.2	1,145.5 (総収入)	111.2	103,719	26,829
シアーズ	168.0	243.8	21.0	23,193	5,965

出典：デュポンとGMについての情報は，両社の年次報告書から転載した。ニュージャージー・スタンダードについてはGibb and Knowlton, Resurgent Yearsの670，672-673，686ページ，シアーズに関してはEmmet and Jeuck, Catalogues and Counters, 595，650，657ページをそれぞれ参考にした。

＊デュポンの1925年度の年次報告書には，売上高の記載はない。1924年度は純売上高90.9（百万ドル），純利益17.0（百万ドル）だった。

1) デュポン

i) 集権組織のもとでの多角化の進行

1902年，ユージン・デュポンの急逝のあと，アルフレッド・デュポンは従兄弟のコールマン，ピエールの二人のデュポンと火薬製造会社を引き継いだときは，企業デュポンは，当然であるが従来の集権的組織を採用していた。この3人は，アメリカの火薬産業の3分の2を占める経営資源を，たとえば生産を一部の大工場に移すとかで，統合する試みを行った。

企業の大規模化のもとで，集権組織形態をとりながらも，経営業務(entrepreneurial activities) と日常 (operational) 業務を区別し，主要部門に副社長とディレクターをおき，前者は長期的企業方針の決定と業績評価の業務を行い，後者は日常業務の運営に責任をもった。副社長は，社長とともに経営委員会のメンバーであった。

1903年から組織改変が行われそれは1919年ごろまで続くが，規模が拡大されても，その組織形態は集権的組織であった。それは，単一製品の生産量を増やすことで規模を拡大してきたからであり，どちらかというと製品の多角化には否定的であった。しかし，1908年ごろに無煙火薬の工場で遊休設備が生じる恐れがあるとのことで，人工皮革，レーヨン，ピロキシリン（写真フィルム）の開発について検討し，1910年に人工皮革の工場を買収する。また，1923年には，プロキシリン市場への参入もはかる。1916年には，塗料事業に参入し，1917年の経営委員会は，「戦争後に軍用火薬工場を転用するための事業について検討し」，「開発部門に，次にあげる事業の開拓に注力するのが望ましい」と勧告し，多角化戦略をとる。すなわち，①染料とこれに関係した有機化合物，②植物油，③塗料とワニス，④水溶性の化学物質，⑤セルロースと綿花の精製の分野の開拓である[47]。

---

47) Chandler, *op. cit.*, pp. 88-89. 有賀，前掲訳，109-110頁。

ⅱ） 多角化の結果と事業部制の導入

1921年上期の財務内容では，火薬事業では260万ドルの利益があったが，他製品の損出は380万ドルにものぼり，「多角化戦略がもたらすのは，苦境と損出だけのように思われた」。そのため，デュポンの経営委員会は，それまで継続してきた組織改変の議論が待ったなしの状況に迫られた。こうして導入されたのが事業部制である。その骨子は，「新生経営委員会のメンバーは，個別事業への責任を持たず，全社のプランニング，業績評価，調整などに力を注いだほか，各人が1つの職能を受け持って，その職能については5の製品事業部すべての監督にあたった。この特定職能の監督というのは，あくまで顧問（advisory）の立場としてである」[48]。この新生経営委員会が誕生する前は，「議長を除く全員が部門・事業部長で占められていて，……，特定部門の問題について話し合いを避けている。部門長たちは，他部門の業務について調べたり，批判したりする立場にない。……。経営委員会は十分な権限を持って」[49]いなかったからである。

このチャンドラーの指摘は，デュポンでの事業部制の導入にとって，企業全体の長期的計画，各事業部の調整と評価に関わり，戦略的意思決定をする経営委員会を設置し，その委員会のメンバー，各事業所に関わっても監視・助言に限られており，各事業部長は，担当事業部の運営については，権限と責任が与えられるべきであるということである。「事業部長の査定は，業績，つまりドナルドソン・ブラウンが提唱した投資収益率に応じてきまる」。このため，「部門間取引は，……市場価格をもとに行われる」。図表4-7（有賀訳132頁）に示される法務，購買，開発，エンジニアリングなど8つの職能部門は，総合本社に助言を与えるというゼネラル・スタッフの役割を担うことになる。

このようなチャンドラーの叙述から分かることは，デュポンの場合，集権組織のもとでの戦略的意思決定を担う経営委員会に，各部門関係者がメンバーとして加わっていたため，企業全体の視点から計画，調整，全体の評価ができな

---

48) *Ibid.*, pp. 106-107，有賀，前掲，131-132頁。
49) *Ibid.*, p. 105，前掲訳，130頁。

178 第Ⅱ部 経営史と経営学の関係

図表 4-7 デュポンの新組織案

火薬事業部		染料事業部	ピラリン事業部	塗料・化学製品事業部	ファブリコイド・フィルム事業部	経 理
ゼネラル・マネジャー		ゼネラル・マネジャー	ゼネラル・マネジャー	ゼネラル・マネジャー	ゼネラル・マネジャー	経理部長
アシスタント・ゼネラル・マネジャー	アシスタント・ゼネラル・マネジャー	アシスタント・ゼネラル・マネジャー	アシスタント・ゼネラル・マネジャー	アシスタント・ゼネラル・マネジャー	アシスタント・ゼネラル・マネジャー	
製　品						
ダイナマイト黒色火薬キャップ・導火線木材パルプ,板,箱	軍需・民需用無煙火薬	染料中間体医薬品	ピラリン・シート紙	塗料ワニス顔料ドライカラー重化学製品	ファブリコイドゴム製衣料フィルムパーリン溶剤,化学物質,混合物など	財務全般資金・証券管理会計監査
工　場						
レパウノムーアポンプトンベイシティメイン	ハスケルカーニーズ・ポイント	ロディディープウォーター	アーリントンナトレーノーリッチ	フィラデルフィアカムデンフリントシカゴエベレットボルチモアポールズボロ	パーリンニューバーグフェアフィールド	

上位組織: 取締役会 — 経営委員会／経営委員会 — 社長

(1921 年 8 月 31 日)

　　　　　　　　　補助部門

法　務	購　買	開　発	エンジニアリング	化　学	サービス	輸　送	広　告
法務部長	購買担当ディレクター	ディレクター	技師長	ディレクター	ディレクター	ディレクター	ディレクター
法務・規制関連	各事業部の管轄外の購買	事業拡大,新製品開発関連の調査	試行・実用段階の主なエンジニアリング,建設活動	研究所,化学関連のコンサルティング	医療福利厚生不動産保険広報回収・廃棄安全管理火災予防一般検査印刷・文具郵便	輸送運賃調整	広告

かったこと，そのため，製品別事業部の設立に，旧職能部門の利害が直接関係したため，5つの製品別事業部組織の実現に時間がかかったことである。したがって，チャンドラーの説明によると，製品別事業部化の実現に困難がともなったこと，これがデュポンの特徴であり，利益責任単位制については，それほど詳細には展開されていない，という特徴がある。だが，図表4-6にあるように，デュポンが1920年に改革に着手し5年後の1925年には，資産額が253百万ドルから305百万ドル，純利益が14.6百万ドルから24百万ドルに増えているが，従業員数は逆に31,000人から14,000人に減少している。これは事業部制に導入により，組織（人員）過剰が解消された効果が現われていると，筆者には思える。

2) ゼネラルモーターズ（GM）

ⅰ) デュラントの時代——持株会社GM設立と実権剥奪・再復帰

1885年，ミシガン州で保険セールをしていた24歳のウイリアム・C.デュラントは，若き金物商人J.ダラス・ドートとともに，二輪馬車の製造企業を開始したのが，GMの前身であった。最初は，製造は地場のメーカーに委託し，各地で販売代理店の発掘，また都市部では自前の販売組織を設けていった。需要が増大しはじめると自前の設備と組立工場を持つが，部品は外部調達であった。さらに需要が増大すると適当な部品の製造が必要となり，ボディー，車輪，内装用品，塗料，ワニス，スプリングなど製造に特化した工場を設立することを地元のフリントの関係者に勧め，多くの資金を提供した。さらに，信頼性の高い部品を安定的に調達するために，何社もの部品メーカーを設立した[50]。それ以降，工場・会社の統合を進め，20世紀を迎えるころには，四輪車，二輪車，スプリングつき荷馬車の生産で巨万の富を蓄積した。

デュラントは，そのころ小規模自動車製造企業も現われ荷馬車製造販売市場を脅かしはじめていたので，1904年，自動車会社の組み立て工場を創立した。

---

50) *Ibid.*, p.116, 前掲訳, 143頁。

しかし，デュラントの経営政策は，荷馬車のときと同じで，まず販売網の組織化が先で，需要の増大にともない部品工場の誘致や，荷馬車の部品工場を自動車部品の工場に編成変えして自動車の生産を増やし，ビューイックの生産では，1908年には，フォードの6,181台につぐ第2位の地位を占め，キャデラックの2,380台を凌ぐまでになっていた[51]。

それ以降，デュラントは，部品企業や自動車製造関連企業を買収・垂直統合をはかり，1908年9月に持株会社ゼネラル・モーターズ社を設立し，その後18カ月間で，買収先の企業の株とGMの株を交換する方式で，キャデラック，オークランド，その他自動車メーカー6社，トラックメーカー3社，部品・付属品メーカー10社のかなりの部分を保有するようになった。このように規模を拡大していったが，1910年景気が後退し，売上が減少すると，手持ち資金が不足し，銀行団から1,500万ドルの融資を受けざるをえず，1910年11月これが原因で経営権を奪われることになる。

銀行団は，ストロウを社長に就任させ拡大路線ではなく社内組織の充実に注意を向ける努力をするが，1915年に至っても，巨大になったGMの資源を良好に管理するところまでいかなかった。1916年，デュラントは，デュポン家から財政支援を受け再びGM社長として復帰するが，さらに拡大路線をとり，特に戦後の1919年には，自動車の需要が高まるのが目に見えていたから，工場の拡大新設をはかる。それだけでなく，フィッシャー・ボディー等の部品メーカー，製造機械メーカーの株式を大量に購入した。さらに，デュラントは，1917年夏に，GMを持株会社から事業会社へ移行させ，自動車，付属品，部品を製造する多数の子会社を事業部に衣替えをしている。とはいえ，この時点でのGMは，依然として多数の企業がゆるやかに結びついた連合体であった。

会長のピエール・デュポンは，1918年2月にデュポン社で採用した経営委員会を設置し組織改善の努力をする。チャンドラーは，この努力について，「デュポンは，GM本社に組織の体裁を与え，各事業部を調整，評価，監督す

---

51) *Ibid.*, p. 118, 前掲訳，146頁。

る力を高めるのに成功したと言えるであろう。とはいえ GM は依然として，自動車，部品，付属品，トラック，トラクター，冷蔵庫などを製造する企業の寄り合い所帯で，デュポンは GM をそこから脱皮させることはできなかった」[52]と述べている。

ⅱ) GM 社長スローンの登場

1920 年当時，事業部長は，資金の使用に自由裁量権を持っていて，材料の購入・使用も自由にでき，それを全体の視点から監督・管理はされておらず，在庫管理は実施されていなかった。そのため，同年 10 月に急遽在庫委員会が設置されるが，需要の急落でさらに在庫が増大し，11 月には販売台数は夏期の 4 分の 1 に下落し，売上は急落した。このため，相当の損金がでたため GM の株価は急落した。そこでデュラントは無謀にも信用買いで株価を支えようと試み破産の瀬戸際に追い込まれ，1920 年 11 月 20 日には社長の座を降りなければならなかった。そのため，ピエール・デュポンが社長を引き継ぎ，アルフレッド・スローンが密かに検討していた組織改変を受け入れることになる。

スローンがデュラントと最初に接触したのは，1916 年スローンが部品会社ハイアットを経営していたときで，デュラントから要請され自己の会社を売却し，GM の子会社のユナイテッド・モータズの社長の任に就いたときが，その端緒であった。スローンが社長に就任したユナイテッド・モーターズは，GM の各事業部と部品取引関係をもっていたので，GM 全体の経営との関係も意識しはじめていた。

スローンは，20 年の危機が起きる前の 1918 年の夏ころから GM の組織のあり方を考案しこれが，1919 年 10 月頃から GM 上層部に回覧され，1920 年には『組織についての考察』としてまとめられ，関係者に配布された。彼によると，GM が採用した事業部制は，デュポンの事業部制を模倣したものではなく，彼が GM 社員になる前のハイアット・ベアリングの単一職能組織の経験

---

52) *Ibid.*, pp. 118-128, 前掲訳，147-160 頁。

と，GM 子会社の社長としてのユナイテッド・モーターズの体験との両者が基礎になっていた。ハイアット社での単一組織の管理方法の体験を意識しながら，ユナイテッド社は4社の合併後に生まれていたので，社内取引には市場価格を適用していたこと，かつ各会社をプロフィット・センターとし，投資利益率（ROI）の導入も構想のなかに入っていたことを指摘している[53]。つまり，管理の集権化と分権化の程度のあるべき姿を理解していたといえよう。

『組織についての考察』では，2つの原則と5つの目的を掲げられている。

原則1──各事業部の運営に関わる最高経営者の責任は，いかなる方法でも制限されない。

原則2──本社の機能は，会社活動を筋の通った発展とし適切なコントロールをすることは絶対的不可欠なことである[54]。その目的は以下のとおりであった。

目的1．各事業部の役割を明確にする。

目的2．全社と調整し合理的な役割を果たせるよう本社組織の位置づけを定める

目的3．経営の根幹に関わる権限は最高責任者である社長に集中させる。

目的4．社長直属のエグゼクティブを現実的な人数に絞り込む。それは，重要性の低い問題から社長を解放しより大きな全社的問題に専念させるためである。

目的5．事業部や部門が互いに助言を与え合う仕組みをつくり，それぞれの発展が全体の発展になるようにする[55]。

これらの目的を達成するため，①全事業部をいくつかのグループに分ける。②グループの統括者として本社エグゼクティブを指名する，③本社のスタッフ機能を拡充して，単一の「アドバイザリー・スタッフ」組織に統合する。④財

---

53) Sloan, A., *My years with General Motors*, Sidwick &Jackson, London, 1963, p. 47，有賀裕子訳『GM とともに』（ダイヤモンド社，2003 年），56-57 頁。

54) Chandler, *op. cit.*, pp. 133-134，日本語訳を改訳している。

55) *Ibid.*, p. 134，前掲訳，168-169 頁。

務・経理部門により幅広い業務を負わせる。

　こうした原則と目的を実現するために，まず経営委員会と財務委員会の役割を定めた。財務委員会は「配当水準と経営陣の報酬を決め，資本を調達し，財務方針を立てる。全社の財務や会計を『全般的にコントロール』し，経営委員会から提示された予算の大枠を承認する」。経営委員会は「事業部全体の実質的な代表として，事業に全般的な監督を及ぼす」。メンバーには，主要事業部（乗用車，トラック分野）からそれぞれ1人を，小規模事業部グループは全体として1人が含まれていた。社長の主な使命は，両委員会の定めた方針を社内に説明し，実行を見届けることだ」。その場合，社長は，新設された予算委員会（appropriations conmittee）を含め既存の社長スタッフから継続的支援（assistance）を受ける[56]。

　かなり自律性をもった事業部は，自動車，付属品，部品，関連事業の4グループに分類化された。第4の関連事業部グループは，トラクター事業，冷蔵庫事業，海外事業，新設のGMAC（自動車購買ローン）を統括する。付属品グループのトップには「グループ・バイスプレジデント」が配置されたが，その役割は，「もっぱら助言」をすることで，「社長，取締役会，経営委員会，財務委員会の方針を事業部に徹底させるのを目的とした」[57]。他方，部品グループの単位職能組織は，3つの地域別事業部に併合され，それぞれに事業部長（general manager）が配置された。それは，「このグループに属する事業部は，もっぱら生産，製造に携わっているから，…，経済性や利便性を考えると，大きな事業部の一部とするよりは，独立させたほうが望ましい」。「それぞれの事業部（individual operation）が高い成果をあげるかどうかは，他の大小の事業部と全く同じで，もっぱら事業部長の肩にかかっている。グループ・バイスプレジデントからの助言を得るほかは，いっさいの指示を受けない」。

　『組織についての考察』では，さらに財務・会計の役割は基本的経営管理の

---

56) *Ibid.*, pp. 134-135，前掲訳，169頁。有賀訳はappropriations conmitteeを予算委員会と訳している。

57) *Ibid.*, p. 135，前掲訳，172-173頁。

道具と位置づけ,その手法を統一することを強調している。しかし,スタッフ的役割を果たすことになる。「全社に関わる財務・会計は,財務担当バイスプレジデントが統括するが,…事業部内の会計はすべて事業部長の裁量で行うものとする」。さらに,スタッフは,事業部に対して命令する役割を持たないことを強調する。「(各事業部は)自律性をもち,アドバイザリー・スタッフの助言を受け入れるのも退けるのも,自らの判断次第である。社長の全般的な視点からの監督にさえしたがえば,それでよい」[58]。

  iii) GM事業部制の完成

 チャンドラーは,『組織についての考察』に基づいた新しい組織がどのように機能したかについて,事業部制の3つの特質の視点から説明している。まず,製品別の部門化については,低価格車のシボレーから高級車のキャデラックまで価格帯の自動車を生産していること,自動車関連以外の製品分野の投資を控えていることを,1923年の年次報告書から紹介している。チャンドラーは,注意をしていないが,GMの事業部制は,基本的に製品別事業部であるが,利益責任単位の視点からは,「GMカナダ」は地域別であり,利益責任単位である「シボレー事業部」は事業所を各地域に持っていることである。しかし,事業部分で重複はないので,製品別を基本とした事業部制といえる。

 さらに,この利益責任単位制を保証するため,事業部間の取引価格は市場価値にしたがうことを決めたことである。そして1921年10月に「社内調達可能な製品を社外から購入した場合にはその理由を詳しく報告するよう,各事業部にもとめる」ようになった。各事業部の利益を正しく把握するには,生産費,生産量,売上その他の数字について,企業全体に統一的なデータが必要であったが,それを可能にさせたのが,ピエール・デュポンと共にGMに入ったドナルドソン・ブラウンであった。後世の研究者には,企業経営の指標として投資利益率を最初に導入したその人として知られている。

---

58) *Ibid.*, pp. 138-139, 前掲訳, 174-175頁。

ブラウンは，まず GM 経営の過去と現在を把握するためのデータの精度を高めその利用方法を考え，つぎに将来を予測するためのデータと情報を入手する努力をした。そこで最初に手をつけたのが，デュラントに代わりスローン社長を必要する契機を与えた在庫管理の適正化である。ブラウンは，すでに存在した在庫委員会のメンバーとして，在庫の評価損を算定し，現存のスケジュールを調整して，各事業部の調達を当座必要なものに限るべきとした[59]。さらに，将来の予測データをそろえるために，各事業部に 4 カ月間の販売予測，それに沿って生産量，資材費，人件費の見積もりをすることを要求した。事業部は，総合本社がその予測を是認したときにのみ調達が可能となった。

　1923 年には，各事業部は，財務状況を月次で報告するようになり，体系的な資本配分の手順を確立した。「予算の要求の際には，建物，機械，資材の計画，必要資金，投資効果などの予測をしめすことが義務づけられた。一定額未満の要求は，事業部長の署名だけで承認された。その金額を超えると，事業部長に加えて，グループ・エグゼクティブと社長にお伺いをたてる必要があった。金額によっては，経営委員会，巨額案件はさらに財務委員会にまで持ちあげられた。巨大プロジェクトはすべて，まず予算委員会 (Appropriation Committee) が検討した」[60]，その後，最終的には，会社の財務や経済情勢について常に予測の見直しがなされ，予算委員会と総合本社が，それに依拠して最終判断をくだすことになった。

　現金管理も改善された。1921 年以前は現金は事業部ごとに管理していた。それをやめ，100 を超える銀行の全米各地の支店に普通口座を開設し，そこに現金をあずけることにした。事業部が現金を必要とするときは，総合本社にその旨をつたえ，総合本社が電信で余剰金勘定から払い出しを行うことになった。便利となりしかも，総合本部が企業全体のキャッシュの流れを把握できるようになった[61]。資金は本社によって管理されることになる。

---

59)　*Ibid.*, p. 146，前掲訳，183-184 頁。
60)　*Ibid.*, p. 147，前掲訳，184 頁。
61)　*Ibid.*, p. 147，前掲訳，184-185 頁。

1920年の危機からの教訓として，統一的な会計手順を企業全体にいきわたる努力をしてきたが，1921年以降新設のコスト会計課が，全事業部に会計基準を示した。このことにより，事業部長や総合本社は，この手順によって得られるデータからコストと利益をほぼ正確に知ることができた。したがって，1921年になり本社は，初めて，コストが価格に見合っているのか，各事業部は満足すべき投資収益率を上げているのか，などの基本情報を取得可能となった。しかし，需要の変動による生産台数の変動，さらに売上の大小による価格と利益も考慮しなければならず，ブラウンは，需要変動のもとでのコストを見極めるために，「標準生産量（standard volume）」の概念を生みだすが，これは「適正と考えられる平均工場稼働率（normal average of plant operation）」の長期の傾向から推定されたものであった。GMの標準生産量を最大の80％に設定した。また，これまで軽視してきた販売費用については，売上の7％に決め，製品別の「基準価格」を決め，市場価格と比較し判断した。さらに，生産量と利益の関係に影響をおよぼす資本回転率にも目を向けた[62]。

　以上のブラウンなどの財務・会計手続きの統一化と各事業部への浸透により，総合本社は，各事業部を利益責任単位として把握・統制が可能となったのである。各事業部は，利益額の大きさで本社に貢献する度合いが明確となり，事業部間に適切な競争関係が生まれたといえるのである。

　事業部ないし事業部長に助言を与えるアドバザリー・スタッフの充実もはかられたが，事業部長によっては，外部からの干渉，空論を振りまくと受け止められことも起きたため，スローンは，事業部間の調整をはかるため，事業部横断的委員会（全社委員会）を設置することを考え，最初に「購買委員会」を設けた。

　チャンドラーは，経営委員会は，GMの統治にあたったと述べ，経営委員会のメンバーは，1923年にスローンが社長に昇格し，1925年の時点では10名に達していたと状況を説明しながら，経営委員会の役割をつぎのように確認して

---

62) *Ibid.*, pp. 147-148, 146頁。

188　第Ⅱ部　経営史と経営学の関係

図表4-8　1924年における

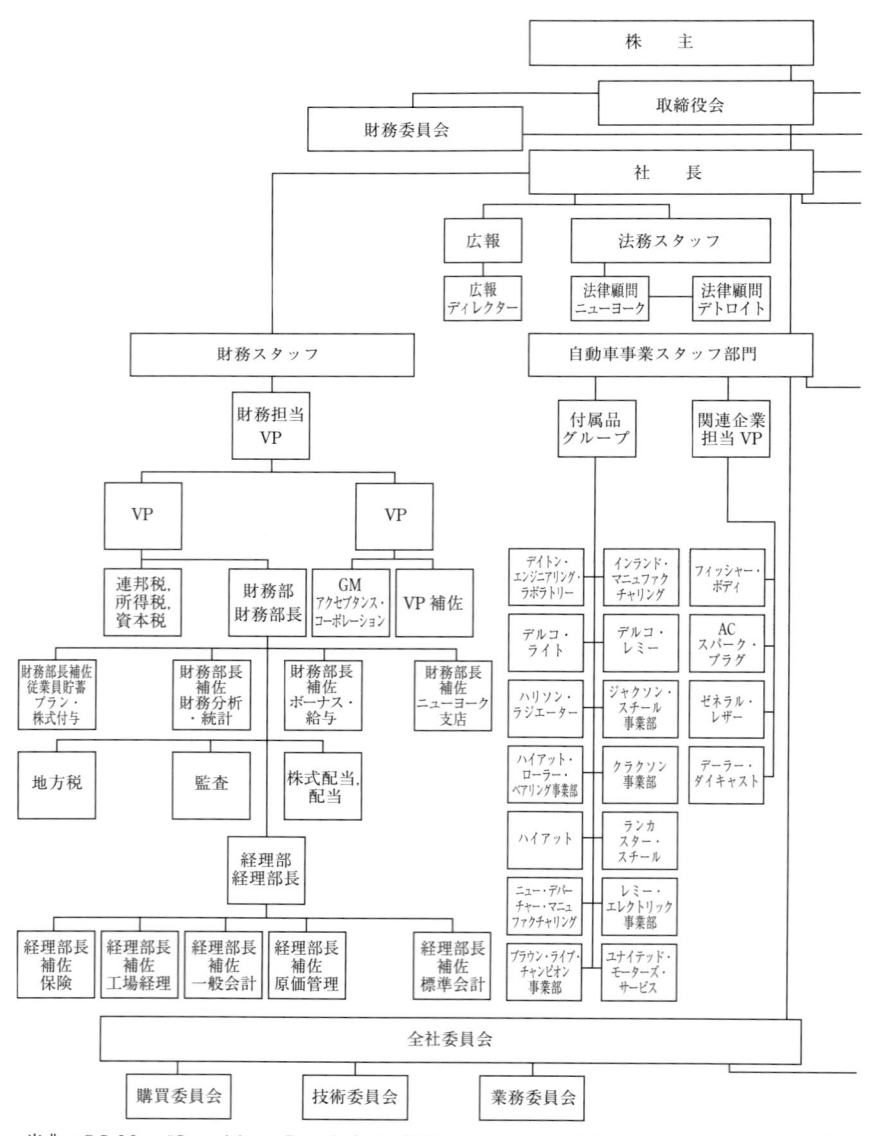

出典：C.S. Mott. "Organizing a Great Industrial." Management and Administration, 7: 525 (May, 1924).

GM の組織

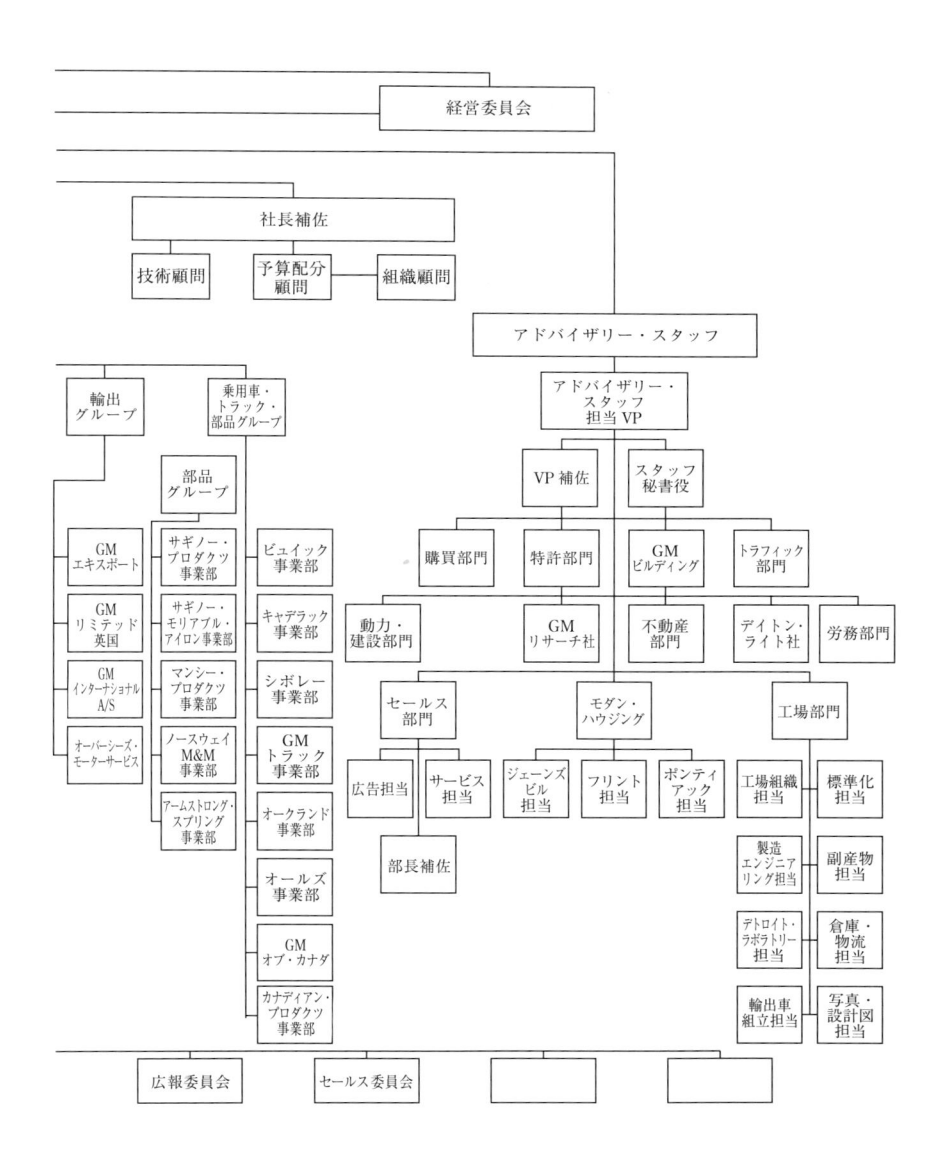

いる。「ドナルドソン・ブラウンは，1924年に，現業部門のトップが経営〔全体—引用者〕の舵をとるのは危険だ」。「事業のさまざまな側面を中立的な立場からとらえたうえで，方針を決めるべきだ。事業部長が経営委員会のメンバーを兼ねていたのでは，事業部の利害から離れるのは難しいだろう」。チャンドラーは，「GMでは事業部長ではなく，本社経営陣が経営の根幹を担っていた」という言葉で結んでいる。

以上，見てきたように，GMは，1925年時点で，製品別の事業部化（一部シボレーでの地域的部門化を含む），経営委員会が戦略スタッフの援助のもとで戦略的決定を，事業部長は，バイス・プレジデントなどのスタッフの援助を受け戦術的業務の意思決定を行い，さらに全社的財務・会計手順に依拠して，各事業部はプロフィット・センターとして機能しており，上記にみた事業部制の3つの特質（要素）を満たしていたといえるのである。

こうした事業制導入による効率的運営は，図表4-6（175頁）にあるように，純売上高が1920年の約40億ドルから25年までの6年間には734億ドルへと約20倍に増大し，純利益が1920年から25年までの6年間に，4.6億ドルから106億ドルの約21倍に増加しながらも，しかし，従業員数は，1920年の80,612人から1925年の83,278人に増大しても，同期間に3,000人しか増加しなかったことに示されているといえよう（緻密な分析が必要であるが，売上，純利益の増大と人員の増大を比較すると，人数の増大比率が著しく低いので筆者は効率的であると判断している。事業部判の導入により組織の過剰が解消されたのである）。

3）シアーズ・ローバック

ⅰ）カタログ販売小売としてのシアーズ

チャンドラーは，ニュージャージー・スタンダードのようにシーアズ・ローバック（以下シアーズとする）の組織改変が遅れた理由は，当初の組織プランが成功しなかったからであり，それは，指揮命令とコミュニケーションの経路が明確でなく，職能別部門，新設の多職能事業部，総合本社がそれぞれどのような経営管理の役割を果たすべきかを検討せず，単にコスト削減をめざしたこ

と[63]，によると述べている。

　シアーズは，リチャード・シーアズが腕時計と貴金属の通信販売をはじめたことに創設起源があるが，1906年財務構造を改善して，株式を公開し，総額4,000万ドルを資本調達してから事業は，垂直統合により成長することになる。取締役会の設置，経理部門と総務部（secretary）を設置し，経営管理を充実化させてまもなく，1907年の不況でリチャードは退任する。その後を引き継いだのはローゼンワルドであった。彼が社長に就任して1908年から1921年にかけて毎年売上を伸ばした。この時期は，アメリカの国内での地理的拡大があり，シアーズは，シカゴの本店以外に販売拠点を設置し，1906年に，第1号拠点をダラスに，第2号点をシアトルにそれぞれ設けた。さらに12年後の1920年フィラデルフィア第3号店を設けるが，この時点で，ダラス，シカゴの支店がシカゴ本社の意図とは違い，過度の自律性を持ちすぎているという問題が発生していた。チャンドラー，社長のローゼンワルドは，シアーズを「商人たちの連合」と見做すようになったこと，シアーズのカタログ誌から「各マネジャーは多大な権限と責任を与えられ，自分の手腕で業務をこなしていく，言わば一国一城の主のようなもので，何の制約も受けず施策を展開できるのだ」という文章を引用し，当時の本社と支店の関係を特徴づけている[64]。

　1921年に不況が到来すると，全社の経営管理的監督（administrative supervision）の体制の欠如がいかに危険であるかを示す結果となった。市場の悪化により深刻な過剰在庫が直視された。1919年末に約4,268ドルの在庫であったのが，1920年6月には9,826万ドル，さらに年末には1億507万ドルまで在庫が膨らんでいた。このため，社長のローゼンワルドが私財2,000万ドルを資金として投下する覚悟を表明したことから，銀行団による買収の脅威から辛うじて回避できた。この過剰在庫問題を解決するため財務担当重役，購買担当重役を設け，購買担当ゼネラル・マネジャーは，購買担当重役の直轄下におかれ，1929年には，カタログ販売向け，直営店向けを含むすべての在庫に責任を負

---

63) Chandler, *op. cit.*, p. 226. 有賀訳『前掲書』，288頁。
64) *Ibid.*, pp. 230-231. 前掲訳，294頁。

うようになった。1921年の不況は,シアーズの場合,財務・統計のコントロールを強める直接の原因とならず,1920年代のバイヤーや本社の予測は,過去の経験に基づいて行われていたが,1924年には,シアーズは集権組織体制をとっており,商品の仕入れ,販売促進,流通・配送は,財務取引や手順,各工場の監督などとともに,シカゴに一元化された。しかし,購買部門内部では,バイヤーの仕入れ量や支出金額に上限が設けられたがどの商品を購入するかはおおむねバイヤー任せられていた。その他,財務部門は会計,信用調査,金融取引になどに責任を負うとともに,財務・統計の情報の収集に着手したが,1930年代になり,ようやく経済の専門家を雇って,将来の需要や経済・金融の動向を洗練された手法で丹念に予測するようになった[65]。

ⅱ) 分権化と集権化の繰り返し

1925年ロバート・E.ウッドが副社長に就任し,シアーズの組織改革を始めるが,チャンドラーの約50ページに及ぶ説明を辿れば,1947年にシアーズが最終的に分権組織に落ち着くまでは,一言でいえば,分権化と集権化の繰り返しであり,それは上層部から中間層までラインとスタッフの本来的役割を理解しないことによって生まれたものといえる。さらに,デュポン,GMの分権化の過程と比較するなら,チャンドラーは触れていないが,デュポンにおけるピエール・デュポン,ロナルドソン・ブラウンのように,またGMにおけるスローン,そしてブラウンのように企業内部においてリーダーシップを持ち自ら組織改革を提案する人がいなかったことも,シアーズの組織改革が遅れた理由であるように思われる。

なぜなら,1929年当時名の知られた公認会計士でコンサルタントであったジョーン・E.フレーザーに組織改革委員会の議長になることを要請し,フレーザー委員会の報告書に基づき,地域別事業部を多職能型の自律組織にし,事業部長に業績についての責任を全面的に負わせた。シカゴ本社には経営幹部の

---

65) *Ibid.*, pp. 231-232,前掲訳,295-296頁。

ほか，スタッフ組織をおいた分権型組織が提案されていたのである。しかし，チャンドラーが「分権化の失敗」とタイトルをつけているように，この改革案では，本社全体の業績をコントロールする地位にはなかったのである。チャンドラーは，フレーザー委員会の提案がなぜ実行できず定着しなかったかを詳細に説明している。1931年末に恐慌の嵐が吹き荒れたため，管理コストの増大への批判，さらに職能別部門と地域別組織に権限と責任が分散していることが原因となって，組織間の軋轢が強まった。

そのこともあり，1935年初めに，地区制度と直営店管理担当を廃止し，店舗のマネジメントを完全に分権化していた。これによって社長直轄の組織となった。直営店の集権化が進んだのである。店長が自分の任務を理解したので，1934年副社長ウッドは，店舗マネジメントの大部分を各店長に委ねる機が熟したとして，シカゴ本社の直営店管理担当者のポストと地区組織を廃止してはどうかと提案するが，店舗のグループ化，ゾーン制が増大するなかで，受け入れられなかった。そして地域マネジメント組織が拡大するが，依然として集権官僚組織が肥大していった。

1946年，ファウラー・B.マッコネルが社長に就任し，副社長ウッドとマッコネル新社長は，コンサルティング会社を使い，「組織の調査，それまで行った改編の分析，課題への解決策の提案などを要請する」。チャンドラーはこの行動について，「新しい地方組織を導入する過程で，予想外の問題が生じないとも限らなかった。ウッドとマッコネルは，自分たちの組織案の妥当性を検証したと考えたに違いない」と述べている。

チャンドラーは，コンサルティング会社の報告書は1947年9月に完成したが，この報告書を紹介しながら，次のような論評をしている。「長々と一般論を連ねるだけで，フレーザー報告のような緻密で具体的な内容はいっさい盛り込まれていなかった。シアーズの過去の組織形態についての調査をしなかったのは明白で，以前の地域別組織の性質と，それによって現場とシカゴの間に生じた対立にも気づいていなかった」[66]。シアーズの経営陣にとっては，総合本社の役割についての提案が示されている点で，この報告書は意義があったはず

だ。Aランク，ゾーンなどの地域組織の形態や役割に全く触れていない。さらに，「支社長が利益，社の評判，資産，業績全般に関してどのような責任を負うべきか，どのような肩書きを持つべきか，本社との関係がどうあるべきか，などについて明言されていない」と指摘している。チャンドラーは，総合本社とスタッフの役割，業務オペレーションへのスタッフの復活，コントローラー部門の重要性が指摘されていることなど紹介している。「財務エグゼクティブは，シカゴ本社が全社の業績評価，審査，プランニングなどを行う際に中心的な役割を担う。会計データなど，各事業部門の日々の業績を示すデータを収集する。これらの部署は，全部門の通常予算と設備投資予算，売上予測，販売計画を経営陣に提出して実行に移す前の精査を担う。社長と取締役会会長は，財務，購買担当副社長，各スタッフ部門長と共に，幅広い事業方針を立案・決定する」。チャンドラーは，このコンサルティング会社の以上のような提案を紹介しているが，地域支部長をプランニングに参加させるべきという，矛盾した提言もされていた，ことも適格に指摘している。

ⅲ）組織の完成

チャンドラーは，1948年のシアーズの組織の完成図（図表4-9A，図表4-9B）を示し解説している。同年4月中西部支社と南西部支社が業務を開始したが，「その副社長は，他の地域支社担当の副社長同様に，社長にじかに業務報告を行い，管轄地域内では『業務に関する全権』が与えられていた。人事，支出，在庫，保守，業務オペレーション，銀行対応，販売促進などを任されていた（図表4-9B参照）」。総合本社では他部門へ助言を行うためにオペレーション部門が復活し，旧来の直営店管理担当は廃止となった。……。シカゴ本社に残った部門は，全般的な課題や手順についての助言となった。……。総合本社には，購買，工場管理，経理のほかに，業務オペレーション，人事，広報，法務という4つのスタッフ部門が設けられた（図表4-9A参照）。……。人事部門は，

66） *Ibid.*, p. 372, see, pp. 261-271, 前掲訳，347頁，333-343頁参照。

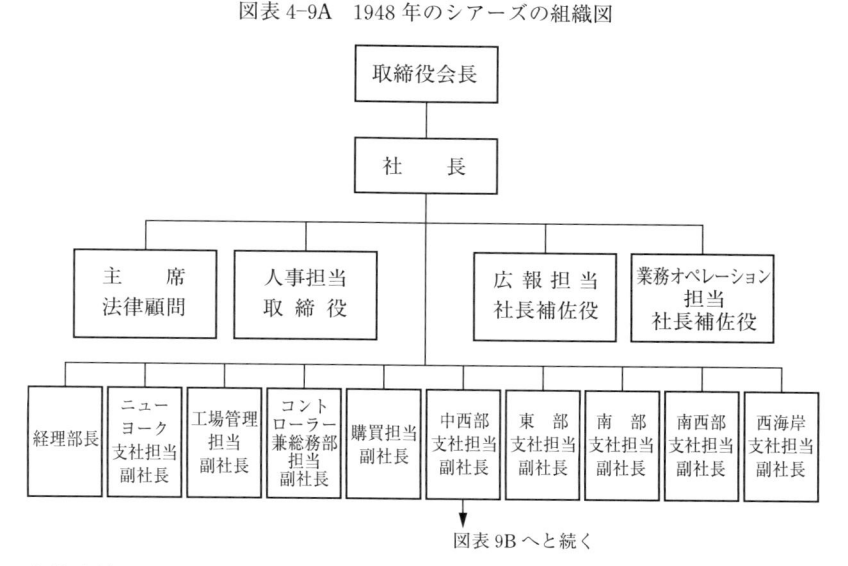

第4章 経営管理・組織史と経営管理・組織理論史との関係(I) 195

図表4-9A 1948年のシアーズの組織図

```
                      取締役会長
                         │
                       社　長
                         │
    ┌───────────┬──────────┬──────────┐
  主　席      人事担当      広報担当      業務オペレーション
  法律顧問    取締役        社長補佐役    担当
                                         社長補佐役
    │
┌───┬───┬───┬───┬───┬───┬───┬───┬───┬───┐
経理  ニュー 工場  コント 購買  中西部 東部  南部  南西部 西海岸
部長  ヨーク 管理  ローラー 担当  支社   支社  支社  支社   支社
      支社   担当  兼総務部 副社長 担当   担当  担当  担当   担当
      担当   副社長 担当          副社長 副社長 副社長 副社長 副社長
      副社長        副社長
```
　　　　　　　　　　　　　　　　図表9Bへと続く

出所：図表9Aと9Bは，ボリス・エメット，ジョン・E. ジョイク著 "Catalogues and Counters —A History of Sears, Roebuck Company" (University of Chicago press, Chicago, 1950), pp. 366-367 から引用したものである。
出典：有賀訳　347-349頁。

採用，研修，幹部育成，報酬制度，労使対応などの人事業務に専念することとなった」。「地域のコントローラーは，業務遂行については支社長の監督下にあるが，会計上の方針や手順に関しては本社コントロールの監督を受ける」。「会計上の方針や手順については，地域コントローラーと本社のあいだに対立が生じた場合のみ，支社長が乗り出す。…。地域支社長は本社の命令を握りつぶすことができた。必要なら社長の裁定を仰いでもよいとされていたが，実際はきわめて稀だった」。「スタッフ部門の幹部は，助言できるのみで命令を下す権限を持たなかったが，業績評価あるいは『監査』という重要な債務を与えられた」[67]。

---

67) *Ibid.*, pp. 276-278, 前掲訳，352-353頁。

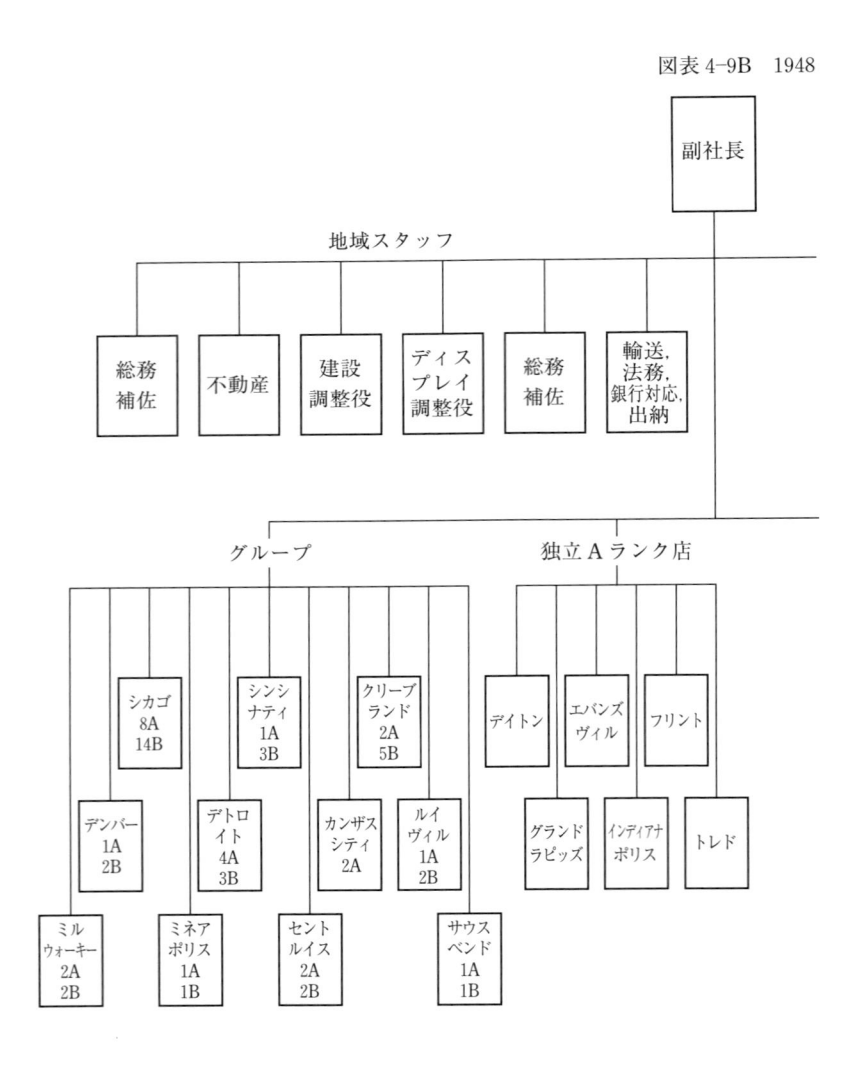

196　第Ⅱ部　経営史と経営学の関係

図表 4-9B　1948

```
                                                          ┌─────┐
                                                          │副社長│
                                                          └──┬──┘
           地域スタッフ                                        │
  ┌──────┬──────┬──────┬──────┬──────┬──────┘
┌─┴──┐ ┌─┴──┐ ┌─┴──┐ ┌─┴──┐ ┌─┴──┐ ┌──┴──┐
│総務│ │不動産│ │建設 │ │ディ │ │総務│ │輸送,│
│補佐│ │      │ │調整役│ │スプ │ │補佐│ │法務,│
│    │ │      │ │      │ │レイ │ │    │ │銀行対応,│
│    │ │      │ │      │ │調整役│ │    │ │出納 │
└────┘ └────┘ └────┘ └────┘ └────┘ └────┘
                                                          │
                                    ┌─────────┴─────────┐
                                 グループ              独立Aランク店
```

グループ					独立Aランク店		
シカゴ 8A 14B	シンシナティ 1A 3B	クリーブランド 2A 5B			デイトン	エバンズヴィル	フリント
デンバー 1A 2B	デトロイト 4A 3B	カンザスシティ 2A	ルイヴィル 1A 2B		グランドラピッズ	インディアナポリス	トレド
ミルウォーキー 2A 2B	ミネアポリス 1A 1B	セントルイス 2A 2B	サウスベンド 1A 1B				

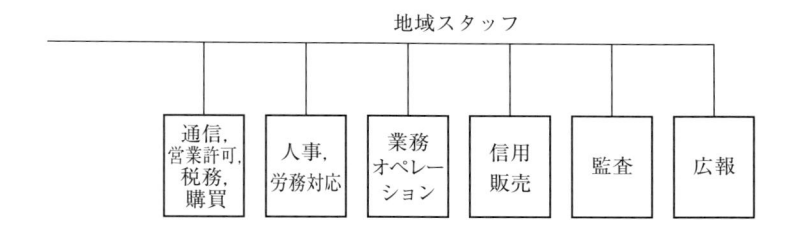

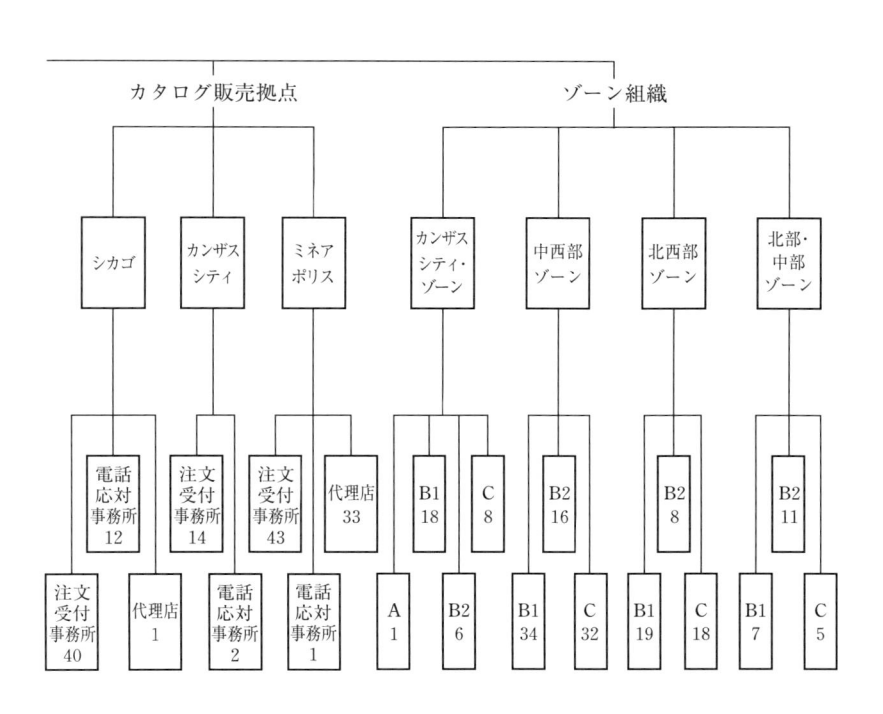

第4章 経営管理・組織史と経営管理・組織理論史との関係(I) 197

年の組織図

```
                                        地域スタッフ
    ┌──────────┬──────────┬──────────┬──────────┬──────────┬──────────┐
  通信,        人事,      業務          信用        監査        広報
  営業許可,    労務対応   オペレー      販売
  税務,                   ション
  購買


              カタログ販売拠点                              ゾーン組織
         ┌──────┬──────┬──────┐         ┌──────┬──────┬──────┬──────┐
       シカゴ  カンザス ミネア              カンザス  中西部   北西部   北部・
               シティ   ポリス             シティ・  ゾーン   ゾーン   中部
                                           ゾーン                      ゾーン
         │      │      │                   │        │        │        │
       電話   注文   注文   代理店        B1      C       B2      B2      B2
       応対   受付   受付     33           18       8      16       8      11
       事務所 事務所 事務所
         12     14     43
         │      │      │      │           │        │        │        │
       注文   代理店 電話   電話         A       B2     B1      C      B1     C      B1    C
       受付     1    応対   応対           1        6     34     32     19     18      7     5
       事務所        事務所 事務所
         40             2      1
```

総合本社について，チャンドラーは「総合本社は経営資源の管理を通して，事業分野別の拡大，維持，縮小について判断を下した。本社の経営陣とスタッフ組織の上層部は，各事業部と全社の業績評価にも協力しながら取り組んだ。シアーズの総合本社は非常に小さかったため，……経営陣とスタッフ組織の上層部が定期的に顔を合わせる幹部連絡会ですら，必要ないと判明した。……。1948年以来，シカゴ本社で方針策定にあたる人々は，取締役会の場で地域のトップと方針について議論をするのを常としていた。会合と会合のあいだにも，地域支社と折に触れて連絡を取り合った。……。経営陣は定期的に現場を視察して回った。……総合本社の監督下に支社連絡会を設けて，その会合を通して経営陣は現場を把握した。だが，各地域の活動や業績をシカゴ本社が知るうえで最も重要だったのは，絶えず流れ込んでくる統計データや報告書だった。取締役会は，予算策定を含む各種意思決定の中身を検討したが，修正を求める例はごくわずかだった」[68]。

こうして，シアーズの組織の改変は終了する。チャンドラーは，「1948年夏には，シアーズはGM，デュポン，ニュージャジー・スタンダードがすでに確立していたのときわめて近い組織形態を実現する」と述べ，この形態は今日も変わっていないとしている。シアーズがこの組織形態を実現するのに，相当の長い期間を必要とした理由について，トップの考え方と外部環境の変化によると考える。つまり，仮に副社長のウッドが強い意志をもって分権制の考え方を貫きとおしていたら，また不況がなかったら1930年代に実現したかもしれないと考える。

しかし筆者からみるなら，事業部制組織の分析では，シアーズの取扱商品が，家具，金物，工具・器具，釣具，タイヤ，電池，カー用品，冷蔵庫，洗濯機，家電製品などの商品の直接販売，さらに時計，装飾品のカタログ販売の小売であったという特殊性を指摘すべきという疑問が残る。つまり，取り扱う商品が多く，地域的部門化では，通販マネジャーと地域マネジャーに分けられ，

---

68) *Ibid.*, pp. 277-278，前掲訳，353-354頁。

購買担当副社長は本社の集権組織に含まれている。このことが，集権組織と分権組織の対立を生み出す最大の原因であったということである。

5．おわりに

　チャンドラーは，「事業部制という組織形態は，戦略にきわめて大きな影響を与えた。経営陣を過重な負担から解放して，新しい地理的市場や製品市場への参入による長期的戦略を追求するように促した。新規事業をマネジメントするには事業部を追加すればよいと分かると，経営陣は多角化や海外進出に以前よりもはるかに積極的になった」と書いている。さらに，チャンドラーは，「**産業企業 (industrial enterprise)**」という用語は，「利益追求型の大企業」で，「原料調達から最終顧客への製品販売へ至る連続的なプロセスの一部あるいはすべてを扱う企業をさす」と述べ，産業企業における戦略的イノベーションによる複数事業部制への組織の変更過程を分析している。

　アメリカ企業での事業部制の普及を分析する場合，事業部制採用の目的を，製品多角化による市場拡大と，既存製品による地域・海外市場の拡大とに分けて考察するほうが，類似性を見つけやすいということである。さらに，チャンドラーもある程度意識をしていると思われるが，産業企業の業種，すなわち，化学，自動車産業の製品生産工程と販売過程の違い，さらに小売業における注文，販売過程の違いを明確に意識すべきであろう。

　このことを念頭におくなら，デュポンとGMは，製造・加工製品は違うが，製品種類もさほど多くなく，事業部の数もそれほど多くないといえよう。製品種類がある程度の範囲にとどまっている限り，製品別部門化の基準による事業部制は，利益責任単位制を採用しやすいと筆者は考える。それに対して，シアーズの場合，小売業であり，しかも業態もカタログ販売の拡大と直接販売店の拡大の2つの目的をもち，さらに直接販売店は，少々大型のA店舗，中小で地方に設置されたB店舗，C店舗を念頭に，地域市場を獲得するための地域別事業部の設置と，それを総合本社で管理・統制する内容は，GMやデュポンのケ

ースとはかなり違うといえよう。

　さらに，本章では分析を回避したが，石油産業企業は，採掘工程，精製工程，そして販売過程を考慮し，しかもそれを地域別部門化の基準で，地域事業部制を採用して，これらの各事業部を利益責任単位として統制する作業は極めて複雑であるといえる。

　ドラッカーは，「普通の企業が行っていることで，この事業が行っていない重要な活動は資金調達だけである。資金だけは GM 本社〔総合本社―引用者〕から供給されている」。「連邦分権制組織を成功させるには，……単位組織（managerial unit）は，ただ会社の利益に貢献するのではなく，会社に対して利益で貢献しなければならない。単位組織の損益は直接，企業の損益になる。……単位組織の利益は，経理操作の利益ではなく，市場の客観的，かつ最終的な判定の結果による本当の利益である」。「単位組織は，自らの市場をもつ。市場は地域的なものであってもよい。製品別の市場もある」，と述べていた。

　理論的にこのようにいえるとしても，これを実現させるためには，1960年代から1970年代初期の日本企業においての事業部制の導入についての研究をみても分かるように，各企業は，自らのおかれた条件のもとで，事業部制の3つの基準を完全に充たすことはできず，ウエスティングハウスの事業部制を採用した三菱電機のみがこの3つの基準を充たす純粋型（完全型）であったといわれている[69]。その基準とは，①製品別・地域別部門化基準による分権化された事業部であること。②総合本社と事業部オフィスを明確に分離し，総合本社は全体の方針を決め事業部に事業目標を与えるという戦略的意思決定を行う。それに対して，事業部はその目標にしたがい戦術的（業務的）意思決定を行う。総合本社は，事業部の資本調達と利益留保基準を決める財務活動については，集権的に事業部を管理統制する。③そのもとで，各事業部は明確な利益責任単位となっている，という3つの基準である。

　このうちの利益責任単位制と関連することであるが，チャンドラーは，持株

69）　岩田龍子，前掲，99頁。

株式会社と事業部の活動を区別する必要性について,「ニューヨーク州の税法の影響でさらに強まったのではないだろうか。ハワードによれば,顧問チェスター・O. スエインが取締役会に対して,この区別を明確にするまで,ニュージャージー・スタンダードは,ニューヨーク州税法による持株会社の優遇措置を受けられない可能性がある,と述べた」と書き,「1927年5月,ニュージャージーは法的に持株会社になった」[70]と記述している。日本でも,子会社(法人税を納める義務あり)は,事業部制(企業の一部であるため固定資産税など地方税のみ納入)に入れないのが普通である。事業部制と子会社,親会社が持株会社であることの税法との関係を,国の違いを意識し検討する必要がある。

ともあれ,チャンドラーにとっては,この著作の「動機と手法」の最後の行で書いているように,アメリカの企業の組織を比較研究すれば,「重要な意思決定を遥かに深く分析できるだけでなく,詳しい分析内容を幅広い歴史的発展と正確にかつ明快に関連づけられるのだ。他方,複雑な判断,行動,出来事などについては,文脈から切り離さず,アメリカ産業界,アメリカ経済全体の一こまとして記述していく。各ストーリーは一般論を述べるためのものではなく,むしろそれらのデータから一般論が引き出される」[71]ことに,最も関心があり重要であったのである。チャンドラーのこの研究は,疑いなく経営史の研究分野で大きな貢献をしたものといえよう。

しかし筆者の視点からは,チャンドラーの場合は,総合本社が専門家集団によって構成されるスタッフ部門の支援を受けて戦略的意思決定を担い,事業部部長が自己の事業部については自律的に業務的意思決定を行う体制の成立経過についての分析をし,さらに総合本社は,各事業部の成果を評価する基準をどのように確立してきたかの,分析にその中心がおかれている印象をうける。し

---

70) *Ibid.*, p. 211, 邦訳, 268-269頁。ドラッカーも,『*Concept of the Corporation*』で,「GM は持株会社とその子会社として組織することはできなかった」(邦訳45頁)と述べている。この点についても注意すべきであろう。
71) *Ibid.*, p. 7, 前掲訳, 11頁。チャンドラーのシアーズの分析では,「他社(デュポン,GM など)と同様に」と叙述しているのが数箇所ある。

かも，経営史家の立場から，基本目標の実現のための戦略的決定とその実施と，事業部長が担う日常的事業の業務的決定の分離，換言するなら集権化と分権化の過程の分析から共通点を引き出すことを一般化と考えている。しかし，事例分析における異質な点を指摘する視点が弱といえないであろうか。それは，利益責任体制の実施において差異が現れることに注意を向けていないことによるのであり，利益責任単位の実施は，業種，取扱商品の種類，市場の地域的広域化の違いにおいて明確に大きな差異が現れるのである。

チャンドラーは，GM の分析では，総合本社が各事業部単位を投下資本利益率の観点から利益目標が達成されたか否かなどの管理について，詳細に説明していたが，シアーズの分析では，分権化と集権化の過程については詳しく紹介し分析しているが，なぜ分権化と集権化が繰り返されたのかについては，事業部の権限が弱まることに反対の意見があった，ことしか説明していない。シアーズの場合，取扱商品の多様性が事業部制実現に多大な時間を要したことの原因となったこと。しかも，分権化と集権化が繰り返されたのは，デュポン，GM のように，スローン，ブラウンのようなリーダーシップを発揮する経営者が存在していなかったのも，その原因であり特徴といえよう。チャンドラーは，この点をあまり強調していない印象がある。岩田氏が分析していたように，GM でさえ，製品事業部制を採りながら一部地域別事業部制を採用していたのである。アレンの分析でみたように，事業部制組織の 3 つの基準が全部満たされた例はウエスティング・ハウスなどわずかの例であり，多くは混合型であったことを考えれば，シアーズの場合，リーダーシップを発揮する経営者がいたなら，小売業特有の事業部組織がみられたはずである。

本章では，デュポン，GM，シアーズの 3 例についてある程度詳細に検討してきたが，チャンドラーは，『戦略と組織』で，事例 4 社における事業部制が採用される過程で起きるもろもろのことを，歴史の一こまとして具体的分析をし，そこから大方の一般論を引き出すことを試み，それについては成功しているといえよう。その点こそが，この分野での日本や世界の研究者から評価されているといえよう。しかし，他方で，異なった業種に属する個別企業にしか発

生しない個々の事実の差異を，事業部制組織の3つの定義ないし基準（特に利益責任単位の視点）からみて分類し，その差異と共通性が一般論として展開することはなされていない。小売業で，取扱商品の種類が多く，しかも販売事業所が他地域別に拡大する場合の事業部制組織について，他業種と比べた場合でも，その共通性と差異が発見・提示されるなら，中川が述べた歴史的「不変性」と「変化性」とを統一的に分析できたのではないか，と筆者は考えるのである。

第5章 経営管理・組織史と経営管理・組織理論史との関係(II)
―― アメリカにおける近代的（全般的）管理の成立の視点から――

1. はじめに

　本章は，経営管理史と経営管理論史の関係について，チャンドラーの『The Visible Hand』と1925年にアメリカ経営者協会成立後発刊された『Business and Administration』誌に掲載されたGM経営者の論文などを検討することにより，1920年代の中頃からアメリカの大企業で成立した近代的（全般的）管理手法の内容とそれが理論化され一般理論として普及していく関係について検討している。ここで近代的経営管理とは，チャンドラーが「近代的管理手法」と呼んだものであり，それはチャンドラーもこの著作で熟語として使用した全般的経営管理を意味する。

　第2節で，チャンドラーの『The Visible Hand』に依拠しアメリカでの近代的（全般的）管理（論）の発生・確立過程を明らかにし，第3節では，GM経営者や他の企業経営者がその所属するアメリカ経営者協会の協会誌『Business and Administration』誌に投稿した諸論文を検討し，彼らがアメリカにおける近代的全般的管理論を普及させたこと，この場合，成立・確立の過程で経験した実践と理論化の関係を論じている。

　第4節の「おわりに」では，「近代的（全般的）経営管理」の一般理論化・普遍化は，他企業，他国企業の経営管理の現状を分析するさいの比較基準になり，さらにその理論の適用，移転に大きな意味・役割をもつことを指摘している。以下，順を追って検討・考察していく。

2．アメリカにおける近代的（全般的）経営管理組織の成立過程

1） チャンドラーの「近代企業」の定義と経営者階層制組織

　チャンドラーは，『経営者の時代 (The Visible Hand)』の序章で，アメリカにおける「近代的企業」を定義して，「図表5-1の示すように，2つの特質を備えている」。1つは，「多数の異なった事業単位から構成されていること」，もう1つは「階層的に組織された俸給経営者によって管理されていること」[1]と述べている。しかも，その図表5-1は，トップ・マネジメント，ミドル・マネジメント，ローワー・マネジメント，職長，監督，その他の4つの縦の階層を示しているだけで，職能別組織か事業部制組織かは示していない。しかし，彼によると，各事業単位は「それぞれ独立の帳簿や会計記録をもち，上位組織のものとは別個の監査を受ける」ように統制され，しかも，「この複数の事業単位が一連のミドルとトップの管理者によって運営される」企業が，「近代企業」を意味するわけであるから，この図のミドル・マネジメントは，事業部責任者を意味しており，この図は事業部制組織を意味していると考えるべきである。

　チャンドラーは，近代企業の全般的命題（前提 general propositions……引用者）として8つの基準をあげ，最初の3つの命題が，「近代企業の最初の出現」の説明に役立ち，残りの5つの命題が，「出現した近代企業が成長しその支配的地位を維持し続けたのか」の説明に役立つとしている。

　チャンドラーは，近代企業の出現とそれが成長し支配的地位を維持することができるようになった8つの命題の説明において，「管理のための階層制組織 (a managerial hierarchy)」（以下「経営者階層制組織」と訳する）をキーワードとし

---

1) Chandler, Jr., Alfred D., *The Visible Hand : The Managerial Revolution in American Business*, The Belknap Press of Harvard University Press, Cambridge, Massachusetts and London, 1977, pp. 1-2，鳥羽欽一郎・小林袈裟治訳『経営者の時代（上）』5頁。チャンドラーを理解するにあたり，この邦訳には大変お世話になったが，引用紹介にあたって論点を明快するため，部分的に改訳している箇所もある。

図表 5-1　近代企業における基本的な階層構造
（各枠内はそれぞれ統制のための職務を示す）

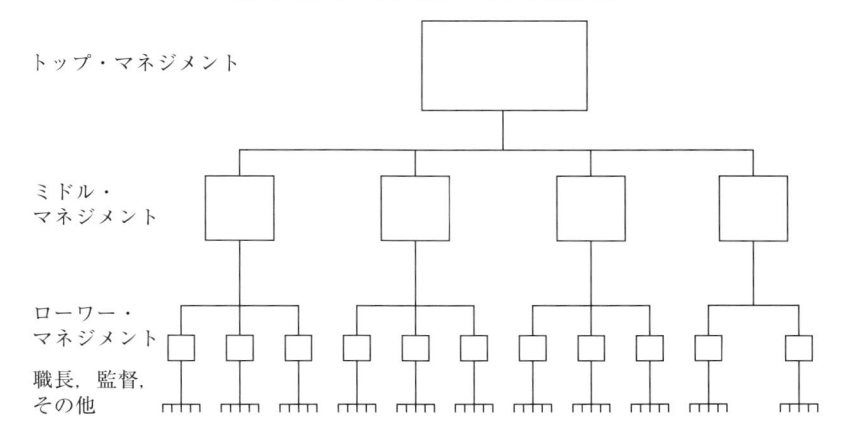

トップ・マネジメント

ミドル・マネジメント

ローワー・マネジメント
職長，監督，その他

て使用している。以下，8つの命題のキーセンテンスと，「経営者階層制組織」の使用されている箇所を紹介引用する。

　①の命題：「複数の事業単位をもつ近代企業（modern multiunit business enterprise）が小規模の伝統的企業にとって代わったのは，近代企業による管理的な調整が，市場メカニズムによる調整と比較して，生産性においてもコストにおいても，さらに利潤においても，優越するようになってからのことだ」。「多数の事業単位を一企業に内部化することによって，ある事業単位から他の事業単位への流れを管理的に調整することを可能にさせた」[2]。

　②の命題：「単一企業の内部に多数の事業単位の活動を内部化することの利益は，管理のための階層制組織（managerial hierarchy）が創設されることによって，はじめて実現されるということである。……単一事業単位の伝統的企業の諸活動は市場メカニズムによって監視され調整されるのに対して，近

2）　Chandler, *op. cit.*, p. 8, 邦訳，12頁。

代企業内部の生産と流通のため諸単位は，ミドルの管理者によって監視される。加えてミドルの管理者の業務を評価し調整するトップ管理者は，市場の行っていた将来の生産と流通のための資源配分の役割を代行するようになる。こうした機能を遂行するために新しい実践的手法や手続きを考案しなければならなかったが，これがそのうちにアメリカにおける生産と流通を管理する標準的な運営手法となったのである」。「以上，みられるように，経営者階層制組織の存在こそが，近代企業の決定的な特質をなすものである。かかる諸管理者を欠いた複数事業単位の企業は，自立的な事業所単位の連合以上のものではない」。

　③の命題：「近代企業が歴史のうえで初めて出現したのは，経済活動の量が増大し，管理的調整によるほうが市場による調整よりも効率がよく，またいっそう有利な段階に達していたからだということである。……それゆえ，近代企業は，新しいそして進歩を続ける技術と拡大しつつある市場によって特徴づけられる経済部門と産業において最初に出現し，成長し繁栄を続けたのである」[3]。

　④から⑧までの命題について，チャンドラーは，近代企業が成長し支配的地位を維持し続けた理由を説明する5つの命題と断わっている。

　④の命題：「ひとたび階層的な管理組織（managerial hierarchy）が形成され成功裏に遂行するようになると，階層制組織（hierarchy）それ自体が，企業の永続性，活力および持続的成長のための原動力になる。……他方，新しい複数事業単位を管理するようになった階層制組織は，そこで働く個人あるいは個人の集団の寿命を超越した永続性を有していた。人は来りそして去った。しかし，制度と施設は，存続した」。

　⑤の命題：「このような階層制組織を指揮する俸給経営者の経歴が技術的かつプロフェショナルになる」。「管理者の選抜と昇進は，家族関係や金銭的つながりより，訓練や経験および業績に基づいて行われるようになる。……

---

3) Chandler, *op. cit.*, pp. 8-9. 邦訳，13-14 頁。

管理者となるための訓練は次第により長く、また制度化されるようになった。別な企業においては、……管理者たちは、同じタイプの訓練を受け、同じ管理者のためスクールに通い、同じ管理者のため学術雑誌を読み、学会に加入した。彼らがその職業に接近する態度は、……むしろ、弁護士とか医師、あるいは牧師のそれに近いものであった」〔一部改訳—引用者〕。

⑥の命題:「複数単位企業」が規模を拡大し業務内容が多様化すると、「企業の経営が所有から分離するようになったことである」。「近代企業においては多くの場合、銀行も家族の人々も管理に関係しなかった。株主たちは、管理上の最高責任者として参加するための知識も経験もないばかりか、そういう気持ちも持たなかった。代わって俸給経営者が短期の企業活動の管理……だけでなく、長期の政策を決定し、……彼らは下級あるいは中間の管理者だけでなくトップの管理者をも支配した。俸給経営者によって支配される企業は、……経営者企業と名づけられるべきである」。

⑦の命題:「職業経営者は意思決定にさいして、現在の利潤の極大化する政策よりも、企業の長期的安定と成長に有利な政策を選考する」ようになる。「長期的な存続能力を維持するため、……配当を縮小するとか……配当を見合わせるとか、……むしろ企業へ再投資をする道を選んだ」。

⑧の命題:「長期的意思決定」が「市場における短期および長期の需要予測に基づいて決定される。したがって、新しく勃興した近代企業が行ったことは、原料の生産から幾つかのプロセスを経て最終消費者へ販売される財貨とサービスの流れの調整と統合の機能を市場から引き継いだことであった」[4]。

チャンドラーは、この8つの命題の説明の後に、「この（近代企業の—引用者）制度は、多数の事業単位を活動の監視と調整を、管理的な階層制組織（managerial hierarchy）が従来の市場メカニズムよりもはるかに効率的に行い得るよう

---

4) *Ibid.*, pp. 9-11, 邦訳、15-18頁。

になったときに初めて出現したの」であり,「この制度は,さらに成長を続けるため,ますます増大するプロフェショナルな経営管理者の階層制組織 (managerial hierarchy) が完全に利用され続けた」と述べている。チャンドラーは,市場メカニズムによる調整でなく管理者階層制組織による調整のほうが効果的になったので,この著作のタイトルを古典的な所有者企業が支配的な市場での調整の担い手である Invisible Hand に代えて Visible Hand と名づけ,近代企業を「経営者企業」とも名づけたのである。

それでは,チャンドラーは,②の命題で,「管理のための階層制組織こそが,近代企業の決定的特質をなす」と述べているが,彼は,管理のための階層制組織 (managerial hierarchy) について,どのように具体的に説明しているのか。最も具体的に説明している箇所は,第②の命題においてである。すなわち,「単一企業の内部に多数の事業単位の活動を内部化することの利益は,管理のための階層制組織が創設されることによって,はじめて実現されるということである。……近代企業内部の生産と流通のため諸単位は,ミドルの管理者によって監視される。加えてミドルの管理者の業務を評価し調整するトップ管理者は,市場の行っていた将来の生産と流通のための資源配分の役割を代行するようになる。こうした機能を遂行するために新しい実践的手法や手続きを考案しなければならなかったが,これがそのうちにアメリカにおける生産と流通を管理する標準的な運営手法となったのである」。「以上みられるように,管理者の階層制組織の存在こそが,近代企業の決定的な特質をなすものである。かかる諸管理者を欠いた複数事業単位の企業は,自立的な事業所単位の連合以上のものではない」。

チャンドラーは,先に指摘したように①から③の最初の三つの命題は,「近代企業の最初の出現に関するのに役立つ」と述べているので,企業者企業で,ミドルによる現場管理の説明に中心がおかれ,近代企業が成長・維持するまでに発展する前段階のことがらであるにもかかわらず,第②の命題でなされている管理者の階層制組織とは,「ミドルの管理者の業務を評価し調整するトップ管理者は,市場の行っていた将来の生産と流通のための資源配分の役割を代行

する」ことであり，「こうした機能を遂行する〔ミドルとトップの管理者による生産と流通のための資源配分をすることを可能にする—引用者〕」ための「標準的な運営手法（standard operational methods）」を意味していることは，明らかであろう。この手法の利用が市場メカニズムによる配分より効率的であることから，「新しい実践的手法や手続き」を考案したのであり，それが時間とともに「アメリカの生産と流通を管理する標準的運営手法」となったのである。しかも，チャンドラーのいうミドル・マネジメントは，この図に示されているように，事業部の責任者を指しており，日本では工場長は，かなり職位が高くトップ・経営者グループに属していることが多いことがあり，誤解を生む可能性が潜んでいたものと思われる。さらに不幸なことに，経営史の分野では，この管理者の階層制組織について，統一した理解がなかったことである[5]。筆者が，これから

---

5) チャンドラーは，The Visible Hand の索引をみると，managerial hierarchy という用語を約16箇所で使用しているが，第11章までは managerial hierarchy という用語はあるところでは administrative hierarchy と同じ意味で使用したり，一般的な階層的管理組織の意味で使用している印象を受けるが，第12章，第13章以降では，複数事業部単位企業組織でのミドルとトップ，さらに本社と事業部の関係を意識して使用されているように思われる。

森川英正は，その編著の『経営者企業の時代』（有斐閣，1991年）で，「経営者階層制〔まま引用者〕とは，大企業が雇い入れた専門経営者の大群の中に，彼らを構成員として形成される官僚機構であり，大企業が内部化した複雑多岐な業務の間の管理的調整の任にあたる」（2頁）と述べ，「ホモジニアスな専門家集団である」（6頁）とか述べている。また，『トップ・マネジメントの経営史』（有斐閣，1996年）でも，「経営スキルを備えた専門経営者の各層，彼ら相互の間，彼らと現場のオペレーターとの間に形づくられた人的ネットワーク，それを裏づける管理機構，これらの総合として，私は，階層的経営組織を解釈した。そのような階層的経営組織が，トップ・マネジメントを担当しうる専門経営者を育て，資本家企業の経営者企業への移行を余儀なくさせると考えた。……階層的経営組織を経営者企業の成立要件であると結論することは，スジが通らないし，チャンドラーの理論体系の整合性自身に問題が生じてくる，と考えるものである」（19頁）と述べている。筆者はこれを読み，森川教授は，12章で論じられる「ミドル・マネジメント」，13章で論じられる「トップ・マネジメント」，「組織構造の完成（perfecting the structure）」さらに第14章で論じられる「経営者のプロフェショナル化」を読み検討にしているのだ

論証するように，チャンドラーの管理者の階層制組織や標準的運営手法とは，1920年代のデュポン，ゼネラル・モーターズで開発されたチャンドラーによって名づけられた「近代的管理手法」であり，「全般的管理手法」であったと

ろうか，と奇異な印象を受けた。しかも，上記の引用にある「チャンドラーの理論体系の整合性」とは何を意味するのかが筆者には不明であった。

これに対して，安部悦生教授は，森川の1991年の主張に関して，「チャンドラー・モデルと森川英正氏の経営者企業論」を『経営史学』（28巻4号，1994年，55-65頁）に寄稿し，3点にわたりコメントしている。主要論点は所有と支配の視点におかれ，デュポン社の評価に関して，森川に賛意を示し，「例えば，デュポンはいつ経営者企業になったのであろうか。それは，1917年に経営者企業であったようにも取れるし，……あるいは第二次世界大戦後，……60年代や70年代に経営者企業になったようにも取れる」（60頁）と書いている。

チャンドラーは，『経営者の時代』（The Visible Hand）の第13章「トップ・マネジメント—機能と構造」（邦訳771頁）で，1917年当時のデュポン社では，所有者が管理を行っていた。しかし，彼らは管理者としての経験を積んだ者のみであった。7人の経営委員会の地位にあったのは一族のうち3人あるいは4人のみで，1930年までに取締役に占める管理者の数は一族のメンバーを上回っていた，ことについて確かに書いている。しかし，この13章でのチャンドラーの分析の関心は，デュポン社が（所有と経営が分離しているという意味での）「経営者企業」であるかどうかに重点をおいているのではないと，筆者は考えている。この章での分析の関心は，デュポン社が，生産と流通における資源の配分を経営者（見える手）によって実施している「近代企業」に成長しているかどうかであり，どれだけ「近代的管理手法」が開発・使用されていたかにあったといえる。

チャンドラーの主張している成熟した「近代企業」は，アメリカの場合では，例外を除いて所有と経営が分離した「経営者企業」であろうが，この場合の肝心な論点は，こうした企業で所有と経営の分離がどうなっているかよりも，こうした企業は，近代的（全般的）管理手法を採用することにより，経済活動を市場に代わって管理的に調整する可能性ないしその機能をもったのである。しかも，近代的（全般的）管理の普及には，経営者のプロフェショナル化が進行し，全般的管理に関する論文が協会誌に寄稿され，その方式が部分的修正されることはあっても，多くの企業でそれを導入し，近代的経営者階層制組織が完成しているということである，と筆者は考えている。その意味で，筆者は経営者の階層制組織とは，近代的管理手法・管理システム（a modern management method or system）を装備した一つの制度ともいえるものと理解している。本章の課題の一つは，この制度が定着する過程をチャンドラーの主張にしたがい論証することである。その意味で，チャンドラー

いうことである。

2）「近代企業の管理と成長」を説明する要件

チャンドラーは,「第五部　近代産業企業の管理と成長」で,これ（第11章）まで,「アメリカ産業における近代企業の成立を概観する過程で,……大量生産と大量流通の統合化が最も有利な産業において,複数単位制企業が出現し繁栄したことを論証してきた。しかし,これまでの簡単な考察は,……近代企業の成立という複雑で多様な,しかも意義深い出来事の全容を知るうえで,単なる示唆以上のものではない」[6]。「したがって,以下の二章（第12章と13章―引用者）で,私は,巨大な統合化された産業企業がどのように管理組織を創設し,またそれをどのように活用したかを検討する」。「以下の章（第12章）では,ミドル・マネジメントが,その指揮下にある現業単位の業務を監視し,現業単位間を通じての原材料の流れを調整するために案出した方法を考察する。さらにここ（第13章）では,トップ・マネジメントがミドル・マネジメントの活動をどのように評価し調整したか,またどのように企業全体にわたる計画をたて資源配分を行ったかを分析をする。要するに,以下の二章（第12章と13章）は,マネジメントという目に見える手が,アメリカの産業においてそれまで市場メカニズムによって果たされてきた諸機能を,どのようにして遂行するようになったかを説明するものである」[7]。

「このような説明が行われたとき,本書の目的は果たされたことになる。し

の大作『スケール・アンド・スコープ』で使用されている「organizational capability」の用語も,かなり象徴的に使用されており,その内容についてはそれほど具体的に説明されていない印象を受けている。なお,米倉誠一郎教授は「アメリカにおける現代企業の発達：1880-1950年代」（鈴木良隆・安部悦生・米倉誠一郎編著『経営史』で,「経営階層組織の出現」,「ミドル・マネジメント」,「トップ・マネジメント」（76-82頁）の諸項目を設け,チャンドラーの使用している意味でのミドル・マネジメント,トップ・マネジメントについてテキスト風に説明をしている。

6) Chandler, *op. cit.*, p. 377, 邦訳, 657頁。
7) *Ibid.*, p. 377, 邦訳, 657頁。

かし，合衆国における近代企業の台頭の歴史を締めくくるには，さらに次のような3つの作業が必要である．すなわち第1に，組織構造と管理手法の完成に至る道程の検討，第2に，企業管理者におけるプロフェショナリズムの発達と20世紀初めの数年間におけるプロフェショナリズムの装置（appurtenances of professionalism）――専門誌，専門家協会（association），教育機関（schools）――の急速な普及に関する考察，そして第3には，近代企業の現代までに至る簡単な要約である」[8]．チャンドラーは，こう述べて，「第12章ミドル・マネジメント――機能と構造」，「第13章トップ・マネジメント――機能と構造」，「第14章近代企業の成熟」で，上記の内容を詳細に分析しているのである．

ここで注意されなければならないのは，チャンドラーが11章までは，近代企業の成立過程の概観で，複数単位制企業が大量生産と大量流通の統合化が有利であった産業で成立したかの実例を示し，12章と13章で，市場に代わりマネジメントという目に見える手（経営）による管理的調整を実施するようになった近代企業の成立過程を詳しく説明しようとしている．しかも，近代企業がいったん成立しアメリカの産業企業に普及するには，前節で触れた第2の命題で筆者が注意を喚起した「管理者階層組織」の具体的内容である「組織と管理手法」が完成される「道程」についてはレビュー（再検討）すること，さらに，企業経営者の専門職化（プロフェショナル化）の進展とそれに不可欠であった経営者協会の設立，協会専門誌の発行，さらにビジネス・スクールの発展が必要であったことが，第14章「近代企業の成熟」で詳論されていることである．

3）　企業者（所有者）企業と部門管理（ミドル・マネジメント）の発展

チャンドラーは，企業者（所有者）企業の組織と管理について，アメリカン・タバコ社，アーマー社，シンガー・ミシン製造会社，マッコーミック収穫機会社の4社をケースとして検討している．この4社は，近代的産業企業が最初に出現した産業グループに属していた先駆的企業であったため，この会社に

---

[8] *Ibid.*, pp. 377-378，邦訳，657-658 頁．

雇われたミドルの管理者は,彼らを雇った所有者経営者に代わって新しい管理方法を開発したとして,つぎの例があげられている。①連続的な加工機械および生産方法の改善（タバコや精肉会社）,②ミシン,タイプライター等計量機械の製造部門での互換性部品の製作と組立を通じて大量生産の方法の完成,③F. W. テーラーの科学的管理ないしシステマテイック管理の業績を摂取しさらなる発展への貢献,④製品差別化の技術の完成,⑤戸別訪問による販売方法の体系化（シンガー社）,⑥特約代理店販売方法の完成（マッコーミック社）,⑦割賦販売による消費者信用の手法の展開（両社）,⑧原料と半製品の購買,保管,移動の技術の開発,⑨新しい会計と統計による統制方法の考案,工場原価計算方法の採用,⑩工場組織形態の完成への努力などである[9]。これらは,経営管理（論）の歴史からみれば部門管理（論）の発展を示すものであった。すなわち,これらミドル管理者の管理方法の改善・革新は,あくまでも工場や営業所の作業現場に関わることであり,たとえば多くの事業所の将来の投資やそれへの資金配分など企業全体の最適資源配分の計画とその執行に関わるものではなかった。

　チャンドラーによれば,所有経営者（owner-manager）のもとではトップ管理者の数は少なく,このわずかな人々も「客観的な評価や長期計画の策定に携わる時間も意思もほとんどもち合わせていなかった」。なぜなら「彼らは,情報を収集し専門的な助言を与えるスタッフを,ほとんどあるいはまったく,もっていなかった」からでる。それゆえ,彼らの行う「長期計画もまた,極度に個人的な性格を帯びていた。」[10]のである。当時の所有経営者ないしミドル・マネジメントが果たすことができなかった科学的長期経営計画は,経営者企業が成熟するなかでの近代的トップ・マネジメントの確立をもって初めて実現されることになるのである。ここで一言付け加えれば,第二次世界大戦前の日本において,テイラー・システムやマーケティング技術が部分的に紹介・導入されたとしても,それは全般的管理の成立前の部門管理技術のそれであったのである。

9) *Ibid.*, pp. 411-412, 邦訳, 705-706 頁。
10) *Ibid.*, pp. 415-418, 邦訳, 720-724 頁。

4） 経営者企業とトップ・マネジメントの発展（全般的管理の発生）

チャンドラーは，第13章で所有者企業から経営者企業へ発展したスタンダード・オイル社（石油），ゼネラル・エレクトリック社（重機器），ユナイテッド・ステーツ・ラバー社（ゴム），デュポン社（化学）での管理組織の発展について詳細に分析している。チャンドラーによれば，トップ経営者とスタッフからなる大規模な中央本社の創設は，所有と支配の分離を促進し，上記の4社は1917年までに，程度の違いこそあれ経営者企業となっていた。

しかし，何といっても1917年時点でデュポン社に匹敵する近代的管理機構をもつアメリカの近代的産業企業は存在せず，ゼネラル・エレクトリック（GE）社に始まりデュポン社において完成された管理形態が近代的大企業の管理の標準となったということである[11]。なぜ管理の標準になったかというと，その管理方法を用いることによって，①現在の財の生産と流通を調整し監視すること，②将来の生産と流通のために資源を配分するという近代企業の二つの基本機能を効果的に遂行することができたからである。チャンドラーは，①の機能についてはデュポン社，ゼネラル・エレクトリック社，さらに程度は劣ったがスタンダード・オイル社，ユナイテッド・ステーツ・ラバー社が従来の管理・調整方法を改良し，②の管理方法の改良では4社とも革新的であったとしている。

具体的な管理方法の改善としては，これらの企業は，①職能部門の上級管理者，つまり中級管理者の業績に直接責任を負う上級管理者の任務を厳密に定義することより，②精緻化された会計その他の統制システムを制度化することにより，③中央本社と現業単位との間の明確で緊密な意思疎通を保証しうるような部門を組織化することにより，これを実現した[12]。①はトップ・マネジメントの役割の明確化，②計数による統制システムの確立，③は本社に事業部間の意思疎通を保証するスタッフ部門の設置を意味し，①，②，③を合わせて全般的管理の内容を構成している。

---

11) *Ibid.*, p. 450. 邦訳，768-769頁。
12) *Ibid.*, pp. 450-451. 邦訳，769頁。

チャンドラーは，特にデュポン社の説明では，投資利益率（売上高利益率×回転率）への影響要因の分析，財務会計，資本会計，原価会計の効果的結合などが実施されるとともに，中央本社にスタッフを拡大し，保全，修理，建築などの工務部が設置され，トレジャラー部門も設置されたことについてふれた後に，つぎのように述べている。「スタッフの拡大と資本割当て手続きの完成とともに，デュポン社は，近代産業企業の全般的管理（general management）に今日で用いられている基本的な部門（offices）と方法（methods）の，ほとんどすべてを採用するに至った」[13]。このように，チャンドラーは，近代的経営者企業の管理方法の完成形態が全般的管理であり，その制度はすでに1917年時点のデュポン社に存在していたことを指摘している。

しかし，チャンドラーによれば，1917年時点では，経営者階級もプロフェショナル化されたばかりであり，近代的経営者企業は二つの重大な機構上の欠陥を有していた。第1は，財の流れの管理的調整についても需要の短期的変動に注意が向けられ，需要の突然の変化に対応できなかった。第2は，長期的資源配分の方式が確立されていなかった[14]。このことは，ゼネラル・エレクトリック社でもデュポン社でも妥当した。たとえば，デュポン社では，経営委員会制度をとり，職能部門を担当している副社長が全社的な問題に責任をもち，その配下の監督者が職能部門の業務を担当することになっていたが，トップ管理者は長期的な計画と評価よりも当面の課題を優先させる傾向がみられたことが指摘されている。したがって，最も進んでいたデュポン社でも，全般的管理制度は存在したが，長期経営計画とそのコントロールといった視点からみれば必ずしも十分機能していなかったということになる。

5） 近代企業の成熟と全般的管理の確立

チャンドラーは，「全般的管理（general management）」という経営管理史における重要な用語を使用しながらその定義をしていない。管理組織史および管理

---

13) *Ibid.*, p. 449, 邦訳, 767頁。
14) *Ibid.*, p. 453, 邦訳, 773頁。

組織論史からみても後に論証するように,「全般的管理(論)」の内容とはつぎの3つの要素を含むものといえる。①本社に取締役会の下位機関としての経営執行役員会が設置され,事業部の活動を含む全活動に関する長期的経営計画を立案し意思決定を行うトップ・マネジメント機構の確立,②本社のトップ・マネジメントのもとにゼネラル・スタッフ部門が設置され,このスタッフの収集した資料や各事業部の過去の業績を分析した資料に基づき,トップ・マネジメントが,各事業部に長期・短期の事業部目標を与え,ラインを通じて指揮・統制する体制の確立,③その管理過程は,プラン,ドゥー,シーのマネジメント・サイクルの原理に基づいて行われる体制の確立,がそれである。1917年当時のデュポン社で最初に行われた全般的管理には,この三つの要素が完全な形で含んでおらず,これらが確立されるには,それから4,5年ほど待たなければならなかった。

　チャンドラーは,第14章の「近代企業の成熟」で「組織構造の完成」という項目を設定し全般的管理に関することを具体的に詳論している。彼のいう近代的大規模企業での組織構造の完成は,1920-1921年の景気後退期の在庫危機に直面したゼネラル・モーターズ(GM)社とデュポン社が,これに対処するため後に「複数事業部制構造(the multidivisional structure)」として知られる組織を創造したときに始まる。経営史家によく知られているように,GM社は,1908年ウイリアム・C.デュラントによって設立された。社長デュラントは,2,3人の個人的補佐と秘書がいるだけの本社体制しかとらず,子会社を全体的視点から評価し,調整し,計画することができなかった。1920年9月自動車市場の崩壊に直面し大量の在庫を抱え,在庫の切り下げを断行せざるを得ず,デュランド社長は多額の借金をしなければならなくなり,破産の瀬戸際に立たされることになる。このため,GM社の2大投資家であったデュポン社とJ. P.モルガン商会はデュラントの借金と彼の所有していた株式を肩代りし,ピエール・デュポンが社長に就任することになる。

　P.デュポンは,GM社を再び蘇生させるために,当時同社の部品・付属部品部門の責任者であったアルフレッド・P.スローン二世と密接な協力体制をと

り，かの有名な事業部制を採用する。すなわち，これまでの単一の集権的職能部門制組織を改組し，乗用車，トラック，部品，付属品製造の各統合企業を自律的現業事業部として認める事業部制の採用である。それは，集権的に管理・統制するには，あまりに組織が大規模で多岐に分散していたからであった。デュポンとスローンは，この事業部制の採用にともない，デュラントの時代において小規模で個人的であった本部に，多数の有力なゼネラリストの経営者と助言（advisory）スタッフおよび財務（financial）スタッフが常勤する，ゼネラル・スタッフ部門（general office）を設置する。この部門の設置のもとで，当初は，各スタッフは，各事業部に対して，翌1カ月分とそれ続く3カ月分について，各月の生産に必要な資材，設備，および労働の予測を提出することを求め，本社がそれを点検し認めるという方式を採用した。しかし，1924年ごろまでには，この事業部の各月の予測は，デュポン社から移ったドナルドソン・ブラウンを長とする新設の財務スタッフによって用意された年間需要予測と照合されるようになる。具体的には，各事業部の管理者と本社スタッフの共同の努力により，本社が各事業部に対して，その必要な資材，設備，雇用されるべき労働力の数量，投資利益率の推定値，さらに各製品につけられるべき価格などの数値が，年間予測の「事業部指標」として，予測販売量とそれぞれ照応させて提示されたのである。チャンドラーによれば，この事業部指標の作成には，国民所得の規模，景気循環の状態，需要の季節変動，各事業部の各製品系列の予測市場占拠率を算定し考慮されたということである[15]。しかし，まだ1年間の予測であり，長期経営計画を立案するまでには至っていなかった。

　このため，ピエール・デュポンは，最初は4人であった経営委員会（執行役員会—引用者）を1924年までに10人に拡大する。その構成メンバーは，社長のスローン，取締役会の会長のP.デュポン，財務スタッフの長，助言スタッフの長，グループ担当の副社長2名のうちの1名，特定の職務をもたない4名の経営者，そして現業で同社の最も利益の多い自動車部門の最高責任者の10

---

15) *Ibid*., pp. 460-461，邦訳，789-791頁。

人であった。委員会の任務は,「事業部に関する指標の承認,事業部の業績評価,その評価を基礎とする価格およびその他の全般的な企業政策の設定であった」が,最も重要な任務は,「長期戦略とその遂行のための資源配分の計画策定であった」[16]。もちろん,この経営委員会の長期経営計画の策定には,先のドナルドソン率いる財務スタッフの長期予測や,各事業部の製造,デザイン,マーケティングなどの諸活動を監督しそれらに関する政策を策定する専門的助言スタッフのデータが利用された[17]。ここに,現在の大企業において一般的にみられる,長期企業政策を策定するトップ・マネジメントとそれに科学的データを提供することにより企業政策の策定を支援するコントローラ制度を含むゼネラル・スタッフ(GMの場合,財務スタッフ部門とアドバイザリー部門に分かれていた)が確立されたことになるのである。

　以上,これまでチャンドラーの説明に依拠しながらGM社における経営管理の発展の実態について検討してきたが,1924年までに,現在の大規模経営者企業が一般的に採用している上記の全般的管理(general management)方式の基礎が確立されていたことが理解される。チャンドラーは,「ゼネラル・モーターズ社の経営者たちは,自分たちの成果を新しい経営雑誌に発表したので,同社の組織は,他の企業が後に自社の組織構造をつくりあげるのにさいして,標準的モデルとなった」[18]と述べており,さらに,1925年にアメリカ経営者協会が創立されたことについて触れたところで,「同協会の会合,出版物は,近代企業の全般的管理(the overall administration),運営(operation),統制(control)に焦点をおいていた」[19]と述べている。したがって,後述するように,GM社の管理者が経営雑誌に書いた論文を検討するなら,全般的管理とプラン・ドゥー・シーのマネジメント・サイクルが実践化され理論化されていたことが明らかとなる。

---

16) *Ibid.*, pp. 461-463,邦訳,792-793頁。
17) *Ibid.*, pp. 461-463,邦訳,792-793頁。
18) *Ibid.*, p. 459,邦訳,788頁。
19) *Ibid.*, p. 466,邦訳,798頁。

すなわち，第1に，後に副社長になるドナルドソン・ブラウンがアメリカ経営者協会の雑誌に，マネジメント・サイクルにふれなかったものの，近代的トップ・マネジメントと事業部制の管理統制に関する論文を書いている。第2に，スローン社長のもとでGM輸出会社の社長であったジェームス・D.ムーニーが，GM社での経験を理論化し1931年に『Onward Industry』を著わし，管理原則論を明らかにするとともに，管理論史において初めて教会や軍隊におけるラインとスタッフの関係を歴史的に解明し，ゼネラル・スタッフの役割の重要性を強調している。なによりも第3に，ムーニーの補佐役であったエドガー・W.スミスが，1930年5月の「アメリカ経営者協会の年次春季総会」で，「マネジメントの業務運営上の義務は，きわめて自然に，つぎの3つの明確な項目のもとに分類される。1）計画（Planning），2）執行（Administration），3）結果統制（Results control）」と主張し，アメリカ経営管理論史において初めてかなり明確にマネジメント・サイクル論を展開していたと思われるのである。したがって，経営管理論史からみても，マネジメント・サイクルの原理が，「プラン・ドゥー・シー」の表現をとってはいなかったが，この時期に実践的に展開されたといえる。この個別企業に現象した諸事実を取り扱う経営管理史とそれらの諸事実を系統づけ抽象化し一般化する経営管理論史との関係を明らかにする意味でも，GM社に関与した3人の実践的理論家の理論の内容について検討しなければならない。

しかしその前に指摘しなければならないことは，チャンドラーがトップ・マネジメントの職務が社会から認められ全般的管理が確立し普及する前提として「経営者のプロフェショナル化（professionalization of management）」[20]が進行して

---

20) 『経営者の時代』の翻訳者は，professionalization of management を「管理の専門化」と訳しているが，これは「経営者のプロフェショナル化」と訳すべきで，本文で説明しているようにアメリカ社会おけるプロフェショナルの特別な意味を理解しなければならない。なお，プロフェショナル制度ついては，拙稿「アメリカ経営（学）史における全般的管理（論）の成立過程—経営管理史と経営管理論史の間，日本との比較を射程にいれて—」（『商学論纂』38巻2・3号，1997年，154-156頁，および山田正喜子『アメリカの経営風土』（ダイヤモンド社，1981年），

いなければならないことを強調していたことを看過してはならないということである。さきに引用した近代企業が成長し支配的地位を維持するにあたっての5つの命題のひとつとして,「②階層制組織を指揮する俸給経営者の経歴が技術的かつプロフェショナルになる」という命題があげられていたことに注目しなければならない。以下簡単に省察しよう。

6) 近代企業（経営者企業）の成熟と経営者のプロフェショナル化

14章では，ゼネラル・モーターズ社の1920年代の経験だけでなく，両大戦間および第二次大戦後の「近代企業の成熟」について考察されているが，第2項目のタイトルがまさに「経営者のプロフェショナル化」となっている。そこでは，1870年代と1880年代の鉄道管理者間で，および1890年代と1900年代の機械技術者間で最初に始まった，プロフェショナリストのための協会などの設立の歴史について説明されている。1880年代の監査役と原価会計士協会の設立，1897年に「アメリカ会計士協会」（1916年からこの名称を使用）の前身の設立，1915年のマーケティング協会の設立，1911年のテーラー協会の前身のギルブレスニによる「管理科学促進協会」の設立などについてふれ，プロフェショナル化が社会的に認知されるために，協会を設立し会員の論文が掲載される機関誌の発行の努力がなされたことが説明されている。たとえば，かの有名なアメリカ機械技術者協会（ASME）も，1900年から10年の間に『アメリカン・マシニスト』を含めて3冊の雑誌の発刊に関係し，A. H. チャーチ，H. エマーソンなどの技術者は，間接標準原価，工場間接費，会計統制などの論文を投稿していたこと，マーケティング協会も『ジャーナル・オブ・マーケティング』誌に会員の論文を掲載していたとことについてもふれられている。全般的管理の内容が大学の科目や専門誌の紙面で具体化するのは，1919年に設立された経営管理者協会（Administrative Management Association），さらに1925年，人事の専門家たちによりこれを改組し設立されたアメリカ経営者協会（AMA：

60-61頁参照。

American Management Association) の設立以降と思われる。というのは，チャンドラーが，続けて「同協会（AMA）の会合，出版物は，近代企業の全般にわたる管理執行（overall administration），運営（operation），統制（control）に焦点をおいた」。「全般的管理に関する定期刊行物は，1925年にアメリカ経営者協会が設立される以前に現われていた」が，ドナルドソン・ブラウンなどゼネラモーターズ社の上級管理者たちが，上記にみてきた1924年「巨大企業の再編成の過程で考案した組織統制や会計方法について詳細な説明を行ったのは，雑誌『マネジメント・アンド・アドミニストレーション』（1921年刊）であった」[21]と述べているのである。しかも，チャンドラーは，かの有名な『戦略と組織』（1962年発刊）では，GMでの事業部制の展開の際に参考とされた組織に関する資料はなく，「実質的には，ドナルドソン・ブラウンが1927年に"Decentralized Operation and Responsibility with Coordinated Control"と題される論文を発表するまで特別に何もなかった。」[22]と述べているからである。ともあれ，ここで確認しておかなければならないことは，全般的管理が理論的に解明され，専門誌に発表され，大学の科目で教育内容として伝達され一般化していくのは，経営者協会の設立に象徴的に示される経営者のプロフェショナル化以降であるということである。

　以上をまとめると，チャンドラーは，デュポン社で生まれた近代的管理手法が全般的管理の内容を構成していたが，1917年時点では，長期需要予測，充実したトップ・マネジメント（経営委員会）は設立しておらず，したがって長期の資源配分とその統制が十分ではなかったと考えていた。それは，経営者のプロフェショナル化が十分に発展しておらず，したがって，近代的管理手法・全般的管理手法が，マネジメント・システム（経営制度）として確立されてはおらず，その確立はGMの1924年ごろの改革まで待たなければならなかった，と考えていた。さらに，その手法・制度が，経営者協会の雑誌に掲載され，他

---

21) *Ibid.*, p. 476. 邦訳，795-796頁。
22) Chandler, *Strategy and Structure*, 1962, p. 321. 有賀訳，406頁。三菱経済研究所訳『経営戦略と組織』（実業之日本社，1967年），318頁。

の企業の経営者によって部分的に修正されたとしても採用され普及するのは，アメリカ経営者協会の設立以降と，チャンドラーは記述しているということである。

3．全般的経営管理論の体系化と普及

アメリカ経営者協会の事務局長（Managing Director）であったW. J. Donaldは，協会が発行していた協会誌（雑誌）『Management and Administration』に掲載されていた論文を編集し，1931年に『Handbook of Business Administration』（以下，『ハンドブック』）を出版している。この『ハンドブック』は1670頁にも及び，そのほとんどがアメリカを代表する会社の上級経営者である約130名が執筆し，各分野に関する約140の論文がこれに掲載されている。『ハンドブック』の構成は，6部（Section）に分かれ，第1部は「マーケティング」，第2部は「財務管理」，第3部は「生産管理」，第4部は「オフィス管理」，第5部は「人事管理」，第6部は「全般的経営管理」である。

『ハンドブック』は，第1部から第5部までがマーケティングや財務，生産管理，人事管理など企業のある特定専門分野に関する問題を取りあげているのに対して，第6部は，「全般的管理（general management）」となっている。ドナルドは，この『ハンドブック』を，「単なる出版済み論文を再編集した"ベスト論文集"」というだけでなく，"近代的経営の方法"を網羅する論文集」でもあると位置づけ，「『ハンドブック』から近代的経営のかなり完全なる全体像が発見できるもの」と述べている（同「Preface」, p. v）。編集長のW. J. ドナルドはつぎのようにも指摘している。「**最近最も差し迫っている経営の問題の一つは，経営者の任務における極端な専門化（の進展）から発生しており，ここ10年や15年でその行き過ぎた専門化の問題は，全般的経営管理を担うポジションに起用される経営者の準備にとって必要な，多様な経験を得る機会を奪ってきたのである**。…財務に関わる経営者は生産やマーケティングのことを知らないのと同じように，生産やマーケティングに関わる経営者はビジネスの他の

ことを知らない。…その結果，財務，生産，マーケティングなど職能部門間の活動調整が困難で，さらに深刻な問題は，それら部門の経営者同士の行動と意見の調整が困難になること」[23]（強調は引用者による）（同「はしがき」，p. v）である。

この指摘から『ハンドブック』の出版の意義について，第1に，個別の職能部門について専門知識を提供すること，第2は，ドナルドの指摘にあった「部門間の調整」，いわゆる全般的経営管理に関する問題を取りあげ，企業の経営効率向上へ寄与しようとすることである。当時のアメリカ経営者協会に属する経営者が，「全般的経営管理」を構成する要件についてどのように考えていたかについては，第6部「全般的経営管理」の構成をみれば分かる。第1章は「経営者の機能」，第2章は「急速に変化する状況に対応するための経営者に必要な技術」，第3章は「経営統制」，第4章は「調査と特質例の利用」，第5章は「経営者の人事問題」，第6章は「経営者のリーダーシップ」，第7章は「委員会行動の技術」，第8章は「パブリック・リレーションズ（PR）」である。このように，全般的管理とは，トップ経営者が，企業全体の政策決定，運営・管理で考慮しなければならない経営管理上の諸問題が含まれるものである。この指摘からも分かるように，この『ハンドブック』の出版は，財務，生産，マーケティングなど5職能分野の当時の企業実践での最高レベルの知識を提供するだけでなく，事業部制組織の採用でますます大規模化する企業経営に関する「全般的経営管理」の重要性を認識させることにあったのである。経営者協会も，「全般的管理」を重要視していたのである。

1） ドナルドソン・ブラウンの分権的事業部制組織理論の展開

ここで最初に取りあげるドナルドソン・ブラウン（Donaldson Brown）の論文「調整的統制のもとでの分権的運営とその責任」（1927年）は，最初はアメリカ経営者協会の雑誌『マネジメント・アンド・アドミニストレーション』に掲載

---

23) Donald, W. J. (ed.), *Hand Book of Business Administration*, New York and London, McGraw-Hil Book Company Inc., Preface, p. v..

されたが，1931年に編集された『ハンドブック』の第6部第1章「経営者機能」の最初の論文として掲載されている。このドナルドソン・ブラウンとは，ゼネラル・モーターズ（GM）が1924年に経営委員会を10人とした当時，デュポン，スローンの協力体制のもとで財務スタッフ部門の長であり，後にGMの副社長になった人である。

　この1927年のドナルドソンの論文は，12項目のタイトルがつけられ，どちらかというとゼネラル・モーターズ社での経営実践の経験の視点からまとめられている。まず，「マネジメントの基本的諸原理の類似性」では，執行管理（administrative management）とは組織のラインに対して義務と責任を割り当てることであること，集中管理の場合部門間の調整が必要であること，「取締役会の責任は株主の利益を代理すること」では，取締役会は株主利益を代理するために取締役会のメンバーを含む下位委員会である執行役員会（executive committee）を設置することが必要なこと，「執行役員会の義務と責任」では，執行役員会の仕事は，諸部門間の調整・協力の促進で，政策（policy）と執行管理（administration）とを明確に区別すべきこと，「ゼネラル・モーターズ型組織」では，GM社の取締役の下位委員会は，全般的財務政策に関わる財務委員会と執行運営政策に関わる執行役員会の2つからなっていること。

　さらに，「自立した別部門」では，これらの運営単位は，ゼネラル・マネジャー（事業部管理者）をもち，独自の権限と責任範囲が確立された事業部であったこと，「部門相互間での振替価格の設定」では，事業部のパフォーマンスを測定するために他事業部への販売に際しては振替価格が設定されるべきこと，「基準としての資本利益率」では，マネジメントの効率は投下資本利益率による結果の検討によって得られること，そして「全体的マネジメントの効率の達成」では，多角化が進行すればGM社で行われたように自立事業部として分割されるべきことが考慮されるべきこと，「集中型と反対の分権組織」では，組織の全体的効率を上げるためには組織の分権化が必然化すること，その場合1つの会社として経営政策を実現するため集中管理としての全般的管理（general managership）が必要となること，「会社政策と事業部相互間の関係」で

は，個別事業部の観点というよりも会社全体の観点から決定されなければならない政策の問題があることが指摘され，「事業部相互関係委員会は執行的ではない」では，GM社では，執行役員会のメンバーが含まれる「全般的購買委員会」，「全般的技術委員会」，「全般的販売委員会」など種々の委員会が設置されたが，これらの委員会は執行機関ではなく調整期間であること，会社政策に関わる核心的問題に関して疑問が生じたときは社長が執行役員会で意思決定をすることになっていたこと，などについて論及されている[24]。

その要点は，経営執行役員会の設立によるトップ・マネジメント機構の整備，企業規模の拡大・多角化のもとでは企業全体の効率化のためには分権的組織を別に設置することが有効的であり，その場合取締役会による政策決定と執行役会による全般管理（administration）を明確に区別し，各事業部の業績を測定するために振替価格の設定，投下資本収益率による判定を行うべきこと。さらに，執行役員会と部門相互の調整を行う各専門委員会との関係などについて述べられている。最高意思決定がラインの長である社長であることを強調しながら，しかし，事業部相互間委員会のゼネラル・スタッフとしての役割については，スタッフとラインの関係として明確に述べられていない。このように，D. ブラウンの論文では，全般的管理に関するいくつかの諸論点について言及されているが，このスタッフ・ライン関係のほかに，GM本社と各事業部の計画，執行，統制の関係，すなわちプラン，ドゥー，シー，の関係についても，明確に述べられてはいない。これについては，GM社で活躍した2人の管理者であり理論家であった人の登場を待たなければならなかった。

2) E. W. スミスによる萌芽的マネジメント・サイクル論の展開

ここで問題にするエドガー・W. スミス（Edgar W. Smith）とは，次項で検討するゼネラル・モーターズ輸出会社（General Motors Export Company）社長で，

---

[24] Donaldson Brown, Decentralized Operation and Responsibilities with Coordinated Control, in : W. J. Donald (ed.), *Handbook of Business Administration*, McGraw-Hill New York/London 1931, pp. 1463-1474.

後に A. C. レイーリー（Alan C. Reily）との共著のアメリカで最初ともいうべき全般的経営管理に関する体系的著作『前進する組織—組織の諸原理と現代産業へのその重要性』（1931年）を出版したジェムス・D. ムーニーとともに活動し，ムニー社長の補佐役の地位にあった人である。このムニー社長の補佐役であったスミスが1930年5月12日に開催されたアメリカ経営者協会（AMA）の年次春季総会で「組織と運営原則（Organization and Operating Principles）」という演題で報告を行う[25]。その講演内容を緻密に検討すると，ライン・スタッフ論とプラン，ドゥー，シーのマネジメント・サイクル論につながる理論が恐らくアメリカで最初に展開されていたのではないかということが分かる。

スミスによると，「ライン・アンド・スタッフ原則は，組織の原則ではなく，厳密には運営（operation）の原則である。すなわち，追求されるべき目的達成のために組織原則である職責（duties）の委譲，調整，分業が実践的利用されるように形づくられる方式の一つであり，わたしが最も効率的であると信じているものである」[26]と述べている。

スミスは，ライン・アンド・スタッフ原則を彼のいう「運営義務」（これには計画，執行管理，成果統制が含まれる）と関連させて論じる。「ライン・アンド・スタッフ原則は，ゼネラル・マネジャーが自分ひとりで遂行することが明らかに不可能な場合に，まさに自分の運営義務（operating obligations）を満足に履行するのを保証するため必要不可欠な手段なのである」[27]。このマネジメントに関する運営義務とは，つぎの明確に区別できる3つの項目に分割される。①計画（Planning）②執行管理（Administration）③結果統制（Results control）がこれである。スミスによると，「計画」とは，「全般的な戦略をたて，特定の企画をうみ

---

25) Edgar W. Smith, Organization and Operating Principles, in : W. J. Donald (ed.), Handbook of Business Administration, *op. cit.,* pp. 1474-1488. 井上昭一著『GM—輸出会社と経営戦略』（関西大学出版部　1991年）102-125頁。スミスのこの論文を考察するにあたっては，井上の翻訳に大変お世話になっている。この論稿をまとめるにあたり多くの刺激を受けた。ここに感謝の念を記しておきたい。

26) E. W. Smith, *op. cit.,* p. 1475.

27) *Ibid.,* p. 1476.

第5章　経営管理・組織史と経営管理・組織理論史との関係(Ⅱ)　229

だす，新しいプロジェクトを設計する，新しい技術過程や製造過程を開発または応用し，かつその導入と適確な利用の援助……」など「直接的に執行を促進し結果を改善する目的をもつ」ものである。また「結果統制」とは，「得られた結果を徹底的に究明しかつ吟味することと関係することである」が，それは「1）必要な治療行為がとれるように，方法や人事の組織の弱点を明るみにだすためであり，2）目標を設定し，有望な業績を予測するための基礎を提供するため」である。そのため，予算編成の手続きの開発や情報の収集，報告書の分析，業務運営状況に関する調査などを行う[28]。

スミスは，ライン・スタッフ原則と計画，執行，結果統制の3つを含む運営義務との具体的関係について，図表5-1を用いて以下のように説明している。社長の直属のゼネラル・マネジャーは，計画，執行管理，結果統制の3つを含む運営義務の履行に責任を負うが，それはライン・スタッフ役割の視点から

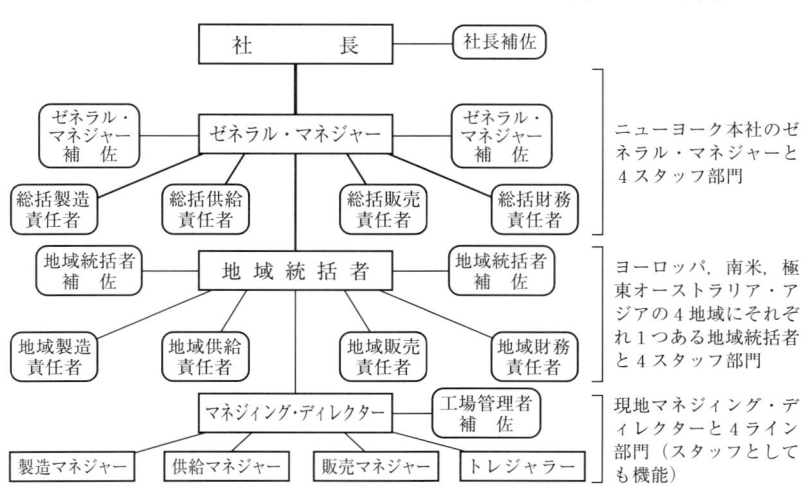

図表5-1　E.W. スミスのライン・アンド・スタッフ論からみた組織図

出所：E.W. Smith, *op. cit.*, p. 1481. わかりやすくするために筆者により本文の内容により右側の説明文が加えられた。

---

[28]　*Ibid.*, pp. 1482-1483.

は，それらをつぎのように実施する。本社（ニューヨーク）のゼネラル・マネジャーは，地域統括者（Regional Director）に対して，会社の運営義務のうち執行管理に関する多くの部分を，ラインの権限および責任として委譲し，地域統括者は自分の特別の地域分野ということで，マネジメント，販売，財務，製造，ならびに供給の職能的諸要素のすべてに関してこの権限と責任を受容するのである。これに対して，このゼネラル・マネジャーは，計画と結果統制に関しては，その職能に応じて自分の職能上のスタッフである販売，財務，製造，供給の4部門の長に委譲する。つまり，ニューヨーク本社のゼネラル・マネジャーは，この4部門の長を先頭に4つのスタッフ部門をもっていることになる。

地域統括者も，執行管理に関する運営義務の権限と責任をラインの指令権限・責任として，現地工場ないし営業所のマネージング・ディレクターに委譲するのに対して，計画と結果統制に関する運営義務ついては，自分の4つのスタッフ職能部門の4人の長に委譲する。しかし，現地のマネージング・ディレクターは，ライン的な執行管理義務もスタッフ的計画・結果統制義務も両方とも自分のラインの製造，供給，販売，トレジャラー（財マネジャー）に委譲するが，この4人のマネジャーは，執行管理義務は本社のゼネラル・マネジャーに連なるライン的指令であることを理解し，かつ計画・結果統制に関する運営義務は，自分の直属の上司（マネージング・ディレクター）へのスタッフ的助言ないしサービスであることを理解するのである。こうして，スミスは，先にもふれたように純粋なラインは社長のみで，ほかの管理者はライン業務とスタッフ業務の両方を行うことを強調するのである[29]。

このE.スミスの運営義務（計画，執行管理，結果統制）とライン・アンド・スタッフ原則との関係についての議論は，現代の理論水準からある程度理解できる。もし指摘できるとしたら，彼の運営義務（計画，執行管理，結果統制）をライン・スタッフの実践原則で進行させていくという場合，社長以外の下部の経

---

29) *Ibid.*, pp. 1474-1475.

営者は下部に対してはライン他の場合にスタッフの両方を果たしているということである。スミスはマネジメント・サイクルという言葉は使用していないが，その内容にかなり近いことがらについて言及しているといえるのである。したがって，全般的管理の主要素を①トップ・マネジメント機構の確立，②事業部制のもとでのゼネラル・スタッフの制度の確立，③マネジメント・サイクル論が全般的管理の実践原則として確立されていることの3つと考えるなら，スミスのこの講演内容は，②と③について以前にない深い考察をしているということができ，スミスの講演（論文）は，明らかに全般的管理論の確立に大きな理論的貢献をしたといえるのである。

3） J. D. ムーニーの体系的全般的経営組織論の展開

スミスが社長補佐をしたその社長ムーニーが，A. C. Reiley との共著で，全般的管理論ないし全般的経営組織論の確立に貢献したという理由は，なんといってもスミスがアメリカ経営者協会で上記の講演をした翌年の1931年という早い時期に，すでに言及した本文540頁以上にもおよぶ経営組織論の大作『前進する組織―組織の諸原理と現代産業への重要性』[30]を著わし，経営組織論の体系化をはかろうとしたことであり，かつそのなかで全般的管理の組織原則とその諸原則の要としてライン・スタッフの関係の発生を歴史的に解明したところにある。

ここで関連する中心的論点は，生産，配給，供給，財務などの職務が効率的に機能しているかどうかを問題にするのが，「職能のスタッフ的局面（The Staff Phase of Functionarism）」であること。しかも，組織におけるスタッフ職能は，「権限ないし指揮機能とは区別される助言（advice）ないし協議（counsel）サービスを意味する」こと。「このサービスは，……情報的（informative），助言的（advisory），監督的（supervisory）という一つの明確な統合的関係にある3つの

---

[30]　James. D. Moony and Alan C. Reiley, *Onward Industry : The Principles of Organization and their Significance to Modern Industry*, Harper & Brothers Publishers, New York and London 1931.

局面」をもっている。「情報的局面は，権限が決定を形作る際に知っておくべきことに照応し，助言局面はこの情報に基づいた協議に照応し，そして監督的局面は実行の詳細なすべてのことがらに適用される前の両局面に照応する」[31]ということで，スタッフのサービス機能に，プラン，ドゥー，シーを連想させるような役割を見出していることである。しかも，組織におけるスタッフは，あくまでライン職務に付属した従属的な関係にあるという指摘を忘れてはいないのである。

　ムーニーは，現代の産業組織により利用できるのが軍隊組織であると考え，特にゼネラル・スタッフに焦点を合わせて分析したところでつぎのように説明している。スタッフの種類として，軍隊組織の歴史から「個人的・専門的スタッフ (individual and specialized staff service)」，「部門的・調整スタッフ (departmentalized and coordinated staff service)」，部門的サービス局面から首尾一貫した全体のなかで目標・目的を具現化した戦略に関わる助言的協議機能をもつ「ゼネラル・スタッフ」の3つがあげられる[32]。軍隊のゼネラル・スタッフは，スタッフ部門のチーフ，それに人事部門，軍事情報部門，運営・訓練部門，供給部門4つの部門チーフから構成されていたが，ここで展開されたゼネラル・スタッフの機能は，産業に利用しうるとしている。そして，この著作の37章でゼネラル・モターズ社での分権組織のもとでのゼネラル・スタッフの役割の具体的形態についても言及し，部門相互委員会や本社のゼネラル・スタッフの提言機能などについて説明しているのである[33]。

　J. ムーニーのこの著作の全般的管理組織論への貢献は，体系的管理組織論を著わし，その中でライン・スタッフに焦点を合わせて，古代から現代に至る政府組織，教会組織，軍隊組織の歴史的考察をし，そこから産業・企業の管理組織論に取り入れられるべき点を明らかにした点である。したがって，彼においては，トップ・マネジメント機構の確立は前提とされ，それ自体の分析はされ

---

31) J. D. Moony, *op. cit.*, p. 60.
32) *Ibid.*, p. 67.
33) *Ibid.*, p. 333.

ずゼネラル・スタッフとの関連でしか，述べられていないのである。

4） 個別企業での経営実践と理論化との関係

ⅰ） GM での経営実践と理論化との関係

これまで，ゼネラル・モーターズ（GM）社の経営者ないし管理者であった D. ブラウン，E. W. スミス，さらにムーニーの実践を踏まえて展開した理論のエッセンスを紹介してきた。それによると，ブラウンは，トップ・マネジメント機構と分権的組織の内容が中心に論じられているが，後にホールデン等[34]によって1941年当時のアメリカの代表的企業31社の実態調査を踏まえて本格的に展開されるトップ・マネジメント論ほど明確でないにしても，取締役会に課せられた任務である株主総会からの受託職能と，経営執行役員への監督統制機能と，経営執行役員会に課せられた取締役会から移譲された日常業務の執行の役割，とが峻別されている。さらに分権組織についても，事業部間での振替価格，本部は事業部へ目標利益率を与えての管理など，その核心につては言及されているのである。

つぎに，スミスの功績の第1は，GM 社の経験を，計画，執行管理，結果統制という形式で，後の経営管理論史において忘れてはならない A. ブラウンによってプラン，ドゥー，シーという形でより詳論・定式化されるマネジメント・サイクルについて理論化したことである[35]。さらに，ライン・スタッフ関

34） P. E. Holden, L. S. Fish and H. L. Smith, *Top-Management Organization and Control : A Research Study of the Management Policy and Practices of Thirty-one Leading Industrial Corporation*, McGraw-Hill Inc., New York, Toronto, London, 12. Printing. 初版は1941年。この著作の詳細は，チン・トゥイ・フン前掲『博士論文』47-52頁参照。

35） ブラウンは，1945年に出版した『*Organization - A Formulation of Principle*』（1945年）の「8章 The Phase of Administration」で，「組織は，経営管理の局面として，planning, doing, そして seeing を明確に峻別しなければならない」と述べている（Alvin Brown, Organization - *A Formulation of Principle*, Hibbert Printing Company, New York, 1945, p. 91）。また，1947年のかの有名な『*Organization of Industry*』では，図表5-2を示して，「経営管理（administration）3つの局面は，確かに，直線とい

係を，本社のゼネラル・マネジャー，地域統括者，さらに現場工場ないし営業所のマネージング・ディレクターの3者の関係で具体的に明らかにしたことである。もちろん，会社全体のスタッフ論も，後のホールデン等のトップ・マネジメントより詳細に論じられることになるのであるが，やはり，スミスは，その核心を突いた理論をすでに展開していたのである。

　ムーニーの全般的管理組織の成立への貢献は，すでにふれたとおり，管理組織論の体系化と政府組織，教会組織，軍隊組織を，ライン・スタッフの視点から歴史的に分析し，産業におけるゼネラル・スタッフの重要性を強調したところにあるといえよう。ともあれ，1919-1924年当時GM社で展開された全般的

うよりはむしろ一つの輪の中の作業のようにみえる。doing は planning のあとに続き，seeing は doing の後に続く。……最も頻繁に起きうることは，シィーの局面が問題点を継続的にプランニング局面に伝え，さらにプラニング局面がその伝達内容に応じてそれを処理し，ドゥーイング局面にそれらを戻すという作業である。」

図表5-2　A. ブラウンのマネジメント・サイクル論
THE PHASES OF ADMINISTRATION (CONT.)

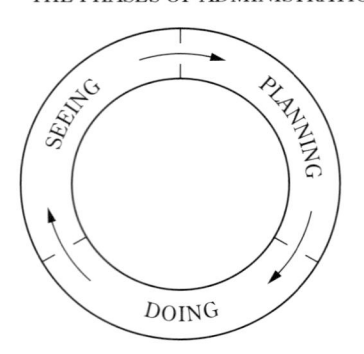

Administration moves successively and continuously through the phases of planning, doing, and seeing.

出所：A. Brown, *Organization of Industry,* p. 210.

　（Alvin Brown, *Organization of Industry*, Prentice-Hall New York, 1947, p. 210）と述べている。

管理の実践的内容が，1927年のドナルドソンの論文，1930年のスミスの講演，そして1931年のムーニーの『著作』により，理論として一般化され他者にも普及され始めたことは確かであり，ここに全般的管理組織論が成立したといえるのである。

　ⅱ）　近代的全般的経営管理の構成要件の仮説的設定の試み

　ベトナム人研究者のチン・トゥイ・フンは，ベトナムなど発展途上国の将来の経営管理の状況を分析する視点を念頭に，チャンドラーの近代的（全般的）管理手法の他に，先のアメリカの経営者協会の『ハンドブック』の「全般管理」のセクションに論文が掲載されている，GM経営者の論文を紹介するとともに，それ以外の編集者のドナルド[36]とスイートサー[37]の論文をも検討し，近代的経営管理が成立する次の7つの要件をあげている。

① 近代的トップ・マネジメント構造の確立—基本方針を決定する取締役会とその方針に基づき具体化した実際業務を執行する執行役会の分離（ブラウン）。
② 事業部制組織の成立—本部と事業部に分かれ，本部（本店）はいくつもの事業部を長期の視点から予算による管理をする（ブラウン）。
③ ゼネラル・スタッフの設置（ライン・スタッフの峻別）—複数事業単位の管理にあたっては，本部の執行役会の意思決定を，総括的・専門的な立場から助言する（ゼネラル・スタッフ）部門を設置し，長期視点から予算による管理の支援をする（ブラウン，スミス，ムーニー）。
④ 「計画・執行管理・結果統制」による管理—本部・本店の社長（CEO）

---

[36] W. J. Donald, Essential of Large-Scale Organization, in : *Handbook of Business Administration*, Donald (ed.), New York and London, McGraw-Hill Book Company Inc., 1931, pp. 1496-1499.

[37] E. L. Sweetser, Essentials of Budgeting, in. Donald (ed.) *op. cit.*, 1931, pp. 1536-1544.

は，経営執行委員会とライン・スタッフの組織運営原則に基づき（プラン・ドゥー・シー）のマネジメント・サイクルの視点から，政策を決定し実行し統制される（スミス）。

⑤ 予算管理の確立―その具体的方策として予算管理が確立され，本部・本店は複数の事業部を統計や数値により管理する体制が確立している（ドナルド，スイートサー）。

⑥ 標準化された運営基準の確立―組織の運営は，生産，販売，財務などの各部門で，標準化された基準（投資収益率，月次在庫管理，売上対費用比率，負債比率等）を設定しそれに基づいて行なわれている（ドナルド）。

⑦ 管理者の活用・育成において，職務の明確化，権限委譲，さらに運営業務の標準化と基準比較に基づく業績評価と報酬決定し，管理者のインセンティブを高める（ドナルド）[38]。

上記の7つの構成要件は，第二次世界大戦後の日本だけでなくかなり経営管理が近代化されはじめている途上国の個別企業の経営管理の現状を分析する際に，重要な基準になると筆者も考えている。

iii） 管理論学説史に現われない「全般的管理」論

チャンドラーは，『*The Visible Hand*』の13章と14章で，「全般的経営管理（general management)」の用語を，「近代産業企業の全般的管理（general management of modern industrial enterprise)」（767頁），「スタッフ管理者，ライン管理者，全般管理者」（793頁）など数箇所で使用している。近代化された経営委員会の役割の内容を「全般的経営管理」と考えていたことはすでに検討した。この「全般的管理」という言葉は，近代企業での近代的全般的管理方法を実現され普及された要因としてあげている節の「経営者のプロフェショナル化」では，3箇所（796頁6行目，798頁第3パラグラフ，799頁1行目）で使用されている。

---

38) チン・トゥイ・フン，前掲『博士論文』29-30頁，チン・トゥイ・フン「『近代的経営管理』の構成要件―ベトナム企業の経営管理を分析する視点をもとめて―」（中央大学商学研究会『商学論纂』53巻1・2号，2011年，304-306頁も参照。

チャンドラーは，経営者のプロフェショナル化が，近代的全般的経営管理の確立に寄与したと考えている。なぜなら，「1925年，……アメリカ経営者協会（AMA）を創設したが，この協会はじきにアメリカ企業のトップおよびミドルの管理者にとっての指導的な専門的（professional）な組織となった。同協会の会合，出版物は，近代企業の全般的管理（overall administration），運営（operation），統制（control）に焦点をおいていた」[39]と述べていたからである。

　さらに，すでに述べたように『Handbook of Business Administration』の第6部「全般的管理」に約10本近くの論文が掲載されているのである。しかし，経営管理の学説史では，「全般的管理」論が展開されていない。さらに，「全般的管理」をタイトルにした著作は，例外的にしかみられない[40]。それはなぜであろうか。全般的管理の中心的内容は，総合本社がプロフィットセンターとしての事業部を集中的に管理することであるが，それを十全に達成するためには，本社が戦略的意思決定を，事業部は戦術的かつ業務的意思決定とその執行を，それぞれ任務分担するという区別が，明確にされなければならない。これが峻別されるということは，実は近代的トップ・マネジメント体制が整備されることである。したがって，多くの場合，事業部制の成立には，この近代的ト

---

39) Chandler, *op. cit.*, 466，有賀訳，前掲書，798頁。
40) 筆者は，「General Management」のタイトルの本を渉猟したが，ハーバード・ビジネス・スクールで経営者向けセミナーを担当しているGarvinの著作（2002年）以外に見つけることができなかった。Garvinは，組織とマネジメントの諸過程のうち，組織過程は，作業過程，行動過程，意思決定過程，コミュニケーション過程，組織学習過程，変化過程からなり，マネジメント過程は，方向設定過程，交渉・販売過程，モニタリング・統制過程からなるとされている。こうした枠組みから，「戦略プロセス」，「資源配分プロセス」，「意思決定プロセス」，「学習プロセス」，「マネジメントのプロセス」，「変化プロセス」のケースを紹介している（Garvin, David A., *General Management : Processes and Action, Text and Cases*, McGraw-Hill, New York, San Francisco, 2002）。このテキストは，630頁以上であるが，アメリカ以外にBangkok, Bogota, Caracas, Kuala Lumpur, Lisbon, London, Madrid, Mexico City, Milan, Montreal, Santiago, Seoul, Singapore, Sydney, Taipei, Torontoで出版されている。

ップ・マネジメントの確立が不可欠なのである。

　しかし，経営管理学説史をみると，トップ・マネジメント論，事業部制成立論といった論点が，たとえば，伝統的管理組織を論じた「管理過程論」の著作では，論者により多少の相違はあるが，管理の原則やトップからロワーの管理者の職務内容の違いが説明されるだけである。すなわち，「分権化」と「集権化」の説明の一般論，さらに「トップ」と「ミドル」の職務内容が説明されるだけである。しかも，それは多くの場合，職能別組織が想定された議論・考察であり，事業部制組織が想定された具体的な議論がなされていない。事業部制を正面すえて論じたのは，第二次世界大戦後になり前章で論じたドラッカーとアレンと何人かの研究者など[41]である。すなわち，第二次世界大戦前にアメリカで誕生した伝統的経営組織論（管理過程論）では，戦後1950年代に至っても事業部制成立のもとでのトップ・マネジメント論が正面に据えて議論がされていない。そして，1965年に，アンソフの『企業戦略論』が現われ，企業における意思決定は，戦略的決定，管理的決定，業務的決定の3種類からなり，経営者の経営すべき問題を，経営環境を考慮し，全般的に経営・管理・統制すべきという議論が現われてくるのである[42]。このことが，全般的経営管理論が学

---

41) グリーンウッドは，1974年に，ドラッカーに勧められた（序言）といって，1974年にゼネラル・エレクトリック（GE）の分析に焦点を合わせた事業部制についての独立の著作を発表している。Greenwood, Ronald. G., *Managerial Decentralization*, 1974, 斉藤毅憲・岡田秀市訳『現代経営学の精髄— GEに学ぶ』(文眞堂，1992年)，この翻訳は増補版であるが，初版の出版年次が明らかでない）。その他，占部都美『事業部制と利益管理』(白桃書房，1969年) では，Kruisinga, H. J., *The Balance between Centralization and Decentralization*, Leiden, H. E., Stenfert Krose, 1954, Simon, H. A., *Centralization versus Decentralization in Organizing the Controller's Department*, 1954．など5-6冊の書名があげられている。

42) Ansoff, H. Igor, *Corporate Strategy, Corporate strategy: an analytic approach to business policy for growth and expansion*, McGraw-Hill, [1965]．広田寿代亮訳『企業戦略論』(産業能率短期大学出版部，1969年)，加護野忠男は，戦略（strategy）という概念を経営学の分野で最初に使用したのチャンドラーの『経営戦略と組織』であろう，と述べている（経営学史学会編『経営学史事典〔第2版〕』(文眞堂，2012年)，166頁。

説史のなかで議論されてこなかった理由といえよう。

iv) GM経営者などによる理論化以外の研究者の貢献

ところで，ゼネラル・モータズ（GM）社の経験がアメリカ経営者協会の雑誌『マネジメント・アンド・アドミニストレーション』誌に掲載されるとか，独立の著書として出版された動きとは別な経営管理手法の開発や理論の発表があった。まず，1938年ごろから開始されたスタンダード・オイル（リフォルニア）社で開始される『マネイジメント・ガイド』の整備がある。すなわち，この会社の組織部長 L. L. パーキー氏の提案によりスタンフォード大学商学部の協力を得て開始され，トップ，ミドル，ロワーのあらゆるレベルのポジションの主要職能，他のポジションとの諸関係，さらにそのポジションの権限の範囲，の3つについて規定した第1次ガイドを1938年に，さらに1939年に支店経営者用のガイドを，そして1948年に標準化されたガイドを完成している（これは，日本では1952年3月に翻訳されている）。

さらに，パーキー氏に協力したスタンフォード大学のP. L. H. ホールデン，L. L. スミス，L. S. フィッシュが，西海岸の代表的31社（従業員数は，最低5,000人，最高70,000人，平均27,000人）の経営組織に関する調査結果をまとめた，『Top - Management Organization & Control』を1941年に出版し，事業部制組織を除き全般的管理論に関するほとんどの主要項目を取り扱い体系化に貢献する（日本への翻訳紹介は1951年である）。注意されなければならないのは，彼らは，事業部制を真正面に想定していないが，事業制が普及し始めるころの31社のトップ・マネジメントの職務内容を検討し，基本方針を決定する取締役会と，日常業務を執行する経営委員会が成立している会社が7社あったことを提示している。ホールデンらの著作がトップ・マネジメント論[43]の最初のもので

---

43) ホールデン等は，1968年に，新たに15社へのアンケートの結果を示した Top Management, McGraw-Hill, New Inc.,（岸田英吉訳『現代のトップ・マネジメント』ダイヤモンド社，1970年）を発表しているが，やはり「分権」と「集権」について論じ，総合本社の決定事項に関するアンケート結果を示している（上掲翻訳書，

あったのである。このトップ・マネジメント論は，1970年代の企業の不祥事を契機にコーポレート・ガバナンスの改革問題で真正面に取りあげられるのである。事業部制論については，アメリカでは，一部の議論を除き，伝統的組織論では詳論されなかったといってよい。むしろ，事業部制の議論は，日本で旺盛に議論されたのである。

4．おわりに

　プラグマティズムの思想が支配的であるアメリカで生まれた経営学は，実践的な学問であるといわれてきた。上記にみてきたように，GMの3人の経営者は，自ら働く企業での実践の経験をより一般化し，自己が属するアメリカ経営者協会の雑誌に理論として発表し，近代的な全般的管理論の普及に努めた。これらの理論は，ほかの企業の経営者によって直接利用されたか，それとも状況に合わせて修正されたかは別にして，着実に実践的問題の解決のために採用され普及した。さらに他の実践家ないし理論家により，状況にあわせ修正・加工されより一般化され普及したといえる。こうした理論の普及があったからこそ，アメリカの近代企業ないし経営者企業の成熟と発展があったのである。すなわち，経験的実践→理論化→実践への適用（修正的導入）→再理論化が繰り返されるなかで，近代的管理手法・管理制度（system）が発展し，それを駆使することにより企業は発展したといえる。

　こうした理論は，企業経営の技術・制度と同様に，国内はもとより国を超えて直接無修正で導入されるか，状況により修正されて導入される可能性をもつといえよう。このことを理解しておくことは，きわめて重要である。アメリカでの近代的全般管理組織の成立の過程の分析結果と，それを普遍化した理論は，戦後の日本企業や将来アジアの諸国の個別企業における全般的管理組織が成立する過程を考察する場合に，近代的管理手法の構成要件が一つの比較基準

　　91-94頁）。

なるという意味で，重要である。さらに，第4章の前半で検討した，中川敬一郎が注意を喚起している，比較経営史の視点から分析において，経営行為の歴史における「不変性」と「変化性」の統合的理解を深化させるため，さらに経営行為の国際比較における「不変性」と「変化性」を発見するためにも，一般化・普遍化された理論の各要件が，一つの分析基準を提供するといえるのである。その意味でも，ある国の管理・組織史とその理論化の関係を正確に分析し把握することは，きわめて重要といえる。

第 III 部

1970 年代のドイツ経営経済学方法論論争の
現代的意義

第6章 1970年代のドイツ経営経済学方法論論争の現代的意義(I)

1．はじめに

　筆者は，1979年5月と9月に「現在西ドイツ経営経済学方法論における三つの潮流（上），（下）」（『商学論纂』21巻1号，21巻3号）[1]を発表した。それは，1978年4月よりドイツ（ベルリン自由大学）に留学した時期に書かれた。1974年に「経営経済に関する大学教員連盟（Verband der Hochschller fuer Betriebswirtschat ドイツ経営経済学会）」内部に設置された「方法論委員会」の第5回年次会議がベルリン自由大学で開催され，到着まもない4月5-7日にこの会議に出席する機会を得たことがその契機となっている。ここでとりあげた3つの潮流とは，ⅰ）主にギュンター・シャンツ（Guenter Schanz）等により主張された批判的合理主義に基づく方法論と行動理論的経営経済学，ⅱ）E.カプラー（Ekkard Kapler）やN.クーベック（Nobert Koubek）などにより主張されたフランクフルト学派の方法論に基づく労働志向的個別経済学，ⅲ）シュタインマン（Horst Steinmann）とそのグループにより主張された構成主義哲学の方法論に基づく規範行為科学としての経営経済学であった。

　ⅰ）批判的合理主義の方法は，当時の研究者のうち，戦後の西ドイツ経営経済学に最大の影響を与えたいわれるグーテンベルクの流れに属する者や，当時のアメリカ経営学（バーナード，サイモン，リッカート，コンテンジェンシーなどの諸理論）の成果を自分の理論の体系に積極的に組み込もうとする学者たちによ

---

1)　高橋由明「現在西ドイツ経営経済学方法論における三つの潮流（上）」,「現在西ドイツ経営経済学方法論における三つの潮流（下）」（『商学論纂』21巻1号, 1979年), 27-53頁, 21巻3号, 43-76頁。

って支持されていたといえる。しかし，アメリカのコンティンジェンシー理論をドイツの組織論に組み込もうとしていた W. シュテーレなどは，シャンツとの事実判断と価値判断を分離すべきという主張に反対するなどそこから外れる研究者もいた。それに対して，ⅱ）フランクフルト学派のハーバーマスなどの哲学ないし方法論は，ドイツ労働組合総同盟に設置された「経済・社会科学研究所」発行の著書や機関紙（WSI・Mitteilung）に論文寄稿した研究者（労働者だけでなく大学教員も含む）の経営経済学の研究方向の方法論の基礎になっており，その理論枠組みは「労働志向的個別経済学」として学界でも認知されていたものである。ⅲ）構成主義哲学の方法とは，コンスタンツ大学の F. カムバーテル（Friedrich Kambartel）やニュールンベルグ・エアランゲン大学の哲学者のロレンツェン（Paul Lorenzen）などの方法論で，ベルリン自由大学から移転したシュタインマンとそのグループにより主張された「規範行為科学としての経営経済学」の方法論の基礎となっていた。

当時のドイツ経営経済学は，こうした方法論の違いだけでなく，研究対象ないし理論の枠組みの違いにより区別することも行われていた。すなわち，ⅰ）新古典派の企業概念を前提に生産要素の最適結合の分析を主要対象とした「グーテンベルグ経営経済学」，ⅱ）アメリカのサイモンなどの影響を受けた E. ハイネン（Edmond Heinen），W. キルシュ（Werner Kirsch）の「意思決定志向的経営経済学」や，ⅲ）欧米の社会学の影響を受けた H. ウーリッヒ（Hans. Ulich）の「システム志向的経営経済学」，ⅳ）労働組合総同盟の経済・社会科学研究所（WSI）の「労働志向的個別経済学」，ⅴ）シュタインマン・グループの構成主義哲学に基づく「規範行為学としての経営経済学」などである。この場合も，サイモンの意思決定論を深く掘りさげドイツ流に発展させている意思決定志向的経営経済学を展開するキルシュも批判的合理主義の方法論を自分の理論的枠組みに積極的に取り入れてはおらず，この方法論争にも積極的に加わることはしていなかった。

そのうち，シャンツは 1977 年 2 月に出版した『行動理論的経営経済学』では，その支持する批判的合理主義の方法を彼の経営経済学に組み込もうしてい

たが，冒頭の筆者の論文ではその全部を紹介できなかった。

　1970年代（ここでは，1960年代後半から1980年代前半の業績をとりあげるが）の西ドイツ経営経済学の3つの潮流においては，特に批判的合理主義を支持する研究者の場合にその傾向が強かったが，他の潮流の研究者の場合も，方法論と研究対象・枠組みとは明確に接合しているとは限らず錯綜していたといわなければならない。とはいえ，当時の西ドイツの経営経済学者は，日本とは違い，アメリカ経営学の発展動向に関心を示しながら，それを翻訳し直接的に移入することなく，ドイツの立場から自己の理論へ批判的に組み入れるとか，西ドイツの政治・経済的状況を意識し，実践に応用されるべきとの視点から実践科学として展開されていたといえる。

　ところで，先の方法論委員会は，学問が細分化されるなかで，その研究活動を活発にするため，1973年の年次大会でその設置が決められた6委員会の1つであったが，第1回（1974年）はマンハム大学で，テーマは「システム論，経営経済学と科学方法論」，第2回（1975年）はストット・ガーレン大学で，テーマは「種々の科学的接近方法における経営経済学の実践関係」，第3回（1976年）はアーヘン大学で，テーマは「経営経済学における経験的研究概念と行為理論的研究概念」，第4回（1977年）はエアランゲン・ニュールンベルグ大学で，テーマは「規範行為科学としての経営経済学」であった。私が出席した1978年の第5回委員会はベルリン自由大学で開催され，テーマは「企業関連のコンフリクト研究―方法的・研究プログラムの基礎」[2]であった。1978年といえば，1976年5月にドイツに特有な共同決定法が拡大され企業レベルの共同決定が従来の使用者側代表2，労働側代表1の比率の決定方式であったのが，2,000人以上の大企業約650社に労使同数とする（管理者代表が労働側に属し，実質的に同等ではないと組合側は主張）新共同決定が制定された2年後であった。経営者側がそれは憲法違反であるとして1977年11月に提訴し，それに

---

2)　高橋由明「1978年西ドイツ経営経済学会科学方法論委員会シンポジューム『企業にかかわるコンフリクト研究の科学方法論上の諸問題』に参加して」（『商学論纂』20巻3号，1978年），151-174頁。

ついての議論が各方面でなされていた年である[3]。第5回方法論委員会のベルリン会議で，ドルゥーゴス議長が企業に関連するコンフリクトをテーマに掲げたのは，労働志向的個別経済学の研究者の問題とする共同決定の拡大とも関連することであった。

　方法論委員会を中心に，1970年代の西ドイツ経営経済学の方法論が錯綜しながらも3つの潮流として展開されたことは，1970年代の政治・経済的状況，欧米の社会科学分野での哲学方法論の動向，さらにはアメリカ経営学の西ドイツへの導入状況，などと密接に関係しており，ここで，70年代前後を含めてこれらの動向を簡単に素描しておくことは，意味のあることであろう。

　本書のこの第6章の「1970年代のドイツ経営経済学方法論論争の現代的意義(I)」の内容は批判的合理主義に関する前編部分であり，次の第7章(II)では，他の労働志向的個別経済学の方法論と構成主義に基づく方法論が展開され，第8章(III)でその現代的意義を論じている。第6章～第8章で全体を構成する。

　本章の第2節では，この経営経済学方法論をめぐる3つの潮流が展開される政治・経済的背景，さらに哲学，社会学などでの方法論をめぐる状況について簡単に説明している。第3節では，批判的合理主義の方法について，ポパーの反証可能性に依拠した枠組みを紹介し，それを修正・発展させたといわれるラカトシュの研究プログラムの内容を紹介し，それに基づいてギーフェンのパラドックスを説明したペトリの理論を紹介検討する。第4節では，批判的合理主義の方法に基づき独自の「行動理論的経営経済学」を展開しようとしたシャンツの理論の大枠を，風間信隆，梶脇裕二等の研究を参考にして紹介している。そして，シャンツの経営経済学の内容を決めている「方法論的個人主義」と，それに対する社会学ないし諸社会科学の方法となっている「方法論的集団主義

---

[3] 高橋由明「ベルリン通信」(『中央評論』147号，31巻1号，1979年)．私は，この通信をベルリンから1979年2月に編集部に送り，そこで「今回の経営側の提訴が敗北に終わることは大方の予想するところ」だが，「それにもかかわらず違憲の提訴をしたのは，組合側が主張する労使同等の共同決定の実施に歯止めをかけようとすることに，……実質的な意図がある」と書いている。

（ないし全体主義）」をめぐる対立・論争が，現代の社会科学の方法に与えた影響については，第8章で，この70年代の方法論争を総括する視点から簡単な試論として書かれている。

2．1970年代のドイツの政治・経済の状況と科学方法論，経営学研究の背景

1） 1970年代前・後の政治・経済状況

　第二次世界大戦後，アデナウアー，エアハルトと続いたキリスト教民主・社会同盟（CSU・CDU）政権は，1959年から1967年まで経済成長が平均4.9％を記録し安定成長を達成することができたが，その後次第に陰りを見せていた。そのため，1967年社会民主党（SPD）と大連立を図りキージンガー（キリスト教民主同盟）首相は，シラー（社会民主党）経済相とともに，エアハルトの社会的市場経済のもとでの自由市場政策を放棄し「中期経済運営のマグナカルタ」といわれた「安定成長促進法」を国会に上程し採択される。この法律は，財政政策がより効力を発揮させるために連邦，州，市町村の予算計画における整合性を規定したものである。この法律で，連邦政府は，民間投資と個人消費に影響をもたらすために各州の政策の違いを制限し，税と税務手続きを調整する権限を得た。こうした規制により，政府はケインズ理論に基づき「総合的誘導政策」を採ることができるようになった。そのガイドラインは，通貨（物価）の安定，適切な経済成長，適切な雇用水準の維持，それに「対外均衡」という相互に対立する基準であったため，「魔法の四角形」といわれた。

　この政策は当初安定成長の軌道に乗ったこともあり，社会民主党は，1969年の総選挙で勝利しキリスト教民主・社会同盟との大連立を解消し，自由民主党との小連立を組み，社会保障政策を実行していく機会を得た。しかし，社会保障の支出は年率10％を超えて増加し，財政政策の柔軟性を減少させた。1972年には，財政赤字，物価上昇も5％に達し魔法の四角形にもほころびが生じ，引き締め政策を採らざるを得なくなった。さらに，ブラント首相は他の

政治的理由も発生したことから，ヘルムート・シュミット首相に代わる。シュミットは，経済相を兼ねたが，引き締め政策のため1974年，1975年の2年間は深刻な不況に直面するが，1976年には再び成長の傾向を示すようになり，シュミットは総選挙に勝利し「ドイツ・モデル」を打ち立てた主張したという[4]。

こうしたなかで，1967年の大連合以来，各政党や政府内に設置されたビーデンコッフ委員会（E. グーテンベルグもメンバー）で検討されてきた大企業の共同決定の最終案が審議され，1976年5月に拡大された新共同決定法が採択されるのである。他方，社会民主党（SPD）は，1975年に『85年指向綱領』を発表し，1967年の「安定成長促進法」の施行以降そこで実施された「総合的誘導政策」に対して，雇用の確保を可能にする投資操縦や企業権力の統制について論議開始する[5]。また，1974年に，労働・社会研究省は，その編著で「労働生活の人間化に関する研究―労働と社会および技術に関する連邦省の行動プログラム」を発表し[6]，それに呼応しドイツ労働組合総同盟の「経済・社会科学研究所（WSI）」は，1974年から1980年の半ばに「労働の人間化」に関して70冊以上の著作をシリーズで出版しているのである。

1969年戦後初めてのビリー・ブランドを首班とする社会民主党政権の誕生後，1972年にヘルムート・シュミットに首相の座が引き継がれ，1982年に再びキリスト教社会・民主同盟のヘルムート・コールに政権移譲されたのであるから，社会民主党政権は約12年間続いたことになる。したがって，1970年代は，まさに社会民主党政権の時代であり，社会民主党（SPD）が主力を占めて

---

4) W. R. Smyser, *The Economy of United Germany: Colossus at the Crossroad*, St. Martin's Press Inc., New York, 1992. 寺尾正敬訳『入門現代ドイツ経済』，日本経済新聞社，1992年，32-40頁．なお戦後からの西独の貿易構造および経済政策の概要については，高橋由明「貿易構造と日本の流通システム―日・独比較の視点から―」（『商学論纂』36巻3・4号），453-488頁参照．

5) 高橋由明「経済民主主義と経営参加―西ドイツの事例を中心に―」（村田稔編著『経営社会学』，日本評論社，1985年），237-248頁．

6) 同上，270頁，注64）参照．

いたドイツ労働組合総同盟が社会に影響を与えた時代であった。この影響のなかで，1978年に週38時間の労働時間短縮を掲げ，1984年には週平均38.5時間が実現したことは，ドイツ社会では歓迎されたことであった。こうした社会背景では，労働指向個別経済学の存在もドイツ経営経済学界内部で当然のこととして公認されていたのであった。

2） 1970年代前・後の科学方法論，経営学研究の動向

ドイツの社会科学分野での学術研究において，経営経済学を含めてそれぞれの学問分野での方法論の基礎について探求されていたと思われるが，それに対して大きな影響を与えたのが，1961年チュービンゲンで開催されたドイツ社会学会で，カール・ポパーとテオドール・アドルノが同一タイトル報告した「社会科学の論理」をめぐって，後に開始される「ドイツ社会学における実証主義論争」であろう。この論争は，この学会の後，アドルノを支持する，ユルゲン・ハーバーマスが，1963年に「分析科学理論と弁証法―ポパーとアドルノとの論争への一つの追加―」を発表し，それに対して，ポパーを支持する立場からハンス・アルバートが1964年春に「全体的理性の神話―弁証法的主張の非弁証的批判―」を『ケルン社会学・社会心理学雑誌』に発表した。さらに，ハーバーマスは，1964年秋に同誌に「実証主義的に二分割された合理主義への反論―アルバート論文への返答」を発表した。1965年秋にアルバートが「実証主義の背後に立つのは誰か？―弁証法的迂回の非弁証法的解明」を発表し再度対置する[7]。

ここでの論争の内容は，多岐にわたっているが，ポパーの「もし……ならば，そのときはこうなるという関連（Wenn — Dann — Beziehung）」という基礎

---

7) Theodor W. Adorno, Hans Albert, Ralf Dahrendorf, Juergen Habermas, Harald Pilot, Karl R. Popper : *Positivismusstreit in der deutschen Soziologie*, hersg. von HeinzMaus und Friedlih Fuerstenberg, Luchterhand Verlag, Neuwied und Berlin, 1969, 城塚登・浜井修訳『社会科学の論理』（河出書房新社，1979年）「訳者解説」346-347頁。

命題（法則的仮説）と単称命題（初期的条件）による反証可能性による検証（反証可能性）の方式では，価値自由的に研究できるが，社会的生活実践においては，こうした目的・手段の関係の分析からの結果を総体として解釈学的（弁証法的）に分析しなければ，重要な孤立的目的や副次的結果を見落とすことになる，というのが主要論点である。これに対して，「総体性の解釈学的先取り」が「事態そのものに適合するかどうかは，明らかにしていない」。機能主義的な体系概念のテスト不可能性に言及しているが，その概念も解明がすすむにつれてその正しさが証明されることを受け入れるかどうかは知らない，といった論争のなかで，理論と実践を分離してよいのか，目的─手段に関する事実的分析に中心をおく価値自由の立場か，目的と規範それ自体の適合性を解釈学的に分析するという立場かなど，論点は多岐にわたっていた[8]。もちろん，カプラーなどの労働志向的個別経営経済学は，ハーバーマスの理論に依拠し，アルバート同じくマンハイム大学で研究していたシャンツなどの批判的合理主義の立場の経営経済学は，アルバートの主張をその方法的基礎としている。

　さらに，1970年代のドイツ経営経済学の方法論に影響を与えた会議があった。それは，1965年7月にイギリス科学哲学協会とロンドン・スクール・オブ・エコノミックス・アンド・ポリティカル・サイエンスとが共同開催した「批判と知識の成長」のテーマでのシンポジュームである。そこでの報告論文は，1970年にイムレ・ラカトシュ等の編で出版される。このシンポジュームでは，ポパーの基礎（普遍）言明と単称命題（初期的条件）の反証可能性による暫定的真理の議論に疑問を提起した，トーマス・クーンが「発見の論理か研究の心理学か」の論題で報告し，ポパーが「通常科学とその危険」の論題で報告している。さらに，シンポジューム後の出版著作には，ラカトシュが「反証と科学的研究プログラムの方法論」，ファイヤアーベントが「専門馬鹿への慰め」を投稿し，この会議での報告者のワトキンス，トゥールミン，ウイリアムズの論稿と共に，彼らの論文も掲載されていたことは特記すべきである。

　8）塚登・浜井修訳『同上書』のハーバーマスとアルバートの論文参照。

特にラカトシュの論文には—詳細は本章の後でみるが—,ポパーの基礎(普遍)言明が,初期的条件(単称)の反証に直面するとこれまで反証に耐えてきた言明体系(理論)が崩れ排除されるという厳格な側面があったが,これを「固い核」と「補助仮説」に分離し,補助仮説の変更で理論を前進させるという提案が含まれていた。つまり,特別な研究プログラムの場合,プログラムの中心に「固い核」が存在し,その周りに「補助仮説」,「観察仮説」,「初期的条件」などによって構成される「防御ベルト」が存在すると考えると,観察仮説ないし初期的条件により反証された場合でも,固い核が反証されない限り,補助仮説の修正で理論を前進させることができるというのである。しかし最終的に固い核が反証されるなら,クーンのいう通常科学は科学者集団から支持されず科学革命が生じるというわけである[9]。こうしたラカトシュの提案は,ドイツ経営経済学方法論として批判的合理主義を支持する研究者から好意的に受け止められ理論構成に影響を及ぼしたといえるのである。

3. ドイツ経営経済学における批判的合理主義に基づく方法

1) ポパー方法論の問題点

経営経済学の認識方法ないし認識プログラムをめぐって,実証主義の内容の核心と思われる点を一言で述べるなら,経験・理論科学の科学性の基準となる検証概念において,カールナップ等に依拠して「検証可能性」の立場をとるか,それともポパーに依拠して「反証可能性」の立場をとるか,ということであった。カールナップ,ライヘソバッハ等の論理実証主義の立場は,ヒュームが苦悩した「帰納」に関する矛盾を意識しながらも,その解決を回避し,帰納的蓋然性の立場をとった。このことについて若干敷術すると,それまでの経験科学は,個別的観察ないし実験による結果から仮説または理論を導き出すという「帰納的方法」に依拠していた。しかし,すでにヒュームが意識していた,

---

[9] Imre Laktos & Alan Musgrave ed., *Criticism and Growth of Knowledge*, London : Cambridge University Press, 1970.

①経験だけが科学的言明の真また偽を決定し得る，ということと，②帰納は論証されていない，ということとの矛盾については，カントの場合は，根本的にはこれを考慮せず，帰納の原理を論証することなくア・プリオに認めた。

　これに対してカールナップ，ライヘンバッハ等の論理実証主義の立場は，ヒュームが苦悩した帰納の矛盾の解決を回避し，「帰納の原理は確からしさを決定するのに役立つべきである。なぜなら真理か虚偽かのいずれかに到達することは科学的に与えられないのであって，科学的言明はただ確からしさの連続的な度合を獲得しうるだけである」[10]と述べ，帰納的推論は蓋然的推論ないし確率論的推論であるべきとした。ライヘンバッハ，カールナップは言明ないし理論は「検証可能」な経験的基礎をもたなければならないとしながらも，帰納原理を「綜合的でア・プリオリに妥当する」と考えざるを得ず，結果的にはカントと同じ結果に陥っていた。この点では，マックス・ウエーバーも起こりうる可能性は確率に依存すると考えていた[11]。

　このヒュームの矛盾の解決を意識して新しい方法を提示したのがポパーである。彼はカントの先験主義やライヘンバッハ，カールナップ流の確率的帰納に反対して，検証における演繹テストの方法，すなわち言明が相互主観的テストによって反証されない限り，その言明は科学的であるとする「反証可能性」を提唱する。ポパーにおいては，「カラスは黒い」という言明も100回，1,000回と現実に黒いカラスを見たという経験に裏づけられていようが，1,001回目に白いカラスが現われるかもしれないのであって，あらゆる言明は相互主観的に

---

10)　ポパーの方法論については，『科学的発見の論理』，高橋由明「西ドイツ経営経済学における第三次方法論争と新実証主義方法論との関連について」（『商学論纂』17巻2号」中大商学研究会刊，1975年7月），高橋由明「科学方法論における検証の問題―ウェーバー，新実証主義，マルクス主義の方法と関連して―」（『中央評論』137号，中央大学出版部，1976年10月刊）を。

11)　M. Webwer, Kritische Studien auf dem Gebiet der Kulturwissenschaftlichen Logik, in: *Gesammelte Aufsatze zur Wissenschaftslehre 3Auf. (GazWL)*, S. 284, 上記高橋由明「西ドイツ経営経済学における第三次方法論争と新実証主義方法論との関係について」（『商学論纂』17巻2号，1975年）の47頁，注25）を参照されたい。

テスト可能でなければならない，と同時に反証されない限り，その言明は科学的であるとされるのである。ポパーにおいては，「反証可能性」の概念こそが科学と形而学を区別する「境界基準」の地位を占めているのであった。

しかしながら，周知のとおり経営経済学がその成立以来きわめて実践的な性格をおびており，また実践に寄与しなくてはその存立基盤を失うことから，ポパーの「反証可能性」の方法が経営経済学の認識プログラムの基礎としては厳格すぎて適さないと主張する傾向が示されるようになる。このような傾向を体系的に展開したのが，K.ペトリの『批判的経営経済学―経営経済学研究実践を背景とするポパーの批判的合理主義との対決―』(1976年)[12]である。ペトリは，ポパーの方法が実践的な経営経済学の認識プログラムの基礎として適さない理由として，次の4点をあげている。

(1) 認識論的考察が理論の根拠づけにのみ関係しているのに対して，発見的関係は（心理学的過程に基づくがゆえに）非合理的なものとして，考察の外におかれている。
(2) その結果，経験・科学的言明と形而学的言明の厳密な分離ということになる。経験・科学的なものとして，現実に照らし合わせ座礁する，すなわち反証され得る普遍言明のみが認識される。
(3) そのうえ，反証可能性の要求を充たす普遍命題はある反証的仮説が対置されると，科学的言明体系から分離される。反証は境界基準であるばかりでなく，同時に排除の基準でもある。
(4) 検証可能性と反証可能性の非対称性を強調することは，真理を認識する可能性について，著しく懐疑的な判断をもたらす[13]。

---

12) Klaus Petri., *Kritische Betriebswirtschaftslehre - Eine Auseinandersetzung mit dem kritischen Rationalismus Karl R. Popper vor dem Hintergt.und der Probleme der betriebswirtschaftlichen Forschungspraxis.* Verlag Harri Deutsch. Ziirlich, Frankfurt/M., Thun 1976.
13) K. Petri., *a. a. O.*, S. 131.

ペトリによると，厳密なポパーの意味での科学性に努力するなら，理論のなかに行動提言の基礎として役立つところの実践的な経営経済学は，単なる言いのがれの学問とならざるを得ない。「経営経済学が単に理論的認識のみに努力するなら，経験と発見的意思決定（Entscheidungsheuristiken）の領域における認識進歩は封鎖される。特に発見的意思決定，例えば，投資計算，補塡計算（Deckungsbeitragsrechnung）においては，経営経済学研究の結果が，これまで実践において重要な役割を演じていたのである」[14]。その意味で，フィッシャー＝ヴィンケルマンが「今日まで経営経済学においては，経済実践において評価される理論的結果が示されてこなかったし，合理的行動の説明に寄与してこなかった」[15]，と述べていることは，実践に役立つ理論が欠けていた，ということを確認する限りで正しいとしても，「経営経済学がなおも合理的行動の説明に寄与していない」，という主張は経験的にも誤りである。フィッシャー＝ヴィンケルマンは，完全にポパーの概念に追随し，非理論的認識の意味を見逃すことによって経営経済学をそそのかそうとしているのである」[16]。

ペトリによると，具体的な意思決定状況と同様に研究それ自体においても発見（Heuristik）は重要な役割を演ずる。なぜなら発見は研究過程を合理的なものとし，それとともに認識進歩を促進するからである。しかしポパーの基準によれば，発見的研究は，それが現実において検証されないがゆえに科学的言明となりえない。それはポパーの科学的関心が根拠づけの関係にのみ限定され，一般的な発見的研究の展開が，彼のプログラムには含まれていないからである。それではペトリは，ポパーの方法に代わっていかなる方法論に立脚するのか。それはイムレ・ラカトスのポパー方法論の修正発展の立場であるが，以下それについてラカトスの論文「科学的研究プログラムの反証と方法」[17]に沿い

---

14) K. Petri., *a. a. O.*, S. 136.

15) Wolf F. Fiseher = Winkelmann., *Methodologie der Belriebswirrtschaftslehre*, Mdnchen 1971. S. 9, K. Petri., *a. a. O.*, S. 136.

16) K. Petri., *a. a. O.*, S .137.

17) Imre Lakatos., Falsifikation und die Methodologie wissenschajflicker Forschung-

ながら検討してみよう。

2) ラカトスによるポパー方法論の修正

ⅰ) ドグマ的（素朴）な反証主義と方法論的（洗練された）反証主義

ラカトスによると，ポパーの著作『探究の論理（Logik der Forschung）』には，2つの立場が混同されている。1つはドグマ的な反証主義ないし素朴な反証主義であり，2つは方法論的反証主義ないし洗練された反証主義と呼ばれるものである。『科学革命の構造』の著者トーマス・クゥーンが，ポパーを批判し，科学の進歩をパラディグマ（パラダイム）の変化によって説明する理論を展開したが，クゥーンの批判はポパーの素朴な反証主義に対して向けられたものであり，その限りで正当であるが，クゥーンはラカトスの支持する洗練された反証主義を見落している。方法論的反証主義ないし洗練された反証主義こそ社会科学の認識論的発展に寄与するというのである。

ラカトスによると，ドグマ的な反証主義は「すべての科学理論の誤謬不可避性を認めるが，ある種の経験的基礎の無謬性を堅持する」[18]。ドグマ的な反証主義は，理論が正当か否かを判断するにあたって経験的事実のみをその判断基準とすることから，経験的基礎の確実性を理論に委任することを否定し，理論は一様に想像であるという立場をとる。ドグマ的な反証主義者においては，科学は証明できないが反証できるとして，反証されない言明を形而上学としそれから科学的地位を剥奪する。「ドグマティックな反証主義者は，理論家と実践家との間に厳しい限界線をひく。理論家は提案するが実験家は〔反証によって―引

---

sprogramme, in: *Kritik imd Erkenntnisfortschritt*, (Hrsg, I. Lakatos/A. Musgrave) Vieweg Braunschweig 1974. Titel der Originalausgabe: *Criticism* and *the Growth of Knowledge,* Cambridge University Press, London 1970. 森博監訳『批判と知識の成長』（木鐸社，1990年）。本章のオリジナルの原稿は冒頭に断わったように1979年に発表したため，英語版翻訳は未だ出版されておらず，筆者はベルリンに滞在していたため，上記のドイツ語版を参照した。本章の加筆にあたり，上記翻訳を参照し改善すべき訳語に改めたが，個々に訳書を参照していない。

18) I. Lakatos., *a. a. O.*, SS. 93-94.

用者〕却下する」[19]というわけである。

　ラカトスは，ドグマ的な反証主義が社会科学の認識論的発展に寄与しないのは，次の2つの仮定と，科学と非科学の「境界基準の狭隘さ」に基づくからである，と考える。1つは，理論ないし思弁的諸命（Spekulation Saetzen）と経験的ないし観察命題（基礎命題）の間に心理的境界があるとすることであるが，これは方法論における自然〔科学—引用者〕主義者の手続きの一部である。2つめの仮定は，事実ないし観察的（基礎的）性格の基準を充たす命題のみを真理と考えること，すなわち，命題は諸事実によってのみ証明されると仮定されていることである。境界基準とは一言でいうなら，理論が科学的であるのは経験的基礎をもつ場合と限定していることである。

　しかしラカトスによると，このドグマ的な反証主義の依拠する3つの基礎はいずれも誤っている。第1の仮定について，ラカトスは1つ例を示し反論する。ガリレオは，月の表面には山，太陽には黒点を観察，この観察結果が，天体は欠点のない結晶の球体であるというそれまで古い理論を反駁した。しかし，彼の観察は肉眼での探究という意味での観察ではなく，その信頼度は彼の望遠鏡と彼の光学理論に依存するものであり，同時代の人はそれを疑った。彼らが疑い問題としたのは，ガリレオの純粋なしかし理論化されていない観察と古来のアリストテレスの理論間の対立ではなくて，ガリレオの光学理論における考察の際の観察とアリストテレスの天体論における考察の際の観察との対立が問題とされたのである。そして旧来の経験主義者は，ガリレオの観察は望遠鏡を用いているので正しい観察ではないと主張した。すなわち，彼らは肉眼の観察から得る空虚で受動的な命題と，純粋でないが理論を導くのには意味のある知覚が呼び起す命題との間には差異が存在すると主張したのである。しかしラカトスは，「予測（Erwartung）なしに遂行される知覚などというものは存在せず，したがって観察命題と理論命題との間には，なんら自然主義的な，すなわち心理学的境界は存在しないのである」[20]と主張する。

---

19)　*ebenda*, S. 94.
20)　*ebenda*, S. 97.

次に，第2の仮定，命題は事実によってのみ証明される，ということについての誤りは，ラカトスによると，それは論理学で説明できる。「事実言明は決してある実験を基礎にして証明されるのではない。諸命題はそれ自体のほかの命題から導かれるのであって，事実から導かれるのではない」。「事実言明が証明し得ないのであれば，それはまた誤謬性をもっている。そして事実言明が誤り得るとしたら，理論と事実の衝突は決して反証といえるものではなく，単なる矛盾である。われわれの想像は，事実言明の公式化においてよりも理論の公式化において重要な役割を演ずるが，しかし両者は誤謬性をもっているのである」[21]と述べ，ラカトスは第2の仮定の誤りを批判する。

第3のドグマ的な反証主義者の境界基準の考え方について，ラカトスは，ドグマ的な反証主義者が理論の科学性を経験的基礎にのみ求めるがゆえに，同一条件（Ceteris — paribus — Klauseln)，すなわち因果関係という考え方を見落していると主張する。彼は「すべての白鳥は白い」という言明は，「白鳥」という存在が「白」の存在をひき起すという主張を含んでおり，「黒い白鳥」はこの命題を反証するものではない。なぜなら前とは違った条件の変化が進んでいることを示すにすぎないのであるから。

したがって，「すべての白鳥は白い」という命題は，ドグマ的な反証主義においてはある変種の生成によって容易に反証されるが，方法論的反証主義の立場からすれば，同一条件でないからということで反証されないことになるのである。それゆえ理論の強靭さが経験的基礎にあるとする考え方，すなわち経験に基づく反証可能性が，その理論の科学性を支持するか否かの基準とはなり得ないのである[22]。

これに対して方法論的反証主義は，科学者の事実を解釈する実験技術には誤った理論が含みやすいことを認め，また理論に目を向けるとしてもそれは検証されるべき理論としてではなく，われわれが試験によって問題ないものとして受け入れる「問題のない背景知識（unproblematische Hintergru-nderkenntnisse)」[23]

---

21) *ebenda*, SS. 97-98.
22) *ebenda*, SS. 100-101.

として考察するのである。方法論的反証主義は，排除と反駁を区別する。ある変種の出現による一回限りの反証では満足せず,「同一条件もとのもとでは」という仮定をとり払い，その変種が他の要因がつけ加わって生じたものかどうかについて詳細に検討し，その理論が何度も反駁されるなら反証されたとして排除するのである[24]。

　ラカトスはこの立場を「洗練された反証主義」と名づけ,「素朴な反証主義（ドグマ的な反証主義）」の立場と区別する。「洗練された反証主義にとってある理論Tが反証されるのは，他の理論T′が次の特徴をもって提案されるときである。１）T′がTに比較し多い内容を持っていること，すなわちT′が新しい事実つまりTの内部ではありそうにない禁止されている事実を予言すること　２）T′はTのこれまでの成果を説明する。すなわち，Tのまったく反証されていない内容が（観察の誤謬性という限界内で）T′の内容に含まれていること。３）〔Tに比べ―引用者〕T′の多い内容部分が検証されていること」[25]。ラカトスは，１），２）のそれぞれの理論がその前の理論に対して経験的にそれより多い内容を持っていること，すなわち新しい理論が新しいそれまで予測されなかった事実を予言していることを「**理論的**に前進的な問題移行となる要件」[26]と呼ぶ。また，３）の経験的に内容の多い部分が検証されていること，すなわちそれぞれの理論が新しい事実の発見に導くという要件を「**経験的**に前進的な理論の成立要件」（いずれも実線の強調は引用者）と呼ぶ。

　このことについて，ラカトスにしたがい例示を用いてもう少し説明しよう。アインシュタイン理論は，ニュートン理論を反駁したからニュートン理論よりすぐれているのではない。アインシュタイン理論が多くの変種を包含し説明しているからでもない。アインシュタイン理論が進歩という観点からの比較においてすぐれているのは，それは，ニュートン理論が結果的に説明したすべてを

---

23)　*ebenda*, S. 104.
24)　*ebenda*, SS. 106-107.
25)　*ebenda*. S. 114.
26)　*ebenda*, S. 115.

含んで説明しているからであり，それがよく知られている変種を一定程度説明しているからであり，ニュートン理論が説明していなかった，しかし他の同時代の理論家によって確認され認められていた，例えば大きな固体の近くでの光の一直線の伝導のような付加的結果を禁止していなかったからである。また他にそれまで少なくとも予想されなかったことすなわち，アインシュタイン理論の内容の多い部分が，例えば日食等によって実際に験証（bestaetigen）されていたからである[27]。

以上みてきたように，洗練された反証主義と素朴な反証主義においては，反証の考え方に相異がある。素朴な反証主義では，ある理論は，それが一種の変種ともいうべき事実によって反証された場合，その理論は反駁・反証されたとして却下されるのに対して，洗練された反証主義では，その変種が同一条件のもとでのものかどうか等，事態を種々の側面から把握することが試みられ，新しい事実を包含する新しい理論が提案され，その強力な理論に追い越された古い理論が却下されるのである。「反証がよりベターな理論の出現に関係し，新しい事実を受け入れる理論の発見に関係するならば，反証は〔素朴な反証主義においてのように—引用者〕理論と経験的基礎といった単純な関係でなく，本来的な経験的基礎と経験的な成長が理論の競合へと導くところの競争し合う理論との多面的な関係となる。したがって反証は，歴史的な性格を持つということができるのである」[28]。ラカトスが反証としての検証概念が歴史的性格をもつと述べていることは大変興味深く，ポパーの検証概念との比較において重要な指摘と思われる。

ⅱ）否定的発見法と肯定的発見法

ラカトスは，これまでみてきたような全体としての科学の性格でなく，特別な研究プログラムを考察するにあたって，否定的発見法と肯定的発見法という概念を対照させて論じている。ラカトスによると，科学研究プログラムにはそ

---

27) *ebenda*, S. 121.
28) *ebenda*, S. 117.

の中心に「固い核」が存在するとともに，その回りに「補助仮説」，「観察仮設」，「初期的条件」等によって構成される「防御ベルト」が存在する。この防御ベルトとは，「検証の衝撃に持ちこたえられ，秩序立てられ，そして再び秩序立てられる補助仮説の防御ベルトであり，固い核を防御するために完全に取り替えられる」[29]こともある。

　ところで，否定的発見法の一般的役割は，われわれにいかなる研究の道程を避けるべきかを教えることにある。つまり，研究者に研究プログラムの固い核の様式の破壊に目を向けることを禁止するのである。否定的発見法は，一見反駁していると思われる概念の直前に立たされている固い核を防御するために，その固い核の回りをとり囲むことを要求する。その場合，防御ベルトに多い内容を持った新しい補助仮説，すなわち新しい事実を予測することを認める補助仮説，を生み出すこと——ラカトスはこれを理論的に前進的な問題移行と呼ぶ——に成功する限りにおいて，固い核は防御される。これに対して後退の問題移行においては，防御ベルトと固い核はポロポロにくずれて露出することになる[30]。

　このことについて，さきの『批判的経営経済学』の著者，ペトリは，このようなラカトスの固い核と防御ベルトのメカニズムについては，次の合意が含まれている，と述べている。

1　ラカトスの概念は経験的である。実際的な諸事実は無視されるのではなく，研究プログラムが最大限の認識進歩をもたらす前に反証要素として停まっている。諸事実は，また前進的な問題移行の途中で補助仮説の検証要素として，研究者によって記録されている。このことは実験の意義にも妥当することである。事実は，前進的な問題移行の過程では検証要素としての関心事である。問題の浮動が後退的であるならば，実験の意義は決定的となる。

2　認識進歩が否定的発見法の教示のもとに形造られる防御ベルトのなかで

---

29)　*ebenda*, S. 130.
30)　*ebenda*, SS. 130-131.

行われるがゆえに，ある研究プログラムの固い核が，反証されるものかあるいは形而学であるのかについては，基本的には無関心であること。このことは，形而学的仮説が意味のある経験的認識となり得ることを示している[31]。

ラカトスによる，肯定的発見法とは，防御ベルトを可能な限り長い間保持し，前進的な問題移行を可能な限り継続的に停滞させずに実行させるよう配慮することである。「肯定的発見法は，研究プログラムの反駁しうる変種をいかに変化させ発展させるかについての，すなわち反駁されうる防御ベルトをいかに修正し混合させるかについての示唆ないしヒントのセットである。肯定的発見法は，研究者が変種の海によって混乱させられることから救い出すのである」[32]。また肯定的発見法は否定的発見法より弾力的である。その顕著な例は，「ある後退的局面に入り込んだ研究プログラムが，ある小さな革命ないし創造的な問題移行によって，肯定的発見法において再び促進されることにみられる」[33]のである。

3） 経営経済学にとってのラカトス研究プログラムの意義

以上みてきたように，ポパーの早い時代の著作『探究の論理』において含まれていたドグマ的（ナイーブ）な反証主義に反対し，方法論的（洗練された）反証主義を発展させ，しかも理論における固い核と否定的発見法，さらに肯定的発見法の概念によって「理論の後退的移行」と「前進的移行」を区別し，理論の発展ないし認識進歩を説明するイムレ・ラカトスの認識プログラムは，経営経済学にとってどのような意義をもつものであろうか。K.ペトリは，このことについて経営経済学における価格理論の発展を跡づけながら，ラカトス認識プログラム採用の妥当性について次のように説明している。

ペトリによると，経営経済学の重要な研究プログラムは，財貨の供給および

---

31) K. Petri., *a. a. O.*, SS. 296-297.
32) Lakatos., *a. a. O.*, SS. 131-132.
33) *ebenda*, S. 133.

財貨の需要とその価格との関連を論拠づけることに努力してきた。ところで，この研究プログラムの中心的な仮説ないし固い核を単純化すると次のように公式化し得る。「財貨の供給は価格の上昇とともに増大するのに対して，財貨の需要は価格の上昇にともない減少する。市場メカニズムは，供給と需要の均衡をもたらす均衡価格を生み出す」[34]が，否定的発見法は研究者をして価格理論の固い核に関して現象する変種に目を向けることを禁止してきた。それは，すでにみたように固い核の回りには補助仮説によって構成される防御ベルトが存在し，そのなかで変種を説明するからである。したがってその場合，ある研究プログラムが経験的内容を持っているなら（つまり補助仮説が現実科学的な意味において現出する変種を説明しうるなら），つねに認識進歩を得ることになるのである。この意味でペトリは，経済学における価格理論は今日なおも動揺していないと考える。それは価格理論における認識進歩，すなわち前進的問題移行は「ギーフェン・パラドックス（Giffensche Paradox）」[35]と呼ばれる現象において顕著に示される。

　ギーフェンの定義にしたがえば，パンの価格が上昇してもパンの需要は必ずしも減少せずに，特に貧困な国民層においては逆に上昇するということである。ギーフェンによって観察されたこの例は，価格理論の固い核の全命題（Allausage）への反駁である。しかし否定的発見法の教示にしたがえば，なお固い核は反証されたとはみなされず，その変種は次の補助仮説によって説明される。すなわち「パンやジャガイモ等の価格の安い基本的な食料品は，低所得家計の消費計画の重要な部分となっているということにある。このような諸財貨の価格が上昇する場合は，家計の現実所得は著しく低下するので（すなわち所得効果が強まるので），この現実所得は強制的により高価な食料品の消費を制限し，その代り価格の上昇した諸財貨への需要が大幅に増大するのである」[36]。

---

34)　K. Petri., *a. a. O.*, S. 305.

35)　K. Petri, *a. a. O.*, S. 305. Dr. Gablers, *Wirtschafts-Lexikon*, (Hrsg) R. Sellien und H. Sellie, Betriebswirtschaftlicher Verlag 1977, S. 1827.

36)　H. Sauermann., Volkswirtschaftslehre n S. 47. K. Petri *a. a. O.*, S. 306.

ペトリはこのことから，これまで知られなかったギーフェン・パラドックスに対するこの補助仮説による事態の説明をみる限り，価格理論においても，ラカトスの方法論的議論が設定した研究プログラムの前進的な問題推移が充たされている，ということができると結論している[37]。

しかも，この諸財貨への需要の展開のパラドックスの問題は，価格の安い基本的な食料品にのみ現象するのではなく高価な贅沢品の場合にも妥当し，需要が価格上昇時に増大する現象がみられる。この現象を説明する補助仮説は，ヴェヴレンの『有閑階級の理論』に基づいている。すなわち，ある贅沢品の価格が上昇すればするほど消費のデモンストレーション効果が作用し，有閑階級の人々は財貨への必要度を財貨の質いかんより価格に向けようとする現象がみられるのであり，この現象もラカトスの意味における前進的問題移行として説明されるというのである[38]。

ところで，ペトリによれば，現実の市場関係を考察すると，市場メカニズムによって均衡価格が生み出されるという価格理論の固い核のテーゼに反する現象がみられる。それは不均衡価格という現象であるが，価格理論家は，この問題を克服するためにポパーの「ゼロ法」に照応する肯定的発見の方法を展開した。すなわち均衡価格が達成される物理的条件を完全市場として，安定した均衡価格の状況について数学モデルを展開してきた。このモデルの作成は驚くべき精密な自然科学に照応する結果をもたらすように思われてきたこともあり，完全市場という理想モデルに関して作られた価格理論は，トーマス・クーンの意味のパラディグマになったという理解が示されてきた。しかし，ペトリによると，このパラディグマによる説明は，ラカトスの意味においてはトートロギー的言明の援用という結果に陥り，なんら価格理論における積極的な前進的移行を獲得できなかった。この意味で肯定的発見法の教示を援用し，この現象モデルを現実に適応させることを怠ってきた感があった，というのである。

ともあれ，ペトリによると，ラカトスの研究プログラムについての方法論

---

37) K. Petri, *a. a. O.*, S. 306.
38) *ebenda*, S. 306.

は，これまでの価格理論を例にした限りでは，現実的な経営経済学が原理的に可能であることを示しているということである。それは，ラカトスの意味における科学的研究プログラムの方法論が厳格なポパーの概念より多くの長所を持っているからであり，この事実は，経営経済学者が経験的に内容のある言明を探究することを勇気づけているというのである[39]。

4） ラカトスによるパラディグマ (T. クゥーン) 批判

これまで見てきたラカトスの見解は，彼の論文「科学研究プログラムの反証と方法」に依拠するものであるが，この論文が投稿された『批判と認識進歩』には，1965年ロンドンでT. S. クゥーン，J. ワトキンス，K. R. ポパー，I. ラカトス等の哲学者が参加して行われた「科学哲学に開する国際シンポジューム」の報告とその後の論争の内容が掲載されている。批判的合理主義のポパーとパラディグマの転換を「科学革命」によって説明するクゥーンとの間には，科学についての考え方に決定的な違いがみられるのであるが，西ドイツ経営経済学の方法論研究者のなかにも，たとえばエゴン・イエーレのようにグーテンベルクの『経営経済原理（生産篇）』(1951年) をパラディグマとして捉える立場もあるので[40]，ここでクゥーンの『科学革命の構造』[41]で論じられている内容について簡単な考察を加えておこう。

クゥーンによると，科学の発展は，彼が「パラディグマ」と名づけるものの転換によって説明される。パラディグマとは，「実際の科学の模範となっている例—法則，理論，応用装置を含めた—があって，それが一連の科学研究の伝統をつくるモデルのようなもの」[42]である。パラディグマの転換，すなわち科

---

39) *ebenda*, S. 308.
40) Egon Jehle., *Uber Fortschritt und Fortschrittskriterien in Betriebswirtscha - ftlichen Theorien*, Stuttgart. 1973.
41) Thomas S. Kuhn., *The Structure of Scientific Revolution*, Chicago, 1962. 中山茂樹『科学革命の構造』みすず書房, 1971年。
42) クゥーン，中山訳『科学革命の構造』, 13頁。

学革命は，通常科学—クゥーンの定義では「特定の科学集団が一定期間，一定の過去の科学的業績を受け入れ，それを基礎として進行させる研究」[43]—を意味するが，これが危機に瀕するときに始まる。つまり新しい理論の出現は，通常科学の問題やテクニックに大きな変更を必要とするため，大規模なパラダイグマの破壊と一般的には研究者の間に不安定な状態をひき起す。そして科学革命は，具体的には「古いパラダイグマがそれ〔通常科学—引用者〕と両立しない新しいものによって完全にあるいは部分的に置き換えられる」[44]形で現象するが，クゥーンによると先の新しいパラダイグマの検証問題について考えるなら，カールナップ流の論理実証主義の蓋然性による検証も，ポパーの反証可能性も支持できない。なぜなら「個々の理論が事実と適合するかどうかの問題については厳格な答えは存在しない〔からである〕。しかしそのような問いは，複雑な理論を全体としてあるいは対として取りあげるときには可能である。二つの現実に対立する理論のどちらが事実により適合するかを問うことは，大きな意義がある」。「どちらも相手側を自分の味方に変えようとするが，どちらも完全に証明できない。パラダイグマ間の競争は，証明によって決着をつけられるような種類の競争ではない」[45]。それは古いパラダイグマと新しいパラダイグマを比較する合理的基準が存在しないからである。こうして，クゥーンは新しいパラダイグマの根拠づけの問題，すなわち検証の問題については，「すべての専門家が〔新しいパラダイグマに—引用者〕改宗した後に抵抗を続ける人は，事実上科学者であることを止めるのだ」[46]と述べていることからも分かるように，心理学的改宗の問題であると考える。

　このクゥーンの見解に対して，ラカトスは，クゥーンがポパーの『探究の論理』に含まれていた素朴な反証主義に反対したのは正しかったけれども，すべての反証主義に反対し洗練された反証主義を見逃し排除した点において決定的

---

43)　クゥーン，中山訳『前掲書』，12頁。
44)　前掲訳，104頁。
45)　前掲訳，166-167頁。
46)　前掲訳，179頁。

な誤りを犯しているという。というのは,「クゥーンはポパーの研究プログラムのすべてに反対し,科学進歩の合理的な再構成についてのあらゆる可能性を締めだした」[47]からである。すでにみたように,競争し合う研究プログラムが後から生れてくる科学進歩の再構成と前進的移行か後退的移行かを区別する問題が,ラカトスの立脚する科学観であるが,これはクゥーンのいう通常科学の危機,すなわち科学革命によってもたらされる古いパラダイグマのドラスティックな変換とは全く違う考え方であるというわけである。

ところでここでひとつ指摘しておかねばならないことは,,クゥーンが「社会科学の分野ではパラダイムというものが果たしてできているのかどうかさえも問題である。研究者の意見の一致をみるに至る道はきわめて峻しいことを歴史は示している」[48]と述べているのに対して,ラカトスの知的関心は,ポパーとクゥーンの対立を,ポパーの内部で混同されていたドグマ的な反証主義を排除し,洗練された反証主義の内容を展開させようとするところにある。ラカトスは「ポパーとクゥーンの間での衝突は単なる専門技術的な認識理論に関係するのではない。これは,われわれにとっての中心的な知的評価に関係しているのであり,理論物理学ばかりでなく,未開発な社会科学にも,つまり倫理学や政治哲学それ自体にも確かに結果をもたらすのである」[49]と述べていることである。この叙述からも分かるように,ラカトスのポパー理論の発展・展開は,社会科学の研究プログラムの根拠づけと発見機能の明確化にあったのである。この点に注意を向けておくことは,きわめて重要であると思われる。

---

47) I. Lakatos., *a. a. O.*, S. 171.
48) クゥーン『前掲訳』,171頁。
49) I. Lakatos., *a. a. O.*, S. 91.

4．シャンツの「行動理論的経営経済学」と批判的合理主義との関係

1）シャンツの基本的スタンス

批判的合理主義の立場から精力的に独自の経営経済学理論を展開しているグユンター・シャンツは，1977年に『行動理論的経営経済学の基礎』[50]を著わし，行動理論的経営経済学の認識プログラムについて以下のような論述をしている。経験科学の研究活動は，現実を構造的に把握するために努力することであるが，その場合，理論は手段で，その援用によって諸事実を体系的な関連のなかで理解可能にすることである。シャンツによると，このような立場は，ポパーが「理論」を適切に特徴づけて「世界を把握し合理化し説明し支配するためにわれわれが張るところの網である」。「われわれは，人間の網をつねに密接にするために研究する」[51]と述べている立場と同じである。

ところでシャンツは，このような現実の構造的特徴を，経営経済学的に跡づけるために一般的方向づけの枠組（Orienterungsrahmen）を必要とするが，この展望を創出するためには，ⅰ）内容的方向づけと，ⅱ）方法論的方向づけに分けて考察するのが目的にかなうと考える。以下，後者から検討することになる。

2）方法論的方向付け

方法論的方向づけとは，経営経済の事象を法則定立的な方法で把握することができるという立場をとり，基本的にはすでにこれまでラカトスの研究プログラムで展開された批判的合理主義の方法論を採用するということである。すなわち，認識プログラムが，理論が核とそれを囲む防御ベルトから形成されるな

---

50) Gunter Schanz, *Grundlagen der verhaltenstheoretischen Betriebswirtschaftslehre*. J. C. B. Mohr (Paul Siebeck) Tubingen, 1977.
51) K. Popper., *Logik der Forschung*, S. 31, G. Schanz., *a. a. O.*, S. 3.

ら，固い核が反証されず，防御ベルトの部分だけが反証されたなら，補助仮説で補うという，肯定的発見法によって理論を前進的移行することができる。しかし，固い核が反証されるなら，科学革命が起き科学者集団によってこの通常科学が放棄される。この点については，シャンツは，1988年に『認識と形成 (Erkennen und Gestalten)』[52]の著作を発表し，より明確にポパーの弱点を整理している。シャンツによれば，クーンの『科学革命の構造』から「パラダイムを却下する決定は，常に同時にまた他のパラダイムを受け入れる決定であり，そしてこの決定に導く判断は，双方のパラダイムを自然と比較することに加えて，パラダイム同士を比較することを内容としている」の叙述を引用している。シャンツは，ポパーの認識論の主著『科学的発見の論理』では，探求の論理だけを問題にし，科学的研究の心理学，すなわち「知識の心理学」を排除するという弱点をもっていたことを明確に指摘している[53]。

　さらに，シャンツは，ファイヤアーベントが，科学と科学理論において寛容性を要請し多元論を容認したことを，かれの論文「人はいかにして勇敢な経験主義者になり得るか？——認識論における寛容性の必要性の呼びかけ」のなかから，つぎの引用文を紹介し，シャンツ自身もこの見解を受け入れている。

　「理論と経験と一致したということは，その理論が他の諸理論と対比された後でのみ主張することができる。**したがって，他の諸理論の発明と展開は，実際的成功や経験との一致に関するあらゆる最終的主張に先行しなければならない。**……つまり，理論の多元性の方法論的正当性は，それが一般に認められた諸観念を，いわゆる『事実』との単なる比較よりもはるかに痛烈に批判するこ

---

52) G. Schanz, *Erkennen und Gestalten : Betriebswirtschaftslehere in krit.-rationaler Absicht*, Carl Ernst Poechel Verlag GmbH Stuttgart 1988. 榊原研互『G. シャンツ著，経営経済学の課題と方法——批判的合理主義をめざして』(同文舘，1991年)。筆者はこの原文を所持していないので，シャンツのこの著作の紹介については，榊原氏のこの翻訳に全面的に依存している。ここに記して感謝する。なお，榊原研互「行動理論的経営経済学の再検討」(『三田商学研究』，35巻1号，1992年，84-96頁) 参照。

53) G. シャンツ，同上榊原訳『訳書』，29頁。

とができるという点にある」(シャンツによる Feyerabebd の著作からの引用，強調は原文のまま)[54]。シャンツは，このファイヤーベントの言葉は，彼が「理論的見解の多様性を弁護することによって，批判理念の徹底化を図っていることである。換言すれば，科学は諸観念の競合として組織されねばならないということである」[55]。

ところで，個人の行動方法を法則定立的に描写するには，個人の目標や特有な状況知覚，合理性仮定がキー概念となるとして，個人の行為を演繹的説明図式で示す例を，M. Tiezel にしたがってあげているので，ここで紹介しておく[56]。

説明項：1．(諸) 目標 (「動機づけ構造」)
　　　　　「Xは目標Aを追求する」
　　　　2．状況知覚 (「誘因構造」)
　　　　　「Xはa，b，c，を，Aを達成するための適切な手段だと考える」
　　　　　「YはXがcを成功的に行うことを妨げる」
　　　　　「bはaよりもはるかに大きな費用を必要とする」
　　　　3．合理性仮説
　　　　　「すべての人間（したがってXも）は，自分の目標の実現度を高めようと試みる」
被説明項：「Xはaを行う」

---

54) G. シャンツ，同上榊原訳『訳書』，29頁。
55) G. シャンツ，同上榊原訳，24頁．Feyerabebd, P. K., Wie wird man ein braver Empirist? Ein Aufruf zur Toleranz in der Erkenntnistheorie, in L. Krueger (Hrsg.), *Erkenntnisprobleme in der Naturwissenschaten*, Koeln-Berlin, 1970, SS. 302-335.
56) G. シャンツ，同上榊原訳，24頁。

3） 行動理論的経営経済学の内容的方向づけ

ⅰ） 経営経済学の中心に人間をおく――モチベーション研究の重要性

シャンツの行動理論的経営経済学の内容的方向づけとは，結論から先に述べれば，経営経済学の中心に個人（Individum）をおくということ，すなわち方法論的個人主義（methodologischer Individualismus）の立場をとるということである。この方法により人間を中心とした経営経済学の確立のために，シャンツがとりあげている文献には，サイモンとマーチの『組織論』，サイアートとマーチの『企業行動の理論』を含めて，カーンとカッツの『組織の社会心理学』，フィドラーの「コンテンジェンスイ・セオリー」に関する一連の労作等，さらに動機づけ理論，リーダシップ理論など，おもにアングロ・アメリカでの研究成果であるが，これらを批判的検討する形式で展開されている[57]。

シャンツによると，これまでの経営経済学は，生産理論と投資理論さらにその上に構築される費用理論と費用計算の問題に関する言明体系を考察する限り，ここでは人間は決して役割を演じていない。しかし，個人を分析の中心におこうと努力するなら，「言及されている生産理論と投資理論の問題と人間の諸活動を結びつけることは，難なく可能なのである。この考察方法〔個人を営

---

57) ここでシャンツがあげているアメリカの業績はつぎのようなものである。

H. A. Simon and J. G. March, *Orgainzation,* New York. London, 1958.

R. M. Cyert and J. G. March, *A Behavior Theory of the Firm*, Englewood Cliffo, N. J. 1963.

R. L. Kahn and D. Katy, Leadership Practice in Relation to Productivity an Morale, in D. Carwirt and A. Zander (ed.), *Group Dynamics, Research and Theory*, auf, III Elmsbord, N. Y. 1960, pp. 554-570.

E. E. Lawlar, *Motivation in Work Organization*, Monerray Cal, 1973.

R. E. Likert, *The Human Organization : Its Management Value*, New York, 1967.

F. E. Fiedler, A Contingency Model of Leadership Effectiveness ; in L. Perkowitz (ed.), *Advance in Experimental Social Psychology*, Bd. I. New York-London 1964.

derselbe, Engineering the Job to Fit the Manager, in : *Harvard Business Review 43,* 1965.

derselbe, A theory of Leadership Effectiveness, New York, 1967.

経済学の中心におくという―引用者〕では，例えば企業の費用関数を規定するのは経営手段が第一次的ではなく，その調達を行う個人の意思決定が第一次的なのである」[58]。

シャンツは，経営経済学の中心に個人をおくという考察方法は，経営経済学が以前から関心を向けてきており，ハインリッヒ・ニックリッシュも，個人を経営経済学の中心においていた。そのため，シャンツの行動理論的経営経済学の考察方法は，ニックリッシュの創案したプログラムと結びつけることは可能であるが，しかし看過してならないことは，ニックリッシュのプログラムは，法則定立的な方法によって形成することに成功しなかったということである。それは，ニックリッシュ学派が展開した個人（人間）の中心概念である「本能 (Intuition)」ないし「内的経験 (innere Erfahrung)」が，認識進歩しないものと証明されているからである。それゆえ，シャンツは，ラカトスの方法論的立場から「擁護される価値のあるプログラムを認識し発展させた」[59]ことが問題となる。ニックリッシュの概念のうち擁護するに値するのは，「経営経済学的な問題設定を『人間に由来すること』と解釈し，それに照応し個人を言明体系の中心におくよう設計」することである[60]。しかも，その場合，ニックリッシュの言及している「内的経験」を考察の対象にしてはならないというのは，認識進歩はあらゆる場合においても「直観」に反対してきたからである。

また，ニックリッシュ理論の規範科学についても証明できないので，これも排除する必要があると考える。シャンツによると，ニックリッシュの規範的付属物を横に押しのけ，個人を言明体系の中心におく考察方法をとるべきであったが，それができていないのは，「以前は『法則定立的知識 (nomologisches Wissen)』の関係を正当づけた（社会）心理学的説明の接近方法が全く存在しなかったか，未発達なものとしてしか存在しなかった」[61]ことにある。シャンツ

---

58) G. Schanz, *a. a. O.*, S. 4.
59) *ebenda*, S. 5.
60) *ebenda*, S. 5.
61) *ebenda*, S. 6.

によると，科学の歴史を省みるときヒロシマの原爆や自然破壊に最も象徴的にみられるように，自然科学および工学技術は人間に幸福の安寧のみをもたらさなかった。深刻な環境破壊などに，自然科学や工学的学問は十分に対応できていない。そのため「まず第1に，人間行為が導かれる評価とその援用によって，理論的技術的認識の誤った利用の可能性を阻止する本能の問題が論議されるべきである」と考える。そのためには，哲学だけでなく社会科学の問題として考えること，その場合，「まず初めに人間の性質についての知識」を獲得することが重要である。なぜなら「社会規制の機能化と予言についての言及が導き出されるからである」[62]。このように，シャンツは，経営経済学のあるべき姿，経営経済学の規範については，これをア・プリオリに認めるのではなく，最近特に発展してきている心理学の成果を吸収し，哲学および社会科学の視点から人間の本性を科学的に研究することが肝要であると考えるのである。

その具体的方法とは，モチベーションの多様性のなかで，人間を把握するということである。「個人の行動は今日部分的に高いモチベーションによって制御されて」いるのに，過去の研究では，「生理的要求と安全性への要求が中心とされていた」のである。シャンツによると，「企業と経済の政策的意思決定の結果が，金銭上の利潤ないし物質的な福祉においてのみばかりでなく，これまで以上に意思決定を行う人間の生活や行動への影響に」ついて考察され測定されるべきとする。したがって，それとともに，「人間（Person）の行動様式や適用条件の問題は，経済学および社会学の考察においてより高い意義を持つようになるのである」[63]。

　　ⅱ）方法論的個人主義

ところで，冒頭に述べたように，シャンツの採用する方法論的個人主義の立場とは，社会過程（社会，制度，組織等）を理解するにあたり，個人の行動に関する法則の援用によって，したがって「マクロの過程がミクロの法則によって

62）　*ebenda*, S. 7.
63）　*ebenda*, SS. 7-9.

説明される」とする立場である。この見解のもとでは「社会的状況，制度ないし事態といったすべての複合体は」，「個人の性向，情況，確信，その物理的環境の構成体の結果である」[64]と理解されるのである。

　シャンツによると，この個人主義的視点は，アダム・スミスを含めて，ベンサムらの功利主義に根ざすものである。彼らは，「社会的統合とくに社会の諸制度は市民の利害から解釈されねばならず，それゆえ理論的分析は個々人の行動を出発点としなければならないとする」個人主義的方法を基礎としていた。ベンサムやジェイムス・ミルは，社会事象は個人的欲求の充足志向に還元されるという方法的理念と，特定の心理学的法則に基づいて機能している市場メカニズムという理論的理念の双方に依拠して，「社会事象は参加者個人の行為から演繹されえる」という考え方を展開した。しかも，シャンツの解釈によると，ベンサムのプログラムには，「報酬の理念」，つまり「期待される報酬と処罰のなかに決定的動機づけの諸力を認める」という理念が見出されるというのである。ところが，こうした内容をもった功利主義は，その後「新古典派」・「限界革命」に象徴される経済学の台頭により，ラカトスのいう「退行の谷」へと陥っていった[65]。なぜなら，こうした発展方向は，元来の功利主義からの乖離をもたらし，こしうた「功利主義的アプローチは，いわゆる意思決定論という形式的・数学モデルへ退化した」[66]というのである。

　この方法論的個人主義に対する反対の流れは，デュルケームの「社会的なも

---

64) *ebenda*, SS. 67.
65) G. Schanz, *a. a. O.*, S. 75. ここからのシャンツ『行動理論的経営経済学』の展開の内容の理解に関しては，風間信隆「現代ドイツ経営経済学の一動向― G. シャンツの行動理論的経営経済学を中心として―」(『明大商学論叢』70巻1号) の玉稿に多く依拠して考察し得たことに感謝の意を表する。
66) G. シャンツ「経済学とその社会科学上の隣接諸科学：統合問題」(H. ラフェー・B. アベル編著，小島三郎監訳『現代科学理論と経済学・経営学方法論』(税務経理協会，1982年)，124頁。この著作の原題は，Hans Raffee/Bodo Abel, *Wisseschafts-theoretische Grundfragen der Wirtschaftswissenschaften*, 1979, Verlag Franz Vahlen GMBH.

のは社会的なるものによってしか（Soziales nur durch Soziales）説明できない」とする，「方法論的集団主義」の立場である。デュルケームは，「社会は固有の現実として心理学的説明原理に依存しない理論的法則性を要求し」，「社会学が対象とする社会的なるものを，心理学の認識対象としての個人から区別する」[67]ことによって，社会学の自律性を要求したのである。シャンツの説明によると，デュルケームは，社会における自殺の現象を説明するにあたり，個人の心理学的要因ではなく，社会の組織的特性から説明できるとして，集団主義・全体論的（holistisch）視点の重要性を指摘したことで知られている。デュルケームによると，社会のなかで自殺をする人と宗教の関係に注目し，自殺の比率はプロテスタントの割合が高い社会では正の関係があり，カトリックの社会では負の関係があることを明らかにし，「純粋心理学的説明は不十分であり，社会の組織特性が考慮されなければならないことが論証」されたと考えた[68]。

しかし，シャンツは，心理学的立場からこれに反論する。まず，人間の自殺性向は，その人の受けるフラストレーションが高まるにつれて増大するという一般的仮説に基づき，「自殺率はカトリックよりもプロテスタントの方に多いというのはとりたてて驚くべきことではない」。「社会的絆は，プロテスタントよりもカトリックのほうが強く」，「社会的絆が強い場合には，個人の悩みはあまり大きなものと知覚されない」[69]からであるとするのである。こうして，シャンツは，方法論的個人主義の優位性を主張するが，その場合，アガシ（J. Agassi）による，心理学的個人主義と制度主義的個人主義を区別し[70]，後者の現代心理学に基づくなら，個人もその個人がおかれた社会的コンテクストを合わせて考慮することになるのである，と主張している。方法論的個人主義と集団主義について，次章で論ずる。

---

67) G. Schanz, *a. a. O.*, S. 80.
68) *ebenda*, SS. 81-82.
69) *ebenda*, S. 83.
70) *ebenda*, S. 93.

4） 理論的指導原理としての報酬とシャンツの「人間」に関する一般的仮説

　シャンツによると，ベンサムの経済学の基礎にある功利主義は，人間の性質を決める標識があるとして，それを理論的指導原理と考えそれを報酬の理念と呼ぶ。この報酬の理念とは，（行動と行為様式の期待ないし予期された）報賞と処罰，一般的にいえば報酬のなかに個人行動と行為の決定的な諸力が認められる」ことを意味する。それゆえ，実在科学としての心理学が，「個人が何を報賞的ないし処罰と知覚するか」を研究対象としなければならない。

　こうして，シャンツの行動理論的認識プログラムでは，「人間行動ならびに行為の動機づけ的局面，認知的局面，そして学習的諸局面が同じように考慮される。……つまり，行動とは**動機づけ，認知**そして**過去の経験の共同作用の結果**とみなされる〔強調は引用者〕」[71]。

　風間信隆は，この3つの局面について，シャンツが「動機づけと認知的次元」においては，a) 階層的動機づけモデル（マズロー），b) 心理学的場の理論（レビン），c) 個人的欲求水準と達成動機づけの研究（アトキンソン，マクレーランド），d) 認知的不協和の理論（フェスティンガー）を考察し，「学習理論的次元」においては，e) ホマンズの社会的交換理論を検討している，として，彼の理論展開を詳細に紹介している。

　しかし，シャンツの理解によると，「人間行動の動機づけ，認知，と学習理論的に解釈可能な諸次元を同じように考慮しうる心理学の一般理論はこれまでのところ存在していない」[72]。それゆえ，風間によると，ベンサムの功利主義に依拠した報酬の理念は，人間行動の決定的な契機が，期待ないし予期された行動報酬のなかにみいだされることから考え出されたものである。そこでは，「人間は快楽主義的原理に依拠して合理的に行動すると仮定されているのであって，その意味で快楽主義的合理人が行動理論的経営経済学の人間観と解せられる」[73]というのである。この人間観が「経済人」とは決定的に異なるのは，

---

71)　*ebenda*, S. 99.
72)　*ebenda*, S. 178.
73)　風間信隆『前掲誌』，109頁。

現実科学の対象として,つまり心理学に依拠して展開されるものであって多次元的に考察される人間である。シャンツの考える人間行動は,個人行動と対人行動に二分割して把握されるものであって,個人行動を把握するうえでのキーワードは,動機(欲求),期待,認知的不協和であり,対人行動を把握するうえでのキーワードは,行動報酬交換の学習であると,説明している。

5) シャンツの認識プログラムの特徴

　風間は,シャンツの行動理論的プログラムと一般的人間行動仮説の関係をつぎのように整理する。「シャンツは,何よりもまず人間行動の理解にあたって人間欲求(動機)から出発する。人間は多くの多様な欲求を持つ存在であるが,これらはいくつかの基本的欲求に整理しうる」。そのため,シャンツでは,階層的動機づけモデルについての研究が進められ体系化されている。しかし,人間はいかなる目標を達成し欲求を充足させるかの点で個人間に差異がみられる。「この個人的差異に関してシャンツは達成動機の研究が回答を与えてくれるものと考える」。なぜなら,この達成動機研究は,一定の行動意欲を根拠づけるにすぎない動機や欲求の他に,将来の行動を規定づけるはずの達成したらという「期待」を考察しているからである。その点ではアトキンソンが人間行動に決定的要因を与える「期待」の役割を強調してきた点を重視する。風間によると,行動を起こすことを「認知(する)側面では意思決定が重要な位置を占める」。つぎに,意思決定後に生ずる不協和の行動に焦点を合わせると,不協和を減少・消滅させることを問題にした認知的不協和の理論が有効で,報酬の理念の視点から減少させる方式の検討をしている。さらに,ホマンズの社会的交換理論に基づき,社会的存在としての人間行動が,個人間の相互作用から生ずる,権力,リーダシップ,組織などの現象を説明している。ホマンズの理論は,「人間行動の契機を報賞と処罰のなかに認めており」,その意味で,さきの「報酬の理念」の学習理論がみられ,それゆえ,シャンツの行動理論の認識プログラムに組み込め得ると考えるのである[74]。

　このような考察から導き出された認識プログラムの一般仮説(普遍的理論仮

説）は，経営経済学が直面する種々の問題にいかに適用されるかについて，風間信隆は，問題なく解決されることはないという疑問を提示している。シャンツの認識プログラムの基礎となる「心理学的研究が，はたして批判的合理主義の要求する理論評価基準に照らしてどの程度この基準を満たすものであるかが議論されるべきである」と主張する。シャンツの別の方法論に関する著書での説明では，「……のときはつねに……である」(Wenn - Dann)の決定論的形式となる法則的仮説の存在が前提とされているが，シャンツが例示であげている仮説は「……すればするほど一層……する」(Je - Desto)形式をとるものであった。しかも，シャンツがこうしたJe - Destoの形式をとる研究を「一般仮説（普遍化説—引用者）」として高く評価するのも，シャンツがこのような傾向言明は「簡単にWenn - Dann形式に移しかえられる」[75]と理解しているからにほかならない。

風間は，シャンツがあげた例を具体的にあげて，その問題点を指摘する。シャンツは，「企業が多角化していればいるほど，研究・開発支出は相対的に高まる」というJe - Desto形式の言明は，「もし企業の多角化度が高まれば，その研究・開発支出は相対的に増大する」というWenn - Dann形式の言明に転形され得るという実例をあげている。この場合，シャンツは，「通常は正確な上昇率は示し得ない，この種の比較仮説は論理的には弱いと見做されるという」という説明を補足しているということである。しかし，風間は，キーザー(Kieser, A.)とクビチェク(Kubicek, H.)の見解を紹介しながら，次のような欠陥があると指摘している。

風間によると，キーザーとクビチェクが，法則概念について，「科学理論は今日に至るまでに，一義的で満足のいくような定義を下すことに成功しなかった」と述べたことを思い起こすべきだ。キーザーとクビチェクは，Wenn - Dann形式をとる法則言明は，決して仮説の普遍性と反証可能性のみを要求す

---

74) 風間，前掲，109-110頁。
75) Schanz, G., *Einfuehrung in die Methodologie der Beteriebswirtschaftslehere*, Kiepenheuer & Witsch, 1975, Koeln, S. 51. 風間，前掲，110頁。

るだけでなく，Wenn - Dann 形式には「因果的原理」が含まれていなければならないことを要求している。しかし，風間は，「シャンツの先の企業の多角化と研究・開発支出に関して転形された Wenn - Dann 形式の言明には原因と結果が含まれているのであろうか。ここではせいぜい関連の方向が示されているにすぎない」と述べる。このような関連の方向しか示されていないにすぎない言明を，キーザーとクビチェクは，傾向言明と呼んでいるが，この傾向言明はシュテークミューラー（Stegmueller）に依拠しているが，これらは不正確な説明しか提供しない。「不正確な説明は，異論のない論理的演繹の可能性を阻害する。したがって，それはまた予測的に利用することも不可能である」[76]からである。なぜそのようになったかというと，シャンツの説明シェーマにおいては，「説明項から被説明項が論理的に異論のないように導出され得るためには，……そこ（説明項における一般仮説・普遍的仮説—引用者）に含まれる概念または被説明項の記述に利用される概念と一義的に対応しなくてはならない」（キーザー，訳35頁）。

　だが，風間によると，社会科学の成果を基礎に形成された一般的仮説・普遍化説が，もっぱら行動心理学的概念に依拠している仮説であることを考えると，結局それは社会科学全体の心理学的展開を意味することになる，というのである。

　ここでいう心理学の具体的展開とは人間行動の動機づけを説明することであり，シャンツの行動理論的経営経済学は，「動機づけ志向的経営経済学」ともいえるものである。しかも，その一般的仮説・普遍的仮説は，シャンツが重視する期待理論を批判的合理主義の評価基準に照応させ検討すると問題があることを，キーザーとクビチェクはつぎのように指摘している。「情報内容は，全く疑わしいというわけでないにせよ，特に高いというわけではない。そこでそ

---

76) Kieser, A./Kubicek, H., *Organization I: Wissenscgaftstheoretische Anfordrung und kritsche Analyse* Klassischer Ansaetze, Stuttgart Berlin Koeln Mainz 1978. 田島壮幸監訳『組織理論の諸潮流 I —科学理論的必要条件と古典的諸研究方法の批判的分析』（千倉書房，1981年），35-36頁，風間，前掲稿，111頁。

もそも問題になっているのが仮説なのか，それとも定義，つまり分析的に真である言明なのか，全くはっきりしていない」。また「成果―期待―理論（ローラーの動機づけモデルのこと―風間引用）の支持あるいは反証のための経験的努力の成果―維持の程度―が極めて内容の乏しいものとなっていても，それは不思議ではない。すなわち，成果―期待―モデルの変種のテストは，通常，従属変数の変動のたった30パーセントのみを『説明する』にすぎない」[77]。だが風間は，「成果―期待―理論のこうした論理的ならびに経験的問題を考慮して，その公式によって，……正確さがあるかのように見せかけられていることが確認されるべきである。その公式は，認知過程の『ブラック・ボックス』を開くために行動学者が行った1つの試みと評価されねばならず，その試みはいくら良くても初歩的な説明のスケッチという性格をもつにすぎない。……それに基づく説明は必然的に擬似説明である」[78]と，キーザーとクビチェクは，結論していることを，風間は指摘・紹介しているのである。

　風間は，最後に，シャンツの「行動理論的経営経済学」は経営経済学の諸問題を，動機づけ問題に転形できるかのように考えているが，動機づけ理論が扱い得る問題は経営経済学の基本問題のうちのごく一部，しかも個人ないし小集団のレベルにすぎない。しかも，シャンツの行動理論的プログラムが依拠している動機づけ理論は，ことごとく第二次世界大戦後アメリカで発展をみた行動科学，特に認知心理学の研究であって，これらは個人とか小集団といったミクロ・レベルで展開されてきたものであり，二村敏子が指摘するように，これを超えるレベルの理論化に成功していないことが確認されるべきである，と結論づけている[79]。

---

77) キーザー・クビチェク，田島訳，26頁，風間，前掲稿，130-131頁。
78) キーザー・クビチェク，田島訳，25頁，風間，前掲稿，131頁。
79) 風間，前掲稿，132頁。

第7章 1970年代のドイツ経営経済学方法論論争の現代的意義(Ⅱ)
―― 労働志向的個別経済学と構成主義経営経済学の方法 ――

1. はじめに

　本章では，フランクフルト学派のハーバーマスの方法に基づきドイツ労働組合総同盟の社科学研究所に属する研究者によって主張された「労働志向的個別経済学」の内容と，構成主義哲学に基づき企業体制の改革，すなわち共同決定の改革を内容とするエアランゲン・ニュールンベルグ大学に属する研究者達によって主張された「規範行為科学としての経営経済学」の内容について考察する。

　第2節で，労働志向的個別経済学者の代表であるカプラーによる従来の経済政策概念への批判，第3節でハーバーマスの哲学に基づくカプラーの経営経済学的認識論，さらに第4節で労働志向的個別経済が共同決定の充実化と従来の経営経済学の批判として展開されたことについて検討している。第5節では，ニュールンベルグ・エアランゲン学派の代表的研究者のシュタインマンの「規範行為科学としての経営経済学」の「行為」概念の内容と従来の経営経済学に対する疑問について検討し，第6節では構成主義哲学の内容の概略を紹介し，第7節では規範行為科学としての経営経済学の内容について検討している。

　次の第8章では，前章で考察した批判的合理主義に基づいた経営経済学，さらに本章で検討した2つの学派の研究を俎上にあげ，1970年代に西ドイツで展開された経営経済学方法論争の現代的意味について検討している。

2．カプラーによる従来の経営経済政策概念の批判

　西独経営経済界においてフランクフルト学派の哲学に依拠して経営経済学の認識論を展開していたのは，ブッパタール大学教授 E. カプラーである。彼は1975年の第2回科学方法論委員会で「経営経済学のより展開した批判的理論の理論・実践関係について」[1]という論題で報告している。

　この報告は，ドイツ労働組合総同盟経済・社会研究グループが1973年秋に纏めた『労働志向的個別経済学の基本的エレメント―企業政治論考―』を支持する方向から，この著作では不十分にしか展開されていなかった理論と実践の関係ないし認識論についてより深めようとするところに中心的論点がある。だが彼は，この報告でその中心的論点にふれる前にザソディッヒ等の従来の経営経済政策概念について批判しているので，その点から見ていくことにしよう。

　カプラーによると，これまでの経営経済政策理論は，目的と手段の合理的順序づけを基礎に展開されてきたが，多くの論者によって，①「目的と手段を厳格に分離することの不可能性」が証明され，経営経済学のなかで，②「目的形成」そのものが論議されるようになり，その結果　③「経営経済学の社会科学的拡大が，モデル設計の客観性と目的―手段の直接的順序づけ〔という問題―引用者〕を一般的に相対的なもの―と導いた」[2]ということである。そして彼は，従来の経営経済政策論の批判の対象として，目的と手段を分離させているザソディッヒの経営政策論をあげ，これに真っ向から対決している。

　ザソディッヒは『経営経済政策』[3]という著書のなかでつぎのように書いて

---

1) Ekkehard Kappler, Zum Theorie-Praxis-Verhaltnis einer noch zu entwickelnden kritischen Theorie der Betriebswirtschaftspolitik, in : Hans Ulrich (Hrsg.), *Zum Prakisbezug der Betriebswirtschaftslehre*. Verlag PaulHaupt Bern und Stuttgar 1976 SS. 107-133.

2) E. Kappier, *a. a. O., S.* 109.

3) C. Sandig, *Betriebswirischaftspolitik*. 2 vollig nei` bearbeiiete Aufl, Stuttgart 1966.

いる。管理的意思決定論では,「その対象が関係するのは,その目的の設定,その原因,その条件,その効果についての実際的に可能な意思決定である。……管理の課題があらゆる生活領域において多面的であり,管理する人間の特性が種々多様であるなら,その時々に与えられた時間・空間内部での目的設定と意思決定の条件も異なって然るべきである。市場と結合した経営としての企業は多面的な複合体であり,その管理によって行われる目的設定と意思決定は,あるただひとつの根本から説明されるべくもなく,それゆえすべての経営行為は,ある上からの—経験から生れるのではない—規範のもとで考察され判断される」[4]。それゆえ,ザソディッヒは,「上位の規範は,信仰的認識(Bekenntnis)を形成するものであって認識(Erkenntnis)から生じない」[5]と主張する。この主張に対して,カプラーは,彼においては理論と実践が分離されていると批判する。すなわち,規範ないし目的を信仰的認識の問題としてア・プリオリに受け入れ,それに対する手段の彫琢にのみ目を集中する立場を,理論と実践の分離されているとして批判しているわけである。カプラーによると,この意味でグーテンベルクのつきの見解「企業管理には科学といえるものは存在し得ない。責任ある部門が,企業にとって幅広いしかも正しい意志決定を行うこと,この技術は基本的に教えることも学ぶこともできない」[6]の立場も,ザソディッヒと同じ立場にあるということになる。

　つぎに彼は,従来の経営経済政策論を「決定論的政策概念(dezionistischen politikbegriff)」と「機能的政策概念(funktionalistischen politikbegriff)」との2つに分けて考察しながら次のように批判する。前者の決定論的政策概念は「『ナイーブな』社会学的な意思決定論であり,モデル理論的な目的・手段の順序づけを仮定しているか,それともさらに進んでこの順序づけを社会心理学的な行動の影響力の社会技術によって説明しているが,その場合目的関数の選択は理

---

4) C. Sandig, *a. a. O.*, S. 28, E. Kappler, *a. a. O.*, S. 111.
5) C. Sandig, *a. a. O.*, S. 29, E. Kappler, *a. a. O.*, S. 111.
6) Erich Gutenberg, *Unternelnnungsfuerung,* Wiesbaden 1962, Vorwort. 小川例・二神恭一訳『企業の組織と意志決定』ダイヤモンド社, 1964年序文参照。E. Kappler, *a. a. O.*, S. 111.

性的に見出されないことになる」[7]。これに対して後者の機能的政策概念は,「経営政策を企業管理と同置する試みとして存在する——この概念は，機能的管理が『経営経済』システムを保持する枠内でのすべての組織成員の相互影響と定義されており，しかもその場合，主人と従僕の制度的暴力的分割という両面を見出さないのである」[8]。すなわち「社会・経済的条件が均整化されていないにもかかわらず，結局最終的にはすべて〔の構成員—引用者〕が同じく満たされ，管理する者と管理される者がその体系に存在しないことになる（この批判は，カッツとカーンの1966年の著作『組織の社会心理学』に対して向けられている）[9]。

カプラーによると，このようにこれまでの経営経済政策概念は「政策」として完全に把握されず，利害集団の「用役経営」として把握されない科学に基礎をおくのに対して，カプラーの考える経営経済政策概念は「経営経済政策のすべての関係者の理性と生活実践の脈絡における実践の理論として存在する」[10]ものであり，厳密に把握されるものである。したがってザンディッヒが次のように述べていたとしても，彼の希望は現実において充たされているわけではない。「経営政策は，ある経営に投下された資本の最も有利な利用である。経営経済政策の把握にさいして明らかにされなければならないことは，研究対象が利害関係から独立しており，所有者の資本利用視点とは無関係に考察されなければならない。経営経済政策にたずさわる大学は，企業の大学であるべきでないし，また同様に労働者，事務員，組合代表のための大学であってはならない」[11]。

これに対してカプラーは，シャルプフとマッサイソグの見解に依拠して彼の経営経済政策の概念を展開している。「政策（ポリシー），それは，将来の障害

---

7) E. Kappler, *a. a. O.*, S. 121.
8) *ebenda*, S. 121.
9) *ebenda*, S. 122. R. L. Kahn/D. Kalz, The Social Psychology of the Organization, New York 1966.
10) *ebenda*, S. 11.
11) C. Sandig, *a. a. O.*, S. 41f. E. Kappler, *a. a. O.*, S. 119.

を克服する試みといったものではなく，とりわけコソフリクト過程の権力分担をめぐる対決ないし政治そのものである」[12]。しかも経営経済政策を政治と理解する立場においては，政策研究の対象は人間の行動そのものとなり，さらに「政治として理解し決定する重要性の問題は，公衆の理性にどのような影響をおよぼし，同時に政治が一般大衆にどのよう反響を及ぼすかというふうに，理性的な公衆へのフィード・バックが必要となり，政策は，同時に公衆によって世論のなかにひき起こされる反響，すなわち，公衆の側にそれについての相互に連絡し合う主体的に知覚された意義の拠りどころとなる社会的本質が反映する」[13]ということである。ところでこの「政治とは，相互作用システムと考えられ，個人ないし社会集団が社会的権力ないし無権力の体系のなかでその立場を意識し，その立場を主張し，変革を試み，その目的を遂行すること」[14]なのである。

　カプラーは，経営政策概念を上記のように把握して初めてザソディッヒの「研究対象が利害関係から独立しており，所有者の資本利用視点とは無関係に考察されなければならない」という主張を批判し，目標は利害関係と密接に関連することを強調する。そしてカプラーは，彼の主張するような批判的経営経済政策概念がこれまで全く存在しなかったとして，その内容を具体的に提示し，身近な例として「情報政策」ないし「貸借対照表政策」をあげている。

　すなわちカプラーによると，経営経済政策の批判的考察が「しっかりと固定された支配構造の合理性の限界を発見するために，情報を与える者と受ける者との議論の比較およびその影響過程を，その経済的イデオロギーの基礎において研究してきただろうか?」[15]と不信の念を表明し，批判的理論は「事実関係

---

12) F. W. Scharpf, *Plannung als politischer Prozess,* Die Verwaltung 1971. S. 1, E. Kappler. *a.a.O.,* S. 119.

13) O. Massing, Politik, in : H- Kling/H. M. Baumgartner/C. Wild (Hrsg), *Handbuch philospyischer Grrundbegriffe, Studienausgabe Band 4,* Miinchen 1973, S. 1087ff, E. Kappler, *a.a.O.,* SS. 119-120.

14) E. Kappler, *a.a.O.,* S. 120.

15) *ebenda,* S. 123.

の基準の純枠な記述以上のものを行うべきであり，それは例えば『貸借対照表政策のトリック』の報告を拡げるばかりでなく同時にそれを暴露すべきだ」[16]と考える。このためにこそ実践の理論が必要であり，そのことによって，このような情報政策を展開し批判することができるとするわけである。「情報政策は客観的な法則に基づいて定義づけられる目的—手段の順序づけとしてではなく，これまで隠蔽されてきたそして現在も隠蔽されている支配の利害に関する情報の戯画化を強力に主張する試みとして示される。これは暴露されるのであるから，この理論は例えば情報政策—貸借対照表的実践—に適するのである。さらにこの理論はその情報の戯画化に含まれる理論的モメントを明らかにし，それを排除すべきことを明確化しそのトリックを表面化するためにも，なおも理論は実践を要求するのである」[17]。このことを，貸借対照表の議論について具体的に考えるなら，これまでの経営経済学における貸借対照表論が「社会科学的にナイーブな」ものであり，これに代わるものとしてカプラーは「貸借対照表政策は社会的な相互過程として概念化されなければならない」[18]と主張するのである。

つぎにカプラーは従来論議されてきた「理論の規範」の性格についての疑問に関して検討している。この問題は彼においては理論と実践の関係をみるうえで重要な認識論の問題となるので，カプラーとは別に項を改めて検討することにしよう。

3．カプラーの経営経済学認識論

カプラーの理論と実践の関係についての論述は，おもにフラソクフルト学派の代表者ともいうべきハーバーマスの2つの論稿，「理論と実践を媒介する試みにおける若干の困難」（1971年）[19]と「真理理論」（1973年）[20]に依拠している。

---

16) *ebenda*, S. 123.
17) *ebenda*, S. 123.
18) *ebenda*, S. 123.

筆者はこれまで，おもにハーバーマスの論稿に依拠して理論と実践ないし事実と規範の関係を取り扱ったヴォルフガング，H. シュテーレの見解を，批判的合理主義に依拠するフィッシャー＝ヴィソルマンの見解との対比においてとりあげたことがあるが[21]，シュテーレにおいては，この問題はおもにハーバーマスの1963年の論文「分析的科学理論と弁証法」[22]に依拠して展開されていた。しかし，シュテーレは，批判的合理主義に批判的であっても，カプラーの支持する労働志向的個別経済学の立場をとっているわけではなく，最近では管理論の立場からアメリカの人間関係論を問題にしている。それゆえここでとりあげるカプラーによるハーバーマスの理論と実践との関係についての論及は，ハーバーマス理論と経営学的実践との関連についての彼の理解といえる。

　さて，カプラーは，これまでの経営経済政策論が歴史的に把握されず，しかも思考と行為の間隙を疑問なく受け入れているがゆえに実践の外部に存在したのに対して，彼の支持する存在関係を反映し応用関係を予測する理論は，それ自体触媒的要素としてその社会的生活関係を把握する。しかも，その理論が，実践における就業者の強制関係を廃止する可能性の視点からその生活関係を分析する点において，理論と実践は統一されていると考える。理論に含まれる「予測は，その妥当要求がそれだけで啓蒙の成功的過程，すなわち関連する実践的議論において果され得る，と理解される」[23]わけである。

---

19) J. Habermas, Einige Schwierigkeiten beim Versuch,Theorie und Praxis zu vermitteln, in : *Theorie und Praxis*, Frankfurt a. M. 1971, 細谷真雄訳『理論と実践』，未来社，1975年。
20) J. Habermas, Wahrheitstheorie, in : *Wirklichkeit und Reflexion*, Festschrift fuer W. Schulz, Pfullingen 1973.
21) 拙稿「西ドイツ経営経済学における価値判断問題をめぐる論争について（上）（下）」（『経理研究』24号，26号）。
22) J. Habermas, Analystische WissenEichaftstheorie und Dialektik, 1963, in : H. Maus/F. Fuerstenberg (Hrsg.), *Der Posilivismusstreit in der deutschen, Soziologi*e 1969. 城塚登・浜井修訳『社会科学の論理』河出書房新社，1979年。
23) J. Habermas, Analystische WissenEichaftstheorie und Dialektik, 1963, in : H. Maus/F. Fuerstenberg (Hrsg.), *Der Posilivismusstreit in der deutschen, Soziologie*

しかもカプラーは，この理論と実践との媒介関係を具体的に説明するために，ハーバーマスの次のような見解を引用している。ハーバーマスによると，理論と実践の関係を明らかにするためには，それぞれ異なる基準に照らして判定されるべき三つの機能を区別して考えなければならない。「第1は，批判的理論の形成と推進であって，これらは科学的理論に耐えるものでなくてはならない。第2は，啓蒙過程の組織化であって，その過程のなかでそのような理論が適用され，特定の目標集団のなかで反省過程を触発するとき，その理論がかけがえのない形で検証されることになる。そして第3は，適切な戦略の選択，戦術問題の解決，政治闘争の指導である。第1の次元では真なる言明が，第2の次元では誠実な洞察が，そして第3の次元では賢明な判断が，それぞれ問題となる」[24]。ところで，3つの機能は，先にも指摘したとおり同じ原理にしたがって遂行できるものではなく，「理論は，科学的作業に従事する人々が理論的議論を交わす自由を持っているという前提条件のもとでのみ発展させられる。啓蒙過程は，積極的な啓蒙工作にたずさわる人々がいくつかの留意条件を尊重し治療的〈対話〉のモデルによる意思疎通の余地を確保しているという前提条件のもとでのみ組織化される。そして第3の政治闘争は，重要な決定がすべて当事者たちの実践的討論に付されるという前提条件でのみ，正当に指導される。ここでも，いな，ここでこそ，真理——の特権的通路というものは存在しないのである」[25]

ところでカプラーによると，以上のようなハーバーマスの引用文における中心概念は論争であるとして，1973年論文「真理理論」に依拠して，論争の形態を「理論的論争」と「実践的論争」に分けて特徴づけている。理論的論争とは，啓蒙活動を組織化し，円滑にいかないコミュニケーションを理論の修正によって誤りを証明する。これに対して実践的論争は賢明な意思決定を提供し参

　　　1969. 城塚登・浜井修訳『社会科学の論理』，河出書房新社，1979年。
　24)　J- Habermas, *ebenda*, S. 37, E. Kappler, *ebenda*, S. 125. 邦訳，609-10頁。
　　　J. Habermas, *ebenda*, S. 39, E. Kappler, *a. a. O.*, S. 125. 邦訳，611頁。
　25)　J. Habermas, *ebenda*, S. 39, E. Xappler, *a. a. O.*, S. 125. 邦訳，611頁。

加者の釈明を保証することである[26]。いずれの場合も，論争の出発点が理論的強制ないし経験的強制によって決定されるのではなく，「最善の議論の力」によって決定されなければならず，ハーバーマスはこの力を「合理的動機」と名づける。

ところで，この「理論的論争」と「実践的論争」の2つの水準は，4つの段階によって特徴づけられる。まず理論的論争の第1段階は，対立する主張の妥当性の要求が論争の対象となる行為を通じて生ずる。理論的解明の第2段階は，少なくともある議論の分析が選択された言語体系の内部で生ずる。第3段階は，選択された言語体系の修正に寄与するか他の言語体系—の移行に寄与し，第4段階において，言語の基礎づけの変更が行われる。すなわち認識進歩は不適当な言語体系の克服として示される[27]。「この最後の段階は，興味をひく仕方で理論的論争の限界を破壊することである。この段階は論争のある段階，すなわちわれわれが合理的に事後的に構成する固有の循環的活動によって何が認識として妥当か，つまり，認識という表題のもとに要求がなされるべき認識の成果がいかにして得られるかということを確信する段階にと導くのである」[28]。

カプラーによる「実践的論争」も同じく図表7-1のように5つの段階があるが，この実践的論争における最後の段階において，「理論的論争」と接触ないし交差が行われる。しかもいずれの段階においても，「認識とは何か」ということが問題にされる。具体的には，「われわれは何を認識しようと望んでいるのか」ということである。なぜなら「実践的論争の段階における徹底化は『われわれの認識と能力の水準に依存する欲求構造の反映を導くからである』」[29]。

ところでこの論争は，次の4条件が充たされるときにのみ論争参加者がコンセンサスに達する「手はず（Veranstaltung）」が整えられることになる。

---

26)　E. Kappler, *a. a. O.*, S. 125.
27)　J. Habermas, *a. a. O.*, Wahlheitstheorie, S. 253, E. Kappler, S. 125.
28)　J. Habermas, *a. a. O.*, Wahlheitstheorie, S. 253, E. Kappler, S. 125.
29)　E. Kappler, *ebenda*, SS. 125-126.

図表 7-1　論争の段階

段　階	理論的論争	実践的論争
徹底化（Radikalisierung）		
行為（Handlungen）	主　張	命令と禁止
根拠づけ（Begründungen）	理論的解明	理論的正当化
代替的言語批判	メタ理論的 言語体系および概念体系 の変更	メタ倫理的／メタ政治的
自己反映	認識批判	認識政治的意思形成

(Habermas, Wahlheitstheorie S. 254)

1) 論争へのすべての潜在的参加者は情報交換のための言語行為（Sprachakte）をする同等のチャンスを持ち得なければならず，その結果彼等はいつでも論争を開始し，同時に釈明とそれに対する抗弁によって質問とそれへの返答を用意し得る，のである。

2) すべての論争参加者は釈明，主張，提言，解明そして正当化を行い，しかもその妥当性の要求を問題として根拠づけるか，抗弁する同等のチャンスを持ち得なければならない。その結果テーマ化と批判の継続中は決して先入観的意見（Vormeinung）が奪われることがない。

3) 論争には行為する者として代表的な言語を用い，その立場，感情および意図を表現する，同等のチャンスをもつ対話者のみが認められる。

4) 論争に行為する者として，規則的な言語行為を行うところの，すなわち，対話者に申し開きをし，それを要求することを，与えたり奪ったりすることについて，命令し，反対し，許可し，禁止する，同等のチャンスをもつ対話者のみが認められる」[30]。

カプラーの引用によるハーバーマスにおいては，上記のような理想的な対話情況によって，論争参加者の理性的なコンセンサスが生れるというわけであ

---

30) J- Habermas, *a.a.O.*, Wahlheitstheore, S. 255, E. Kappler, S. 126.

る。ところで現実の「歴史的社会は、われわれが理想的な対話情況との関連において基本的に特徴づけるような生活形態とは決して一致していないから」[31]、論争に参加するに際しては、理想的な対話情況が対話者の理解の規範的基礎として「先取り」して設定されるべきであり、そのことによって各人が獲得すべきコンセンサスを問題にすることが保証されるのである。しかもこの「先取り」を、アランゲン・ニュールンベルグの哲学者たちは、「超主観性」と特徴づけている、ということである。カプラーによると、このようなハーバーマスの論争モデルは、論争参加者が解釈を偏見のないように仕上げることを確保するし、この過程において論争参加者は自己錯覚を見抜き、提出された議論を受容すべきか拒否すべきかを決定することができるとしている。

　以上、おもにハーバーマスに依拠したカプラーの経営経済学の認識論を検討してきたが、このことに関してカプラーはつぎのように述べている。「この言及は、経営経済学論が向自的に要求する説明課題と形成課題の遂行のための経営経済政策の批判的理論の必然性……によって動機化された。これまで述べたことからネガティブな結果が引き出されるとしたら、経営経済政策の批判的理論は必要としないし、その限りでそれは、企業指導の経済政策を担う人々を、意思形成の中心グループ、政治システムないしはあまり意味のない意思決定の担い手へと落し込むのである」[32]。これまでの経営経済政策理論を無批判的に受け入れるなら、そこでは社会の安定化のためのコテ先の技術を獲得し得ても、科学的な認識には達しえない。それは、従来の経営経済政策論が「真理とは、何が有用か」というプラグマティズム的な基礎に立脚していたからである。このようにカプラーは、従来の経営経済政策理論がプラグマティズムに立脚していたと批判し、彼の主張する政策論は「真理と認識しうるものはまた有用である」とする立場であることを強調している。

---

31) J. Habermas, *ebenda*, S. 257, E. Kappler, ebenda, S. 126.
32) E. Kappler, *a.a.O.*, S. 127.

4．共同決定の重要性と労働志向的個別経済学の展開

　カプラーは，自分の主張する経営経済的実践の批判的理論が従来の経営経済政策理論に明確に反対するのであるならば，理論的・実践的論争が経営経済的意思決定関係者のもとでどのように制度化されるべきかを示すべきであると述べ，その具体的な姿こそが広い意味における共同決定であると考える。「私経済的有用性の公理と社会福祉の最大化とが折り合うパラディグマ（パラダイム）は破壊されている。広い意味における共同決定は，このパラディグマを実践のなかで克服することに向けられた理論の必然的帰結である」[33]。この広義の共同決定とは，WSIグループが『労働志向的個別経済学の基本的エレメント』で提唱している7段階の共同決定制度である。具体的には個別経済が直接関係する労働場所段階，工場段階，企業のコンツェルン段階のみならず，個別経済の水準を越えた地域経済・社会評議会，州経済・社会評議会，連邦経済・社会評議会，さらにヨーロッパ共同体レベルにおいての共同決定に及ぶものである[34]。しかしながら，これまでの経営経済政策論は，「決定論的経営経済政策論と機能的経営経済政策論を『ユートピア的なもの』として遮断すること」なく，それとは反対に「先取りの実践的な試みとなり得る共同決定に対して閉鎖的となっていたのである」[35]カプラーによると，この共同決定の場こそ従属的就業者の自己実現の場であるにもかかわらず，この共同決定の不足，不十分さこそが，これまで「消費者保護と消費者主権のイデオロギー化，外部費用の排除，経済的犯罪行為の刑法上の成文化の試みに際しての規定条項の緩和，職業教育をめぐる議論の情緒化」[36]等の失敗をもたらしたというのである。その意

33）　*ebenda*, S. 129.

34）　W. S. I. Gruppe, Grundelement einer. arbeitsorientierten Einzelwirtschaftslehre - Ein Beitrag zur politschen Oekonomie der Unternehmung, 1974, SS. 266-283.

35）　E. Kappler, *a. a. O.*, S. 128.

36）　*ebenda*, S. 129.

味で，広義の共同決定制度の実現はもちろんのこと，前項でハーバマスに依拠して言及した，「科学の啓蒙」を基礎とする論争に関する規範的概念，ないし理想的対話状況についての分析は，彼の考える経営経済政策の具体的実践の場である共同決定の遂行にとってまさに重要であるというわけである。

　以上のようにカプラーは，「労働志向的個別経済学」の視点から，フラソクフルト学派のハーバマスに依拠して経営経済学認識論（理論と実践の関係についての論議）を展開し，労働志向的個別経済学において決定的な役割を与えられている共同決定の拡充・制度化を支持する視点から，その共同決定のあり方を「論争」の概念で説明しているといえる。

　ところで，この「労働志向的個別経済学」については，わが国でもすでに高橋俊夫氏[37]，長岡克行氏[38]によって紹介されている。ここでは，まず，WSIグループの1人であり，カプラーと同じブッパタール大学の教授であるN.クーベックの論稿の最初の部分で述べられている「労働志向的個別経済学」の意味と，その内容を理解するために，15のテーゼを示しておこう。

　この労働志向的個別経済学の科学概念は，経済の社会政策的中心領域において労働志向的利害を貫徹することに貢献すべきなのであるが，その際，同様にその利害の定義，二者択一的意思決定概念の定式における組み変え，そして意思決定執行者のコントロール，ということにおいて，共同決定は決定的な役割をもっているというのである[39]。

1　研究の目的は，資本志向的経営経済学を克服し社会過程のヒューマニズムの実現のために寄与することであるが，それは労働志向的行動を選択す

---

37)　高橋俊夫『経営経済学の新動向』（中央経済社，1979年）
38)　長岡克行稿「西ドイツにおける経営経済学批判と『労働指向的個別経済学(1)(2)(3)』」（『東京経大学会誌』97・98併号，104号105号）。
39)　N. Koubek, Grundelement einer arbeitorientierten Einzelwirtschaftslehre : Zusammenfassung der Frschungsergebnisse in der Projektgruppe Arheitsrientierten EinzelwirtschaftslehreH in : *WSI. Mitteilung Bd. 26*. Mai. 1973, S. 166.

ることによって示される。
2 研究の接近方法は社会哲学的および認識論的基礎に依拠している。その際公理的規範的体系の基礎としての利害は言明によって媒介される。
3 これまでの経営経済学との批判的対決は，実践を志向した正等派マルキシズムの性格をもつ世界観的批判からも区別される。
4 労働志向利害は解放された合理性という概念のもとに包括され，それは資本志向的合理性に代わるものである。
5 解放的合理性は，集団・連体的基礎のもとでのみ実現される。
6 個別経済的には，この合理性のもとに包括される労働志向的利害は，職場の確保，労働の最適形式，所得の保障と上昇の利害として現われる。
7 全体経済的には，この〔労働志向的—引用者〕利害は，合理的な労働と資本の投入による生産の制御と全体経済的な費用問題の考慮ならびに私的・公的に利用される財貨の釣り合のとれた準備と公平な所得分配・資産配分と関連する。
8 個別的経営経済的意思決定に関して労働者利害を考慮した概念では，費消給付の概念ないし，費消・収益概念についての新しい定義がなされている。
9 労動志向的利害の個別経済的変換（umsetzung）は，職能によって区別された企業の意思決定領域で行われるが，その際この接近方法はここでは投資計画の領域に関してのみ示されることになる。
10 優先的に選択された個別経済的意思決定を安全に確保するために多くの装置が展開されなければならず，それによって労働志向的視点から生ずる個別経済と全体経済の溝は埋められる。
11 利害の変換のための経済指標，社会的方向指標，および生態論的指標の計算に関する諸接近方法は，それらの指標をあるひとつの体系に包括しうるように展開される。そして，それによって，意思決定過程は労働志向的利害の操作によって形成され得る。
12 多段階の共同システムと集団基金は利害に導かれる行為の定義，実施，

統制のために設置される。
13　投資と生産構造の関係を規制する社会的技法として，明白な社会的基本構造計画，すなわち金銭的および非金銭的に機能する税と供給ならびに金銭的需要の調整メカニズムが形成される。
14　投資と労働市場構造の関係を規制する社会的技法として総合された個別経済的，全体経済的労働力政策の枠内で多くの方策が示される。
15　ここに提示した労働志向的経営経済学の実現は，制度と情報システムによりいっそうの展開についての高度な首尾一貫性と関連しており，その結果また経済領域においても，民主的な意思決定過程と統制過程が達成されることになるのである[40]。

　このように労働志向的個別経済学の内容は，多段階の共同決定で，職場，工場（事業所），企業，さらに全体経済に関する地域評議会における共同決定で実現されるのである。労働志向的個別経済学は，1974年に出版されたシリーズ「共同決定・労働・経済」の第7巻『共同決定の経営経済的諸問題』（Nobert Koubek 編集）で，体系的網羅的に展開されている。クーベックによる第1版の序言によれば，従来の経営経済学においては，共同決定の問題がほとんどないし全く問題にされてこなかった。それゆえ，企業の共同決定の議論において，現存の経営実践における本質的な決定領域の科学において明らかにされる。経営経済学の直系の学生たちは，この研究を共同決定と強力に結びつけて把握することが要請されるのである。ドイツ労働組合総同盟・経済・社会科学研究所から編集者に要請されたことは，経営経済学と共同決定を結びつけるということである。以下，280頁以上にわたる著書の目次から，労働志向的個別経済学が取り扱っている全体の概要を示すことにしよう。
　第Ⅰ部では，労働組合内で共同決定の歩みを簡単に素描し経営経済学における組合の問題を文章化しようという試みがなされている。第Ⅱ部では，企業の

---

[40]　N. Koubek, *a. a. O.*, SS. 180-181.

種々の職能部門が就業者の共同決定により起こされる可能な変化を検討している。第Ⅲ部では，経営経済学と科学論と認識論的考察から全体として3つの立場があることを示している。

　第Ⅰ部：企業政策の部分領域での共同決定に関わる，1)「共同決定と経営経済的組織理論」について議論され，ⅰ）共同決定の規範的基礎（①経済の民主化への土台，②意思決定過程への関与，③共同決定のレベルと領域），ⅱ）最近の組織論の発展と共同決定との関連（特に共同決定に関する組織諸原則）ⅲ）現実の諸問題が問題とされる。2)「経営計算制度と共同決定の諸情報」では，ⅰ）就業者の法制化された情報権とその代表，ⅱ）複合的意思決定過程での情報取得の諸問題，ⅲ）就業者のための情報源としての費用計算，収益計算，収益配分計算（①統制と計画の道具としての費用計算，成果計算，②付加価値計算，配分計算と社会指標による補足）3)「共同決定企業における利潤と外部計算規則」では，ⅰ）利潤と共同決定，ⅱ）減価償却の役割，ⅲ）利潤の構成部分としての減価償却（①減価償却の理由の二重の考慮，②再調達価格に関する原価償却の見せ掛けの根拠），ⅳ）損出としての租税割引，ⅴ）在庫評価における利潤の隠蔽，ⅵ）利潤実現の補助手段としての実現原則，ⅶ）無形資産対象の実現原則の法的回避，ⅷ）収益能力の考察に則しての追加利潤，ⅸ）非生産的労働への出費，4)「要素志向の生産経済論批判のための生産理論的申し立てと共同決定」では，ⅰ）グーテンベルグの生産論（①グーテンベルグの理論構想の叙述，②グーテンベルグの理論構想批判，③生産の諸目的，④人間像，⑤生産理論のさらなる発展），5)「共同決定と投資理論」では，ⅰ）支配的投資概念の批判について，ⅱ）投資，作業システム，共同決定，ⅲ）労働志向的投資概念の浸透のための装置，ⅳ）金銭的手続き（①伝統的投資計算の手続き，②貨幣的手続きの拡大，③作業制度に関係する費用計算のアプローチ），6)「人事領域における長期的意思決定と共同決定による影響可能性」では，ⅰ）利潤志向的人事計画，ⅱ）全体計画内の人事計画の必要性（①根本的計画としての人事計画，②実践における人事計画の状態），ⅲ）今日の人事計画における就業者の利害の考慮（①就業者の利害と利潤

志向的人事計画，②経営体制法の利潤志向的人事計画への影響，③経営体制法おける人事計画の内容，④短期的に実現されている人事事項の内容），ⅳ）労働志向的人事計画（①人事要求計画，②人事方策計画），ⅴ）就業者志向的人事計画の実現のための前提，7）「共同決定と企業財務」では，ⅰ）就業者の利害と企業財務，ⅱ）財務概念と財務論の批判，ⅲ）財務概念の新しい定義づけ—ひとつの試み ⅳ）共同決定による代替的財務，ⅴ）来るべき社会資本・財務，ⅵ）経営の資産形成に代わる社会資本の新形態，ⅶ）準備金に代えての社会資本の増加，ⅷ）助成金財務と株式取得への代替，ⅸ）賃金形成から財務

　第Ⅱ部：新しい経営経済学を必要とするかでは，1）「新しい経営経済学を必要とするか—行動科学視点からの分析」，ⅰ）行動科学的方向の主要特徴，ⅱ）「方法論的個人主義」に対する批判的対決，ⅲ）個人主義的模範概念の理論的内容と帰結について，ⅳ）個人主義的模範概念の批判・構成力，2）「新しい経営経済学は必要か」で，ⅰ）経営経済学における批判，ⅱ）経営経済学理論，ⅲ）理論と実践：実践理論，ⅳ）批判的経営経済学，3）「新しい経営経済学は必要か？労働組合の視点からの批判と一つの代替要素」では，ⅰ）批判と代替案に関する利害に関する出発点，ⅱ）労働志向的個別経営経済学の重点，ⅲ）労働志向的利益の実現のための実行へのアプローチ，ⅳ）企業の多面的目標システムの部分としての就業者の目標，ⅴ）社会理論の欠陥と科学的党派性，ⅵ）個別労働志向的研究領域，ⅶ）企業経営の4）「新しい経営経済学は必要か？　政治経済学の視点からの社会政治分析と経営経済的結論」でⅰ）経済危機，就業者の利害，経営経済学，ⅱ）経営経済学の自己認識とその社会との関係，ⅲ）資本志向的研究の構造について，ⅳ）労働志向的経済論の成立条件と輪郭，ⅴ）個別経済の目標設定と全体経済社会経済的展開の進行過程での経営経済学の侵食，ⅵ）労働志向的研究の構造について[41]

　以上，ハーバーマスなどのフランクフルト学派の認識論に基づくドイツ労働組合総同盟の経済・社会科学研究所のプロジェクトに参加したクーベック等の

---

41) N. Koubek, H. Kueller und I. Scheibe (Hrsg.), *Betriebswirtschatliche Problrme der Mitbestimmung*, Athenaeum Fischer Taschenbuch Verlag, 1974.

主張する労働志向的個別経営経済学で検討している内容を紹介してきた。資本志向的マーティング操作性の特徴などについて言及されてはいないが，以上の目次をみるだけでも，労働志向的個別経済学は，全面的に展開されドイツの経営経済学会でも多くの研究者によりその存在は認められていたのである。

5. シュタインマンの「規範行為科学としての経営経済学」と従来の経営学への疑問

H. シュタインマンを中心とする―アランゲン・ニュールンベルグ大学の研究者達が構成主義哲学の方法に基づいた経営経済学を展開しようとする動きを顕著に示したのは，前節でとりあげたカプラーの報告がなされた1975年第2回科学方法論委員会においてであった。彼らは「経営経済学と実践―構成主義的な哲学と科学理論を基礎としての予備的考察」[42]という報告を行い，ここで構成主義哲学の代表者であるP.ロレンツェンとシュヴェマーの1975年の著作『構成的論理学，倫理学，科学理論』[43]に依拠して，おもに規範の根拠づけをその内容とした方法論のみを展開した。

ところで，この構成主義哲学を経営経済学の方法論とする「エアランゲン・ニュールンベルグ学派」ともいうべき方向が，西ドイツ経営経済学の一つの潮流として無視できないものと人々の目に映るようになったのは，第4回科学方法論委員会が，1976年地元ニュールンベルグで行われてからである。この委員会では，エアランゲン・ニュールンベルグ大学の哲学者ロレンツェンとシュヴェマーが，コンスタンツ大学の構成主義哲学者F.カムバルテとともに招か

---

42) H. Steinaman, H. Boehn, W. Braun, E. Gru, G. Schreyogg, Betriebswirtslehere und Praxis–Vorueberlegung auf der Grundlage der Konstruktiven Philosophie und Wissenschftstheorie, in: H. Ulich (Hrsg.), *Zum Praxibezug der Betriebswirtschaftslehere in Wissenschftstheorietischer Sicht*, Bern 1976.

43) *P. Lorenzen und O. Schwemmer, Konstruktive Logik, Ethik und Wissenschftsthorie, Manheim 1975.*

れ，それぞれ報告するとともに，シュタインマンは「規範行為科学としての経営経済学」，E. ゲルムが「個別経済的制度の正当化についての考察—企業共同決定の議論を例に—」，ブラウンが「科学と価値判断—規範・批判的経営経済学の若干の誤解について」[44]，という報告をしている。シュタインマンは，この報告で構成主義哲学の立場から『規範行為科学としての経営経済学』[45]を提唱するのである。

彼らの「規範行為科学としての経営経済学」の特徴は，企業ないし組織を，企業での種々の利害をもつ構成員の集合体と把握するところにある。シュタインマンは，1976年に「利益団体としての企業」[46]を発表しているので，その内容を検討しよう。

シュタイマンは，この論稿で従来の企業理論ないし組織論においては，企業ないし組織が，企業者（所有者），労働者（被傭者），顧客，供給者等の利益団体の複合体として把握されるのではなく，一面的に企業所有者ないし経営者の利害のみばかり強調する傾向があったと，批判する。彼において批判の対象とされているのは，①ミクロ経済理論の亜流としての経営経済的企業理論，②ウェーバーの官僚制モデルに基礎をおく組織理論，③サイアートとマーチの企業と組織の連合理論（Koalitionstheorie），④リッカートの行動科学的組織理論である。

①ミクロ経済の企業モデルでは，企業者（所有者）の利害を強調し，企業の他の利害構成員，たとえば，労働者，顧客，供給者の利害や欲求を中立的なものとして扱ってきた。この接近方法においては，目的設定と目的の遂行が企業の利害構成員にどのように関係するかということについてはふれていない。確

---

44) H. Steinman (Hrsg.) *Betriebswirtschaftslehre als normative Handlungswissenschaft : Zur Bedeutung der Konstruktiven Wissenschftsthorie fuer die Betriebswirtschaftslehre*, Wiesbaen, 1978.

45) H. Steinman, ebenda. SS, 73-102.

46) H. Steinmann, Die Unternehmung als Intressenverbund, in : *BfuP, 28 Jg*, Januar, 1976.

かにこの企業モデルでは，アダム・スミス以来のすべての個人と企業が効用ないし利潤を最大限に求めて行動するならば，市場のプライス・メカニズムを通じて全体の調和が達成される，ということを前提としている。ここでは，限界費用と価格が等しくなる点が企業行動の最適条件であり，それぞれの利害団体の構成員は市場において（企業においてではなく）同等のものとして存在している。しかし，シュタインマンによると，この理論は利害一元的資本モデルともいえるもので，企業の計画過程，意思決定過私，組織過程，統制過程を含む利害多元的理論としては狭すぎるということである[47]。

次に②ウェーバーの官僚制的組織モデルにおいては，組織構成員が「課題の担い手」として現われている限り，構成員の利害が何であり，その行動規範が何であるのかが研究されなければならない。しかしながら，この組織モデルにおいては，目標を設定するという職務は最高管理者に占有され，他の構成員は単なる機械に似たものとして，他人によって設定された規則と命令にしたがうものとされている。つまり最高管理者以外の人は，前提により諸目的と規則の決定―の参加をはじめから排除されている。したがって，この官僚制モデルを基礎とした組織論において想定されている企業は，「支配者利害の団体」という側面を持っている[48]。

③サイアートとマーチの企業と組織の連合理論は，誘因と貢献の理論を包含することによって上記の官僚制組織モデルを克服しようと現われた。この連合理論では，企業の構成員は自由意思を持った個人として把握され，企業にてネジャー，労働者，資本所有者，顧客，税務官庁，外部助言者の連合体として考えられている。しかし，この連合理論は，利害多元主義的かつ包括的な接近方法であるにもかかわらず，組織を構成するメンバーを利害によって区別する場合の基準が明確ではない。というのは，企業の目的形成に参加しないとか，種々の強度をもって参加するといった個別的事例があげられているのにとどまっているからである。またハイネンの連合理論（目的関数の理論）も，企業の利

---

47) Steinmann, *a. a. O.*, ... Die Unternehmung, SS. 2-4.
48) *ebenda*, S. 5.

害の配分ないし権力の配分の提言の基礎に関係していることから，連合体構成員の経験的目標をとりあげてはいないということで，構成員の利害を明確にしているとは言い難い。このように，シュタインマンは，サイアートとマーチ，ハイネンにしろ，企業構成員の行動を没価値的にとりあげているだけで，経済実践のなかでの構成員の利害をとりあげていないこと，それぞれの構成員の行動規範をとりあげていないこと，に対して不満を表明している[49]。

最後に④リッカートの行動科学的組織論は，その解釈において規範的側面が完全に脱落している。リッカートは，その著『人間組織』[50]において「マネジメントシステム4」の理論を展開した。この理論は，従来の伝統的理論には，ⅰ）企業の構成員が1人の上司しか持てないこと，ⅱ）一般的に同僚間の競争や葛藤を生み出し，部門の間に敵対心や無関心を生み出す，ⅲ）動機づけの理論が十分でない，という欠陥があり，これを補うものとして生まれた。すなわち，それぞれの組織単位は他の組織単位と重なり合う部分を持ち，2人の上司を持つ構成員がチーム・作業と情報交換の円滑化をもたらすといった自己管理的色彩の強い理論である。しかし，シュタインマンによると，リッカートが労働における人間の自己実現化（自己解放）を企業の給付効率に結びつけて説明していることは，資本主義企業における人間化という狭い側面のみを問題としており，しかも企業体制の基礎や制度，それと関連しての目的遂行についてはふれておらず，その限りで所有者や経営者の理論である，ということである。

これに対してシュタインマンは，彼の企業モデルを展開するにあたって，企業の目的関数，すなわち企業の規範的基礎づけを明らかにすることを課題としている。彼によると，この規範的基礎は，詳細に根拠づけられるものではなく，信仰認識的に導入するものであるが，この根拠づけは，エアランゲン・ニュールンベルグ学派の構成的哲学理論と科学理論によってなされる。まず重要な問題は，現実の利害団体ばかりでなく，公正なつまり根拠づけられた理性的

---

49) *ebenda*, SS. 6-8.
50) R. Likert, *Human Organization*, New York 1967. 三隅二不二訳『組織の行動科学』ダイヤモンド社，1968年。

な利害団体の内容を明らかに示すことである。それは，利害を主観的利害，客観的利害，さらに超主観的利害に区別することによって可能である。しかも「要求されていることは，適当な社会制度の枠内での利害コーンフリクトの合理的克服である」[51]。そこで問題になるのが，企業体制（Unternehmensverfassung）の改革である。シュタインマンは以上のように述べながらも，この論文では，「利益団体」としての企業の構成員のそれぞれの利害が具体的にどのようなものであるのか，またその行動規範は何であるのか，さらに経営体制の改革を唱えつつも，その具体的内容についてはなんらふれられていないのである[52]。

6．構成主義哲学の方法論

　構成主義哲学の方法論の内容を概略的に明らかにするために，ここではP. ロレンツェンが1977年3月ニュールンベルグの方法論委員会で行った「構成的科学理論と実践」という報告と，1967年から1968年にかけてオックスフォード大学で行った記念講演『規範論理学と規範倫理学』の第7章「実践哲学の基礎づけ」[53]をとりあげることにする。
　ロレンツェンは，前者の報告で，まず科学理論ないしMethodologieという言葉が流行語となっているが，「諸目的の教義である上位の目的論へと拡張されてきた方法論のみが，科学理論と呼ばれるべきである」[54]と提案したい旨を発言する。この発言は，もちろん分析的科学理論（批判的合理主義）が，規範の

---

51) H. Steinmann, *Die Unternehmung*, SS. 8-9.
52) ebenda, S. 12. この論文以降のシュタインマンの企業体制については，日本では万仲修一氏が『企業体制論―シュタインマン学派の学説』（白桃書房，2001年）で詳細に論じている。
53) P. Lorenzen, Konstruktive Wissenschaftstheorie und Praxis, in : H. Steinmann (Hrsg.), *Betriebswirtschaftslehre als normative Handlungswissenschaft*, Wiesbaden, 1978.
54) P. Lorenzen, *Normative Logic and Ethics*, Mannheim, 1969. 遠藤弘訳『コトノミと規範』理想社，1977年。

科学的根拠づけはできないとして，科学の投価値性を主張していることに対する批判でもあり，また構成主義哲学が，規範の根拠づけないし正当化を科学理論の主要テーマとしていることについての宣言ともいえる。

そしてロレンツェンは，この報告の前半部分で，分析的科学理論を2点にわたって批判している。第1点は，批判的合理主義が数学を狭く解釈していることにより，直接に反証し得ない「重力の法則」等について，彼らの立場からは説明できない，ということである。すなわちロレンツェンによると，批判的合理主義は，基数と実数だけを考慮し数学を狭く解釈する立場をとっており，幾何学，運動学，確率等を考慮から除いている。しかし，ガリレーの重力法則，マックスウェルの電磁場の法則等では，空間運動や偶然が問題となるとともに，これらの法則は直接に測定し得ず，したがって法則そのものを直接に検証し得ない。検証されるのは，これら法則の基礎体系を構成する補助仮説のみで，これらが個別経験的に反証されたりするのである。ロレンツェンは，それゆえ重力法則という全命題は，伝説ではなく規範であると考える[55]。この第1点のロレンツェンによる批判的合理主義に対する批判は，前章，ラカトスの「ポパー方法論の修正」でみた論点と同じといえる。すなわち，ラカトスが，固い核の回りにある補助仮説からなる防御ベルトが反証されたとしても，それが新しい仮説にとり替えられ固い核が守られる間は，問題は前進的に移行する，とした論点である。

批判的合理主義に対する批判の第2点は，因果関係の理解の仕方についてである。ポパーにおいては「いまこうなら，必然的にああなる（Wenn...dann...）」という定式において，ある理論に対する反証例が示されるならば，その理論はとりさげられる。しかし伝統的な因果論においては，いまある状況 S1 から状況 S2 が成立するとされているが，予測に反して状況 S2′ が現出すると，S2 と S2′ の差の理由が探究され，それまで認識されていなかった S1 の S1′ への変化を発見することがある。すなわち，S2 から S2′ への変化の原因が

---

55) P. Lorenzen, *a. a. O.*, Konstruktive, S. 14.

S1からS1′への変化によることであることが発見できる。その意味で諸原因の探究を諦めてはならないにもかかわらず，ポパーにおいては，反証例が示されればただちにその理論は反駁されたとしてとり下げられることに問題があるとするのである。この批判点は，やはり，ラカトスが，ポパー理論にある素朴な反証主義として批判したものと同じである。すなわちラカトスが，素朴な反証主義は，理由を検証するさい「同一条件」という前提のもとで反証を考えるが，洗練された反証主義は，この「同一条件」という前提をとり払い，その理論が反証に直面しても，補助仮説のとり替えによって，問題が前進的に移行するのか，それとも補助仮説のとり替えによっても改善をされないのか，すなわち後退的問題移行なのかを，判断すると述べたのと基本的に同じである。

次にロレンツェンの構成主義哲学の内容について見ていくことにしよう。先に述べたとおり，構成主義哲学は，批判的合理主義が科学的にとり扱えないとした規範の正当化，根拠づけを彼らの科学理論の課題とするが，それは「原理」と名づけられる2つの「上位規範」を定式化し，これを信仰的に認めあうことによって可能となる。その1つは，道徳原理（超主観性の原理）であり，2つは文化的原理（規範的発生の原理）である。この2つの原理とは，「私はなぜ規範を受け入れるのか」ということを正当化する原理である。

まず第1の超主観性の原理とは，自己の主観性を克服することであるが，この克服は論理的修練によってなされる。論理的修練とは，側言語（paralanguage）を使用せず直言語（ortholanguage）のみを使用することである。直言語とは，企業のコンフリクト状況のもとなどでの理性的対話で使用される言語で，1つのルールと意味内容をもつ言語であり，これは側言によって教えこまれるものである。これに対して側言語とは，家庭や子供の世界で使われている自然言語で，直言語を教えるために用いられるものである[56]。したがって，ロレンツェンによる超主観性の原理とは，「科学的」かつ「万国共通の」専門語ともいうべき直言語のみの使用によってなされる論理的修練によって主観性を克服する

---

56) *ebenda*, SS. 18-20.

ことなのであるが，それは具体的には「単に主観的なすべての要求が考慮の対象からはずされる」[57]ことを意味する。彼によると，常に主観的欲求とは非本質的な欲求であり，超主観的であろうと努力しても残存する欲求であるところの本質的欲求から区別される。しかもこの本質的欲求という言語を「必要」という言葉におきかえると，人間が動物と共通にいだくような「自然的必要」と，そうでない人間社会にのみ存在する「文化的必要」とがある。彼においては，自然的欲求であれ文化的欲求であれ，本質的欲求であるのかそれとも非本質的欲求であるかを区別する規範こそが，第1の道徳原理（超主観性の原理）なのである。

次に第2の文化的原理（規範的発生の原理）とは，「何を為すべきか，あるいは何を為すべきでないかを決定する前に，1つの具体的な情況の発生（Genesis）を見つめることをわれわれは要求する」[58]ことである。この発生には，自然現象の因果的説明ともいえる「事実的発生」と，人間が関わって起こる「文化現象」を説明する「規範的発生」がある。前者は「仮説として想定された以前のある情況からその与えられた情況を導出できるように仮言的普遍的法則を示してくれる説明」であるのに対して，後者は「なぜこういうものがもたらされたのか。いかなる目的が追求されたのか，何が達成され，その試みはどんな点で失敗したのか」ということについて説明する。ここでは「文化は人間の為せる業であることを認めさえすればよい」[59]。

ロレンツェンは，つぎに「文化的必要」の発生について検討するための手続について述べる。彼によると，具体的情況における行為を論じる前に，当の情況を記述した「抽象的情況」のモデルが必要となる。この抽象的情況のモデルは具体的情況を説明するために役立つものであるが，この抽象的状況に関していずれのモデルを選択するかということは，具体的情況についての評価を前提とする。というのは「モデルを構成するときに可能な記述のなか，しかじかの

---

57) ebenda, SS. 24-25, P. Lorenzen, *a.a.O., Normative*, 遠藤訳『前掲書』143-154頁。
58) P. Lorenzen, *a.a.O., Normative*, 遠藤訳『前掲書』158頁。
59) 遠藤訳『前掲言』161頁。

要素は『問題にすべきか』それとも『問題にするに及ばないか』ということの決定が行われるからである」[60]。しかもこの決断にさいしては，超主観性の道徳原理が用いられなければならない。さらにモデルの選択にあたって任意性を避けるために，具体的情況のいかなる要素もはじめから除かれてしまうことのないように，各情況を「開いた複合体」としてみつめなければならない。

こうしてロレンツェンは，規範的発生の原理とは「検討しつつある複合体の中のどの欲求が文化的必要として受け入れられるべきかを決定する」[61]のに用いられるものだ，として次のように説明する。いま文化的必要であると主張される欲求の複合体（$C_1, \cdots, C_n$）があり，欲求の複合体（$C_1, \cdots, C_{n-1}$）がすでに正当化されていたと仮定する。この場合（$C_1, \cdots, C_n$）は，もっとも単純な抽象的状況（$C_1', \cdots, C_{n-1}'$）から発展した抽象的状況と考えられる。ここでは（$C_1', \cdots, C_{n-1}'$）と同一であってはならない。むしろ，前者は後者の前段階であるといえる。そのとき1つの新しい欲求 C_n' が複合体（$C_1', \cdots, C_{n-1}'$）につけ加えられると，（$C_1, \text{―}, C_n$）に変形される。この発展は，フィフティ以来の弁証法といわれるものである。ロレンツェンはこうして，（$C_1', \cdots, C_{n-1}'$）から（$C_1', \cdots, C_{n-1}'$），C_n' を経て（$C_1, \cdots, C_n$）へ進展する発生は，文化的欲求に関係しているので文化的原理と名づけるのがふさわしい，としているのである[62]。

この規範的発生の構成は一歩一歩行われる。直接の実践から得られたいくつかの規範からはじめられ，そして歴史のいくつかの規範からはじめられ，そして歴史からのいくつかの部分を批判的に理解するのにその規範が用いられる。そしてつぎに歴史からの規範についての発生的説明に戻らなければならない。それでこそいまや，その規範は改善される。それから再び歴史の批判的理解に進まなければならない。この運動は，螺旋的に進行し，ロレンツェンは，これを弁証法的螺旋と呼ぶ[63]。

---

60) 前掲，162頁。
61) 前掲，163頁。
62) 前掲，164-165頁。

以上のようにロレンツェンは，規範の根拠づけを，直言語の使用という道徳の原理（超主観性の原理）と文化的原理（規範的発生の原理）によって説明し，具体的実践の決断は，この2つの原理によってなされ，その場合の理性は「実践理性」と呼ばれるとしている。

7．規範行為科学としての経営経済学の提唱

　シュタインマンは，1977年地元ニュールーベルグで開催された科学方法論委員会で，「規範行為科学としての経営経済学」というテーマで報告しているが，その内容は，WSIグループの労働志向的個別経済学のような一定の体系をもったものではなく，企業体制法の充実化とそこでの共同決定のあり方の行為基準を導き出すために，「規範行為科学としての経営経済学」を展開している印象をうける。シュタインマンは，この報告の冒頭で，規範行為科学としての経営経済学を次の3点にわたって定義する。

1） 経営経済学は，経営における人間の（経済）**行為を探究する文化科学**として把握されるべきである。
2） 経営経済学は，経済行為の目的についての言明を構成する**規範的・批判的科学**として把握されるべきである。
3） 経営経済学は，生活実践のなかで**正当化される**問題解決のための**形成提言**を捻出する意図のもとに**実践志向的科学**として把握されるべきである[64]。

63） 前掲，166頁。
64） H. Steinman, *a.a.O, Betriebswirtschaftslehre als normative* Hand *ungswissenschaft,* S. 73. 筆者がシュタインマンの規範行為科学としての経営経済学について最初に検討したのは拙稿「現在西ドイツ経営経済学方法論における三つの潮流（下）」（『商学論纂』，21巻3号，1979年9月59-76頁）においてである。約30年後に本書をまとめるにあたり，万仲修一教授のシュタインマン学派の学説を体系的にまとめた『企業倫理学』（西日本法規出版（株），2004年，第2章31-73頁）と，万仲修一「構成主義経営経済学の科学論的基礎」（神戸商科大学『商大論集』44巻6号，1993

シュタインマンによると、この3つの必要要件（強調はシュタインマン）は、批判的合理主義の科学的理解と明確に区別されるものである。文化科学として経営の人間行為を研究する場合、まず第1の定義と関係して、人間が「行なう(Tun)」ということは、「行為（Handlung）」および「行動（Verhalten）」に区別されるが、行為は「文化現象」、行動は「自然現象」として表現し理解されるすべきである。なぜなら、行為は目的に導かれた意図的な活動であるのに対して、行動は心理的、感情的反作用のような刺戟的動作であるからである。構成主義的な方法論は、このようにHandlungとVerhaltenを区別するが、この行為（Handlung）は、対話行為のなかで、その事態をもたらしてほしいという要求にしたがい習得される、ということである[65]。

次に因果関係についてのシュタインマンの理解について検討すると、批判的合理主義においては、原因（Ursach）と結果（Wirkung）の関係についてWirkungは原因としての初期的条件から法則の援用によって演繹的に導かれると考えられている。ここではUrsacheとWirkungは相対的に普遍的な法則と定義され、その関連は規則的に考えられ、同じ原因はいかなる場所であろうと時間であろうと同じ結果を引きおこすとされている。しかし、人間の活動を分析するさい、人間の活動を行動（Verhalten）と定義する立場においては刺戟（原因）が反応（結果）というふうに把握するが、このような把握では、人間行為のメルクマールである目的、望み、利害といったものが示されない。シュタインマンによれば、経営経済学は実践的でなければならないから、企業を指導する意識そのものについて説明し得なければならない。しかたがって、人間と意図の関係はUrsache—Wirkungの関係ではなく、理由（Grund）—結論（Folge）の関係でなければならないというのである。しかも、この関係においては、行為（結論）は、意図に論理的に結びついているというのである。

シュタインマンによると、人間の行為が自然法則的に説明しうるような情況の変化・結果ではないのは、行為が学習を基礎にしてなされるからである。し

年69-114頁）には大変お世話になった。記して深謝したい。

65) H. Steinmann, (Hrsg.) *a.a.O., Betriebswirtschaftslehre*= S.74.

かもこの学習に基づく行為とは，自分ないし他人によって導かれる対話の結果である。すなわち，目的とその目的に基づく行為との関係は，発生論的考察のなかでなされるが，それは，対話のなかで目的を設定し，行為し，行為のなかで目的を変更していくということである[66]。この点に関して，シュタインマン，この**目的システムが安定しいる**限りにおいては（方法論的根拠づけられた理論構築においては）規則性は法則的に取り扱われるが，それは状況と目的システムに安定性があるという一定の条件のもとで，過去の説明によりこの方式が問題ないものとして根拠づけられときのみである。しかし，観察される行為の結果としての性質に規則性が欠けているとか，法則的仮定を誤解していたり，包括的理論（体系）にしたがって探求することを惑わせたりする場合は，自覚的な目的システムを追求する契機を与え，行為についての考慮の再構成をしなければならないと考えている。つまり，シュタインマンは，経営行為は，各構成員が独自の目標を持っているので，目標システムが安定的に推移するとは考えていないということである。この点は，批判的合理主義の立場に立ち，アメリカの意思決定論や企業行動を分析する場合，構成員が自己の効用を極大化することを前提に関数でモデルを展開する理論への批判となるであろう。

次に第2の定義のなかで，シュタインマンは以下のようなことを論じている。ドイツ経営経済学において，古い研究者は，経営行為の原理として収益性，経済性，利潤を設定してきた。

ニックリッシュは，規範の根拠づけを彼の経営経済学説の哲学の基礎づけによって解決しようとした。しかし，シュマーレンバッハは（グーテンベルクもそうであるが），経営行為理論の規範的基礎を認めたが，その規範の根拠づけの内容については立ち入らなかった。また国民経済学ないしミクロ経済理論においては，最大限利潤の原則が，戒律的規範の意味において正当化され，行為目標として設定されている[67]。

また，ハイネンとディーテルは，種々の目標設定に関する技術的モデルを展

---

66) H. Steinmann., *a.a.O.*, SS. 77-78.
67) *ebenda*, SS. 83-84.

開させることによって，経営経済学の利益多元主義的な研究プログラムの困難性を示した。そして彼らは，多元的利益プログラムの困難性について，「演技者のディレンマ」とか「シャーロック・ホームズのパラディグマ」という表現をした。しかし，この考察方法は，マックス・ウェーバーの二元論に基づいているのであって，利益多元的な規範の根拠づけは，最終的には根拠づけの方法である実践概念に基づかなければならない。つまり，根拠づけは，超主観的対話（先入観をもたない，強制のない，説得でない対話するのではない）に由来するのであり，このことによって参加者は同意に達するのである。

このようにシュタインマンは，従来の経営経済学の規範に対する考え方を概観し，企業理論の規範的基礎は，経済体制と経営体制 (Wirtschafts-und Unternehmensverfassung) に関連する問題として提出されなければならないと考える。しかも，構成主義哲学の概念にしたがい，経済体制と企業体制の状況を正しく把捉し，もし企業体制が正当でないなら経済体制および企業体制の改革案（たとえば労働者共同決定法の改革案）が提出されなければならない。しかし，その場合誤解してならないのは，構成主義経営経済学は，ハーバーマスの「理性的な対話情況」の制度的前提を生み出すことに主眼があるのではなく，経済制度の長期的改革を目標としているということである[68]。

シュタインマンは，最後の第3の定義，「実践志向的科学として把握される」について，次のような見解を述べている。批判的合理主義の経営経済学は，行為を行動に還元すると同時に，理論と実践の関係を短絡させ，科学的実践が生活実践となんら関係しないとしている。これに対して構成主義の経営経済学においては，科学の基礎づけは実践のなかに持つ。その場合，方法論的には対話の共通実践に基づき，倫理的には，科学の諸目的の正当化は，生活実践それ自体の正当化に関係する。すなわち，これを具体的に述べるなら，方法論的には，科学はつねに言語行為であるから，ロレンツェンの直言語による再構成が問題となり，倫理的には，諸目的によって正当化されている実践をもう一度問

---

68) *ebenda*, SS. 90-91.

いなおしてみるということである。この二つの意味における科学的実践の努力は，コンフリクト情況と欠乏情況に起因する実践から出発して，経営経済的諸問題に関する行為のための意思形成に貢献するとともに，これらの諸問題の理性的克服に役立つのである[69]。

以上，シュタインマンの提唱する規範行為科学とし経営経済学についての見解を見てきたが，この項の最初でも述べたとおり，彼の経営経済学の体系といったものではなく，批判的合理主義の理論を，構成主義に基づいた方法論により，既存の企業体制法での共同決定法をより拡大していく長期的改革めざした「規範行為科学としての経営経済学」を展開しようとしているといえるだろう。

---

69) *ebenda*, SS. 92-97.

第8章　1970年代のドイツ経営経済学方法論論争の現代的意義(Ⅲ)

1．1970年代とその後のドイツ経営経済学の動向

　第6章の第一節の末尾で述べたように，1970年代当時のドイツ経営経済学は，研究対象ないし理論の枠組みの違いによりつぎの5つの方向に分かれていた。すなわち，ⅰ）新古典派の企業概念を前提に生産要素の最適結合の分析を主要対象とした「グーテンベルグ経営経済学」，ⅱ）アメリカのサイモンなどの影響を受けた E. ハイネン（Edmond Heinen），W. キルシュ（Werner Kirsch）の「意思決定志向的経営経済学」や，ⅲ）欧米の社会学の影響を受けた H. ウーリッヒ（Hans. Ulich）の「システム志向的経営経済学」，ⅳ）労働組合総同盟の経済・社会科学研究所（WSI）の「労働志向的個別経済学」，ⅴ）シュタインマン・グループの構成主義哲学に基づく「規範行為学としての経営経済学」などである。

　1970年代のドイツの方法論争は，こうした研究対象の違いによるものだけでなく，理論構築の方法，理論化する手続きの方法によっても分かれていた。西ドイツ経営経済学会の科学方法論委員会の討論をみると，理論形成の基礎となる認識方法の違いから，①批判的合理主義の方法論に依拠する経営経済学，②（a）フランクフルト学派の方法論に依拠する経営経済学，②（b）構成主義哲学に依拠する経営経済学に分類できる。もちろん，①の立場は，前者が規範の根拠づけないし目的設定そのものは，信仰認識的なもので，科学の対象となり得ないとしているのに対して，②の立場（a，bとも）は，むしろ積極的に規範の根拠づけないし目的の設定そのものを，経営経済学的認識の研究対象としていることによる。

他方で，この①②の区別を前提に，第6章と第7章では，科学方法論委員会におけるこの三つの潮流の認識方法ないし認識プログラムの相違を明らかにし，さらにこの三潮流がそれぞれ展開ないしは提唱している「行動理論的経営経済学」，「労働志向的個別経済学」，「規範行為科学として経営経済学」の概要を紹介した。

　1980年代にはいると，1982年にキリスト教社会・民主同盟のヘルムート・コール政権が誕生したこともあり，それ以前の社会民主党の支援のもとでの労働組合の影響力も次第に弱くなり，ドイツ労働組合総同盟に属する研究者が主張していた「労働志向的個別経済学」が衰退し始める。また，1980年代に方法論争が衰退した理由を，榊原研互が，クレッチマンを引用しつぎのように指摘している。「アメリカの管理論への傾斜が強まるなかで，真理問題の代わりに有用性問題が経営経済学の理論形成の中心におかれるようになった」ことである。クレッチマンによると，この有用性問題が，メタ科学と対象科学において主観主義的・実用主義的方向への転換をもたらし，方法論に対しても独自の意義を認めず無関心を示す傾向が現われたというのである[1]。榊原は，2003年当時の「方法論委員会」の主催者であったフランクがあげているもう1つの理由も紹介している。「異なる科学論の支持者―特に批判的合理主義者とエアランゲン派の構成主義―が部的に自己弁的に行われた塹壕戦で消耗し，相互に歩みよることも共通の新方向を展開することもなかった」。「本質的な議論はすべて尽くされた」[2]という印象が学界に蔓延したというのである。

　この最後の第8章では，第6章，第7章で考察したドイツ経営経済学方法論の3つの潮流で問題になった諸論点のうち，1つのポパーの「……であるなら，つねにこうなる」(Wenn – Dann)」初期的条件から普遍言明を導き出し，

---

1) 榊原研互「ドイツ経営経済学における最近の方法論的問題状況」(『三田商学研究』，48巻1号，104頁。Kretschmann, J., *Die Diffusion des Kritischen Rationalismus in der Betriebswirtschaftlehre*, Stuttgart, 1990, S. 142ff.

2) 榊原，『前掲誌』104頁，Frank, U., Einige Gruende fuer eine Wiederbelebung der Wissenschaftstheorie. *DBW (Die Betriebswirtschaft)* 63. Jahrgang 2003, pp. 278-292.

それを反証可能性のテストで検証する方法をめぐる議論は，A）経営学において法則・定立的な法則は成立するのかという問題と関連しうるといえる。第2は，B）シャンツの経営学の枠組みを決める方法論的個人主義は，方法論的集団主義・全体主義との関連でどのような性格をもっているのか。という問題であろう。ここでは，ギデンズの「相互行為における構図の二重性」として捉えられ得ることを指摘する。さらに，第3のC）批判的合理主義の目的・手段の合理性のみが科学の対象となるという立場に反対し，目的の設定は価値判断が含まれるものであるから，組織内の利害関係者間で理想的な対話状況の条件の精緻化こそ，科学的認識方法であるとする立場（労働志向的個別経済学と構成主義哲学に基づく規範行為科学としての経営経済学）があった。この問題は，後にハーバーマスが膨大な著作で展開した「コミュニケーション行為」へと発展していることについて，指摘しよう。

2．経営学において定立的法則は成立可能か

1） 1970年代の英語圏での組織研究方法の変化

米・英での社会学，経営学（組織論）の分野で，1970年代に理論と実践をめぐる方法論や理論化手続きについて議論されていたようであるが，日本の経営学界では，圧倒的多数が英語圏の経営学研究に従事していながら，日本の研究者においては，一部を除き方法論に関してはそれほど丹念に研究され紹介されてきたとはいえない。しかし，その数少ない研究者でも，沼上幹[3]の研究では，英米の経営学（組織論）研究の方法論について体系的に論じられている。

沼上によると，1970年代までの英米系の経営学，とりわけ米国の組織論と経営戦略論の領域では，当初から「科学的」に「法則」を定立し，その「法則」を「工学的」に適用するという志向が強かったといえる。そこでは，研究者は，社会現象の背後にある因果論的な「不変」（継続・規則的発生する事象）の

3） 沼上幹著『行為としての経営学—経営学における意図せざる結果の研究』（白桃書房，2000年）。

法則を経験的に（テストされ）明らかにして，その「不変法則」を実践家に提示するという考え方が支配的であった。ところが，組織論研究が，組織をコントロール・システムと理解し，それに寄与させようとの意識が強まることにより，つぎに説明するメカニズム解明を軽視し，カヴァー法則の発見の方向に傾斜したというのが，沼上の理解である。

2) 二種類の法則定立アプローチ（カヴァー法則とメカニズム解明法則）

　沼上の著作では，不変の法則が存在するとする法則定立的アプローチには，本質的に異なる2つの立場がある。それは①「カヴァー法則モデル」（イギリス経験主義からの影響）と②「メカニズム解明モデル」（大陸合理主義からの影響）であるが，英米系の主流は②から①の方向に認識論を変更してきている。①カヴァー法則モデルでは，例えばA事象がB事象に変化する原因・結果のメカニズムを問題にしないから，サンプル数の大きさ，統計的一般化が重要である。それに対して，メカニズム解明モデルでは，必然的な因果経路の連鎖の解明が重視される。

　同氏によると，①はマクロ変数間の関係を多様な集団にわたって確立していく「方法論全体主義（holism）」と親和的であるのに対して，②はマクロ変数とマクロ変数を結びつけるミクロ要素の特性や行動を探っていく「還元主義（reductionism）」の考え方と親和する。この方法論に関する両者は，自然科学の場合は相互に影響しあい法則定立へと研究者を導くであろう。しかし，②のメカニズム解明モデルでは，必ずしも安定的でない人間の行為を問題とするとき，①のモデルに近づくとはいえない。

　沼上は，経営学の実証作業でも，①と②は混在している場合が多いという。英米系の研究方法に関する教科書では，因果関係を確認する際に必要な事項として，a）相関関係（association），b）原因変数の時間的先行性（direction of influence），c）見せかけの相関の排除，d）原因変数と結果変数を結びつけるメカニズムの4つが取りあげられ，a），b），c）の3者が①のカヴァー法則モデルから引き出される基準であり，最後のd）のみがメカニズム解明モデルの重

視する基準である。d）の基準は，近年，カヴァー法則のモデルに織り込まれ再解釈されるなど，重要な位置を占めなくなっている状況にあるが，カヴァー法則モデルが成立するには，変数と変数の間をつなぐブラックス・ボックスのメカニズムがそれぞれの対象でも時間を越えて安定的であるときのみである[4]。

　沼上によると，従来の社会研究においては，「意図」や「意識」のような要素を取り扱うことを「非科学的」として排除していなかった。社会科学研究を厳密な因果関連を確立していく学問として確立しようとしたウエーバーにとって，行為者の意図を了解することは不可欠な作業であった。しかし，カヴァー法則モデルを重視する研究者たちは，企業を実証研究の対象とする経営学においては実験という手法がとりにくいので，正当化できるコントロール・システムとしての企業組織の因果関係を把握するためには，変数間の共変関係と時間的順序関係を重視し，何度も繰り返し確認できればそれを正当化する方式を採用せざるを得なかったのである。したがって，「意図」という重要な要素もより詳細な媒介変数に分解され，カヴァー法則のなかに含ませて解決できたと考えるか，「意図」の了解は主観的方法を重視する異端として排除したのである。沼上氏によれば，カヴァー法則に基づいた法則定立アプローチの一方的進展が，「行為のシステム」としての企業組織に関する環境記述を，経営学研究の領域から完全に排除していった根本的な原動力であった[5]，というのである。

3） 経営学において定立的法則は成立するか

　自然現象と違う，個々人がその場，その場の状況に対処するため意図をもって行動するのが一般的である社会現象においては，不変の法則が存在する条件は極めて限られており，不変の法則が支配的であるということは困難である。それゆえ，①カヴァー法則モデルに基づいた研究努力が到達する知見と，②メカニズム解明モデルに基づいたそれが到達する知見とが同一になるから，カヴ

4）　沼上,『前掲書』, 80-81 頁。
5）　沼上,『前掲書』, 84 頁。

ァー法則に基づいた研究で十分であり，メカニズム解明努力が不要になる，という主張は決してなされてはならない。これが，沼上の主張である。①によって獲得された変数システムの記述は，常に②に基づいた行為システムの記述によって補完されない限り，記述としては不完全である。①と②の研究方式が目指していた社会現象における法則定立という目的の達成は極めて困難であり，①②に基づいて行われてきた研究の成果は法則でない，と判断するべきであるというわけである。

4） 批判的合理主義の Wenn - Dann 形式は因果関係を分析しうるのか

ポパーと批判的合理主義の立場を擁護する研究者は，Wenn-Dann（こうであるなら……ああなる）形式で，状況に応じて意図を変える個人の行動の因果関係を説明できるかどうかを問題にしていない。自然現象は，同じ現象が繰り返し起きるから（現象が安定して生起するから），反証事例が生じればその言明は取り下げられる。ラカトスの認識プログラムでも，その反証が，防御ベルトの仮説的言明に関する限り，それを取り下げ新しい仮説を設定し固い核の仮説を防御する。しかし，その反証が固い核の仮説に向けられたものであり，それに関わる科学者集団が，明らかに固い核への反証であることが確認されるなら「科学革命」が生じ，新しいパラディグマに移行するのである。しかし，社会科学者が観察対象とする意図もった個人行動を分析する場合は，個々人が個々の状況の変化に適応して行動するため，自然現象のように繰り返されることはないし，その意図の因果関係は必ずしも明確に表面化しない。その意味で，社会現象は自然現象のように安定的に推移しない。なぜ，個人の行為がつくりだす社会現象が安定的でないか，という理由は，個々人は，個々の状況に対して適切に行動するか否かは別にし，行為を自分の意図（因）のもとに変化できるからであり，そこからその結果を得ることを甘受するからである。その意味で，経営行為の研究者は，経営行為を現実に行う実践家の行動を予測することができないし，またその行為をとる理由もあらかじめ知ることはできないのである。したがって，Wenn - Dann 形式による分析では，因果関係を分析できるかどう

かは疑問が残る。経営行為の分析においては，沼上の用語による，メカニズム解明法則をいかなる場合でも常に把握することは不可能といえよう。

沼上は，そのことを深く意識しており，「社会科学の領域で不変の法則を確立することが困難である根本的理由は，社会を構成している人間に反省能力が備わっている点にある」として，ハーバーマス，ショーンに依拠し，「反省的実践家」という概念を持ち込み，研究者と反省的実践家間での「反省的対話」により，より適切な応用（実践）に近づこうとしている。この反省的実践家という行為者のイメージは，ギデンス（Giddens, A）の構造化理論の中心的要素である[6]，というのである。この問題は，この項の冒頭で指摘したB）の「方法論的個人主義が方法論的集団・全体主義か」という問題と関連するので以下，検討する。

3．方法論的個人主義か方法論的全体主義か

方法論的個人主義とは，「社会的な」ものは諸個人間の心的相互作用から説明され得るとする立場で，国家，株式会社，組合などの社会団体や制度・組織といった社会形成物は「すべて関与している諸個人の行為に還元して」理解されるべき（M. ウェーバー）とする，社会科学の方法である。ハイエク（Hayek, F. A. v）やポパーも社会研究の基本として方法論的個人主義を説き，方法論的集団主義を厳しく批判している[7]。第6章でみたように，シャンツによれば，彼の主張する方法論的個人主義は，アガシの分類に依拠して現代心理学に基づく

---

6) 沼上は，「反省的実践家」という呼称は，ショーン（Schoen, D. A）によって使用されたが，ギデンスは，「目的達成のために自分の知識をフル動員しているときの意識を実践的意識と呼び，出来事の推移について論理的な思考をめぐらしているときの意識を比量的意識（discursive consciousness）と呼ぶ。しかし，この比量的意識を理解し易くするため「反省的意識」と呼称を代えているとしている（沼上『前掲書』230頁）。

7) 森博「方法論的個人主義」，「方法論的集団主義」（盛岡清美・塩原勉・本間康平『社会科学辞典』（有比較，1993年），1341頁。

制度主義的個人主義であり，ポパーが反対する心理学主義は，アガシの分類したもう1つの時代遅れの心理学に基づく心理主義的個人主義であるということである。

　これに対して，方法論的集団（全体）主義とは，デュルケームなどにより主張された方法論で，「社会的事実は社会的事実よって説明されなければならない」という立場である。デュルケームは，社会的事実を，個別要素が集合・浸透・融合した結果として一種の化学的化合物になるとみなし，水素と酸素の化合物である水の特性について，その構成要素の水素と酸素の性質に求めることはできないと考える。したがって，社会的事実は個人的事実を構成素材とするが，合成物は構成要素を越えた独自の性格をもつシステムとなる。アメリカ社会学の代表者，パーソンズ（Parson, T.）も当然方法論的全体主義の立場でシステム論を展開した。しかし，パーソンズの社会システム論は，社会の均衡維持や存続のみに視野が注がれ静態的システム論であるとの批判がなされるようになる。それは，システムの安定が第1に考えられ，システム構成する役割にのみ意味が与えられているからである。したがって，ここではシステム変動に関する視点が欠落するという批判がおきる[8]。

　そのために個人の行為と社会の構造の相互関係を組み入れた理論が必要となる。つまり，従来の方法論的個人主義と方法論的集団主義の問題点を克服した理論枠組みが必要となる。梶原裕二は，『ドイツ一般経営学史序説』でディーフェンバッハの経営学の方法を紹介するにあたり，この個人と社会の相互関係を動態的に組み込んだ理論を展開したのが，アンソニー・ギデンズであり，それは「相互行為における構造の二重性」論である[9]，ことを指摘している。

---

[8]　森弘博，前掲辞典，1341頁。梶谷裕二『ドイツ一般経営学史序説』（同文舘出版，2009年），210頁。

[9]　梶谷裕二『前掲書』，211頁。

4．ギデンズの「相互行為における構造の二重性」

　ギデンズによると，「社会的相互行為システムは，行為の合理化という一定の条件のもとで構造の二重性によって再生産され，行為者や集団の相互依存によって構成される。ここで採用する統合の概念は，行為の相互依存の度合を，あるいは再生産に関わる『システム性』を意味している。したがって，『統合』とは，行為者間もしくは集合体間の絆・相互交換・実践の互酬性と定義できる。『実践の互酬性』は，当事者間の自律・従属が秩序立てられた関係であることを意味している」[10]。ギデンズは，注意すべきは，ここで意味する「統合」が，他の学者がいう「凝集」や「合意」と同義でないことを強調している。この実践の互酬性を分析する場合，分析のための単なる方法として，制度分析と戦略分析を区別すべきである。「社会システムを戦略的行為によって構成されたものとして検討することは，行為者が社会関係において構造的要素—**規則と資源**—に依拠する様式を研究することにほかならない。戦略的行為においては『構造』は行為者が社会的出会いにおいて言説的意識と実践的意識を動員することとして現われる。これに対して，制度分析は，戦略的行為について判断を停止して，規則と資源を社会システムにおける持続的特徴としてとり上げるものである」。「もっとも重要なのは，この区別が方法論的なもの……であることを認めることである。つまり，この区別は二元論の二つの側面ではなく，構造の二重性を表していることである」[11]。

　図Aの分類は，社会的実践のなかで多様に結合している次元を意味している。

---

10)　Giddens, A., *Central Problems in Social Theory*, University of California Press, Berkeley and Los Angeles, 1979，友枝敏雄，今田高俊，森重雄訳『社会理論の最前線』(ハーベスト・Harvest 社，1989 年)，82 頁。
11)　友枝・今田・重森訳『前掲書』，86 頁。

図A　ギデンズ（友枝・今田・森訳, 88頁）

相互行為	コミュニケーション	権力	サンクション
（様相）	解釈図式	便益	規範
構造	意味作用	支配	正統化

「相互行為における意味のコミュニケーションは，権力関係の行使や規範的サンクションの影響とは独立に発生するものではない。すべての社会的実践は，コミュニケーション，権力，サンクションという三つの要素をともなっている。しかしながら……社会的実践は単一の規則や資源を表すものではないし，逆に単一の規則や資源によって説明できるものでもない。むしろ，実践は，究極的に全体性の諸特徴を示す規則および資源の集合の共通部分に位置している」[12]。

　また，ギデンズは，社会システムにおける役割について，パーソンズの理解をきっぱりと拒否する。つまり，社会システムは役割から構成されるとか，役割は個人のパーソナリティーと社会システムの構造との主要かつ直接の連結点」だという，パーソンズの見解を拒否する。「むしろ，私の出発点は，社会システムは役割ではなく，（再生産された）実践から構成されるという言明にある。すなわち，私の観点からすれば，行為者と構造との（構造の二重性を通じた）連結部は，役割ではなくて実践に求められるのである」。ギデンズにとっては，社会システムは，相互行為の時間性のなかで再生産されるものとして，そこで行為者が，あい対しながら互いに複数の地位を占めるように構造化された「場」となる。ギデンズは，社会的地位を，ある範囲の特権と義務をもたらす社会的アイデンティティーと定義する。ある地位に在職する行為者は，実践のなかでこの特権と義務を活性させ実行させると，その地位に結びついた役割規定をつくりあげることになる。したがって，ギデンズにあっては，規則・資源を用いての実践，そこで得られる特権と義務がその地位の役割規定となり，さらに規

---

[12]　前掲，88頁。

則・資源を使用しての実践というふうに社会システムを再生産することになるのである。

したがって，ここでたとえば，下記に検討するように，あるドイツ企業で利害関係者（たとえば工場長と従業員代表の工場委員会のメンバー）が交渉する場合は，それぞれの行為者は，規則と資源，コミュニケーション，権力，サンクションを総動員して，その結果として新たな規則，資源を獲得し，社会を変革・前進（ある場合は後退）をしていくことになるのである。交渉という実践のなかで役割を変え，新しい規則，資源を変革することになると考えてよいであろう。

5．カプラーとシュタインマンの経営経済学方法論の現代的意

1） カプラーの認識論とハーバーマスのコミュニケーション論への発展

1970年代のドイツの経営経済学の方法論争で，批判的合理主義の立場から方法論的個人主義が擁護される議論が展開されたが，不思議と思われるのは，方法論的集団主義に基づくシステム論に依拠する経営経済学を主張したウーリッヒなどとの間に，それほどの論争が起きていないことである。ウーリッヒらは，ウイーナやアシュビーのサイバネティックスの理論を経営経済学に応用したこともあるが，しかし，部分的にパーソンズの理論をも参考にしている。いずれにしろ，システム論を機能主義的に利用するなら，批判的合理主義の方法とは親和的であったからであろう。

ところで，カプラー等によって主張されたハーバーマスなどの方法論に基づく「労働志向的個別経済学」と，ロレンツェン，シュタインマンらの方法に基づく「規範行為科学としての経営経済学」は，現代の視点からみてどのような位置づけがなされるべきなか。カプラーの方法の主要論点は，批判的合理主義の研究者は，たとえば企業の目的は所有者ないし経営者によって任意に決められ，科学が扱うべきは目的を実現するための手段について，事実判断にのみ基づいた分析をするべきという点に向けられている。現実の企業をみるなら，企

業内には，所有者，経営者，中間管理者，労働者，企業外に消費者，取引先，その他利害関係者がおり，企業の目的は，それぞれのステークホルダーの利害と密接に関わっている。したがって目的設定それ自体の的確性を問題にしなければならないのに，それを回避している。各利害関係者間で生まれる相互行為の現象を経営学の問題とするなら，それらが立脚する生活関係を分析しなければならないのに，それを無視している。経営学では，目的とそれを達成するための手段の適合性という事実だけでなく，企業のあるべき目的とか規範も問題しなければならず，さらに，理論と実践の関係も積極的に論じられなければならない。ドイツのように，アメリカ，日本の取締役会と同じ役割をもつ監査役会には，従業員の代表が含まれているから，それぞれの利害を考慮した認識方法が採れるべきだし，それに基づいた経営学の枠組みが展開されるべき，というのが，カプラーの基本的認識である。

カプラーは，そのため，ハーバーマスの論文「理論と実践を仲介する試みにおける若干の困難（1971年）」，「真理論（1975年）」に依拠し，理論と実践，規範の問題を検討している。それによると，自己の利害の啓蒙を成功させるためには，批判理論の科学的構築，理論の適用の際の反省的分析，戦術問題の選択，戦術問題の解決，政治闘争の指導が必要である。そこで重要なのは論争である。論争には「理論的論争」と「実践的論争」があるが，それぞれの場でコンセンサスを実現するための仕方がある。①論争参加者は同等の機会をもつ，②妥当性の根拠づけ，抗弁，事前に用意した意見の表明のチャンスを奪わない，③論争では，代表する言語を使用し，その立場，意図を説明する。④対話者との論争で要求する際，指示する，反対する，許可する，禁止するなどに関して，調整的言語行為（regulative）で行うことが容認され，同等の機会をもつ。カプラーは，実践的論争では，理想的対話状況により理性的同意が実現されるべきことを主張している。それは，労働志向的個別経済学の枠組みは，共同決定での交渉内容が実現されていくことが中心的問題であるからである。

しかし，注意すべきことは，これらのカプラーの主張は，ハーバーマスの著作が1975年以前の論文に依拠していることである。ハーバーマスは，1981年

に『コミュニケーション的行為の理論』を出版し，生活世界とシステムを結びつける構想のなかで，行為者間の相互行為・調整に用いられるコミュニケーションは，重要な役割を占めていることが説明されている。ハーバーマスの大著を解説する時間もスペースもないので，上記の『真理論』の関係で若干ふれるなら，この相互行為・調整に用いられる原初的なものは言語コミュニケーションである。「自我が他我に命令を与え，他我が自我の命令を受け入れることによって，両者は世界内の何事かについて了解しあい，それによって彼らの行為を調整する。彼らのコミュニケーションは，情報と行為調整とに役立つ。この調整が成功するのは，自我の申し立てた妥当要求に，他我が肯定的態度をとる限りにおいてである」[13]。しかも，ハーバーマスは，こうした諸行為が言語的な合意形成による調整が成功するのは，「コミュニケーションによる日常的実践が，文化的伝承，制度的秩序，社会化された諸個人の能力の三者によって規定されている生活世界に埋め込まれている場合に限られる」ということである。もし，そうではなく，彼らが，自身の勝手な解釈に頼らなければならないと，相互行為の調整は困難になる。このハーバーマスの叙述は，カプラーが依拠した「真理論」での，理論的論争，実践的論争に必要なルールに比べより明確になっていると思われる。

2) 構成主義哲学に基づく認識論の一般性

シュタインマンの構成主義学派の人々も，ウエーバーが党派性の問題であるから科学的分析の対象から排除すべきとしていた，目的設定の適否について，関係者の間の開かれた討論・対話によってのみ，接近し得るとの立場をとっている。シュタインマンらが依拠するロレンツェンは，上記にみたように，2つ

---

[13] 長岡克行「ハーバーマスとシステム論」（佐藤勉『コミュニケーションと社会システム』恒星社恒星閣，1997年），131頁。ハーバーマスのシステム論，コミュニケーション論，さらにルーマンの研究を理解するにあたり，大きな啓発をうけた。ドイツ経営学，特に共にグーテンベルグ経営経済学を研究してきた長岡氏に感謝の念を記しておきたい。

の論点を提起している。

　第1は，Wenn‐Dann（いまこうなるなら，ああなる）形式の言明が反証されれば，その理論は反駁されたとして取り下げられる後退的移行の問題が生じる。ロレンツェンは，伝統的因果論では，いまある状況S1から状況S2が成立するとされているが，予測に反し状況S2′が現出すると，S2とS2′の違いの理由が探求され，それまで認識されていなかったS1のS1′への変化を発見することがある。すなわち，S2からS2′への変化の原因が，S1からS1′への変化を発見することがある。すなわちS2からS2′への変化の原因がS1からS1′への変化によるということが発見できるので，諸原因の探求は諦めるべきではない。最初の条件が変わる場合のことも考慮しなければならないのであり，ポパーのドグマ的反証主義を批判していた。

　第2点は，批判的合理主義が取り扱うことを禁止した「規範の正当化」の問題である。彼ら，すなわち構成主義哲学に依拠する人にとっては，規範の正当化は科学理論の課題である。それは，「原理」と名づけられた2つの「上位規範」を定式化し，これを信仰的に認めることにより可能となる。その1つは，道徳原理で自己の欲求の性格を判断する原理で主観を超越する「超主観性の原理」であり，2つは，規範の発生を正当化する「文化的原理」である。

　超主観性の原理とは，自己の主観を克服する原理で，それは論理的修練によって可能となる。それは，直言語（ortholanguage）を使用する能力をもつことで可能になる。直言語とは，企業のコンフリクト状況などでの理性的対話で使用される言語で，一つのルールと意味内容を持つ言語で，これは側言語によって教え込まれるものである。側言語とは，家族や子供の世界で使用される自然言語で，直言語を教えるために用いられる。超主観性の原理とは，したがって，科学的で「万国共通の」の専門用語とも言うべき直言語を使用し論理的修練を行うことにより主観を克服することを意味する。その場合に重要なことは，人間には動物が求めるような自然的な欲求と，そうでない人間社会にのみある文化的な欲求があるが，それを区別できる能力をもつことである。欲求を「必要」という言葉に置き換えると，人間社会に特有な「文化的必要」と「自

然的な必要」を区別する規範こそが，第1の超主観性の原理である。

　こうした原理に依拠するシュタインマンの「規範行為科学としての経営経済学」は，文化科学であり，規範的批判科学であり，意思決定の場合に提言できる実践志向的経営経済学である。しかも，企業理論の規範は「経済体制と企業体制」に関連して諸問題が検討されなければならない。だが，誤解されてならないことは，構成主義経営経済学は，ハーバーマスの「理性的対話状況」の制度的前提をうみだすことではなく，経済制度の長期的改革を目標としている，と主張する。そのために，構成主義経営経済学は，実践の科学的基礎づけ，方法的には対話の共通実践，倫理的には科学の目標の正当化，具体的に生活実践の正当化に従事する。

　以上，ロレンツェンとシュタインマンの主張を敷衍してきたが，結局は，共同決定の充実化を課題としており，その意味では，労働志向的個別経済学に近い問題意識にあるといえる。シュタインマンは，もちろん，労働組合総同盟の社会科学研究所とはなんらの関係を持っていないが，彼の著作には「ホワイト・カラー労働者・管理者」に関するものもあり，ホワイトカラー従業員の共同決定の充実化を意識しているのかもしれない。

　また，パウロ・ロレンツェンは，ドイツ生まれで哲学や論理学で知られた学者であるが，ポパーやハーバーマスのように，世界の哲学，社会科学方法論にさほど影響を及ぼしてはいないであろう。

6．おわりに

　1970年代のドイツ経営経済学においては，認識方法・理論構築の方法の違いと，それに基づいて経営経済学の枠組みも異なった3つの潮流が存在した。①批判的合理主義に基づくギュンター・シャンツの「行動理論的経営経済学」，②ドイツ労働組合総同盟に属した研究者が，ハーバーマスの実践に関わる哲学の方法に基づき主張された「労働志向的個別経済学」，③ニュルンベルグ・エアランゲン大学のロレンツェンの構成主義哲学に基づきシュタインマンによ

って展開された「規範行為科学としての経営経済学」，の3つの潮流である。しかし，労働志向的個別経済学は，1982年のヘルムート・コールのキリスト教民主・社会同盟への政権変換により，ドイツ労働組合総同盟の研究所の活動は衰退した。しかも1990年の社会主義国での市場経済化への移行，ITの広範の普及のもとでのグローバル経済の進展を背景に，次第に衰退していった。しかし，その方法の哲学的基礎であったハーバーマスの社会システムとコミュニケーションに関する理論は，現在も多方面に影響を及ぼしているといえよう。

それに対して，シュタインマンが望んでいた共同決定の充実化は，EUの新しい展開のもとでヨーロッパ株式会社法の発展もあり，共同決定のさらなる拡大は進まず，その長期的改革の提案する機会はあまり大きくなかったといえよう。むしろ，シュタインマンらは，その後企業倫理に関する研究を精力的に進めたことが，万仲脩一により体系的かつ詳細に日本に紹介されたこともあり，日本のドイツ経営学研究者には良く知られている。経営経済学が規範科学であると主張する場合には，倫理研究と構成主義哲学は，依然として利用可能であるといえるであろう。

他方で，批判的合理主義の立場の研究者たちは，アメリカの経営学の動向に関する研究は怠らず批判的に導入・紹介しているといえよう。ポパーの科学哲学の社会科学への影響は，最近の数量的実証研究の進展と無関係ではないだろう。今後も，ドイツ経営学方法論に限らず，英・米の組織論，社会学の動向に注意を向けていきたい。

あ と が き

　この著作では，第Ⅰ部で企業目的，第Ⅱ部で経営史と経営学の関係，第Ⅲ部で経営学方法論について論じている。読者に分かりやすいように，3つの部分に分けたが，筆者の研究経歴を辿れば，論文の書かれた順番からいうと，第Ⅲ部（6章と7章）の論文が1979年に第Ⅱ部の5章が1997年に，その他の論文が2011年と2012年に書かれている。この3部分は，ある程度だが相互に関係している。1968年に助手論文「グーテンベルクの財務論」をまとめてから，グーテンベルク経営経済学の体系の完結性をめぐる研究を進めながら，グーテンベルク経営経済学の方法論に関連して若干の論文を書き，日本経営学会で報告していた。

　1978年ベルリン自由大学に留学する前後から，経営学方法論の研究が本格的に始まり，留学した4月にドイツ経営経済学会の方法論委員会（ベルリン自由大学）に出席したこともあり，方法論への関心を益々強めた。ベルリン滞在中に，批判的合理主義（ポッパー，ラカトシュなど）に基づく経営経済学（シャンツ），フランクルト学派（ハーバーマス）に基づく労働志向的個別経済学（カプラー，クーベック），構成主義哲学（ロレンツェン）に基づく規範経営経済学（シュタンマン）3つの潮流に関する論文（上・下）が執筆され『商学論纂』に寄稿された。この2つの論文と今回この著作を出版するにあたり，今回新たに試論的にまとめた短い第8章の論文で第Ⅲ部が構成されている。帰国後，1982年に，教授昇格・博士論文として『グーテンベルク経営経済学（基礎理論と体系）』が出版されたが，グーテンベルクの企業論は，方法論の検討を踏まえて，ウエーバーの理想型であると規定した。理論の検証問題では，グーテンベルクもポパーの反証可能性について言及するようになっていたことを別の論文で紹介していた。グーテンベルク理論の研究は，私に方法論研究の重要性を意識させたということである。

1984年4月，ベルリン自由大学に再度留学するが，そのとき以前から日本だけでなくアメリカ，ヨーロッパで「日本的経営」に関する論議が活発になりはじめ（私が現在も所属する「Euro-Asia Management Study Association〔EAMSA〕」の第1回会議が，1984年11月に，「日本の労使関係のヨーロッパへの移転」のテーマで，ベルリン自由大学東南アジア研究所で開催された」），私は，ドイツ語での「*Der Japanische Managementstil*：*Unternehmenshistorishe Analyse und Internationaler Vergleich*（日本的経営方式─企業史分析と国際比較─）」（中央大学企業研究所，1984年12月，Research Paper No. 3, 76頁）を出発前から部分的に準備していた。ドイツの学生に講義をする機会があるかも知れないし，ほかの研究者の質問にも応答できるためと考えたからである。その準備の課程で，1981年4月～8月の「NHK大学講座」は故中川敬一郎教授が担当で，同教授はそのテキスト『日本的経営』（136頁）と，その他に『比較経営史序説』，東京大学出版会，1981年3月（345頁）を出版していた。私はこの2冊を読み多くを学んだ。中川教授の日本的経営論は，経営理念，マーケティング，企業財務，経営者，技術者，集団的意思決定，経営管理組織，労務管理，企業・政府関係などを体系的に国際比較から分析したものであった。私も「日本的経営論」を，体系的かつ国際比較の視点からまとめようと考えていた。

　当時の主要な日本的経営論では，雇用慣習，メイン・バンク制，組立企業傘下の部品供給構造などが研究対象にされていたが，1960年代以降の日本経済に世界に類をみない高度成長をもたらした最大の理由の1つは，第二次世界大戦後にアメリカから導入され品質管理だけでなく，近代的管理手法（全般的管理手法）よるところが大であり，その内容は，トップ・マネジメント（常務会），事業部制組織，ライン・スタッフ制度（伝統的稟議制度の近代化＝手直しが行われた），予算管理などで構成されるはずだ，と私は考えていた。アメリカや日本における近代的管理手法（全般的管理手法）の成立過程についての研究は，日本では未だ十分にされておらず，その究明が私にとって大きな課題であった。アメリカに関しては，A.チャンドラーの『戦略と組織』，『*Visible Hand*』が手がかりとなった。私は，学生時代は「経済史ゼミナール」に属していたがことも

あり，1997年3月にその指導教授の退職記念号に「アメリカにおける全般的管理組織（論）の成立」に関する論文を寄稿した。そして直後に不十分ではあったが「日本における全般的管理・組織（論）の成立過程―日本的経営論の確立時期ついての一視角―」をも発表した。今回はそれを大幅に加筆した論文と，事業部制について新しく書かれた論文との2編が本書の第Ⅱ部「経営史と経営学の関係」の内容を構成している（日本での全般的管理の成立については未掲載）。

第Ⅰ部では，アメリカ経営学説史における企業目的についての論文3編が配置されている。私は，1969年専任講師になってから，助手論文「グーテンベルクの財務論」をまとめるにあたって，それをアメリカの投資決定論との比較研究を進めていた。日本の財務論や会計分野では，高度成長が始まり1980年代の終わりごろには，企業の業績を株価収益率で測定すべきとか，アメリカの理論をそのまま直輸入し企業の目的は「株主価値最大化」であると主張する研究者が次第に見られるようになっていた。それは，実物経済が停滞し，株価の急騰と，土地，ゴルフ場の会員券等が急騰し，経済の金融化現象が拡大し始めたことを反映していた。平均株価は3万7千円近くなり1992年にバブル経済が破綻する。大手銀行が莫大な不良債権を抱え，それを国家が税金で補填するということさえ実施され，日本は構造的複合不況に入る。「失われた10年（実は20年)」の開始であった。

2001年，保守党を「ぶっ壊す」といって選ばれた首相が，こうした事態を打開するといって，金融担当の学者大臣とともに金融ビッグ・バンを断行し，都市銀行の吸収合併が進み4大銀行体制となり，商業銀行と証券を扱う投資銀行との垣根が除かれ，投資銀行や投資ファンドが，長期・短期の区別無く銀行からほとんど制限なしに借入が可能となった。しかも，リスクの高いデリバティブなど金融商品が開発・認可され，手元資金の何十倍の資金を借入れての取引が可能となる。こうしてますます莫大な資金が，株式市場や為替市場に投入された。一時的に，株価は上昇するが2万円以上になることはなかった。しかし，ドイツ等とは違い日本ではバブル崩壊後，金融制度の正当な規制などは問

題外とされ，郵便局の民営化が国民の多数の支持を得て，金融市場の規制緩和はますます進行する。経済産業省のもとに学者の一部と金融関係者で企業価値研究会が組織され，アメリカでのように敵対的企業売収・合併をしやすくする方策が検討されていくのである。そこでは，株価収益率が，企業買収の適否の基準となる。

　他方，アメリカでは，株価収益率の高低による異業種（コングロマリッド）合併件数のピークが終了する 1985 年頃から，連邦銀行が貸出・預金金利の決定権を持つというレギュレーション Q が廃止され，預金・貸出金利の決定が自由化され，金融規制が大幅に緩和される。1999 年に証券と銀行の垣根が完全に取り払われてから，土地・住宅価格は急騰しバブルが始まる。2007 年秋の劣悪なローンの証券によるサブ・プライム・ローン危機を経て，翌年 2008 年秋にあの 100 年に一度の世界金融危機が勃発するのである。グローバル化の進展は，経済の金融化現象を世界的規模でもたらしたが，その発端は 1978 年アメリカ中央銀行（FRB）の長官・議長が新しく任命され，その金融政策が規制緩和の方向に大幅に転換したことにあった。2000 年には，実物資産に比べ金融資産は 1.8 倍程度であったのが，リーマンショック直前の 2007 年には 3.2 倍に達していた。それは，実物経済の発展ではなく金融利得の増大による国の「繁栄」という政策が，元映画俳優であった共和党大統領により積極的に推進され，次の共和党大統領と，その後民主党から選出された大統領，さらに，アメリカ議会の共和・民主両党政治家が，金融関連の経営者などによるロビー活動の圧力に屈したことから始まったのである。

　つまり，産業とサービス経済を健全に発展させる生命線ともいうべき銀行と証券を分離したグラス＝スティガル＝イーガル法（1933 年制定）を骨抜きにしたグラム＝リーチ＝ブライリー法の制定（1999 年）を許したのである。この法律の改悪こそが，2008 年秋に 29 年大恐慌以来の世界大恐慌を勃発させる原因のひとつとなったのである。アメリカでは，「99％を貧しくさせるグローバル金融システムの怪（なぜ，1％が金持ちで，99％が貧乏になるのか？）」が，議論されている。日本もその方向に接近するのか？世界的視角からの，適切な金融政

策，適切な銀行ガバナンスのための方策・規制が必要になっている。

　そんな中で，アメリカの産業・サービス企業が「株主価値最大化」をいつから企業目的とするようになったのかが，筆者の研究の最重要課題となり，アメリカ経営学での企業目的の変遷の研究が始まったのであった。第Ⅰ部では，フォードとスローンの企業目的，バーナードとディーンの，企業目的を検討し，さらに本書の第1章の論文を書き，本書をまとめることができた。筆者の研究の基礎には『グーテンベルク経営経済学—基礎理論と体系—』があるが，グーテンベルクの第三巻『財務編』をまとめるにあたって研究したアメリカの投資決定論，最適資本構成論など財務分野についての研究蓄積がなければ第1章の論文は生まれていなかった。まさに感慨深い念にかられている。本書に掲載された論文の執筆年次と掲載誌は以下のとおりである。

　　　　　　　　　　　　　　　　　　　　　　　　2013年6月

　　　　　　　　　　　　　　　　　　　　　　　　高橋　由明

「現在西ドイツ経営経済学方法論における三つの潮流（上）」（『商学論纂』21巻1号，1979年5月）《大幅に加筆して第Ⅲ部第6章に掲載》
「現在西ドイツ経営経済学方法論における三つの潮流（下）」（『商学論纂』21巻3号，1979年9月）《大幅に加筆し，第Ⅲ部第7章に掲載》
「1970年のドイツ経営経済学方法論論争の現代的意義(Ⅲ)」《今回新たに執筆し第8章に掲載》
「アメリカ経営（学）史における全般的管理（論）の成立過程—経営管理史と経営理論史の間，日本との比較を射程に入れて—」（『商学論纂』38巻2・3号，1997年3月）《かなり加筆し第Ⅱ部第5章に掲載》
「日本における全般的管理・組織（論）の成立過程—日本的経営論の確立時期についての一視角—」（『商学論纂』39巻3・4号　1998年3月）《今回は未掲載》
「管理・組織史と管理・組織論との関係—アメリカ経営学における事業部制の成立の視点から—」（『商学論纂』54巻3・4合併号，2012年12月）《加筆して第4章に掲載》
「H. フォードとGMスローンの企業目的・経営理念—経営学における企業目的・理念の変遷の視点から—」（『商学論纂』52巻5・6号，2011年6月）《第Ⅰ部第2章にかなり

加筆して掲載》
「アメリカ経営学における企業目的・経営理念の変遷―C. バーナードとJ. ディーンの所説を中心に―」(『商学論纂』53巻3・4号, 2012年3月)《一部加筆して第Ⅰ部第3章に掲載》
「アメリカ経営学において株主価値最大化がいつ企業目的となったか―戦後の経営財務論, 経営者のための経済学, エイジェンシー理論―」, (中央大学企業研究所『企業研究』21号, 2012年8月)《かなり加筆し, 第Ⅰ部第1章に掲載》。

参 考 文 献

英語文献（アルファベット順）

Allen, Louis A. (1958), *Management and Organization,* McGraw-Hill Book Company, Inc, New York, 高宮晋監訳『管理と組織』, ダイヤモンド社, 1960年

Banard, C. I. (1938), *The Function of the Executive,* Harvard University Press, Cambridge, Massachusetts, and London 1938 and 1968, p. 155, 山本安次郎, 田杉競, 飯野春樹訳『経営者の役割』, ダイヤモンド社, 新訳版, 1968年

Baumol, W. (1959), *Business Behavior, Value and Growth,* Harcourt, Brace & World, 1967(Revised edition), 伊達邦春・小野俊夫訳『企業行動と経済成長』, ダイヤモンド社, 1962年

Berle, A. A. and G. C. Means (1932), *The Modern Corporation and Private Property,* 北島忠男訳『近代株式会社と私有財産』, 文雅堂, 1958年

Brooks, J. (1924, 1975), *Telephone : The first Hundred Years,* Harper & Row, Publishers, New York

Brown, Alvin (1945), *Organization - A Formulation of Principle,* Hibbert Printing Company, New York (1947), *Organization of Industry,* Prentice-Hall New York

Chapman F. M., III and G. Whitemore (1974), Beyond Shareholder Wealth Maximization, in : *Financial Management,* Vol 3, No. 4. pp. 25-35

Chandler, A (962), *Strategy and Structure,* 1962. 有賀裕子訳『組織は戦略に従う』, ダイヤモンド社, 2004年

Chandler, Jr., Alfred D. (1977), *The Visible Hand : The Managerial Revolution in American Business,* The Belknap Press of Harvard University Press, Cambridge, Massachusetts and London, 鳥羽欽一郎・小林裟婆治訳『経営者の時代（上）』

Cole, A. H., (1959), *Business Enterprise in its Social Setting,* 中川敬一郎訳『経営と社会―企業社史学序説』, ダイヤモンド社, 1965年

Cyert, R. M. and J. G. March (1963), *A Behavioral Theory of the Firm,* Prentice-Hall, Inc., New Jersey, Chapter, 9, pp. 237-252. 松田武彦・井上恒夫訳『企業の行動理論』, ダイヤモンド社, 1967年

Dean, J. (1951), *Managerial Economics,* Englewood Cliffs, N. J. 田村市郎監訳『経営者のための経済学』, 関書院, 1958年

Dertouzos, M. L., R. K. Lester, R. M. Solow and the MIT Commission on Industrial Productivity (1990), *Made in America : Regaining the Productive Edge,* Harper Perennial, New York, MIT産業生産性調査委員会, M. ダートウゾス, R. レスター, R. ソロー, 依田直也訳『Made in America』, 草思社, 1990年

Donald, W. J (1934). (ed.) *Hand Book of Business Administration,* New York and London, McGraw-Hil Book Company Inc.

Brown, D., (1927), Decentralized Operation and Responsibilities with Coordinated Control, in : W. J. Donald (ed.), *Handbook of Business Administration*, McGraw-Hill New York/London 1931

Drucker, P. F. (1946), *Concept of the Corporation*, John Day Company, 上田淳生訳『企業とは何か』, ダイヤモンド社, 2008年

Drucker, P. F. (1954), *Practice of Management*, Happer & Row, New York, 筆者が参照したのは, 1955年に London Heinemann 社から出版されたもの。上田淳生訳『現代の経営上』, ダイヤモンド社, 2006年

Drucker, P. F. (1962), *The New Society : The Anatomy of Industrial Order,* Transaction Publisher, New Brunswick (U.S.A.) and London (U.K.), 現代経営研究会訳『新しい社会と新しい経営』, ダイヤモンド社

Drucker, P. F. (1996), *The Pension Fund Revolution,* Transaction Publisher, New Brunwick, (USA), 1996, 上田淳生『見えざる革命』, ダイヤモンド社, 1996年

Drucker, P. F. (2005), My Personal History, 牧野洋訳『知の巨人ドラッカー自伝』, 日系ビジネス文庫, 日本経済新聞出版社, 2009年

Durand D. (1959), Cost of Deb and Equity Funds for Business, in : E. Solomon, ed. *The Management of Corporate Capital*

Fama, E. F. and M. C. Jensen (1983), Separation of Ownership and Control, *The Journal of Law & Economics,* Vol. 26 (2), Fama and Jensen, Agency Problems and Residual Claims, *The Journal of Law & Economics,* Vol. 26 (2)

Ford, H.,(1922). *My Life & Work*, In collaboration with S. Crowther, William Heinemann, London, 1922, この続編にあたる。(1926), *Today and Tomorrow*, In collaboration with S. Crowther, Garden City Publishing Company, Inc. New York (1931) *Moving Forward,* この3冊「わが人生と事業」,「今日と明日」,「前進」と訳され, 豊土栄訳『ヘンリー・フォード著作集（上）（下）』（集英社・三省堂書店から2000年出版), に含まれている。

Galbraith, John K. (1954), *The Great Crash 1929*, Houghton Miffin Hacourt Publishing Company through., Tuttle-Mori Agency, Inc., Tokyo, 村井章子訳『大暴落1929』, 日経BP社, 2008年

Garvin, David A. (2002), *General Management : Processes and Action, Text and Cases*, McGraw Hill, New York, San Francisco

Giddens, A. (1979), *Central Problems in Social Theory,* University of Califorrnia Press, Berkeley and Los Angeles, 1979, 友枝敏雄, 今田高俊, 森重雄訳『社会理論の最前線』, ハーベスト・Harvest 社. 1989年

Gordon, M., (1962), *The Investment, Finance, and Valuation of the Corporation,* 後藤幸男, 野村健太郎訳『投資と企業評価』, 中央経済社, 1972年

Greenwood, Ronald. G. (1974), *Managerial Decentralization*, 斉藤毅憲・岡田秀和訳『現代経営学の精髄― GE に学ぶ』, 文眞堂, 1992年

Holden, P. E., L. S. Fish and H. L. Smith (1941), *Top-Management Organization and Control : A Research Study of the Management Policy and Practices of Thirty-one Leading Industrial Corporation*, McGraw-Hill, Inc, New York, Toronto, London, 12. Printing, 岸上英吉訳『トップ・マネジメント』, ダイヤモンド社, 1954年

Homer M. Sarasohn, Charles. A. Protzman, Civil Communication Section, GHQ, SCAP, (1998) *The Fundamentals of Industrial Management, CCS Management Course,* 日通連経営管理研究会訳編『CCS 講座―トップ・マネジメントの方針と組織 I 』,『CCS 講座―トップ・マネジメントの統制と運営Ⅱ』, ダイヤモンド社, 1956年

Jensen, M. C. and W. H. Meckling (1976), Theory of the Firm : Managerial Behavior, Agency Cost and Ownership Structure, in ; *Journal of Financial Economics,* 3, pp. 305-360, North-Holland Publishing Company

Jensen, M. C. (2000), *A Theory of the Firm : Governance, Residual Claims, and Organization Forms,* Harvard University Press, Cambridge, Massachusetts

Jensen, M. C (2002), Value Maximization, Stakeholder Theory, and the Corporate Objective Function, *Business Ethics Quarterly, Vol. 12,* Issue 2, pp. 235-256

Johnson, Simon and J. Kwak, (2010), *13 Bankers : The Wall Street, Takeover and the Next Financial Meltdown,* Vintage Book, Random House, Inc., New York, 村井章子訳『国家対巨大銀行』, ダイヤモンド社, 2011年

Kuhn., Thomas S. (1962), *The Structure of Scientific Revolution,* Chicago. 中山茂樹『科学革命の構造』, みすず書房, 1971年

Keller, M. (1989), *Rude Awaking : The Rise, Fall, and Struggle for Recovery of General Motors,* William Morrow, 鈴木主税訳『GM 帝国の崩壊』, 思想社, 1990

Laktos, I. & A. Musgrave (1970), ed., *Criticism and Growth of Knowledge,* London : Cambridge University Press. 森博監訳『批判と知識の成長』, 恒星社厚生閣, 1969年

Lazonick, W. and M. O'Sullivan (2002), Maximizing Shareholder Value : A New Ideology for Corporate Governance, Laozonick and O'Sullivan, ed. *Corporate Governance and Sustainable Prosperity,* palgrave

Likert, R., (1967), *Human Organization,* New York 1967, 三隅二不二訳『組織の行動科学』, ダイヤモンド社, 1968年

Lorenzen, P. (1969), *Normative Logic and Ethics,* Mannheim. 遠藤弘訳『コトノミと規範』理想社, 1977年.

Lorenzen, P. (1978), Konstruktive Wissenschaftstheorie und Praxis, in : H. Steinmann (Hrsg.), *Betriebswirtschaftslehre als normative Handlungswvissenschaft, Wiesbaden,*

1978.

Lowenstein, R., *While America Aged*, Melannie Jackson, Agency LLC, New York, 2008　鬼沢忍訳『なぜ GM は転落したのか―アメリカ年金制度の罠』，日本経済新聞出版社，2009年

Lutz, F. and V. Luts (1951), *The Theory of Investment of the Firm*, Princeton University Press, London, 後藤幸男訳『投資決定の理論』，日本経営出版，1969年

Marris R. (1964), *The Economic Theory of "Managerial Capitalism"* Macmillan London, revised edition, Basic Books Inc., Foreword by J.K. Galbraith, 大川勉，森重泰，森田健吉訳『経営者資本主義の経済理論』，東洋経済新報社，1971年

Moony, James. D. and Alan C. Reiley (1931), *Onward Industry : The Principles of Organization and their Significance to Modern Industry*, Harper & Brothers Publishers, New York and London

Orhangazi, Oe. (2008), *Fianancialization and the US Economy*, Edward Elgar, MA, USA

Porterfield, T. S., *Investment and Capital Costs*, Prentice-Hall, Inc. 1965, 古川栄一監訳，柴川林也・古川浩一訳『投資決定と資本コスト』，東洋経済新報社，1968年

Smyser, W. R. (1992), *The Economy of United Germany : Colossus at the Crossroad*, St. Martin's Press Inc., New York, 寺尾正敬訳『入門現代ドイツ経済』，日本経済新聞社，1992年

Weston, J. and E. Brigham (1966), *Managerial Finance*, Holt, Rinehart and Winston, Inc., 諸井勝之助『経営財務(Ⅰ)(Ⅱ)』，東京大学出版会，1968年，1970年

Simon, H. A. (1946), *Administrative Behavior : A Study of Decision-Making Processes in Administrative Organization, 3. Edition*, Expanded with New Introduction, The Free Press, A Division of Macmillan Publishing Co., Inc., 松田武彦・高柳暁・二村敏子訳『経営行動』，ダイヤモンド社，1965年，48頁

Simon, H. A. and J. G. March (1958), *Orgainzation,* New York. London

Sloan, A. (1963), My Years with General Motors, Sidgwick & Jackson, London, 有賀裕子訳『GM とともに』，ダイヤモンド社，2003年

Solomon, E. (1963), *The Theory of Financial Management*, Columbia University Press, New York, 別府祐弘訳『E. ソロモン・財務官理論』，同文舘，1971年

Smith, Edgar W. (1931), Organization and Operating Principles, in : W. J. Donald (ed.), *Handbook of Business Administration,* pp, 1474-1479　井上昭一著『GM ―輸出会社と経営戦略』，関西大学出版部，1991年，105-125頁

Williamson O (1963)., A Model of Rational Management Behavior, in : Cyert R., and J. March, A. *Behavioral Theory of the Firm* (1963), *The Economics of Discretionary Behaviour : Managerial Objectives in the the Theory of the Firm*, Prentice hall, Inc. 1964

Williamson, O. E (1963)., *The Economics of Discretionary Behavior : Managerial Objectives in a Theory of the Firm,* Prentice-Hall, Inc. New Jersey, 1963

Wolf, W. B. (1972), *Conversation with Chester I. Banard,* Cornell University Press, New York（この原書を参照することはできなかった），飯野春樹訳『経営者の心——チェスター・バーナードとの対話』，文眞堂，1978年

Wolf, W. B.*The Basic Banard : An Introduction to Chester I. Banard and His Theories of Organization and Management,* Cornell University, New York, 1974, 日本バーナード協会訳『バーバード経営学入門——その人と学説』，ダイヤモンド社，1975年

ドイツ語文献

Adorno, Theodor W., Hans Albert, Ralf Dahrendorf, Juergen Habermas, Harald Pilot, Karl. Popper, (1969), *Positivismusstreit in der deutschen Soziologie,* hersg. von HeinzMaus und Friedlih Fuerstenberg, Luchterhand Verlag, Neuwied und Berlin, 城塚登・浜井修訳『社会科学の論理』，河出書房新社，1979年

Feyerabebd, P. K. (1970), Wie wird man ein braver Empirist? Ein Aufruf zur Toleranz in der Erkenntnistheorie, in L. Krueger (Hrsg.), *Erkenntnisprobleme in der Naturwissenschaten,* Koeln-Berlin

Fiseher = Winkelmann, W. F. (1971)., *Methodologie der Belriebswirrtschaftslehre,* Muenchen

Gablers, Dr. (1977), *Wirtschafts-Lexikon,* (Hrsg) R. Sellien und H. Sellie Betriebswirtschaftlicher Verlag

Gutenberg, E. (1962), Unternelnnungsfuerung, Wiesbaden 1962, 小川列・二神恭一訳『組織と意思決定』，ダイヤモンド社，1964年

Jehle, E. (1973), *Ueber Fortschritt und Fortschrittskriterien in Betriebswirtscha-ftlichen Theorien,* Stuttgart.

Habermas, J. ((971), Einige Schwierigkeiten beim Versuch,Theorie und Praxis zu vermitteln, in : *Theorie und Praxis,* Frankfurt a. M. 1971. 細谷真雄訳『理論と実践』，未来社，1975年

Habermas, J. (1973),Wahrheitstheorie, in : Wirklichkeit und Reflexion, Festschrift fuer W. Schulz, Pfullingen 1973.

Kieser, A./Kubicek, H. (1978), *Organization I : Wissenscgaftstheoretische Anfordrung und kritsche Analyse* Klassischer Ansaetze, Stuttgart Berlin Koeln Mainz 1978, 田島壮幸監訳『組織理論の諸潮流 I ——科学理論的必要条件と古典的諸研究方法の批判的分析』，千倉書房，1981年）

Koubek, N. (1973), Grundelement einer arbeitorientierten Einzelwirtschaftslehre : Zusammenfassung der Frschungsergebnisse in der Projektgruppe Arheitsrientierten EinzelwirtschaftslehreH in : WSI. Mitteilung Bd.26. Mai. S. 166.

Koubek, N., H. Kueller und I. Scheibe (1974) (Hrsg.), *Betriebswirtschatliche Problrme der*

Mitbestimmung, Athenaeum Fischer Taschenbuch Verlag

Kappler, E. (1976), Zum Theorie-Praxis-Verhaltnis einer noch zu entwickelnden kritischen Theorie der Betriebswirtschaftspolitik, in : Ulrich, H. (1976), Hrsg., *Zum Prakisbezug der Betriebswirtschaftslehre.* Verlag PaulHaupt Bern und Stuttgart

Kretschmann, J. (1990), *Die Diffusion des Kritischen Rationalismus in der Betriebswirtschaftlehere,* Stuttgart, 1990, S. 142 ff.

Lakatos, I. (1974), Falsifikation und die Methodologie wissenschajflicker Forschungsprogramme, in : *Kritik imd Erkenntnisfortschritt,* (Hrsg), I. Lakatos/ AlMusgrave) Vieweg Braunschweig, Titel der Originalausgabe : Criticismand the Growth of Knowledge, Cambridge University Press, London 1970. 英語 訳. 森博監訳『批判と知識の成長』. 木鐸社. 1990年

Lorenzen, P. und O. Schwemmer (1975), *Konstruktive Logik, Ethik und Wissenschftsthorie,* Manheim

Petri, Klaus (1976), *Kritische Betriebswirtschaftslehre - Eine Auseinandersetzung mit dem kritischen Rationalismus Karl R. Popper vor dem Hintergt. und der Probleme der betriebswirtschaftlichen Forschungspraxis.* Verlag Harri Deutsch. Ziuerlich, Frankfurt/M.

Popper., K. (1934, 1971). *Logik der Forschung,* J. C. B. Mohr (Paul Sirbeck), Tuebingen

Raffee, H./Bodo Abel (1979), *Wisseschaftstheoretische Grundfragen der Wirtschaftswissenschaften,* Verlag Franz Vahlen GMBH. H. ラフェー・B. アベル編著. 小島三郎監訳『現代科学理論と経済学・経営学方法論』. 税務経理協会. 1982年

Schanz, G. (1975), *Einfuehrung in die Methodologie der Beteriebswirtschaftslehere,* Kiepenheuer & Witsch, Koeln

Schanz, Gunter (1977), *Grundlagen der verhaltenstheoretischen Betriebswirtschaftslehre.* J. C. B. Mohr (Paul Siebeck) Tubingen, 1977

Schanz, G. (1988), *Erkennen und Gestalten : Betriebswirtschaftslehere in krit.-rationaler Absicht,* Carl Ernst Poechel Verlag GmbH Stuttgart 8, 榊原研互訳『G. シャンツ著. 経営経済学の課題と方法―批判的合理主義をめざして』. 同文舘. 1993年

Schanz, G. (1975), *Einfuehrung in die Methodologie der Beteriebswirtschaftslehere,* Kiepenheuer & Witsch, Koeln. 森本八洲男・風間信隆訳『G. シャンツ現代経営学方法論』. 白糖書房. 1991年

Steinman, H., H. Boehn, W. Braun, E. Gru, G. Schreyogg (1976), Betriebswirtschaftslehere und Praxis – Vorueberlegung auf der Grundlage der Konstruktiven Philosophie und Wissenschftstheorie, in : H. Ulich (Hrsg.,), *Zum Praxibezug der Betriebswirtschaftslehere in Wissenschftstheorietischer Sicht, Bern 1976*

Steinmann, H. (1976), Die Unternehmung als Intressenverbund, in : *BfuP,* 28 Jg, Januar,

1976
Ulrich, H. (1976), Hrsg., *Zum Prakisbezug der Betriebswirtschaftslehre.* Verlag PaulHaupt Bern und Stuttgart
Frank, U. (2003), Einige Gruende fuer eine Wiederbelebung der Wissenschaftstheorie. in : *DBW (Die Betriebswirtschaft) 63. Jahrgang,* pp. 278-292
Webwer, M. (1968), Hrsg. Von Winckelmann, I. Kritische Studien auf dem Gebiet der Kulturwissenschaftlichen Logik, in : *Gesammelte Aufsatze zur Wisseschaftslehere 3Auf. (GazWL),* J.C.B. Mohr 〈Paul Siebck〉, Tuebingen

日本語文献（あいうえお順）
アルベール，M.（1992），小池はるひ訳『資本主義対資本主義』，竹内書店
鮎沢成男（1960），「寡占市場における企業行動」（中央大学商学部50周年記念論文集）
石崎忠司（1974），「ボーモル，W.J.」（岩尾裕純編著『講座経営管理Ⅲ・マネジメント・サイエンスの経営学』），中央経済社
池上恭子（2005），「市場の規律とコーポレート・ガバナンス」，丑山・熊谷・小林編著『金融ヘゲモニーとコーポレート・ガバナンス』，第4章，税務経理協会
岩田龍子（1966），「事業部制の諸形態」，中村常次郎編著『事業部制―組織と運営』，第3章）文芸春秋
風間信隆（1987），「現代ドイツ経営経済学の一動向―G. シャンツの行動理論的経営経済学を中心として―」，『明大商学論叢』70巻1号
加藤勝康『バーナードとヘンダーソン』，文眞堂，1996年
梶谷裕二（2009），『ドイツ一般経営学史序説』，同文舘出版
鈴木毅（1974），「ウイリアムソン，O. E.」，岩尾裕純編著『講座経営管理Ⅲ・マネジメント・サイエンスの経営学』），中央経済社
榊原研瓦（1992），「行動理論的経営経済学の再検討」，『三田商学研究』，35巻1号
（2004），「ドイツ経営経済学における最近の方法論的問題状況」，『三田商学研究』，48巻1号
高田太久吉（2005），「アメリカ金融業の規制緩和と集中・再編」，前記，丑山・熊谷・小林編『金融ヘゲモニーとコーポレート・ガバナンス』，第7章，税務経理協会
高田太久吉（2011），「金融危機と Too Big To Fall 政策」，『企業研究』19号
高橋俊夫（1979），『経営経済学の新動向』，中央経済社
高橋由明（2012），「アメリカ経営学における企業目的・経営理念の変遷― C. バーナードと J. ディーンの所説を中心に―」，『商学論纂』53巻3・4号，中央大学商学研究会（1995）「貿易摩擦と日本の流通システム―日・独比

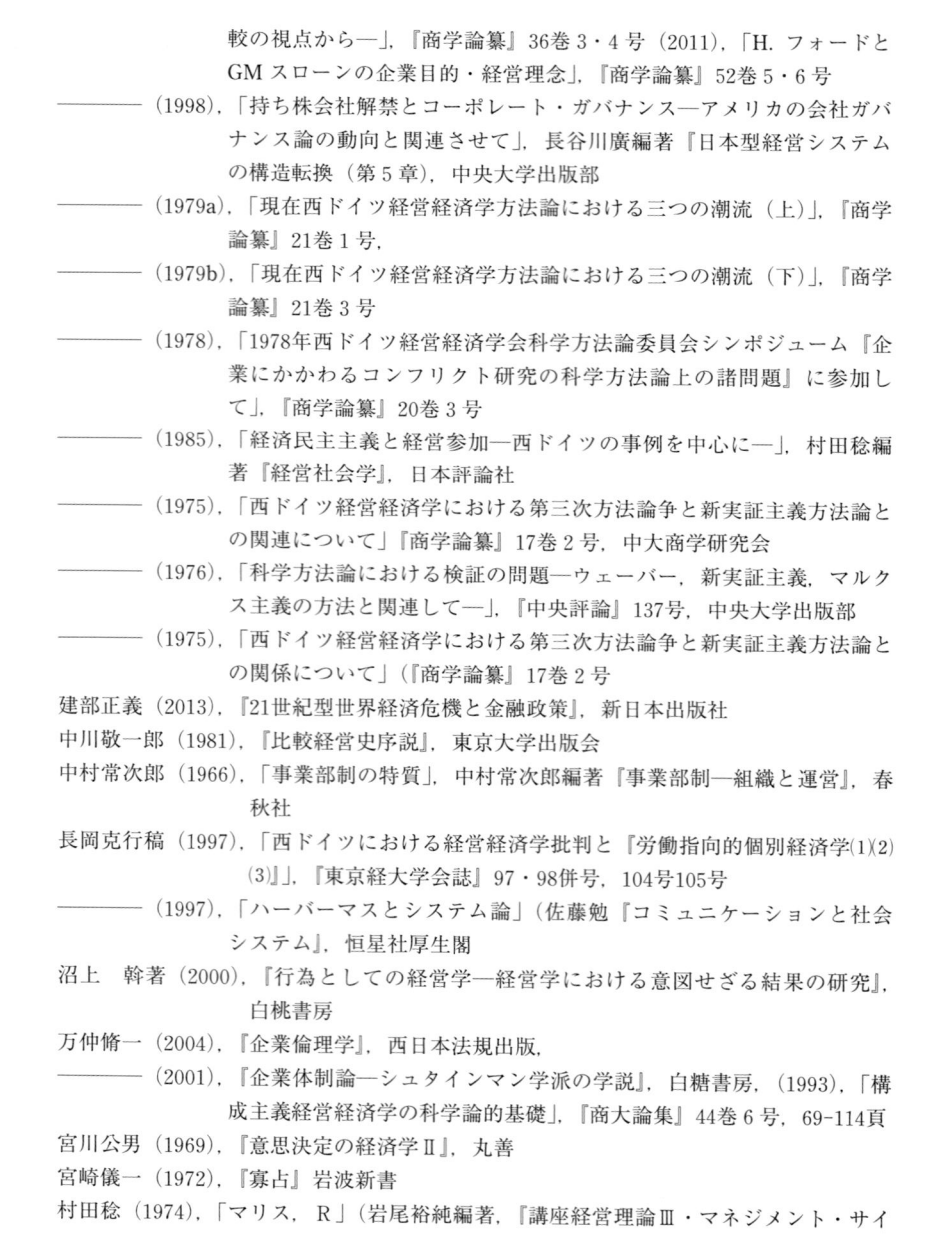

較の視点から─」,『商学論纂』36巻3・4号（2011）,「H. フォードとGM スローンの企業目的・経営理念」,『商学論纂』52巻5・6号

─── （1998）,「持ち株会社解禁とコーポレート・ガバナンス─アメリカの会社ガバナンス論の動向と関連させて」, 長谷川廣編著『日本型経営システムの構造転換（第5章），中央大学出版部

─── （1979a）,「現在西ドイツ経営経済学方法論における三つの潮流（上）」,『商学論纂』21巻1号.

─── （1979b）,「現在西ドイツ経営経済学方法論における三つの潮流（下）」,『商学論纂』21巻3号

─── （1978）,「1978年西ドイツ経営経済学会科学方法論委員会シンポジューム『企業にかかわるコンフリクト研究の科学方法論上の諸問題』に参加して」,『商学論纂』20巻3号

─── （1985）,「経済民主主義と経営参加─西ドイツの事例を中心に─」, 村田稔編著『経営社会学』, 日本評論社

─── （1975）,「西ドイツ経営経済学における第三次方法論争と新実証主義方法論との関連について」『商学論纂』17巻2号, 中大商学研究会

─── （1976）,「科学方法論における検証の問題─ウェーバー, 新実証主義, マルクス主義の方法と関連して─」,『中央評論』137号, 中央大学出版部

─── （1975）,「西ドイツ経営経済学における第三次方法論争と新実証主義方法論との関係について」（『商学論纂』17巻2号

建部正義（2013）,『21世紀型世界経済危機と金融政策』, 新日本出版社

中川敬一郎（1981）,『比較経営史序説』, 東京大学出版会

中村常次郎（1966）,「事業部制の特質」, 中村常次郎編著『事業部制─組織と運営』, 春秋社

長岡克行稿（1997）,「西ドイツにおける経営経済学批判と『労働指向的個別経済学(1)(2)(3)]」,『東京経大学会誌』97・98併号, 104号105号

─── （1997）,「ハーバーマスとシステム論」（佐藤勉『コミュニケーションと社会システム』, 恒星社厚生閣

沼上　幹著（2000）,『行為としての経営学─経営学における意図せざる結果の研究』, 白桃書房

万仲脩一（2004）,『企業倫理学』, 西日本法規出版.

─── （2001）,『企業体制論─シュタインマン学派の学説』, 白糖書房,（1993）,「構成主義経営経済学の科学論的基礎」,『商大論集』44巻6号, 69-114頁

宮川公男（1969）,『意思決定の経済学 II』, 丸善

宮崎儀一（1972）,『寡占』岩波新書

村田稔（1974）,「マリス, R」（岩尾裕純編著,『講座経営理論 III・マネジメント・サイ

エンスの経営学』，中央経済社，(1974)，『経営者支配論』東洋経済新報社．
藻利重隆 (1973)，『経営学の基礎 (新訂版)』，森山書店
――― (1965)，「フォード・システムの本質」(『経営管理総論 (第二新訂版)』，千倉書房
森川英正 (1991)，『経営者企業の時代』，有斐閣
山下幸夫 (1972)，「フォード，H.」(岩尾裕純編著『講座経営管理Ⅱ―科学的管理の経営学』)，中央経済社
山田正喜子 (1981)，『アメリカの経営風土』，ダイヤモンド社
渡辺恒彦 (2005)，「機関投資家の投資行動とアメリカ経済の持続可能性―短期主義的な株主重視の矛盾―」，丑山優，熊谷，小林編著『金融ヘゲモニーとコーポレート・ガバナンス』，第8章

著者紹介

高橋 由明（たかはし　よしあき）

- 1942 年　北海道遠別町に生まれる
- 1964 年　中央大学商学部卒
- 1969 年　中央大学商学部助手
- 1970 年　中央大学大学院商学研究科博士課程単位取得
- 1972 年　中央大学商学部専任講師，73 年助教授をへて
- 1980 年　商学部教授（商学博士）
- 2013 年　中央大学名誉教授

主要著書・編著・共編著・訳書

《主要著書》
『グーテンベルク経営経済学―基礎理論と体系―』（中央大学出版部，1983 年），『基礎と応用で学ぶ経営学―ひとつの国際比較―』（文眞堂）2006 年，『日本語とベトナム語で学ぶ経営学と日本の企業経営』(Quan Tri Kinh Doanh Hoc va Quan Tri Doanh Nghiep Tai Nhat Ban, 日本語・ベトナム語対訳，Nha Nam 社，2009 年），

《編著・共著書》
『ＭＥ技術革新と経営管理』（共編著，中央大学出版部，1989 年），『教育訓練の日・独・韓比較』（編著，中央大学出版部 1996 年），*Management Strategies of Multinational Corporations in Asian Markets*, Co-editor with M.Murata and K.M.Rhaman, Chuo University Press, 1998, 『経営管理方式の国際移転―可能性の現実的・理論的諸問題』（共編著，中央大学出版部，2000 年），Liz Mohn : *A Cultural Forum, The Impact of Globalization Cultural Identity in Business*, Co-editor with Prof.Wolfgang Dorow and Timo Parra, Bertelsmann Foundation, 2003,『ベーシック経営学辞典』（共編著，中央経済社，2004），『環境問題の経営学』（共編，ミネルバ書房，2005 年），『日本語―ベトナム語・企業経営用語辞典』(Tu Dien, Quan Tri Doanh Nghiep,Song Ngu Nhat-Viet, 対訳，藤井孝男との共編著，Thaihebooks 社，2010 年），『スポーツ・マネジメントとメガイベント―Ｊリーグ・サッカーとメガスポーツ・イベント―』（共編著訳，文眞堂，2012 年）．

連絡先
〒 182-0017　東京都調布市深大寺元町 1-26-3

企業経済学の基礎
企業目的，歴史と理論，方法　　　　中央大学学術図書 (83)

2013 年 8 月 30 日　初版第 1 刷発行

著 者　高 橋 由 明
発行者　遠 山　曉

郵便番号 192 − 0393
東京都八王子市東中野 742 − 1

発行所　中 央 大 学 出 版 部
電話 042(674)2351　FAX 042(674)2354
http://www.2.chuo-u.ac.jp/up/

© 2013　Yoshiaki Takahashi 　　　印刷・製本　㈱千秋社

ISBN 978-4-8057-3141-3

本書の出版は中央大学学術図書出版助成規定による